[illegible]
3/23

ENTOONSTELLING
8
Ged. den rit bewa
op verlangen te toonen.
R. E. T. M.
Conducteurs moeten
biljetten in tegenwoor-
digheid der passagiers
afscheuren.
10 CT
7943
Druk van H. A. M. Roelants,
DE DRIEHOEK
E
M
B
WETTIG GEDEPONEERD.
SEN.
inpoeders,
EENK,
de hevigste aan-
vleed.
poeder.
DEN HAAG.
erk Scaldis, krachtdadig
olkomen welzijn. Geneest
hoofd.
doos van 25 stuks.
K. Schwitters 1923

Peter Süß

1923

Endstation

Alles einsteigen!

BERENBERG

Aufblende

Als Adolf Hitler an diesem kalten und trüben Donnerstagmorgen in seinem Münchner Pensionszimmer erwacht, plagen ihn heftige Kopf- und Zahnschmerzen. Aber für Ärzte ist heut keine Zeit. Denn Hitler plant nichts weniger als einen Putsch gegen die Reichsregierung der jungen Weimarer Republik, die seit ihrem Beginn, fünf Jahre zuvor, von einer Krise in die andere taumelt.

Gegen neun Uhr ruft er seinen Sekretär an, den ihm blind ergebenen Rudolf Heß, der sofort zum »Führer« eilt. Heute ist der Tag, auf den Hitler seit Monaten hingearbeitet hat.

Es ist der Morgen des 8. November 1923.

Vor zwei Tagen hat der bayerische Diktator Gustav von Kahr für den Abend zu einer Rede in den *Bürgerbräukeller* geladen, und kaum annonciert, fasst Hitlers den Entschluss, diese Gelegenheit beim Schopf zu packen.

Rasch arbeitet er mit Heß eine Verhaftungsliste aus, sehr praktisch, dass alle wichtigen Notablen anwesend sein werden, darunter zahlreiche Kabinettsmitglieder der bayerischen Staatsregierung. Von München soll ein Signal ausgehen für den Marsch auf Berlin, ähnlich wie es Benito Mussolini in Italien ein Jahr zuvor mit seinem »Marsch auf Rom« vorexerziert hat.

Um elf Uhr stürmt Hitler in die NSDAP-Zentrale an der Schellingstraße, angetan mit zerknittertem Trenchcoat, die Nilpferdpeitsche in der Hand, und will Hermann Göring sprechen. Doch der ist mal wieder spät dran. Dem Chefredakteur des *Völkischen Beobachters*,

Alfred Rosenberg, und Ernst »Putzi« Hanfstaengl, einem wohlhabenden Deutsch-Amerikaner und frühen Förderer Hitlers, ruft er zu: »Heute Abend schlagen wir im *Bürgerbräukeller* während Kahrs Ansprache los.«

Gustav Ritter von Kahr, bayerischer Generalstaatskommissar mit diktatorischen Vollmachten, bewegt sich seit seinem Eintritt in die Politik auf der äußersten rechten Seite des politischen Spielfeldes, wo man nur noch einen langen Strich hat, auf dem man gehen kann. Kahr ist ein biederer, bornierter Beamter, ein Mann, der noch im Sitzen stolziert, kein Politiker seinem Wesen nach.

Aber noch hat er was zu sagen, das herrschende »Triumvirat« besteht aus ihm selbst, dem Kommandanten der Reichswehr in Bayern, Otto von Lossow, sowie Polizeichef Hans von Seißer. Was haben sie vor? Vor allem, was beabsichtigt Kahr mit seiner Rede im *Bürgerbräukeller*, zu der die Münchner Oberschicht geladen ist? Plant er etwa, die Wittelsbacher Monarchie wieder einzusetzen, für Hitler degeneriertes Hofschranzentum?

Oder will sich Kahr nach langem Zögern, Hitler übergehend, an die Spitze der Bewegung gegen die verhasste Weimarer Republik stellen? Die rechte Hand weiß nicht, was die Hand noch weiter rechts von ihr plant, und umgekehrt.

Neben der Überlegung, möglichst viele Gegenspieler und Bremser eines Umsturzes auszuschalten, gesellt sich ein zweiter Grund für die Aktion, und den hat Hitler selbst zu verantworten: Die Geister, die er gerufen, er wird sie nicht mehr los! Über Monate hat er Putschgerüchte mal befeuert, mal dementiert, das letzte Mal vor ein paar Tagen. Doch die Wahrheit ist: Sein *Stoßtrupp Hitler*, Speerspitze der Attacke, will nicht mehr warten. Die Männer seiner Schutzgarde leiden materielle Not, seit Wochen ist vom »Losschlagen« die Rede, und werden Erwartungen ständig enttäuscht und nichts passiert, dann gehen Soldaten von der Fahne.

Hitler will das Überraschungsmoment nutzen. Durch den gewaltsamen Auftritt soll das Triumvirat unter Zugzwang gesetzt werden: »Wir müssen die Leute hineinkompromittieren, dann können sie nicht mehr zurück«, erklärt Hitler Hanfstaengl seine Absichten. Er will den drei Zauderern »einen kleinen Schubs geben«, auf »daß sie endlich in das ihnen zu kalt erscheinende Wasser« springen.

Kaum ist Hitler in der Schellingstraße eingetroffen, ergehen die Befehle zur Mobilisierung an die Führer der Nazi-Truppen, teilweise per Bote oder Fahrradkurier. Ein Problem: Hitler will den Kreis der Eingeweihten so klein wie möglich halten, damit nichts vorab durchsickert. Das führt dazu, dass Kampfverbände im Unklaren gelassen werden, was heute wirklich passieren soll, und einige bis zuletzt von einer Übung ausgehen.

Um 16 Uhr fährt Weltkriegsgeneral Erich Ludendorff bei Kahr vor. Eigentlich hat er den Termin gemeinsam mit Hitler wahrnehmen wollen, doch seit einiger Zeit schneidet Kahr Hitler. Das Ziel Ludendorffs ist, wie er später selber sagt, »von Kahr persönlich zu erfahren, welche Position er einnahm und was er zu tun gedachte«. Kahr wiederum will Ludendorff davon überzeugen, »daß die Zeit noch nicht reif war«. Im Prinzip wollen beide dasselbe: Die verhasste Berliner Regierung Ebert/Stresemann stürzen und ein neues nationalistisches Regime errichten, um Deutschlands »Ruhm und Ehre« wiederherzustellen. Wie frühere Besprechungen führt auch diese zu nichts, um 17 Uhr gehen beide auseinander.

Der große Saal des *Bürgerbräus* an der Rosenheimer Straße fasst 3.000 Menschen und ist an diesem Abend voll besetzt. Tische und Stühle stehen so eng beieinander, dass die Kellnerinnen, die Masskrüge fest in den Händen, kaum durchkommen.

Hitlers roter Mercedes-Kompressor setzt sich von der Schellingstraße aus Richtung Innenstadt in Bewegung. Begleitet wird der Chef von seinem Leibwächter Ulrich Graf, Alfred Rosenberg und dem nichtsahnenden NSDAP-Gründer Anton Drexler. Am *Bürgerbräu* angekommen, eröffnet Hitler diesem, was er vorhat. Der verstimmte Drexler wünscht ihm viel Glück und zieht von dannen.

Inzwischen hat sich vor dem Gebäude eine beträchtliche Menschenmenge gebildet. Doch außer den Geladenen sowie Prominenz lässt die Polizei niemanden mehr rein. Im Saal selbst hat sich einerseits das Establishment der Stadt eingefunden, aber auch viele Nichteingeladene haben sich Zutritt verschafft, darunter auffällig viele von der NSDAP und Angehörige des Kampfbundes, des Zusammenschlusses der rechtsextremistischen Paramilitärs.

Als Hitler das Gedränge vor dem Eingang sieht, ist er besorgt, dass er die eben begonnene Veranstaltung nicht werde stürmen können. Er wendet sich an einen Polizisten, den er kennt, und der Privatmann Adolf Hitler »befiehlt« diesem, den Bereich räumen zu lassen. Konrad Heiden, Hitlers erster Biograf, hat die Szene mit beißender Ironie kommentiert: »Die Polizei hat auf Hitlers Befehl den Weg für Hitlers Putsch freigemacht.«

Mit seinem Gefolge begibt sich Hitler ins Brauhaus und lehnt sich an eine Säule ungefähr dreißig Meter entfernt vom Podium. Putzi Hanfstaengl schlendert mit einem Bündel großer Scheine zu einem Ausschank und kauft Bier. Aus dem Vorraum späht Hitler, innerlich aufs höchste erregt, immer wieder in den Saal. Es ist 20.15 Uhr. In wenigen Minuten sollen bewaffnete Sturmtruppen eintreffen.

Bereits anwesend ist das nichtsahnende Triumvirat. Ihr Anführer, der Diktator Gustav von Kahr, bewegt sich schwerfällig zum Podium. Er trägt einen altmodischen Gehrock, seine Schultern hängen, die Ärmel sind viel zu lang. Eher murmelnd denn flammend sprechend, beginnt er seine Rede.

Sehr bald verbreitet sich im Saal gähnende Langeweile, Kahrs aneinandergereihte hohltönende Phrasen über Marxismus, menschliche Trägheit und die faule Masse vermögen kein Feuer zu entfachen.

Hitler hat längst genug gehört. An der Garderobe entledigt er sich seines Trenchcoats, und nun kommt ein eigentümliches Gewand zum Vorschein: Er trägt eine dunkelgestreifte Hose sowie einen langen schwarzen Gehrock, und wäre nicht das angeheftete Eiserne Kreuz, man hielte ihn für einen Kellner, der gerade pausiert, oder für den Portier eines drittklassigen Hotels.

Draußen vor dem *Bürgerbräu* schiebt Wachtmeister Johann Bruckmeier den Kragen seines Mantels hoch, um sich vor der nassen Kälte zu schützen, und späht hinaus auf die vom fahlen Laternenlicht beleuchtete Rosenheimer Straße. Plötzlich rattern aus beiden Richtungen Konvois von Lastwagen mit Anhängern auf das Brauhaus zu. Vom Trittbrett des Wagens an der Spitze springt der beleibte Hermann Göring. Dutzende Schwerbewaffnete in Kampfausrüstung mit Gewehren, Pistolen und Handgranaten folgen ihm und stoßen auf das Gebäude vor, das komplett abgeriegelt wird.

Hitler wirft einen Blick auf seine Taschenuhr, es ist 20.30 Uhr, als Göring zusammen mit seinem Trupp im Vestibül auftaucht. Dieses Mal tatsächlich pünktlich.

»In nationalen Kreisen«, nuschelt Kahr, »glaubt man, es genüge die Wiederherstellung einer starken Staatsautorität. Auch der stärkste und mit der größten Macht ausgestattete Mann kann das Volk nicht retten ohne tatkräftige und von nationalem Geist getriebene Hilfe vom Volk …«

Als neben ihm das Maschinengewehr in den Vorraum gefahren wird, gibt Hitler, mit gezücktem Browning, das Zeichen, die gewaltigen Schwingtüren zum Saal aufzureißen. Er nimmt einen letzten

Schluck, wirft die halbe Mass klirrend zu Boden und stürmt zusammen mit etwa zwanzig bewaffneten Männern in den Saal. Den Abschluss der Gruppe bilden Göring im Gummimantel mit Gürtel, gezogenem Säbel, den Pour le Mérite um den speckigen Hals, auf dem Kopf einen Stahlhelm mit aufgemaltem großem Hakenkreuz, und Hanfstaengl, der seine Pistole so weit wie möglich vom Körper hält, weil er Angst hat, sie könnte losgehen.

»Wollte man ohne sich auf die begeisterte Mithilfe des Volkes …« Weiter kommt Kahr nicht, denn inzwischen ist der Tumult hinten im Auditorium nicht mehr zu ignorieren.

Hitler rechnet mit einem schnellen Auftritt, doch obwohl seine Mitverschwörer und Stuhlbeinrevoluzzer ihm unter Drohungen und Einsatz von Gewalt den Weg bahnen, benötigt er mehrere Minuten bis zur Bühne, was den beabsichtigten dramatischen Effekt beträchtlich mindert.

Während um ihn herum Stühle umkippen und Bierkrüge zerscheppern, springt Hitler, jetzt schon in der Nähe des Auditoriums, auf einen Tisch und schießt, nur wenige Meter von dem wie eingefroren wirkenden Kahr entfernt, mit seiner Pistole in die Decke: »Die nationale Revolution ist ausgebrochen«, schreit er. »Der Saal ist von 600 Schwerbewaffneten besetzt. Ein Verlassen des Saals ist unmöglich. Wenn nicht sofort Ruhe eintritt, kommt noch ein Maschinengewehr auf die Galerie.«

Schlagartig wird es still, bleich und mit vor innerer Erregung gellender Stimme brüllt Hitler: »Die bayerische Regierung und die Reichsregierung sind abgesetzt, eine provisorische Reichsregierung wird gebildet, die Kasernen der Reichswehr und Landespolizei sind besetzt. Reichswehr und Landespolizei rücken bereits unter den Hakenkreuzfahnen heran.«

Auf dem Podium verfolgt Gustav von Kahr das Geschehen entgeistert und stumm. Barsch wendet sich Hitler an das Triumvirat und fordert es auf, mit ihm in das von Heß am Nachmittag angemietete Nebenzimmer zu gehen. Laut, dass alle es hören können, fügt er hinzu: »In zehn Minuten ist alles erledigt. Ich garantiere für Ihre Sicherheit.«

Ein Gefühl von Ekel und Wut erfasst Kahr, und zunächst weigert er sich, mit Hitler zu sprechen. Doch wird er zusammen mit Lossow und Seißer von schwerbewaffneten Kräften aus dem Saal geführt.

Inzwischen hat das Publikum nicht nur seine Fassung wiedergewonnen, auch Unmut über das eben gesehene Schauspiel regt sich. »Theater«, »Mexiko« oder »Südamerika« rufen einige, und die SA hat Mühe, mit den üblichen Saalschlachtmethoden Ordnung zu schaffen.

Im Nebenraum kommt es zu einer bizarren Szene, und wiewohl sich die Versionen von ihr mitunter beträchtlich unterscheiden, treten ihre Grundzüge doch deutlich hervor.

»Komödie spielen«, will Lossow den beiden Mittriumvirn zugeflüstert und sie sich durch Blicke darauf verständigt haben. Das ist mehr als unglaubwürdig, denn es passt so gar nicht zu der Auseinandersetzung, die sich zwischen Hitler und dem Triumvirat entspinnen soll.

Vielmehr dient die Komödienerzählung dazu, später den Eindruck zu stützen, das Trio sei nur zum Schein Hitlers Weg des gewaltsamen Putsches gefolgt.

Im Saal bricht sich inzwischen die Erkenntnis Bahn, in einer Falle zu sitzen. Die SA bewacht alle Ausgänge, schlägt und tritt jeden, der versucht, das Lokal zu verlassen. Erneut flackert Unmut auf, den zunächst der frühere Polizeipräsident Ernst Pöhner beruhigen will. Doch wird er von einem SA-Mann in den Nebenraum gebeten, weil Hitler ihn braucht.

In diesem Aufzug stürmt Hermann Göring am Abend des 8. November 1923 an der Seite Hitlers den Saal des *Bürgerbräus* in München. Als die Nazis an der Macht sind, behält »der letzte Renaissancemensch«, als der sich Göring selbst gerne sieht und als zweiter Mann im Dritten Reich, die Vorliebe für eigenwillige Uniformen, die er sich schneidern lässt und bis zu dreimal am Tag wechselt. Seine größte Vorliebe gilt den extravaganten Kostümen, die er als »Reichsjägermeister« trägt. Eines Abends kommt er zu spät zu einem Empfang des britischen Botschafters Sir Eric Phipps und entschuldigt sich damit, er habe bis eben gejagt. Was Sir Eric Phipps trocken kommentiert: »Auf Tiere, wie ich hoffe.«

Jetzt wirft Hermann Göring seinen Gummimantel über einen Stuhl, wuchtet seinen massigen, ordensgeschmückten Leib auf das Podium und bellt die Leute in Kommandoton an: »Volksgenossen! Heute beginnt die Nationale Republik.« Die Aktion, so schreit er weiter, richte sich nicht gegen Kahr, nicht gegen die Truppe oder die Polizei, sondern ausschließlich gegen die »Berliner Judenregierung«.

Gemeint ist das wohl als Beruhigung der Versammelten, in ihrer Mehrheit Anhänger Kahrs. Aber Görings launischen Schlusssatz empfindet das überwiegend bürgerliche Publikum als Affront: »Im übrigen können Sie zufrieden sein, Sie haben ja ihr Bier!«

Unterdessen redet im Nebenzimmer ein erregter Adolf Hitler auf das Triumvirat ein: »Niemand verläßt lebend das Zimmer ohne meine Erlaubnis.« Und im gleichen Atemzug und mit der Pistole fuchtelnd, versichert Hitler, niemandem werde ein Leid geschehen, und dann noch, wie zur Entschuldigung: Er habe so handeln müssen, um den Herren die Übernahme ihrer neuen Ämter zu erleichtern. Die verteilt Hitler freigebig: Pöhner soll Ministerpräsident mit diktatorischen Vollmachten werden. Kahr trägt Hitler das Amt eines Landesverwesers an, das es bis dato gar nicht gibt. Und so in einem fort: Reichsregierung Hitler, Nationalarmee Ludendorff, Seißer Polizeiminister.

»Ich weiß, daß den Herren der Schritt schwerfällt, der Schritt muß aber gemacht werden. Man muß es den Herren erleichtern, den Absprung zu finden. Jeder hat den Platz einzunehmen, auf den er gestellt wird, tut er das nicht, so hat er keine Daseinsberechtigung. Sie müssen mit mir kämpfen, mit mir siegen oder mit mir sterben. Wenn die Sache schiefgeht, vier Schüsse habe ich in der Pistole, drei für meine Mitarbeiter, wenn sie mich verlassen, die letzte Kugel für mich.« Dann setzt Hitler sich in einer theatralischen Szene die Pistole an die Schläfe, um dem bestürzten Triumvirat mitzuteilen: »Wenn ich nicht bis morgen nachmittag Sieger bin, bin ich ein toter Mann.«

Im Prozess 1924 wird Hitler aussagen, Kahr sei ein gebrochener Mann gewesen, als er ihm das Amt angetragen habe. Dessen Entgegnung zeugt hingegen von einiger Standhaftigkeit, besonders bei einem Mann, der für Heldenmut nicht bekannt ist: »Sie können mich festnehmen«, erklärt Kahr Hitler ruhig. »Sie können mich totschießen lassen, Sie können mich selber totschießen. Sie haben jetzt die Macht. Sterben oder nicht sterben ist für mich bedeutungslos.«

Es ist diese Mischung aus Resignation und Trotz, an der Hitler sich die Zähne ausbeißt. Auch verfangen sanftere Töne nicht und der Appell, die Not der Menschen nicht zu vergessen und es den

»Novemberverbrechern« in Berlin keinesfalls zu gestatten, den fünften Jahrestag ihres »Verrats« am deutschen Volk zu begehen. Als er auf das Unvermeidliche der Situation aufmerksam macht und erklärt: »Die nationale Revolution ist ausgebrochen, ein Zurück gibt es nicht mehr«, antwortet ihm ein erboster Seißer in eisigem Ton: »Aber Sie haben Ihr Wort, keinen Putsch zu machen, gebrochen.«

»Ja, das habe ich getan«, antwortet Hitler, fuchtelt wieder mit seinem Browning rum und setzt zu einem neuerlichen Monolog an: »Verzeihen Sie mir. Aber ich tat es im Interesse des Vaterlandes und …«

»Aber unter diesen Umständen«, unterbricht Kahr, »können Sie nicht von mir erwarten, daß ich mitmache. Denn ich wurde von Bewaffneten herauseskamotiert. Es könnte bei der Versammlung der Eindruck erweckt werden, als ob ich bei meinen Entschlüssen unter einem Zwang gestanden hätte.«

Die Abwehrfront gegen ihn ist von der Härte eines Schildkrötenpanzers. Frustriert von den störrischen Triumvirn, begibt Hitler sich wieder in den Festsaal, in der Hoffnung, dort die Stimmung zu drehen.

Die hat sich in den etwa 15 Minuten, seit Hitler mit seinem bewaffneten Haufen die Versammlung gesprengt hat, fast komplett gegen ihn gewendet. Als zu irrsinnig und unmöglich empfinden die meisten Hitlers Gebaren. Jetzt kommt er zurück. Er hat es also nicht vermocht, das Triumvirat zu überzeugen. Was wird nun folgen?, fragt sich die Menge.

Hitler tritt ans Podium, und war sein erster Auftritt noch von herrischer Erregung geprägt, ist er nun die Ruhe selbst: »Deutsche Volksgenossen«, beginnt er. »Heute vor 5 Jahren wurde die größte Schandtat begangen, die unser unglückliches, armes Volk in dieses maßlose Elend gestürzt hat. Heute noch müssen wir dem Elend und der Schande ein Ende setzen.«

Und er fährt fort: »Eine neue deutsche nationale Regierung wird hier in Bayern, hier in München, heute noch ernannt. Es wird sofort gebildet eine deutsche nationale Armee. Ich schlage daher vor: Bis zum Ende der Abrechnung mit den Verbrechern, die heute Deutschland tief zugrunde richten, übernehme die Leitung der Politik der provisorischen nationalen Regierung ich (...). Die Aufgabe der provisorischen Regierung ist, mit der ganzen Kraft dieses Landes und der herbeigezogenen Kraft aller deutschen Gaue den Vormarsch anzutreten in das Sündenbabel Berlin, das deutsche Volk zu retten.«

Ohne pathetisch zu werden, zieht Hitler die Trugbilder der Realität vor. Ganz so, als handele es sich bereits um vollendete Tatsachen, dass die Reichsregierung abgesetzt, eine neue gebildet sei, mit Ludendorff, Lossow, Seißer und ihm selbst an der Spitze sowie Kahr als Reichsverweser in Bayern. Hitlers Autosuggestion überträgt sich auf den Saal, mit einer meisterhaften Rede dreht er die Stimmung wie »einen Handschuh« um. »Es hatte, so beschreibt es ein Zeitzeuge, etwas von einem Hokuspokus, von einer Zauberei.«

Denn jetzt setzt Hitler an, den letzten Stoß zu führen. Auch Putschkunst, so könnte man in Abwandlung eines berühmten Satzes sagen, beruht auf Betrug. Nicht ohne einen Anflug von Selbstergriffenheit wendet er sich direkt ans Auditorium: »Ich frage Sie nun: Draußen sind drei Männer: Kahr, Lossow und Seißer, sie ringen schwer mit dem Entschluß. Kann ich Ihnen sagen, daß Sie hinter ihnen stehen werden? ›Ja! Ja!‹ scholl es sturmartig anschwellend von allen Seiten.« Getragen von einer Welle der Begeisterung, ja Massenpsychose setzt Hitler den Schlusspunkt: »Der Morgen findet entweder eine deutsche nationale Revolution oder uns tot.«

Nebenan hat sich unterdessen die Stimmung entspannt. Von ihren Bewachern erbitten sich Lossow und Seißer eine Zigarette, nur

Kahr hört nicht auf zu quengeln: Unerhört sei es, dass seine Rede unterbrochen und er aus dem Saal eskamotiert worden sei.

Auf dem Weg zurück ins Nebenzimmer drückt Hitler Göring die Liste mit den Namen der zu Verhaftenden in die Hand und befiehlt, diese im ersten Stock festzusetzen. Anschließend beschwört er das Triumvirat erneut, seinen Widerstand aufzugeben. Die Versammlung werde sie auf Händen tragen, doch wieder erntet er nichts als pikiertes Gemurre von Kahr, der darauf keinen Wert legt.

Von draußen sind jetzt Heilrufe zu hören, Beifall brandet auf, ein neuer Akteur tritt auf, der einiges Gewicht auf die Waagschale bringt, einer der »Helden« des Ersten Weltkriegs und Idol der Völkischen, General Erich Ludendorff.

Undenkbar, dass er über den Putsch nicht Bescheid weiß. Vielleicht ist er verärgert, weil Hitler sich selbst an die Regierungsspitze befördert hat und ihm nur die Aufgabe zukommt, die bayerische Reichswehr gen Berlin zu führen. Jedenfalls schneidet er, wie sich die Zeitzeugen erinnern, bei seinem Erscheinen im Nebenraum Hitler, würdigt ihn keines Blickes.

In der Sache freilich argumentiert er genau wie dieser. »Der Schritt ist getan, es handelt sich um das Vaterland und die große nationale völkische Sache, und ich kann Ihnen nur raten, gehen Sie mit uns, tun Sie das gleiche.«

Und zum Landeskommandanten gewandt: »Na, Lossow, jetzt machen wirs.«

Der ist ganz gerührt. Da steht der größte Soldat des Krieges vor ihm und erwartet kameradschaftlich Pflichterfüllung. Mit »Tränen in den Augen« knallt Lossow die Hacken zusammen, schlägt mit kräftigem Handschlag ein, das nennt sich Gefolgschaft.

Gefangen im Passepartout des Soldatentums, jener endlosen Abfolge von Befehl und Gehorsam, willigt auch Oberst Ritter von Seißer ein, als Ludendorff ihn bittet, den Putsch zu unterstützen. Die begleitenden Ehrbezeugungen und Gesten der Zustimmung strafen alle späteren Behauptungen des Triumvirats Lügen, ihre Zusicherungen seien erpresst worden.

Nur Kahr ist immer noch verstockt und damenhaft beleidigt. Hitler verabscheut er, Ludendorff ist ihm seit je zuwider, seine Mitstreiter haben ihn im Stich gelassen. Und weil alle nicht müde werden, auf ihn einzureden, greift Kahr nach dem letzten Strohhalm und holt für sich heraus, was rauszuholen ist: Unter gewissen Umständen sei er bereit, die Geschicke Bayerns zu leiten, als Statthalter der Monarchie. Die ist zwar das Letzte, was Hitler will, den Kronprinzen sieht er als Ballast an, ihn über Bord zu werfen aber als das Problem eines anderen Tages. Wichtig ist jetzt, dass Kahr nach außen sichtbar mitzieht. Hitler dankt ihm überschwänglich.

Die Stimmung im überfüllten, alkohol- und rauchgeschwängerten Saal ist inzwischen gereizt. Einige sind ungeduldig, weil sie schon über eine Stunde festgesetzt sind, andere in gespannter Erwartung, als die Akteure auf das Podium zurückkehren. Es ist nicht breit genug, um allen nebeneinander Platz zu bieten, und so findet sich Ludendorff in der Mitte, neben sich Kahr und Hitler, während die anderen, kaum zu sehen, mit den Plätzen in der zweiten Reihe vorliebnehmen müssen.

Der immer noch maskenhaft wirkende Kahr legt ein verschwiemeltes Bekenntnis zur Monarchie ab, dem frenetisch applaudiert wird. Mit schimmernden blauen Augen und glücklich lächelnd ergreift Hitler daraufhin die Hand Kahrs, und den Anwesenden drängt sich der Eindruck auf, einer Verbrüderungsszene beizuwohnen, »ein(e) Art Rütlischwur vor versammeltem Volk«.

Hitler verspricht, »nicht zu ruhen und zu rasten, bis die Novemberverbrecher zu Boden geworfen sind, bis aus den Trümmern des heutigen jammervollen Deutschlands wieder auferstanden sein wird ein Deutschland der Macht und der Größe, der Freiheit und der Herrlichkeit. Amen!«

Die Menge schreit und jubelt ob dieser Travestie des Vaterunsers. Jetzt ist Ludendorff an der Reihe. Immer noch ergrimmt über Hitler, spricht er, als wäre er sein eigenes Denkmal: »Ergriffen von der Größe des Augenblicks und überrascht stelle ich mich kraft eigenen Rechts der deutschen Nationalregierung zur Verfügung.«

Dann bekennen sich Lossow, Seißer und Pöhner zum Umsturz. Und Hitler schüttelt auch ihnen mit kindlicher Freude die Hand. Die Menge tobt. Gerührt und überwältigt von nationalen Gefühlen stimmt sie die Nationalhymne an. 3.000 Kehlen für Deutschland. Es ist 21.40 Uhr.

Die Verheerungen des Ersten Weltkriegs und die Wirren der Nachkriegszeit haben den einstigen Gefreiten auf die politische Bühne gespült. Jetzt ist er der Star des Abends, alle Demütigungen der letzten Jahre – in einer guten Stunde getilgt. Die mächtigsten Männer Bayerns an seiner Seite, den Nationalheroen Ludendorff neben sich. Der verhockte Eigenbrötler, 34 ist er, nichts hat er gelernt, wenig bis nichts geleistet in seinem Leben, mit wenig mehr gesegnet als rednerischem Furor und brachialer Rücksichtslosigkeit, jetzt betritt er die große, die nationale Szene.

Und im Augenblick seines Triumphs unterläuft Hitler ein kapitaler Fehler.

Januar

In der Neujahrsnacht tanzt Anita Berber das Laster, das Grauen und die Ekstase, und der einflussreichste Journalist Deutschlands ist angeekelt. Auch Joseph Goebbels ekelt sich, und zwar vor sich selbst, denn er muss bei einer Bank arbeiten. Der junge, unbekannte Bertolt Brecht fordert selbstbewusst, um nicht zu sagen: affenarrogant, ein eigenes Theater, um seine Stücke zu spielen. Gegen Ernst Ludwig Kirchner verschwört sich mal wieder die Welt. So sagt er. Vor allem die Kunstkritiker mögen ihn nicht. So glaubt er. Lässt sich dagegen gar nichts tun? Oh, doch! Die Franzosen rücken ins Ruhrgebiet ein, in Deutschland nimmt die Tragödie ihren Lauf. Gleichzeitig verstrickt sich der spätere »Kronjurist des Dritten Reiches«, Carl Schmitt, in Liebesdingen und futtert Pralinen, bis ihm schlecht wird. Weil Irrationalismus so hoch im Kurs steht wie der Dollar, sitzt Thomas Mann in München einer okkulten Sitzung vor. Dort plant Hitler den ersten Parteitag der NSDAP mit 6.000 bewaffneten SA-Männern und sich selbst als Attraktion in nicht weniger als zwölf Veranstaltungen. Das verbietet die bayerische Staatsregierung. Hitler ist außer sich und wagt die offene Kraftprobe. Schnallen Sie sich an: Es wird ein holpriges Jahr!

In einem eng anliegenden schwarzen Kleid bewegt sich Anita Berber, weiß geschminkt, die Haare kupferrot, der Mund blutfarben, zu einem Lehnstuhl auf der Bühne des *Intimen Theaters* an der Berliner Bülowstraße. Es ist die Neujahrsnacht, und sie tanzt *Morphium.*

Im Publikum missfällt dem wirkmächtigsten deutschen Journalisten, Flieger-Major a. D. Adolf Stein, was er sieht: In Berbers Hand kreist die Nadel, mit der sie sich die Droge spritzt. Die Nadel fällt zu Boden. Stille, eine dramatische Pause. Dann stützt sich Berber auf die Armlehnen, spannt den Körper zu einem sagenhaften Bogen, »einem morbiden Regenbogen, der nichts Gutes verkündet«.

Die Musik setzt ein, ein Walzer von Mischa Spoliansky.

Was folgt, ist weniger Tanz als Pantomime und Spuk, eine »leicht wellenförmige Trance schüttelt die Tänzerin in langen unvollendeten Bewegungen von einem Stadium ins andere, von Wust zu Wirrnis, von einer halbgrauen Vision zur nächsten«.

Sparsam die Gesten, schlicht die Gesichtsausdrücke, die an »europäisierte japanische Masken« erinnern. »Mit barbarischem Elan einer rituellen Handlung vor einem teuflischen Fetisch« in »hinreißender Art ausgeführt«. *Morphium* ist neben *Kokain* Berbers berühmteste Darbietung. Sie weiß sehr genau, was sie tanzt.

Am Ende der Performance liegt sie über den Armlehnen des Stuhls, und wieder formt ihr Körper einen Bogen, zum Bersten gespannt.

»Wirkliches Morphium ist schmerzstillend, dieser Tanz aber tut einem weh. Ich kann so viele Rippen nicht vertragen«, ätzt Stein über die Aufführung. Angewidert notiert er: »So erbricht sich Berlin zum Jahresanfang. Daraufhin kann man schon prophezeien, man habe den Eindruck, daß es 1923 noch keinen Aufstieg für uns gäbe. Erst müssen wir uns des fremden Taumelgiftes, dieses Wiener Methylalkohols der Bühnen, entledigen. Die heilige Scham muß

Vor jedem Auftritt leert Anita Berber eine Flasche Dujardin, die lässt sie sich vertraglich zusichern. Rückhaltlos wie keine Zweite liefert sie sich aus in einer aufsehenerregenden Selbstentblößung und gilt als das erste »It-Girl« der jungen Republik.
Vor allem aber ist sie eine kompromisslose Frau, die alles preisgibt von sich und ihrer Kunst alles unterordnet. Doch das begreift fast niemand.

wiederkehren. Ihr folgt die Ehrfurcht vor Größe. Und dann wird ein Volk, auch ein so zerbrochenes, von fremdem Eifer überflutetes, wie das unsrige, wieder stark.«

Am Beginn des »tollen« Jahres 1923, es ist »das erregendste von vielen aufregenden Jahren«, so Sebastian Haffner, beschwört der rechte Starjournalist die Mumie des monarchistischen Deutschlands und die Tänzerin des Lasters, des Grauens und der Ekstase das Rauschgift. Der Vorhang ist aufgezogen für das Stück »Zusammenprall der Kulturen«. Es wird das Jahr prägen.

■●■

Ebenfalls um die Jahreswende will der Dramatiker Arnolt Bronnen den Menschen helfen, die Welt verbessern. Menschen sollten nicht mehr hungern. Was sein Freund, der noch fast vollkommen unbekannte 24-jährige Bertolt Brecht, mit der Bemerkung quittiert, dass es Bronnen doch gar nichts angehe, wenn die Menschen hungern. Was anderes ist ihm viel wichtiger: »Man muß hinaufkommen, sich durchsetzen, ein Theater haben, auf dem man seine eigenen Stücke aufführen kann.«

■●■

Die lösen bei dem bereits berühmten Dichterkollegen Arthur Schnitzler nicht eben Begeisterungsstürme aus. Er liest Brechts *Trommeln in der Nacht* und notiert: »Talentspuren, nicht viel mehr. Riecht nicht sehr nach Entwicklung.« Da gefällt ihm Waldemar Bonsels *Biene Maja* besser, »ein feines poetisches Buch«.

■●■

Der 25-jährige Joseph Goebbels ekelt sich vor sich selbst. Der Grund: Die wirtschaftlichen Verhältnisse zwingen ihn dazu, bei einer Filiale der *Dresdner Bank* in Köln zu arbeiten. Am 2. Januar ist sein erster Arbeitstag. Er, der doch eigentlich Schriftsteller sein will, mindestens aber Journalist, der überall mit »Dr. Goebbels« unterschreibt, muss seine Ideale von der »deutschen Seele« über den Haufen werfen und sich für ein erbärmliches Gehalt dem Mammon andienen.

■●■

Schnitt auf Ernst Ludwig Kirchner und die Schweiz: Anfang des Jahres ist er sauer und macht aus seiner Mördergrube kein Herz. Was ist passiert? Die Frau seines Arztes Lucius Spengler, Helene Spengler, hat es gewagt, ihm zu Weihnachten eine Büchse englischen Tees zu schenken. Eigenhändig trägt der geniale Expressionist und Mitbegründer der *Brücke* ihn zurück in die *Villa Fontana* in Davos, wo Frau Doktor samt Gatten residiert. Den Tee lässt Kirchner unerwähnt, stellt ihn beim Gehen einfach an der Garderobe ab. Das wiederum findet Helene Spengler unerhört.

Dem reizbaren Kirchner geht die Frau seit geraumer Zeit auf die Nerven, obwohl er – oder weil er? – den Spenglers so viel zu verdanken hat. Nicht nur haben sie ihm im Krieg den Aufenthalt in der Schweiz ermöglicht, Helene Spengler hat ihn auch vom Veronal und Morphium entwöhnt. Seitdem scheppert es immer mal wieder zwischen den beiden. Und nun auch noch das!

»Ach Gott, ich habe den Tee nur zurückgegeben, um zu verhindern, daß ich das nächste Mal einen Laib Käse bekomme«, mokiert sich Kirchner. Um dann zu einer seiner berüchtigten Schimpf- und Schmähreden anzusetzen: »Mir ist wirklich Angst vor der sogenannten Güte dieser Frau. Total verlogen und gutmütig, wenn man ihrer Eitelkeit schmeichelt, ist das ein Mensch, der in meinem Leben etwas sagen könnte?«

Die Antwort gibt er sich gleich selbst: »Ich versuchte, ihr den reinen Genuß der Kunst zu zeigen. Aber leichter versteht ein Tier schreiben als diese Frau das Eigentliche an Malerei. Sie stellt sich ein, wenn sie hier ist, aber oh Jammer und Komik, es entfährt ihr einer: Dies Bild ist sehr dekorativ, die (Eidechse) beim grünen Akt, ach gute Frau, geben Sie sich keine Mühe. Sie lernen es nie.«

Auch setzt eine hartnäckige Grippe Kirchner zu, und seine Lebensgefährtin und Muse Erna Schilling »ist wieder kratzbürstig«.

Anscheinend hat sich mal wieder die ganze Welt gegen ihn verschworen.

In ruhigen Minuten ist ihm durchaus klar, dass er mit seinen unsteten Gefühlsschwankungen die Welt vor den Kopf stößt. So schreibt er, kurz nach seinem Wutanfall, an seinen alten Freund, den Philosophen Eberhard Grisebach, der zudem der Schwiegersohn Helene Spenglers ist: »Die Geschichte mit dem Tee hat mir nachträglich leid getan, weil Frau Doktor bei all ihrer Güte sie doch ganz falsch verstanden hat. Sie warf mir Laune, Diplomatie und Politik vor, und doch ließ mich nur aufrichtiges Gefühl das tun. Es wäre gewiß leichter für mich und die anderen, hätte ich nur ein wenig diplomatisches Geschick, so würde ich nicht immer in dieser Weise anstoßen.«

Ein paar Tage später ist die Teegeschichte scheinbar vergessen: Kirchner schickt Orchideen an Helene Spengler, am 20. begibt er sich in die *Villa Fontana* und lädt die Hausherrin ein, fertig gerahmte Bilder bei ihm zu besichtigen.

Ihm ist aufgegangen, dass er und seine Lebensgefährtin und Muse Erna Schilling von der Hilfe der Spenglers abhängen. Er will keinen Streit. Doch dann gehen die Pferdchen erneut mit ihm durch. Er ist und bleibt ein Ekelpaket: »Und so ordinär, wie sie sonst empfindet, dürfte auch ihre Rache sein. Da ich hier nur geduldet bin, muß ich so handeln, daß sie keinen Grund zur Rache hat.«

Diese Einsicht wird seinen Groll weiter befeuert haben. Im Mai zerbricht die Beziehung zu Helene Spengler und Eberhard Grisebach endgültig. Dessen Nerven sind von den wiederkehrenden Auseinandersetzungen angegriffen, und giftig schreibt er an seine Schwiegermutter am Ende des Jahres, er verstehe jetzt, warum Plato die Künstler aus seinem Staat hat ausweisen lassen. »Wo ich ernsten

Künstlern begegne, werde ich gerne bei ihnen einkehren, aber allen Krampf kann ich nicht mehr vertragen …«

■●■

Am 2. Januar scheitern die Reparationsverhandlungen in Paris an der starren Haltung Belgiens und Frankreichs. Binnen weniger Tage steigt der Dollar sprunghaft an, am 4. Januar kostet er 8.800 Mark.

■●■

Brechts *Trommeln in der Nacht* wird am 5. Januar nach nur vier Aufführungen wegen mangelnden Erfolgs vom Spielplan des *Deutschen Theaters* genommen. Brecht ist wütend auf Theaterleiter Felix Hollaender, der ein »schwarzes Herz« habe. »Gott wird Gericht über ihn halten«, zürnt Brecht. Verärgert ist er außerdem über Otto Falckenberg. Zu bedächtig, zu ruhig und zu langsam ist der 49-jährige Münchner Regisseur nach Brechts Meinung für Berlin. Der nicht mal halb so alte Dichter und Dramatiker macht keine Gefangenen.

■●■

Am 6. Januar verurteilt das Berliner Landgericht den größten Schwindler der Inflationszeit zu drei Jahren Haft, 105.000 Mark Strafe und fünf Jahre Ehrverlust.

Max Klante ist sein Name, wie alt er ist, weiß er nicht. 38 oder 39 – wen interessiert das schon?

Nach dem Krieg verbringt der gelernte Fotograf aus Breslau die meiste Zeit auf der Pferderennbahn. Bald wird er »Tipster«, gibt Wettratschläge gegen Gewinnbeteiligung. Seine Vorhersagen sind gut, und Breslau wird ihm zu klein.

Berlin ist das Zentrum für Wettspiele aller Art, das verrufene Scheunenviertel mutiert zu einem neuen Monte Carlo, und jede Menge Glücksritter stürmen die vier Pferderennbahnen der Stadt.

Viele suchen im verarmten Deutschland der Nachkriegszeit nach einem Nebenverdienst oder Gewinn ohne Mühe, ein Strudel hat die Menschen erfasst, und ohne groß nachzudenken, stürzen sie sich ins

Abenteuer und investieren bei Klante, zumal dieser, obschon formal ungebildet, zeitgenössischen Schilderungen zufolge über Charisma verfügt und große Überredungskunst.

Bald gründet er seinen eigenen Rennstall, mietet sich in der Großen Frankfurter Straße Räume, stattet das Wettbüro und das angrenzende Café mondän aus und wirft einen Prospekt auf den Markt, in dem er sechshundert Prozent Gewinn im Jahr verspricht.

Er erwirbt gute Vollblüter, die mehrere Rennen gewinnen. Zu Beginn zahlt Klante den versprochenen Profit aus. Seine Anhänger sind begeistert: Klantes System ist, wie er immer wieder betont, »todsicher«.

Er gilt als Volksbeglücker, und wenn er auf der Rennbahn auftaucht mit einem Koffer voller Geld, um die Einsätze zu tätigen, lässt man ihn hochleben. Er erwirbt das *Café Rheingold*, baut es um und nennt es nach einem Rennpferd Sport-Café *Gallipoli*. Dieses »Anreißercafé« ist stets gut besucht, dort werden ihm lärmende Ovationen dargebracht, immer neue Glücksritter setzen auf Klante.

Das klassisch aufgebaute Schneeballsystem spült immer fantastischere Summen in seine Kasse, und Klante wird Mitglied der High Society: Auf dem Höhepunkt seiner Karriere besitzt er eine Villa in Karlshorst, drei Autos, beschäftigt zwei Chauffeure, hält sich mehrere Geliebte, veranstaltet pompöse Feste. In Breslau dirigiert er mit Zustimmung von Richard Strauss ein Werk des Komponisten, und im *Gallipoli* spielt die uniformierte Kapelle den »Max-Klante-Marsch«:

Es braust ein Ruf durch ganz Berlin.
Voran! Laßt uns mit Klante ziehn!
Und wär' der Weg auch hart, der Weg so steil,
Wir rufen laut: Max Klante Heil, ja Heil!

Rund 260.000 Menschen vertrauen Klante ihr Erspartes in Höhe von neunzig Millionen Goldmark an. Die Geldschwemme ist der Anfang vom Ende, denn niemand kann so viel dauerhaft gewinnbringend einsetzen. Klante kürzt seine Dividende, einige seiner Kunden springen ab. Doch haben sich längst Konkurrenzfirmen etabliert, die nach wie vor mit schwindelerregenden Margen locken. Das ganze Land ist im Spielfieber, und Berlin die Spielhölle der Welt.

Am Ende bekommt Klante Besuch vom Finanzamt, rasch stellt es fest, dass der Volksheld nie Kapitalertragssteuern bezahlt hat. Klante taucht kurz unter, wird bald verhaftet und vor Gericht gestellt. 1955 nimmt er sich in seiner schäbigen Wohnung in der Nähe des Alexanderplatzes mit Gas das Leben, und es wird erzählt, ein Totoschein sei das Letzte gewesen, was er besessen.

■ ● ■

Ernst Ludwig Kirchner hegt weiter Groll – zur Abwechslung gegen Journalisten. Sie schreiben seit Jahren zu wenig über ihn, und wenn, kommt nur Unsinn dabei raus, findet er. Es gibt eine Ausnahme, die heißt Gustav Schiefler, ehemaliger Richter in Hamburg, vor allem aber Kunstfreund, -sammler und Förderer Kirchners. Ein großartiger Stilist überdies, der an einem Katalog zum Werk Kirchners arbeitet.

Die zweite Ausnahme ist der französische Arzt und Kunstkenner schwarzafrikanischer Abstammung Louis de Marsalle. Im Januar schickt Kirchner Schiefler einen Aufsatz von seinem »hiesigen Freunde de Marsalle«, der nach Meinung Kirchners »einfach ideal schreibt«. Im Krieg habe er seine Bekanntschaft gemacht. Kirchner hofft, dass er mit Hilfe Marsalles wird beweisen können, »daß meine Arbeit wirklich unabhängig und rein von der zeitgenössischen französischen Kunst entstand und sich entwickelt hat«.

Schiefler liest den Aufsatz, wie er beteuert, mit Genuss. Aber ein Anflug von Ironie schwingt in seiner Antwort mit: »Diese Art sachlicher Kunstbetrachtung, ohne Schmuserei und qualliges Geschwöge, wirkt herrlich beruhigend und wohltuend.«

Über die plastischen Arbeiten Kirchners schreibt Marsalle, Kirchner sei einer der »ganz wenigen heutigen Künstler«, die begabt genug seien, »formschaffend und stilbildend zu wirken«.

Und über seine Grafiken gerät der Franzose geradezu ins Schwärmen: »große Freude« mache es, den Formen Strich für Strich nachzugehen«, und »die freie Kühnheit«, mit der die Figuren gestaltet sind, besonders die kleinen im Hintergrund, lassen einen staunen. Aus den Blättern spreche eine »urkräftige, künstlerische Sinnlichkeit«.

Fürwahr, da hat Kirchner einen großen Bewunderer seiner Kunst gewonnen. Der später berühmte Will Grohmann, er wird Gerhard Richter entdecken, arbeitet als Redakteur der Zeitschrift *Cicerone*. Nachdem er Kirchner persönlich kennengelernt hat und viel von dem französischen Freund gehört und gelesen, möchte er ihn gern treffen. Doch ständig ändern sich dessen Adressen. Die neue in Paris hat Kirchner noch nicht, sagt er. Oder aber, ach, nein, er ist nicht mehr in Paris, er ist jetzt in Algier. Wunderbar, entgegnet Grohmann, ich will nach Tunis, von da mache ich einen Abstecher nach Algier. Aber, ach, oh weh, Kirchner hat auch diese Adresse nicht, aber wahrscheinlich sei de Marsalle inzwischen ohnehin als Arzt beim Militär.

Manche Passagen bei Marsalle lesen sich, als habe er, während Kunst entsteht, neben dem »Meister« gestanden, was undenkbar ist angesichts des schwierigen und äußerst unzugänglichen Charakters Kirchners.

Als die lästigen Nachfragen nach dem Franzosen auch zehn Jahre später immer noch nicht verstummen wollen, niemand kennt ihn, nie kommt er zu Ausstellungseröffnungen, da erscheint es Kirchner ratsam, seinen guten Freund de Marsalle 1933 sterben zu lassen.

Den Selbstvermarktungstrick Kirchners kann man nicht anders als genial nennen. Eine schillernde Figur erfinden und dann in ihrem Namen die eigene Kunst besprechen. Darauf ist nicht mal Andy Warhol gekommen.

■●■

Thomas Mann fällt unter die Okkultisten. Und das nicht zum ersten Mal. Doch heute, am Dreikönigstag, darf er den Vorsitz führen. Er begibt sich an den Münchener Karolinenplatz, der hochumstrittene Albert Schrenck-Notzing hat in sein Palais geladen. Das »Medium« Willi Schneider, ein zwanzigjähriger Knabe aus Österreich, soll mit seiner psychischen Kraft Gegenstände hin und her bewegen, einen kleinen Holzstab zerbrechen, ohne ihn zu berühren, kurz: Dinge tun, die nicht möglich erscheinen. Im Salon wird das Licht abgeschaltet.

Thomas Mann hält Schneider während der Versuchsanordnung fest, so dass dieser sich nicht bewegen kann, ohne dass Mann dies bemerkt hätte. Und doch »hob er einen kleinen Holzstab, der auf der Tischplatte lag, mit Hilfe einer unsichtbaren Kraft auf, die er unter großen Qualen erzeugte und die wie ein geheimnisvolles Fluidum seinem Körper zu entströmen schien. Ich sah und hörte, als eine Glocke, die etwa anderthalb Meter von ihm entfernt lag, unter dem Druck desselben Fluidums zu läuten begann. Ich war erstaunt und bekehrt.«

■●■

Am 7. Januar gründen die Brüder Walt und Roy Disney das Unternehmen Disney Brothers Cartoon Studio.

■●■

Am 11. Januar marschieren französische und belgische Truppen ins Ruhrgebiet ein. Der französische Ministerpräsident Raymond Poincaré nimmt eine säumige Lieferung von ein wenig Kohle, Holz und ein paar Telegrafenmasten zum Anlass, seine Theorie der »produktiven Pfänder« in die Tat umzusetzen. Ihn beherrscht der Nationalismus, er will das »blutige Phantom des französischen Sieges gegenwärtig« halten. Man muss sich holen, was Deutschland nicht freiwillig zu geben bereit ist, muss Deutschland immer wieder klarmachen, wer den Krieg gewonnen, vor allem wer ihn verloren hat. Deutschland schwächen heißt Frankreich stärken. So denkt der engstirnige und unerbittliche Mann.

Vielleicht unterschätzt Poincaré den Kampfeswillen der Bevölkerung. Vielleicht setzt er zu stark auf den Gegensatz zwischen Arbeitern und Schlotbaronen.

Rasch formiert sich teils spontaner, teils organisierter Widerstand. So ziehen am 15. Januar fünfhundert Demonstranten durch Bochum mit dem Schlachtruf: Siegreich wolln wir Frankreich schlagen!

Am 19. ergeht der Aufruf der Reichsregierung zum passiven Widerstand: Den Anordnungen der illegalen Besatzer darf niemand folgen. Zechen werden geschlossen, kein Stück schwarzes Gold soll an Frankreich und Belgien gehen. Tatsächlich gelingt es den Truppen nicht, nennenswerte Mengen aus dem Ruhrgebiet herauszuschaffen. Lieferungen an das unbesetzte Deutschland aber werden verhindert. Das Reich ist abgeschnitten von seiner wichtigsten Industrieregion und muss überdies deren Bevölkerung versorgen, was enorme Summen verschlingt.

Die Franzosen verweisen etliche Staatsdiener des Landes, auch sie muss das Reich alimentieren. Poincaré kreiert ein ökonomisches Verdun. Wird er sein Ziel erreichen, nämlich Deutschland wirtschaftlich auszubluten?

■ ● ■

Die Hoteliers im Ruhrgebiet rächen sich auf bizarre Weise. Ab Sonntag, dem 21. Januar, nehmen sie weder Franzosen noch Belgier auf. Auch werden keine französischen Weine mehr serviert. Harry Graf Kessler kommentiert trocken: »Nationalistische Torheiten.«

■ ● ■

Zurück in Wien, wo sie ihre Dezember-Tournee fortsetzt, entfacht Anita Berber einen Skandal. In den frühen Morgenstunden des 12. Januar macht sie den Nachtclub *Tabarin* im Wiener I. Bezirk zu einem Schlachtfeld. Was ist geschehen? In Wien haben Berber und ihr Tanzpartner Sebastian Droste Schulden aufgehäuft, von bis zu 200 Millionen Kronen ist die Rede. In ihrer Garderobe im *Tabarin* liegt als Pfand einiger Schmuck von Frau Berber. Nach ihrer letzten Vorstellung nimmt sie ihn an sich und will das Etablissement verlassen, wird jedoch vom Portier aufgehalten, dem sie daraufhin ins Gesicht schlägt. Der schlägt sehr unfein zurück. »Es kam zu einer Raufszene, an der sich schließlich Kellner und Gäste beteiligten, die sich auf die wütend um sich schlagende Tänzerin stürzten.«

Pelze, Brillanten und wertvolle Toiletten hat sie sich ertanzt, der Luxus hat das Gesicht des Lasters für sie erträglich, vielleicht sogar attraktiv gemacht. Jetzt wird Anita Berber ausgewiesen und mit einem fünfjährigen Einreiseverbot belegt. Sie wird Wien nie wiedersehen.

■ ● ■

Im Erich Reiss Verlag in Berlin erscheinen *Die Gesammelten Schriften* Gottfried Benns. Ganze 214 Seiten umfasst der Band. In seinen Gedichten seziert der praktizierende Arzt »was ihm an körperlicher wie geistiger Erscheinung unter die Finger kommt, mit größter Sachlichkeit, alles Unnütze in den Mülleimer stopfend«.

Dahin wünscht Benn im Grunde das ganze Buch: »Nun erscheinen meine gesammelten Werke, ein Band, 2000 Seiten, sehr wenig, man müßte sich schämen, wenn man noch am Leben wäre. Kein nennenswertes Dokument; ich wäre erstaunt, wenn sie jemand läse; mir selber stehen sie schon sehr fern, ich werfe sie hinter mich wie Deukalion die Steine«.

Ein atemverschlagendes Urteil des Dichters über seine Werke, die einen der Gipfelpunkte deutscher Literatur im 20. Jahrhundert markieren.

■●■

Den Gipfel erklimmen will auch Bertolt Brecht. Er blickt zurück auf ein unstetes, aber erfolgreiches Jahr. Zwischen Augsburg, München und Berlin hin und her pendelnd, erlebt er nicht nur die Uraufführung seiner *Trommeln in der Nacht* in München, auch die Hauptstadt hat ihm die Türen geöffnet. Den Weg ebnet ihm vor allem Lion Feuchtwanger, der über den jungen Dichter im Oktober 1922 im *Tage-Buch* eine Lobeshymne veröffentlicht: Als »am meisten reich, schöpferisch, repräsentativ« preist Feuchtwanger Brecht.

Seine drei Stücke, neben *Trommeln* der *Baal* und *Im Dickicht*, haben die Aufmerksamkeit des einflussreichen Kritikers des *Berliner Börsen-Couriers* erregt: Herbert Ihering, ein früher Förderer Brechts, hat ihm 1922 den begehrten Kleist-Preis verliehen.

Doch zufrieden ist Brecht nicht: »Ich habe die denkbar besten Verträge mit Vertrieben, Bühnen, Verlagen. Ich kann mich weder über die Presse noch über das Publikum beklagen (…). Aber ich kann nicht leben.

Ich fahre nicht Auto und besuche nicht Spielhöllen. Ich kann mit meinen Einnahmen meinen Lebensunterhalt nicht mehr bezahlen. Die Miete ist mir zu hoch (…). Ich nehme an, daß die Öffentlichkeit zu sehr mit ihren eigenen Nahrungssorgen beschäftigt ist.«

Seiner Frau, der Schauspielerin und Opernsängerin Marianne Zoff, vertraut er an:

»Wir werden verhungern, unser Kind wird nichts zu essen haben, alles braucht so viel Zeit, nichts geht voran.« Ist er in Berlin, reicht das Geld oft nur für Löffelerbsen und Gratisbrot bei Aschinger.

Geheiratet hat er, weil Zoff von ihm schwanger ist. Das Kind soll seinen Namen tragen. Was er von der Ehe hält? Sein Tagebuch gibt Auskunft: »Und ich kann nicht heiraten. Ich muss Ellbögen frei haben, spucken können, wie mirs beliebt, allein schlafen, skrupellos sein.«

Was will die frisch getraute Marianne mehr?

In der zweiten Januarhälfte beziehen die Brechts eine bescheidene Zweizimmerwohnung an der Akademiestraße 15 in München. Da ist Brecht selten. Meist hält er sich auf bei Lion Feuchtwanger, um mit ihm zusammen das *Dickicht* mit der Axt und feinerem Werkzeug zu lichten.

Den Kampf an sich will Brecht auf die Bühne bringen. Den Kampf zwischen dem aus Malaysia stammenden Holzhändler Shlink und dem Angestellten einer Leihbücherei, George Garga, im Chicago des Jahres 1912.

Da es kein Motiv und kein auslösendes Ereignis gibt, das den Kampf der beiden Männer begründet, sitzt Brecht von Anfang an dramaturgisch schwer in der Patsche. Wem soll das Publikum bei diesem Kampf im Großstadtdschungel eigentlich die Daumen drücken, wenn es nicht mal weiß, was der Grund für den Kampf ist? Das ist Brecht nicht nur egal, sondern genau das strebt er an: Er will nicht, dass das Publikum sich badet in den Emotionen der Figuren, das »Schmarotzenwollen am Schicksal und am Leben der anderen muß (…) dem Publikum ausgetrieben werden«. Es soll sich, um Himmels willen, auf keinen Fall »einfühlen«.

Brecht ist zu dieser Zeit besessen von der Idee des Kampfes um des Kampfes willen. Zum Boxen geht er, zum Auto- und Radrennen, er will den Wettkampf sehen und nicht den Faustkampf zur Kunstform erheben wie der berühmte Kunsthändler, Galerist und Verleger Alfred Flechtheim.

Ein Kampf, wenn nicht Krampf war auch die erste Zeit mit Marianne Zoff, die Brecht 1921 kennengelernt hat. Beide steckten in Beziehungen. Sie mit dem deutlich älteren Münchener Verleger und Geschäftsmann Oskar Camillus Recht, er mit Paula »Bi« Banholzer. Mehrfach kommt es zwischen den Männern zu Eifersuchtsszenen und Auseinandersetzungen um die Gunst Mariannes, die zwischen den beiden

Liebhabern hin und her schwankt. »Er nützt seine Bösewichtgesten ab, rapid. Ich sehe auch die Grenzen seines Temperaments. Einmal lehnt er es ab, ein Messer in die Hand zu nehmen (auch ich hatte eins): er ist feig«, schreibt Brecht über seinen Nebenbuhler ins Tagebuch.

Kurze Zeit später beginnt Brecht mit dem Schreiben von *Im Dickicht* und seinem motivationslosen Kampf um des Kampfes willen.

Die Erfahrungen des eigenen Lebens spielen nur insofern eine Rolle, als dass sie nutzbar gemacht werden können, um das Theater zu revolutionieren. Eine Dreiecksgeschichte, ein Kampf um eine Frau, das wäre zu gewöhnlich.

»Der Garga wird unverwechselbarer Brecht«, der Shlink erhält »die souveräne, gedehnte, humorige Sprache Feuchtwangers«, notiert Arnolt Bronnen.

Marianne fühlt sich vernachlässigt und schüttet Martha Feuchtwanger ihr Herz aus. Die zeigt wenig Mitleid: »Wenn man mit einem Genie verheiratet ist, muß man auf manches verzichten können.« »Ich will kein Genie«, erwidert Marianne. »Ich will einfach einen Mann, der mich liebt.«

■ ● ■

Ein ähnlich kompliziertes Liebesleben wie Brecht führt der 34-jährige Staatsrechtler Carl Schmitt. Nach einem kurzen Professoren-Gastspiel in Greifswald hat er einen Ruf aus Bonn erhalten. Rastlos ist er unterwegs, ständig umherreisend und Kontakte suchend wie ein Ertrinkender einen Rettungsring. Seit acht Jahren ist er mit der Hochstaplerin Cari Dorotić verheiratet, erst vor ein paar Monaten im Zuge der avisierten Scheidung hat er herausgefunden, dass sie keine Gräfin, keine Tochter eines adeligen kroatischen Gutsbesitzers ist, sondern unehelich in Wien geboren wurde. Fünf Jahre jünger hat sie sich noch dazu gemacht, die Tänzerin aus dem Tingel-Tangel.

Jetzt lernt Schmitt die 19-jährige Serbin Duška Todorović kennen, eine Studentin. Das scheint seine Spezialität zu sein. Denn verliebt ist Schmitt immer noch in seine ehemalige Studentin Kathleen Murray, eine Irin, die aber inzwischen in Sydney lebt. »Es gibt doch nur eine Frau für mich, Kathleen«, notiert er mit »Sehnsucht«.

Während er zarte Bande knüpft zu Duška, seiner alten Flamme Kathleen hinterherschmachtet, hat er eine stürmische Affäre mit der lebenslustigen Hamburger Ärztin Carola »Lo« Sauer. Die treibt ihn in den Wahnsinn. Er denkt an sie mit Verachtung, ist wütend über die Rohheit, mit der sie ihn angeblich behandelt, vor allem wenn sie sich auf seine Briefe und Telegramme wochenlang nicht meldet. »Morgens wieder kein Brief, kein Telegramm von L., empört«, notiert er am 31. Januar in sein Tagebuch. Um nicht ohne Weinerlichkeit fortzufahren: »Lächerlicher Zustand, der man nacheinander kühle Abschieds- und dann wieder zärtliche, innige Liebesbriefe (schickt). Unheimliche Stille. Es naht wohl die Katastrophe.« Gleichzeitig hat er das Gefühl, untreu gegenüber Kathleen zu sein.

Am selben Tag geht er mit Duška zum Dinner ins *Hotel Königshof* in der Nähe der Universität. »Wie kindlich und freundlich sie ist, ihre wunderbaren, dunklen Augen«, notiert Schmitt.

Sein unbändiger Ehrgeiz, Geltungsdrang und die Gier nach Ruhm lassen ihn in allen Lebenslagen, beruflich wie privat, Maßlosigkeit zur Maxime seines Handelns machen. Das treibt mitunter seltsame Blüten: So mampft er Unmengen von Pralinen, vorzugsweise vor dem Schlafengehen, bis ihm schlecht wird.

■●■

Auch Adolf Hitler ist eine Naschkatze. Kuchen verschlingend schmiedet er Pläne im *Carlton* an der Münchner Brienner Straße. Für den 27. Januar setzt er den ersten Parteitag der NSDAP an. Er will ihn verbinden mit einer furchteinflößenden Demonstration seiner Macht: Auf dem Münchner Marsfeld sollen 6.000 SA-Männern Standarten verliehen werden. Hitler plant nicht weniger als zwölf Großveranstaltungen in der Innenstadt mit ihm als Hauptredner. Die Zeit scheint günstig, mit einer Propagandaschlacht ohne Beispiel die seit der Ruhrbesetzung aufgepeitschte Stimmung in der Bevölkerung zu nutzen.

Die bayerische Staatsregierung ist die reaktionärste in ganz Deutschland, viele ihrer maßgeblichen Vertreter stehen dem Anführer der Nazipartei wohlwollend gegenüber, und das schon seit Jahren. Hitler gilt zwar als unflätig, aber stramm rechts und patriotisch. Auch haben einige verkappte Nazis bereits die Behörden durchsetzt wie der einstige Polizeipräsident Ernst Pöhner.

Das Nationale wie eine Monstranz vor sich hertragend, alles, was nach Weimar riecht, verteufelnd, das lasterhafte Berlin sowieso, sehen sich die Verantwortlichen in München gegenüber einer verhetzten Öffentlichkeit außerstande, radikal vorzugehen gegen die NSDAP und ihren Anführer. Denn breite Kreise der Bevölkerung sehen in ihnen nicht weniger als die Retter des Vaterlandes aus tiefster Not. Gleichzeitig können die Regierenden den zunehmenden Grenzüberschreitungen der Nazis, dem Terror gegen Andersdenkende, dem gellenden Hass und Antisemitismus nicht tatenlos zusehen, ohne auf Dauer an Autorität zu verlieren.

Die bayerische Staatsregierung hat sich ein schlechtes Bett bereitet.

Die fortwährenden Putschgerüchte, die seit Herbst durch die Stadt summen, verunsichern die Herren im Kabinett: Man möchte nicht von einer nationalsozialistischen Welle überrollt werden, und so regt sich in den Behörden halbgarer Widerstand: Die Standartenweihe soll nicht auf dem Marsfeld, sondern im nahen *Circus Krone* stattfinden, und Herr Hitler solle lieber nur sechs statt zwölf Veranstaltungen abhalten. Die undankbare Aufgabe, ihn über die Beschneidungen zu informieren, erhält der neue Polizeipräsident Eduard von Nortz zwei Tage vor dem Parteitag.

Hitler setzt alles auf eine Karte, und hier ist erstmals das Muster zu erkennen, das ihn als Politiker so überaus erfolgreich sein lässt bis 1940 (von da an ist es vorbei, da kreuzt Churchill seinen Weg, der keine Lust hat auf Appeasement). Hitler beschwört Nortz, der Parteitag müsse wie geplant stattfinden, alles andere sei eine Niederlage für die nationale Bewegung. Doch Nortz' Bescheid bleibt kühl und abschlägig. Nun beginnt Hitler zu toben und zu schreien: Die SA werde marschieren, und wenn die Polizei schieße, dann werde die Regierung erledigt sein, »denn dann kommt die rote Flut«.

Die Staatsregierung retourniert die wüsten Drohungen zunächst souverän: Sie verhängt den Ausnahmezustand, und der antinazistische Innenminister Franz Xaver Schweyer verbietet den Parteitag gleich ganz.

Nun befindet sich Hitler in einer prekären Situation. Nicht nur ist er im Begriff, sich vor seinen Anhängern lächerlich zu machen, seine ganze politische Zukunft schwebt in der Luft.

Die Rettung naht, nicht zum ersten Mal, in Gestalt der Reichswehr. Dem Hauptmann und Nazi der ersten Stunde, Ernst Röhm, und seinem Chef, Generalmajor Ritter von Epp, gelingt es, ein Gespräch zwischen Hitler und General von Lossow zu arrangieren. Der nervöse und linkisch agierende Hitler sichert Lossow zu, den Parteitag in Ruhe abzuhalten.

Lossow empfiehlt der Staatsregierung, das Verbot aufzuheben. Er ist nicht scharf darauf, seine Reichswehr gegen die SA in Stellung zu bringen.

Der Keim der Spaltung, er geht auf: Der unnachgiebige Schweyer wird überstimmt, Nortz trifft am Abend des 26. Hitler. Der erklärt, im Gefühl des sicheren Sieges, jovial, die Standartenweihe werde von zwei Stunden auf eine halbe Stunde verkürzt. Undeutlich stimmt Hitler auch zu, sie in den *Circus Krone* zu verlegen.

Einen letzten Versuch, Hitlers totalen Triumph zu vereiteln, unternimmt am nächsten Tag Innenminister Schweyer. Er setzt die Zahl der Veranstaltungen wieder auf sechs herab.

Triumphierende Mordbereitschaft übernimmt die Stadt: Jubelnd und antisemitische Schmähungen grölend – »Ja, und wir wollen keine Judenrepublik, pfui Judenrepublik! Schmeißt sie raus, die ganze Judenbande aus unserm deutschen Vaterlande!« – ziehen die uniformierten Sturmabteilungen durch die Stadt zum Marsfeld, wie zum Hohn vorbei an den Plakaten, die vom Ausnahmezustand künden.

Hitler hält unter dem Motto »Deutschland erwache!« alle zwölf Veranstaltungen ab und weiht, in dichtem Schneegestöber, die von ihm selbst entworfenen Standarten auf dem Marsfeld. Für seine Gegner regnet es Hohn und Spott: »Die Herren der Regierung klammern sich zu sehr an ihre Ministersessel, um die Verantwortung dafür zu übernehmen, daß auf wehrlose Männer geschossen wird.«

Die Ereignisse rund um den Parteitag bilden die Ouvertüre für die kommenden Auseinandersetzungen, und unverlierbar vermittelt sich in diesen Tagen des Machtkampfes den Menschen die Unfähigkeit des Staates, seiner zivilen wie militärischen Institutionen, mit einem zu allem entschlossenen Gegner fertigzuwerden.

Was, wenn er doch mehr ist als der schnaubende Schausteller, der große Worte macht und für dessen Veranstaltungen man Eintritt zahlt vor allem deshalb, um eine »Gaudi« zu erleben? Gerade noch belächelt oder bestaunt wie ein Wesen aus *Alice im Wunderland*, wechseln die Leute zunehmend anerkennende Blicke, hat Hitler doch stärkere Nerven gezeigt, größere Kaltblütigkeit und mehr politisches Geschick als seine Widersacher. Die Mitgliedszahlen der NSDAP steigen, Spenden fließen, Hitler ist in aller Munde, und mit dem Januar-Coup etabliert er sich als Anführer jener »vaterländischen Verbände«, von denen es in München wimmelt.

Februar

Erich Kästner veröffentlicht erstmals eine Erzählung, während Lotte Lenya ihr letztes Schmuckstück versetzt und in ihrer ärmlichen Pension ein Nijinsky-Plakat anstarrt. Der Dollar steigt und steigt. C. G. Jung baut sich einen Turm, und Sigmund Freud ignoriert eine Erkrankung. Thomas Mann prostituiert sich in Berlin, und Bertolt Brecht ist genervt, dass er nicht dort sein kann, sondern in München sein muss. Geld hat er auch keins. Immerhin dreht er mit Karl Valentin und Liesl Karlstadt einen lustigen Film. Die berühmteste Schauspielerin der Republik, Henny Porten, fällt bei den Kinobesitzern in Ungnade. Ihre Kollegin Elisabeth Bergner erobert unterdessen die Zuneigung der Theaterbesucher und -kritiker. Alle, wirklich alle lieben sie. Der bad boy of music, George Antheil, gibt in der Berliner Singakademie ein Konzert und wird von Adolf Stein misstrauisch beäugt. Sensation, Sensation: Die größte Ladendiebin der Welt steht in Berlin vor Gericht. Das Sechstagerennen zieht die Massen an, und der Sportpalastwalzer wird geboren.

Am 1. Februar notiert Gerhart Hauptmann, der berühmteste Dichter Deutschlands: »Es sind die Tage der Ruhrbesetzung. Deutschland zittert vor innerer Erregung. Es leistet Widerstand. Das geschieht seit dem Waffenstillstand zum ersten Mal. Eine große Spannung ist in der Atmosphäre. Sie ist geladen. Der Haß, die Wut wegen des Überfalls im Frieden durch Frankreich können nicht stärker sein. Es besteht nahezu deutsche Einigkeit in diesem Haß, in dieser Wut, deren Ausbruch, falls Waffen vorhanden wären, verheerend für die Franzosen sein würde.«

Sein Hurra-Patriotismus von 1914 steht Gewehr bei Fuß.

■●■

Ein Dollar kostet 48.000 Mark.

■●■

Erich Kästner veröffentlicht erstmals im *Leipziger Tageblatt*. Die kleine Inflationssatire *Max und sein Frack* bringt dem 23-jährigen stud. phil. 250 Mark ein. Sie handelt von einem Freund des Erzählers, der mit Hilfe eines Fracks und eines Pfandhauses eine Weile seinen Lebensunterhalt bestreitet. Kurz nachdem er den Frack ausgelöst hat, trägt er ihn über einen Freund wieder ins Leihhaus. In der Zwischenzeit ist der Preis, den er dafür erlöst, von 3.500 auf 15.000 Mark gestiegen.

Das Arbeiterkind Kästner muss sich in der Inflation nach der Decke strecken, um über die Runden zu kommen. Für nichts ist er sich zu schade. Das Gute ist, als »Gelegenheitsarbeiter«, wie er sich jetzt nennt, erlebt er etwas, über das er anschließend schreiben kann. Er heuert im Messamt an, richtet sich auf der Galerie ein und schreibt Adressen, um nach der stupiden Arbeit darüber ein Feuilleton zu fertigen. Seine Kollegen und er bewältigen den Versand der Messabzeichen. Aber eigentlich bewältigen sie ihn nicht. Das kommt so: »Man hat einen Stapel Anträge neben sich; eine Preistabelle vor sich; eine abfärbende Wand ganz dicht hinter sich; den

Radau unter sich; den Vorgesetzten über sich; und die lieben Kollegen und dicke Luft um sich. – Und das geht nur so! Adresse! Nachnahmegebühr in Zahlen und in Buchstaben! Postscheckformulare! Buchungsvermerk! Fertig! Der nächste Briefumschlag – fertig! Der nächste … Das treibt man so acht Stunden lang, ohne blödsinnig zu werden. Begreifen Sie das? Ich nicht!«

Liiert ist er in diesen Tagen mit der drei Jahre jüngeren Ilse Julius. Die wünscht sich Heirat und Kinder. Aber die wichtigste Frau in Kästners Leben ist und bleibt seine Mutter Ida.

■●■

Am 16. Februar beginnt nach dem chinesischen Kalender das Jahr des Schweins. Ein Mensch, so sagt ein altes chinesisches Sprichwort, fürchtet sich davor, berühmt zu werden, ein Schwein davor, fett zu werden.

Das ist ganz schön, aber eigentlich Quatsch. Vor der Bedeutungslosigkeit, die des Menschen Schicksal ist, fürchten wir uns viel mehr.

■●■

Emilie Preiswerk-Jung stirbt, die Mutter des großen Freud-Antipoden C. G. Jung. Die Nachricht trifft ihn wie ein Schlag. Sofort eilt er mit dem Nachtzug vom Luganer See, wohin er sich zum Schreiben zurückgezogen, nach Zürich. Stumm sitzt er in seinem Abteil, in seinem Kopf spielt festliche Musik, doch ist er unfähig zu trauern.

Vor ein paar Monaten hat er sich in Oberbollingen am Obersee ein Grundstück gekauft. Jetzt beginnt er es zu bebauen, zunächst mit einem Turm. Eigenhändig macht er sich ans Werk, eines Architekten bedarf es nicht, der spätere Turmherr muss schon beim Bauen ganz den eigenen Vorstellungen folgen. Nur zwei Arbeiter benötigt er als Mitmaurer. Und so sieht man den großen Psychoanalytiker ab dem Frühjahr in grauer Arbeitskluft Steine spalten, Mörtel anrühren und die Maurerkelle halten. Man könnte den hochgewachsenen Endvierziger für einen einfachen Bauarbeiter vom Lande halten. Über zwölf Jahre zieht sich das Projekt »Bollingen« hin, immer neue Anbauten folgen. Und natürlich hat das ganze Unterfangen mit nichts anderem zu tun als mit Psychologie. In seinen Erinnerungen berichtet Jung: »Von Anfang an wurde der Turm für mich zu einem Ort der Reifung – ein Mutterschoß, oder eine mütterliche Gestalt, in der ich wieder sein konnte, wie ich bin, war und sein werde.«

Der Turm – eine Reinkarnation seiner selbst in Stein. Welch schöner Gedanke.

■●■

In Wien entdeckt Sigmund Freud, seit fast zehn Jahren reden er und sein Schüler C. G. Jung nicht mehr miteinander, eine Geschwulst rechts an seinem Kiefer und Gaumen. Anschließend zündet er sich erst mal eine Zigarre an. Ohne die ist er außerstande zu arbeiten.

Selbst ein Arzt kann sich nicht helfen.

■●■

Anfang des Jahres hat die in Barcelona erscheinende Zeitung *La Veu de Catalunya* ihren Reporter Eugeni Xammar nach Berlin geschickt. Über die chaotischen Zustände in der drittgrößten Stadt der Welt schreibt er im Februar: »Jede Woche steigen die Preise für Dienstleistungen und Waren aller Art: für Straßenbahn und Rindfleisch, Theater und Schuhe, Zeitungen und Friseure, Zucker und Speck (…). Das hat zur Folge, dass niemand weiß, wie lange das Geld reichen wird, das er in Händen hält, und die Menschen in ständiger Unruhe leben, dass niemand an etwas anderes denkt als ans Essen und Trinken, alles Kaufen und Verkaufen, und dass es in ganz Berlin (…) nur ein Gesprächsthema gibt: den Dollar, die Mark, die Preise … Haben Sie das gesehen? Hören Sie bloß auf! Ich habe eben Wurst, Schinken und Käse für die nächsten anderthalb Monate gekauft.«

Doch gibt es auch jede Menge Gewinner, die mit Geld nur so um sich werfen, die prassen und schlemmen. Dagegen zieht jetzt die Reichsregierung zu Felde.

Das verabschiedete Notgesetz sieht vor, durch öffentliche Anschläge und Bekanntmachungen, Preistreibern das Handwerk zu legen. Und weil »eine bestimmte Schicht von Volksschädlingen in Wirtschaften und geheimen Gesellschaften den schlimmsten Lastern, der Verschwendung, des Spiels, der Trunksucht und der Unzucht« frönt, soll der Ausschank von Alkohol scharf kontrolliert werden.

■ ● ■

Ganz Berlin ist verliebt in die Schauspielerin Elisabeth Bergner. Mann und Frau zittern um sie. »Man wollte das kindliche Wesen aus der Bedrohung befreien und es schützend in die begehrlichen Arme nehmen (…). Wenn diese melancholische, großäugige Prinzessin mit dem knabenhaften Körper gar heiter und übermütig wurde, Kobolze schlug und unversehens blitzartig verriet, wie sehr sie den Mann kannte, narrte und spielerisch versklavte, da kannte der Jubel über das frühreife, verwunschene Kindsgeschöpf keine Grenzen«, schreibt Schauspielkollege Fritz Kortner.

Der Kritiker Alfred Kerr jubelt genauso: »Ein wundervoller, ein denkwürdiger Abend. Hauptschuld hat Elisabeth Bergner«, beginnt er eine Kritik von *Fräulein Julie* in den *Kammerspielen.* Bei ihr vergesse man »den Zustand einer Zeit – und fühlt halt nur den Schmerz eines Menschen«. Dabei zeige sie »hundert herrliche Tönungen, Nuancen, Schattungen. Die seelische Vielfalt – letztes Erfordernis aller großen Kunst.«

■ ● ■

Gerade ist Brecht 25 geworden und genervt, dass er statt in Berlin zu sein in München feststeckt: »Was ich hier tue? Ich kaue Gummi. / In dieser Stadt«, so schreibt er dem Kritiker Herbert Ihering, »kann man sich nicht umdrehen, und die Leute sind so dumm, daß man so

Ein Jahr zuvor ist sie von Zürich nach Berlin gekommen. In der Schweiz wusste man nichts Rechtes mit dem androgynen Kobold anzufangen, in Berlin ist Elisabeth Bergner innerhalb eines Jahres der am meisten gefeierte weibliche Theaterstar. Sie spielt die Rosalinde in Shakespeares *Wie es euch gefällt* unter der Regie von Max Reinhardt, und das Foto zeigt sie 1923 als Strindbergs *Fräulein Julie*, auch ein Riesenerfolg.

viel Humor braucht, daß man schlechter Laune wird. Das kommt von schlechtem Wasser.«

Die Uraufführung von *Im Dickicht* ist verschoben, alle Theater ächzen unter der Inflation, da will man lieber ein Stück vorziehen, das Kasse verspricht. »Jetzt wird ›Nibelungen‹ gemacht«, kommentiert Brecht gallig. »Das ist etwas anderes als der tote Soldat.«

■ • ■

Geldsorgen plagen auch seine spätere *Seeräuber-Jenny* aus der *Dreigroschenoper*, Lotte Lenya. Gerade hat sie ihr letztes Schmuckstück verkauft. Davon wird sie noch eine Weile leben können. Aber was dann? Vor eineinhalb Jahren ist sie zusammen mit einer Freundin von Zürich nach Berlin gekommen, die Theater Berlins zu erobern.

Dort will man aber nichts von ihr wissen, weder als Schauspielerin noch als Tänzerin ist sie gefragt. So schlägt sie sich mit Gelegenheitsjobs durch und mit dem Verkauf der Preziosen, die ihr ein reicher Tscheche geschenkt hat, von dem sie sich eine Weile in dessen Villa am Zürichsee hat aushalten lassen.

Jetzt liegt sie in ihrer kargen Pension am Lützowufer im Bett und blickt auf das Plakat von Nijinsky, das sie an die Wand gepinnt hat. Die lebenslange Angst vor Armut ergreift die Tochter eines gewalttätigen, trunksüchtigen Vaters, halb als Fiaker und halb als Krimineller unterwegs, und einer Wäscherin aus dem Wiener Arbeiterviertel Penzing.

Hunger, Armut und Gewalt haben sie geprägt, doch wird sie später sagen, dass diese Herkunft sie auch gelehrt habe, »how to survive (...) dass einen nichts erschreckt«. Und wenn es mal schlecht läuft, es auch wieder »in Ordnung kommen« wird. (...) »Und das war auch immer so.«

Zufällig erfährt sie, dass ihre Wirtin mit dem Theaterproduzenten Otto Kirchner bekannt ist. Der unterhält eine kleine Wandertruppe, die sich auf Shakespeare-Komödien spezialisiert hat. Sie lernt ihn kennen, zufällig plant er gerade eine bescheidene Produktion von *Was ihr wollt* und kann sich Lotte Lenya in der Rolle der kurzen, agilen und ewig Witze reißenden Maria vorstellen. Drei Millionen Mark bekommt sie nach der Premiere, später werden es Milliarden: »Man starrte auf dieses unwirkliche Papiergeld. Es sah irgendwie hübsch aus, und man brauchte nie Angst zu haben, daß man es verlieren könnte – es war ganz einfach nichts wert. Man stopft es halt in irgendeine Schublade und versuchte, es irgendwie loszuwerden.«

Zwar ist die Rolle klein – »unser kleiner Zeisig«, heißt es bei Shakespeare –, doch kann Lenya ihr komisches Talent unter Beweis stellen, und Spaß macht ihr die Maria sowieso.

Einmal ist der Dramatiker Georg Kaiser im Publikum. Nach der Vorstellung isst sie mit ihm und ihrem früheren Geliebten, dem Regisseur Richard Révy, zu Abend, freundet sich in der Folge mit Kaiser und dessen Frau an und weilt des Öfteren in deren Landhaus in Grünheide. Eines Tages bittet er sie, den Komponisten Kurt Weill vom Bahnhof abzuholen. Der vertont ein Libretto von Kaiser.

Warum nicht?, antwortet Lenya. Kaisers Haus liegt direkt am See. Man kann mit dem Ruderboot übersetzen zum Bahnhof, das ist viel kürzer, als den Weg durch den Wald zu nehmen. »Wie erkenn ich denn den Weill? Ich kenn ihn doch gar nicht.« Ach, antwortet Kaiser, das ist so ein Kleiner, dicke Brille hat er, den werden Sie schon erkennen. Sie erkennt ihn tatsächlich, führt ihn ins Ruderboot. Es wackelt ein bisschen bei der Überfahrt. Weill mustert sie: »Sie erinnern sich wohl nicht an mich?«

Schon einmal sind sie sich begegnet. 1922, beim Vortanzen von Weills Kinderpantomime *Zaubernacht*. Doch Lenya kann ihn im Orchestergraben nicht sehen, weil es zu dunkel ist. Er sie schon, und so ist es bei ihm Liebe auf den ersten Blick, bei ihr auf den zweiten.

Es ist der Beginn einer unkonventionellen und lebenslangen Partnerschaft, in der wechselseitige Affären nicht auf die Goldwaage gelegt werden.

Lakonisch schreibt Weill 1929 über Lenya: »Sie ist eine miserable Hausfrau, aber eine sehr gute Schauspielerin. Sie kann keine Noten lesen, aber wenn sie singt, dann hören die Leute zu wie bei Caruso. (…) Sie kümmert sich nicht um meine Arbeit (das ist einer ihrer größten Vorzüge). Aber sie wäre sehr böse, wenn ich mich nicht für ihre Arbeit interessieren würde. (…) Sie hat mich geheiratet, weil sie gerne das Gruseln lernen wollte, und sie behauptet, dieser Wunsch sei ihr in ausreichendem Maße in Erfüllung gegangen.«

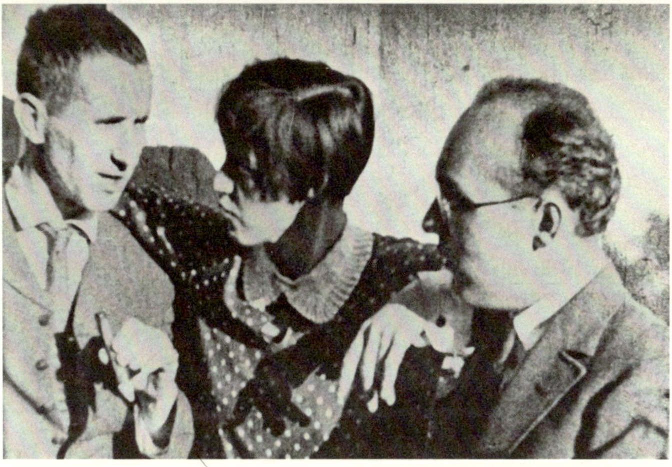

1928, Brecht kann dichten, was er will, Weill kann komponieren, was er will, zeigt sich der Unterschied in der Sozialisation Lenyas in Bezug auf Brecht und Weill in der *Dreigroschenoper:* Lenya drückt eine Erfahrung aus, die die beiden anderen nicht haben, die Erfahrung eines wirklich schwierigen, von Armut und Gewalt geprägten Lebens. Davon wissen sie nichts, das kennen sie nicht. Lotte Lenya vermittelt es ihnen. Und wird über Nacht zum Star!

Natürlich hat auch dieses Paar seine Probleme, sie lassen sich sogar scheiden – und kommen, weil Lotte Lenya es sofort bereut, wieder zusammen. Am Ende bleibt gültig: Niemand erwartet etwas von dem anderen außer grenzenloses Vertrauen, Toleranz und Unabhängigkeit. Schwer, sehr schwer. Aber nicht das schlechteste Rezept für eine Ehe.

■●■

Neben der Arbeit mit Lion Feuchtwanger widmet sich Brecht seit neuestem dem Film. Zusammen mit Karl Valentin und dem Regisseur Erich Engel, der auch *Im Dickicht* inszenieren soll, entwickelt er die Filmgroteske *Mysterien eines Friseursalons.* Finanziert wird das Ganze von einem reich gewordenen Schieber, der seinem Bruder eine Rolle verschaffen will, aber vom Filmen keine Ahnung hat. Neben

Karl Valentin als nicht ganz fingerfertiger Friseur und seiner kongenialen Partnerin Liesl Karlstadt spielt Blandine Ebinger, die Frau Friedrich Hollaenders, die Frisiermamsell.

Liesl Karlstadts übergroße Kinnwarze wird von Valentin mit Hammer und Meißel traktiert, um dann mit einer Zange weggeknipst zu werden. Am Höhepunkt des surrealistischen Spektakels erscheint ein bärtiger Mann, der von der Ebinger erwartet, dass sie den Säbel schärft, mit dem er sich gleich duellieren will. Dann möchte er von Valentin frisiert werden. Durch das ungewohnte Schleifgeräusch erschrocken, trennt Valentin ihm den Kopf ab, der daraufhin auf dem Boden des Salons umherläuft.

»›Rrratsch, --- ein kleines Malheur, oder warum man Friseure nicht erschrecken sollte‹«, heißt es im Zwischentitel nach der Exekution des Kunden.

Ein schwarzhumoriger »Bierulk«, der freilich noch für Verstimmung sorgen wird. Brecht hat sich nämlich für die Geschichte ungeniert bei einer amerikanischen Slapstick-Comedy bedient. Gute Autoren machen Anleihen bei anderen. Großartige klauen unverhohlen.

Als Karl Valentin Jahre später davon erfährt, untersagt er weitere Vorführungen.

■●■

Niemand ist so bekannt wie sie. Die Deutschen lieben sie, diese dunkelblonde Heldin verkörpert im Film den Typus der deutschen Frau par excellence und ist das Idol aller jungen Mädchen noch dazu, obwohl sie inzwischen über dreißig ist. In den entlegensten Orten des Reiches ist sie dank Wanderkinos berühmt.

Der Schriftsteller Kurt Pinthus fordert 1920 nur halb im Scherz, man möge sie zum Reichspräsidenten machen. Denn sie sei eine Gestalt, die in Deutschland volkstümlicher sei als der Alte Fritz und olympischer als Goethe. Henny Porten ist der erste deutsche Filmstar des jungen Kinos.

In zahllosen Melodramen überzeugt Porten als ebenso leidgeprüfte wie tapfere Frau, gilt als die Königin der »Taschentuch«-Filme, Liebe und Leid, Aufopferung und Verzicht geben ihnen das Gepräge. Doch weiß Porten auch das komische Fach brillant zu bedienen: Sie ist die erste *Geier-Wally*, verkörpert die Doppelrolle in *Kohlhiesels* Töchter und reißt das Publikum zu Lachstürmen hin.

Nie hat sie eine Schauspielschule besucht, doch mit schlafwandlerischer Sicherheit packt sie ihre Rollen.

Sie glaubt an den künstlerischen Wert des Films zu einer Zeit, als ihn niemand ernst nimmt. Seit 1906 steht sie vor der Kamera, zu Beginn der 1920er Jahre ist sie *der* weibliche Superstar in allen deutschsprachigen Ländern.

Doch jetzt weigert sich der *Verein Berliner Lichtspieltheaterbesitzer*, Henny-Porten-Filme zu zeigen. Man nennt sie eine Hochverräterin, eine Verbrecherin und eine Saboteurin des nationalen Widerstands gegen die französisch-belgische Ruhrbesetzung. »Wie konnte die liebe, unschuldige, blonde Frau so tief sinken?«, fragt mit milder Ironie das *Tage-Buch*. Nun, Porten ist nicht nur eine Schauspielerin von Rang, sie ist inzwischen auch ihre eigene Produzentin, hat 1921 eine Gesellschaft gegründet, die sowohl verbunden ist mit der *Gloria-Film* wie auch der *Meßter-Union, der* Pionierfirma der Stummfilmzeit. Wegen eines Studiostreiks können beide Gesellschaften nicht drehen, Portens Projekt *Ammensee* ist gefährdet, weshalb sie das Angebot der Berliner *Maxim-Film-Gesellschaft* annimmt, an dem Film mitzuwirken.

Und schon ist es geschehen. Denn in Angriff nimmt die *Maxim-Film* das Projekt mit Hilfe einer französischen Produktionsfirma, der *Gaumont-Gesellschaft*. Alles lange vertraglich vereinbart vor der Ruhrbesetzung. Aber für die zartfühlenden nationalen Kreise ist das einerlei. Die Porten hat sich mit den französischen Besatzern ins Bett gelegt, dafür soll sie bezahlen! So schnell wird man in diesen verrückten Zeiten zur Vaterlandsverräterin.

■●■

Berlin ist nicht nur die drittgrößte Stadt der Welt, nach London und New York, sondern auch die Stadt mit den meisten Zeitungen: Viele Dutzend, manche erscheinen zweimal täglich. Ullstein, Mosse, Scherl, das sind die drei großen Verlagshäuser, die ersten beiden liberal, letzteres nicht.

Seit 1916 herrscht ein Mann im Scherl-Verlag, Alfred Hugenberg. Alles an ihm sieht merkwürdig aus: klein und zur Fülle neigend, das weiße Haar bürstenartig hochstehend, grauer, an den Seiten hochgezwirbelter Schnauzbart, runde Nickelbrille gleicht er eher der Karikatur eines Buchhalters als einem Medien-Tycoon.

Er gehört zum rechten Flügel der *Deutschnationalen Volkspartei*, ist, obwohl strammer Monarchist, Reichstagsmitglied seit 1919. Hugenberg genießt als ehemaliges Direktoriumsmitglied der *Krupp* AG das Vertrauen der Schwerindustrie und verfügt dank seiner Industriellenfreunde und seinem Medienimperium über beträchtliche Mittel, die der ebenso ehrgeizige wie engstirnige Mann skrupellos gegen die Republik einsetzt.

Steht er in Berlin mit seinem Flaggschiff *Berliner Lokal-Anzeiger* im Schatten der auflagenstärkeren *Vossischen Zeitung* oder des *Berliner Tageblatts*, so zeigt sich in der Provinz ein anderes Bild: Hier ist Hugenberg der Platzhirsch, dank unzähliger Regionalzeitungen und Beteiligungen.

Der wichtigste Journalist, der Hugenbergs Ansichten ins gesamte Reich trägt, heißt Adolf Stein. Er ist Redaktionsleiter des Materndienstes *Deutscher Pressedienst*, der Schaltstelle in der Berliner Konzernzentrale. Sie übt direkten Einfluss aus auf Themen und Inhalte der 350 Provinzzeitungen des Hugenberg-Imperiums.

Außerdem versorgt Stein jede Woche die gesamte Hugenbergpresse mit einem seitenlangen deutschnationalen Feuilleton aus der Hauptstadt, das später in hohen Auflagen als Buch nachgedruckt wird.

George Antheil, Komponist und Pianist, gibt ein Konzert in der Berliner Singakademie. Der gerade mal 22-jährige »bad boy« interpretiert Schönberg und Strawinsky, spielt aber auch eigene Kompositionen, durchgehend dissonant und perkussiv. Nicht jedermanns Sache.

Adolf Stein stimmt schon der Name Antheil misstrauisch, das klinge »östlich so wie Goldmund und Herzlieb«, er solle eine »polnisch-amerikanische Kreuzung« sein.

Antheil selbst gibt sich als Pole aus, und wenn er für einen Juden gehalten wird, stimmt er gutgelaunt zu, obwohl er von deutschen Quäkern abstammt. In Amerika spielt er mit Vorliebe mit afroamerikanischen Musikern, weil er sie für die besten hält.

Dass Antheil mit Rassentheorien nichts am Hut hat, weiß Stein nicht, doch ist er erfreut zu sehen, dass er am Steinway-Flügel einen »korrekten blonden Gentleman, ein gutes Jungengesicht« erblickt.

Die Besucher freilich gehen dem deutschnationalen Zaungast arg gegen den Strich: »Das Publikum aus allen Erdteilen. Ein Sprachgewirr wie vor den Trümmern des Babelturms. Mitten darin, wie verloren, ein deutsches, bebrilltes Wandervogel-Paar, wobei der weibliche Teil daran zu erkennen ist, daß er pagenartig kurze Haare trägt, während dem männlichen die Mähne weit in den Nacken fällt. Außerdem trägt das Mädel eine Fellweste, das Fell nach außen (…). Schier sinnverwirrend sind aber die Frisuren und Kostüme der Fremdbesucher, derer aus allen Längengraden zwischen Odessa und Los Angeles.«

Stein bevorzugt das Deutsche, die Tiefe, das Gefühl hält er hoch, als wäre er ein Romantiker des 19. Jahrhunderts.

Antheil wolle nicht zeigen, »was aus ihm hervorquillt«, sondern was und wie er denkt. Zwar lobt Stein dessen »fabelhafte Technik«, doch ist ihm, man merkt es schon, alles zu intellektuell.

»Der verhältnismäßig noch junge Antheil streut verschwenderisch seine Schöpfungen aus, die samt und sonders seine Denkarbeit sind. Ich pfeife auf die Bildung. Ich bewundere sie, aber lieber ist mir in der Kunst das Gefühl. Berlin wird immer gebildeter. Wir sind zur Versuchsschule für die ganze Welt auserkoren, die auf uns herumtrommelt.«

Das hat etwas vom forcierten Schwung einer alternden Kokotte. Adolf Stein ist reaktionär, ein eingefleischter Monarchist. Dumm und ohne Geschmack und Sensibilität ist er nicht. Er ist inzwischen 51, Stein spürt, das ist die neue Zeit. Und er kommt nicht mehr mit. So muss er sich, aus reinem Selbstschutz, einreden, dass bei ihr einstweilen nichts herauskommt. Anders könnte er nicht. Beinahe ertappt man sich dabei, Mitleid mit dem Mann zu empfinden.

Die andere Lesart hat ebenso einiges für sich: Adolf Stein, der sich selbst Rumpelstilzchen nennt, stänkert sich durch die Zeit und verströmt nichts weiter als – giftigen Hugenberg-Mief.

■ ● ■

Im Februar sind es zwei Sensationen, die die Berliner bewegen; zumindest jene unter ihnen, für die Sensationen überlebensnotwendig sind: der Röber-Morvilius-Prozess und das Sechstagerennen. Wer will, kann beides genießen. Die Gerichtsverhandlung findet untertags statt, wer auf sich hält, besucht den *Sportpalast* erst abends oder nachts.

Am 26. Februar beginnt die Verhandlung gegen die Hauptangeklagte Dora Röber und 17 Mitangeklagte vor der 9. Strafkammer des Landgerichts Berlin I. Was heißt Verhandlung? Spektakel trifft es besser, Eintritt ist nur mit einer Karte möglich. Zur Last gelegt werden der »blonden, blassen Frau mit sorgfältig gebranntem Haar, aber faltigen, nervösen Gesichtszügen« 3.000 Diebstähle.

Auf die Spur der »größte(n) Ladendiebin der Welt« ist einer der besten Kriminalisten gekommen, Oberwachtmeister Albert Dettmann, der gefürchtetste »Greifer« der Berliner Polizei. Hat er einmal die Fährte eines Verbrechens aufgenommen, bleibt er dran, verbeißt sich in den Fall wie ein Terrier. Und auch beim Zugriff ist sein Ruf legendär. Seine Spezialität: der blitzschnelle und todsichere Schuss aus der Manteltasche.

Alle Hehler, Diebe, Zuhälter und andere Ganoven fürchten ihn – und verehren ihn zugleich aufgrund einer verqueren Logik: Dettmann ist der Beste, das ist allen klar. Doch weil er meist zu unkonventionellen Methoden greift, gerät er permanent mit der Dienstordnung aneinander. Stets mit einem Fuß in einem Disziplinarverfahren steckend, ist er ein Horror für seine Vorgesetzten, die deshalb beschließen, Dettmann niemals zum Kommissar zu befördern. Das finden die Ganoven schäbig und ungerecht, und weil die geltende Ordnung ihn schlecht behandelt, finden sie, er gehöre eigentlich auf ihre Seite.

Dettmann ist der Fall einer einfachen Verkäuferin zugetragen worden. Hilde Scheu arbeitet bei *S. Adam*, einem Spezialhaus für moderne Sportbekleidung an der Leipziger-, Ecke Markgrafenstraße. Wegen der Inflation ist Berlin 1923 das Warenhaus der ganzen Welt. Leben und Einkaufen kostet für Devisenbesitzer nicht mehr als ein Butterbrot, leben im besten Hotel am Platz, einkaufen in den besten Häusern der Stadt. Tag für Tag ist das ganze Sortiment ausverkauft, die Hersteller der Waren arbeiten auf Hochtouren, damit die Auslagen am nächsten wieder gefüllt sind.

Da steht sie nun, mittelgroß, mit Dutt, die hübsche Hilde Scheu hinter ihrem riesigen Verkaufstisch. Sie muss mit ihrer Arbeit ihre ganze Familie versorgen, die Mutter und sechs Geschwister. Der Vater ist bei Verdun gefallen.

Vor ihr zwei elegante Damen, beide angetan mit Feh-Pelz und Muff, die ältere möchte sich ein Autokostüm kaufen. Scheu verdächtigt die Jüngere, ein paar braune Wildlederhandschuhe in ihren Muff gesteckt zu haben.

Was folgt, ist Aufregung und viel Geschrei. Im Büro des Direktors klärt sich die Sache scheinbar auf: Der Muff wird untersucht, keine Handschuhe, die Abteilungsleiterin kommt von draußen rein, in ihrer Hand das vermutete Diebesgut. Die Sache scheint aufgeklärt, Hilde Scheu wird fristlos entlassen.

Unglücklich ist Besitzer Adam vor allem darüber, als ihm klar wird, dass es sich bei einer der Damen um Dora Röber handelt, Gattin eines Großkaufmanns, wohnhaft am piekfeinen Kurfürstendamm 141.

Doch Albert Dettmann fallen ein paar Ungereimtheiten auf: So sind die Handschuhe nicht auf der Garnitur, sondern einen Meter weiter entfernt gefunden worden. Kann es sein, dass die Dame mit dem Muff, wie Hilde Scheu ausgesagt hat, die Handschuhe doch entwendet und, als sich Ärger ankündigt, sie unauffällig wieder abgelegt hat?

Der erfahrene Kriminalist kennt seine Pappenheimer. Nach einem Gespräch mit Hilde Scheu befindet er: »die Kleene war goldecht, det merkt unsaeina ufn ersten Blick«.

Von der gesellschaftlichen Stellung der beiden Kundinnen ist er hingegen nicht sonderlich beeindruckt: »Daß Damen aus den ersten Kreisen wie die Raben klauen, hat's schon immer gegeben. Und schließlich, was wohnt heutzutage alles aufm Kurfürstendamm …«

Er will die Wohnung dieser Dora Röber durchsuchen. Aber seine Chefs sagen ihm klipp und klar: Nein, kein Anfangsverdacht, du kriegst nie einen Durchsuchungsbefehl! Dann hat er eine Idee, wie er legal ihre Wohnung durchsuchen kann. Schließlich ist er ein attraktiver, sportlicher und graumelierter Mann, mit einem Schlag bei den Frauen. Er passt das Dienstmädchen der Röbers ab, verwickelt es in ein Gespräch, charmiert, entflammt offenbar die Angestellte, und da die Herrschaften gerade verreist sind, sieht sich Dettmann bald in der riesigen Wohnung zum Tee eingeladen. Ganz legal hat er sich Zutritt verschafft.

Sein Blick fällt auf das Teeservice. Merkwürdig bekannt kommt es ihm vor. Plötzlich erinnert er sich an eine Fahndungsliste der Kollegen vom Diebstahl-Dezernat. Beim Porzellangeschäft *Raddatz* an der Leipziger Straße ist einiges abhandengekommen. Unbemerkt vom Dienstmädchen entdeckt er das erste Lager in der Wohnung, das vor Waren aus verschiedenen Kaufhäusern überquillt.

Jetzt bekommt er seinen Durchsuchungsbefehl. Dora Röber und ihr Mann werden festgenommen und landen in Untersuchungshaft.

■●■

Vom 23. Februar bis zum 1. März findet im *Sportpalast* das 10. Berliner Sechstagerennen statt. Obwohl wegen der Inflation viele ausländische Spitzenfahrer fernbleiben und man wegen des Ruhrkampfes keine Belgier und Franzosen dabeihaben will, geht das Rennen in die Geschichte ein. Nicht weil alle acht Stunden das Haus geräumt wird und neue 10.000 Menschen hereinströmen. Die Luft bleibt dieselbe, wenig Sauerstoff, viel Bierdunst und Zigarren- und Zigarettenqualm. Das ist hier so üblich.

Des Nachts entfaltet die überhitzte Stimmung ihren vollen Reiz: Das Licht glänzt und blendet, totes Weiß aus Tausenden elektrischen Glühbirnen. Die Musik ist schrill, aus den Lautsprechern plärren und klirren die neuesten Melodien. Urdemokratisch ist diese Veranstaltung: Zuhälter und Diebe, Arbeiter neben Kaufleuten, Studenten neben Offizieren a. D., Huren, Hausfrauen, Damen von Welt und überspannte junge Frauen drängen und quetschen sich auf den Tribünen, den Sitz- und Stehplätzen, Schulter presst sich an Schulter, die schwitzenden Körper drücken sich aneinander – Atemdampf und menschliche Ausdünstungen.

Es riecht nach Aufregung und Nervenkitzel. Brutale Stürze sind am besten, leidenschaftliche Wettkämpfe das Mindeste. 20.000 Augen stieren auf die hölzerne Bahn, welcher Fahrer wird siegen in diesem rasenden Wirbel?

Das Publikum auf den besseren Plätzen schreit, bietet Prämien: ein Auto – hundert Gulden – fünfzig Dollar für den Schnellsten der nächsten zehn Runden. Die Menge johlt und grölt. Dann spannen sich die Oberschenkel der Fahrer, sie treten in die Pedale, schneller, immer schneller sausen sie über die Bahn, fliegen beinahe waagerecht in die überhöhten Kurven, und aus Tausenden Kehlen gellt das anfeuernde He, he, he, he!, bis die Glocke ertönt und die Fahrer langsam austrudeln.

Die Ersatzleute sind bereit, ein paar Minuten haben sie sich in ihren Kojen ausruhen können – die Gladiatoren der Moderne werden in der Arena erwartet, die brodelnde Masse verlangt nach einer neuen Sensation.

Die kommt in diesem Jahr aus unvermuteter Richtung: Erstmals hat der Kapellmeister der Sechstagekapelle, Gustav Gottschalk, stets im roten Frack, den Walzer *Wiener Praterleben* des österreichischen Komponisten Siegfried Translateur im Programm. Um das Stück aufzupeppen, pfeift der invalide Reinhold Habisch den Refrain viermal mit. »Krücke« wird er genannt, sein Traum von einer Radrennfahrerkarriere hat sich mit 16 Jahren unter einer Straßenbahn erledigt. Er ist ein Berliner Original, laut, derb und ordinär, Hans Albers und später Max Schmeling zählen zu seinen Freunden. Die Zuschauer sind begeistert, 10.000 pfeifen mit, und der Sportpalastwalzer ist geboren.

■ ● ■

1883 veröffentlicht Émile Zola mit *Au Bonheur des Dames* den ersten Warenhausroman. *Das Paradies der Damen* erzählt die Geschichte des gleichnamigen Pariser Kaufhauses und den sozialen Aufstieg seines Besitzers Octave Mouret. Auf den ersten Blick eine Soap-Opera:

Am Ende einiger Verwicklungen schließt Mouret seine Antagonistin ins Herz, die tugendhafte Verkäuferin Denise Baudu. Doch zugleich entfaltet Zola ein Leporello an Themen, die mit dem Aufstieg der Warenhäuser einhergehen und die in den kommenden Jahrzehnten mehr und mehr in den Vordergrund rücken: Die kleinen Geschäfte rund um das Warenhaus werden verdrängt, die Zentren veröden nach Ladenschluss, in den Anproben, Restaurants und Teestuben der »Großbasare« entdeckt Zola Anzeichen des moralischen Verfalls.

Um die Jahrhundertwende entstehen in den Zentren der Städte Deutschlands die großen Warenhäuser. Nun rückt besonders die Frau als solche in den Mittelpunkt und vor allem die Frage, wie sie vom Warenhaus »versucht« wird.

Denn hier bewegt sie sich auf spiegelndem Parkett, zwischen Marmorsäulen, Kristallleuchtern, Springbrunnen und im Glanz Tausender elektrischer Glühbirnen. Hier empfängt sie im Sommer luftige Kühle und im Winter mollige Wärme. Hier präsentiert sich die Seidenware so verführerisch, dass sie die Käuferin förmlich anschreit: Nimm mich mit!

Wie soll das enden?

Das Warenhaus steht für alles, was die zeitgenössische »Kulturkritik« auf die Palme bringt. Pamphletschreiber tragen ihre Missbilligung mit religiösem Eifer vor: gegen Massenkonsum, selbständig handelnde Frauen, neuartige Moralvorstellungen sowieso, neue Moden, sozialen Wandel, wachsende Kommerzialisierung, Veränderung der Architektur. Die großen Warenhäuser der Gebrüder Tietz und Rudolph Karstadts sind die Tempel der Moderne, stellen im Inneren ihre Reize ungeschminkt und in Überfülle aus, sind das neue Babel, ein Ort der Sünde und Dekadenz, das sich als Paradies ausgibt.

Wie, um Himmels willen, soll das enden?

Die Frauen verprassen das sauer verdiente Geld des Mannes für Tinnef, bringen sein Vermögen durch, lernen in den Basaren fremde Männer kennen und begehen Ehebruch.

Die anstürmenden Reize und das ausladende Angebot schwächen sie derart, dass sie zu Diebinnen werden. Werden müssen.

So geht die Erzählung – Frauenverachtung verkleidet in die Sorge um das »schwache Geschlecht«.

Bei Dora Röber kommt alles zusammen und in einem Ausmaß, dass die Presse sich überschlägt in ihrer Prozessberichterstattung.

Im Laufe mehrerer Jahre hat Dora Röber siebzig Spezialgeschäfte und Kaufhäuser bestohlen. Röber hat einen einfachen Geschmack – von allem nur das Beste. Pelze, Kristall, Perserbrücken, Seidenstoffe, Bronzen, Ledertaschen, Uhren, kurz: alles. In 27 Diebesgängen entwendet sie ein komplettes Porzellanservice für zwölf Personen. Über Monate verschwinden Tasse um Tasse, Teller um Teller wie ein gefangener Schmetterling unter ihrer Hand und landen im Pelzmuff oder Mantel.

Gegenüber ihrem Staranwalt, dem schillernden Professor Dr. Dr. Erich Frey, gibt sie alles zu:

»Wann hat das angefangen?«

»Vor einigen Jahren.«

»Mich wundert, daß sie niemals gefaßt worden sind.«

»Oh, man hat mich mehrmals angehalten.«

»Dann sind sie also vorbestraft?«

»Erlauben Sie bitte, was halten Sie von mir!«

»Ja, haben die Geschäfte denn keine Anzeige erstattet?«

»Kein Gedanke.«

»Das verstehe ich nicht.«

»Ich habe die Sachen einfach bezahlt.«

»Und dann ließ man sie gehen?«

»Ja, was denn sonst?«

»Dann hätten Sie doch gleich kaufen können!«

»Das kann nur ein Mann sagen. Was wißt ihr Männer denn von uns … Was wißt ihr von dem dunklen Drang, wenn man plötzlich nehmen muß, was vor einem liegt. Dann kann man nicht anders …«

Kleptomanie. Das ist ihre Verteidigungsstrategie. Frey ist skeptisch, ob das verfängt. Schließlich gilt Stehltrieb nicht als eigenständige geistige Erkrankung, sondern lediglich als »Erscheinungsform bestimmter geistiger Störungen«. Dass sie vor Gericht als geisteskrank dargestellt werden könnte, schockiert Röber so sehr, dass sie ihren Anwalt anschreit. Was der dann wiederum mit »Hysterie« in Verbindung bringt. Frey ist über vierzig und noch ganz den Denkmodellen der Kaiserzeit verhaftet.

Der Fall Röber fasziniert die Öffentlichkeit, weil in ihm mehrere Erzählstränge zusammenlaufen, neben der ungeheuren Zahl der Diebstähle geht es um Politik und Sex.

Der ehemalige Reichskanzler und Schatzminister a. D. Gustav Bauer von der SPD lehnt sich weit aus dem Fenster und verbürgt sich für den Schwiegersohn der Röber, Franz Morvilius, ehemaliger Direktor der Reichstreuhandgesellschaft, Duzfreund Bauers und einer der Angeklagten.

Da Morvilius nicht nachzuweisen ist, dass er in die Diebstähle seiner Frau, die ebenfalls angezeigt ist, und seiner Schwiegermutter verwickelt ist, wird er freigesprochen. Die Rechtspresse macht daraus eine endlose Party.

Bereits während der Ermittlungen wird bekannt, dass Dora Röber ihren Gatten mit jüngeren Männern betrogen hat, von denen mindestens einer Teile des Diebesguts verkauft hat, und so sieht eine sensationslüsterne Öffentlichkeit in ihr schon vor Prozessbeginn eine mannstolle, hysterische Königin der Diebe.

Am ersten Verhandlungstag stellt ihr Anwalt einen Antrag auf Vertagung, um Dora Röbers Geisteszustand untersuchen zu lassen. Obwohl er damit scheitert, ist der Ton gesetzt. Um über die Bande ihren Geisteszustand zum Thema zu machen, lädt die Verteidigung eigene Zeugen vor, die als Sachverständige über den mentalen Zustand Dora Röbers Auskunft geben sollen. Bereits zum Auftakt der Verhandlung sitzen sie im Zuschauerraum, um ihr Verhalten zu studieren. Der Vorsitzende Richter und die Staatsanwaltschaft haben nichts dagegen.

Dora Röber sagt, sie könne sich nicht erinnern, wann die Klauerei angefangen habe, und dass sie nur »in gewissen Abständen« einen Drang dazu verspürt habe, auf Beutezug zu gehen.

Zur Erheiterung des Saales trägt die Fragestellung des Vorsitzenden Richters nicht unmaßgeblich bei:

»Hätten Sie nicht mal zum Arzt gehen und sich gegen die Klauerei etwas eingeben lassen können?« (…)

Gelächter im Saal.

»Wenn das möglich gewesen wäre«, entgegnet die Angeklagte tonlos. Um dann unvermittelt zu schluchzen und zu schwören, dass sie sich manchmal am liebsten die Hände abgehackt hätte.

Zur Freude des Publikums lässt sich die gebürtige Holländerin mit angelernter Berliner Schnauze zur Sache nicht nur ein, sondern führt ein »gottloses Mundwerk«, wie der Vorsitzende Richter ihr bereits am ersten Verhandlungstag attestiert, und manche sehen in dem Prozess die wohl farbigste, wenn nicht amüsanteste Theateraufführung der Inflationszeit.

Sie erzählt von ihrer Mutter, einer diebischen Kammerzofe der Königin Wilhelmina, die im Irrenhaus gelandet sei.

Dann durchkreuzt sie die Strategie ihres Anwalts, der sie als unzurechnungsfähig darzustellen beabsichtigt, durch ungeschickte oder gespielt »verrückte« Auftritte.

Niemand weiß, woran er mit Röber ist. Die Sachverständigen konstatieren zwar »schwere erbliche Belastung und hysterische Störungen«, können sich aber nicht dazu durchringen, sie für unzurechnungsfähig zu erklären. Ihr Anwalt ist in manchen Augenblicken davon überzeugt, dass sie nur verrücktspielt, in anderen zweifelt er daran und fragt sich, ob sie nicht tatsächlich verrückt ist.

Als Frey ihren Stehltrieb auf »periodisch wiederkehrende Zustände« zurückführt, um den Zwangscharakter ihrer Handlung zu untermauern, unterbricht sie ihn: »Setz dich, Junge, red nicht über Sachen, von denen du nichts verstehst.«

Die Gerichtsverhandlung als Kabarett.

Röbers Fingerfertigkeit, die sie sich über Jahre antrainiert hat, liegt außerhalb der Vorstellungskraft des Vorsitzenden Richters, worauf die Angeklagte unter Gejohle des Publikums ihm triumphierend zuruft, in dem Luxus- und Lederwarengeschäft *Albert Rosenhain* könne sie den halben Laden ausräumen, ohne dass Inhaber oder Verkäuferinnen etwas Verdächtiges bemerkten.

Am Ende ein profanes Urteil: Röber muss fünf Jahre in Haft. Dann wird es schrecklich gemütlich: Nach ihrer Entlassung wird sie nie mehr straffällig.

März

Kurt Tucholsky ist 33, mag nicht mehr schreiben und wird stattdessen Bankazubi. Willy Fritsch beginnt seine sagenhafte Filmkarriere mit einem Lachen. Johnny Weissmuller schwimmt als erster Mensch die vierhundert Meter Freistil unter fünf Minuten. George Antheil bangt um das Leben seiner Freundin, während Hitler die ganze Reichsregierung an Laternenpfählen aufknüpfen möchte. Das sagt er auch dem Reichswehrchef. Kurz vor der Geburt ihrer gemeinsamen Tochter Hanne entdeckt Brechts Gattin, dass er sie betrügt. Währenddessen räumt die Noch-Ehefrau von Carl Schmitt die gemeinsame Wohnung in München aus, verkauft alle Möbel und verschwindet. Else Lasker-Schüler koloriert ihr neuestes Buch, malt sich die Finger wund, und ihr Verleger Alfred Flechtheim geht ihr auf die Nerven. Ernst Jünger langweilt sich, und in Essen sterben 13 Krupp-Arbeiter im französischen Kugelhagel.

Er schreibt und schreibt und schreibt: Romane, Gedichte, schneidende politische Kommentare, Besprechungen zu Literatur, Musik und Film, Satiren ebenso wie Chansons, Couplets und Conferencen fürs Kabarett. Doch jetzt sichern sie Kurt Tucholsky kein Auskommen mehr. Von den Artikeln für die *Weltbühne* allein hat er noch nie leben können.

In der Inflation brennt jede Honorarabrechnung wie ein Nesselhemd. Man denke, Tucholsky vereinbart als Freiberufler mit Siegfried Jacobsohn, Herausgeber der *Weltbühne*, einen Artikel über was auch immer zu Papier zu bringen, und die Bezahlung noch dazu. Dann recherchiert er, liest ein Buch, geht ins Kino, schreibt die Besprechung oder das Stück. Die *Weltbühne* druckt es, und er stellt die Rechnung. Inzwischen sind ein paar Wochen vergangen seit der Vereinbarung, und die 200.000 Mark Honorar sind noch ein Viertel davon wert. Und morgen noch mal die Hälfte weniger.

Die »Nudelbretter« haben Tucholsky am meisten Geld eingebracht. Er schreibt für die Besten, für Rudolf Nelson und den »chicksten Bumms des Kurfürstendamms«, das *Nelson-Theater*, für Trude Hesterberg und ihre *Wilde Bühne* im Sockelgeschoss des *Theaters des Westens*, für Rosa Valetti und ihre Bühne *Die Rakete*.

Er ist der gefragteste Kabarettautor des Landes, der bestbezahlte obendrein; alle reißen sich um seine Texte. Ein reicher Mann, der das Geld rausschmeißt mit beiden Händen, weil er es nicht mag. Es geht drauf für edelste Stoffe, beste Maßarbeit, teure Restaurants und Hotels, für spleenigste Gewohnheiten, wie einen Anzug nach einmaligem Tragen reinigen zu lassen. Und jetzt, mitten in der Inflation, hat er nichts mehr, weder Geld noch Antrieb. Er ist depressiv. Die politischen Texte für die *Weltbühne*, die Mahnungen und Appelle erscheinen ihm sinnlos, er will nicht mehr vergebens anschreiben und -kämpfen gegen den Ungeist der Zeit. »Ekel an Atmosphäre und Wesen dieses Journalismus« verleidet ihm den Beruf, er könne »nicht mehr atmen«.

Aber auch von den literarischen Kabaretts fühlt er sich missinterpretiert: »Ich gebe einen Text heraus. Ich höre ihn, sagen wir: leise, gedehnt, ganz zart, fein (…) und denn komm ick hin: und da steht einer und hat sich vielleicht eine Ritterrüstung angezogen und bläst den Text durch ein Megaphon … ich muß schon sagen … Und darum mag ich kaum noch.«

So kommt es, dass am 1. März der 33-jährige Kurt Tucholsky als Volontär in das Berliner Bankhaus *Bett, Simon & Co.* eintritt.

»Ich gebe jene kümmerliche ›Freiheit‹ auf, die mir nichts mehr trägt – und ich fange noch einmal ganz von vorne an, in einem Leben, wo nichts gilt, was ich zehn Jahre hindurch exerziert habe.«

Sein Lohn wird täglich an die Inflation angepasst, ganz unten beginnt er: Er kopiert Wechsel, schneidet Coupons, steht hinter dem Schalter und bearbeitet Wertpapiere. Der größte Journalist der Weimarer Republik, eine Mischung aus Heine und Lichtenberg, er ist jetzt Bankazubi! *So* verrückt sind die Zeiten.

Bei allen Molltönen der Seele – der Humor verlässt Tucholsky im Kontor nicht. Als er mal wieder hinter dem Schalter steht, erkennt er einen Schulfreund, lässt alles stehen und liegen und ruft ihm zu: »Willst du ein Viertelpfund Dollars haben? Geschnitten oder im ganzen?«

Nur Weniges entsteht in diesem Jahr für die *Weltbühne.* Darunter *Morgens um acht,* in der Tucholsky seinen eigenen Ausflug in die Geschäftswelt auf die Schippe nimmt: »Denn für die Arbeit ist der Mensch auf der Welt, für die ernste Arbeit, die wo den ganzen Mann ausfüllt. Ob sie einen Sinn hat, ob sie schadet oder nutzt, ob sie Vergnügen macht (›Arbeet soll Vajniejen machen? Ihnen piekt er woll‹) –: das ist alles ganz gleich. Es muß eine Arbeit sein. Und man muß morgens hingehen können. Sonst hat das Leben keinen Zweck (…). Ja, gehen Sie ins Geschäft. ›Was für ein Geschäft treibt ihr?‹ – ›Wir treiben keins, Herr. Es treibt uns.‹«

■●■

Brecht notiert: »und diese kavalkaden von trüben hundsföttchen und hitler auf dem monopteros auf moses iglstein scheißend …«.

■●■

Am 3. März sieht sich die 22-jährige Marieluise Fleißer erstmals gedruckt. *Das Tage-Buch* bringt ihre Erzählung »Meine Zwillingsschwester Olga«. Die Protagonistin der *Neuen Sachlichkeit* wird jahrelang von Brecht benutzt, er verlangt viel und gibt nichts, sie ist ihm verfallen, dem Mann mit den »vogelzarten Knochen«, »den herrlichen Jochbögen« (…) »in dem mageren Gesicht«. »Ich gab Brecht gegen jedermann recht, am meisten gegen mich selbst«, schreibt Fleißer später. Klassische Literatur- und Kulturgeschichten ignorieren jahrzehntelang diese bedeutende Autorin, und erst sehr spät erscheint eine Gesamtausgabe ihrer Werke.

■●■

Wahrscheinlich sind sie das glamourösestes Ehepaar der Weimarer Republik: die berühmteste Theaterschauspielerin des Landes, Tilla Durieux, und der große Kunsthändler und Verleger Paul Cassirer. 1905 haben sie sich kennen- und lieben gelernt bei einer kleinen Soiree des Kunsthistorikers Julius Meier-Graefe. Sie trägt zu diesem Anlass eine knallrosa Bluse, sie muss, obwohl Star bei Reinhardt am *Deutschen Theater*, alle Kostüme selbst bezahlen. Da bleibt nicht viel für die Privatgarderobe. Sie findet den Fetzen schrecklich, er entzückend. Und ergeht sich in Scherzen über ihn, macht tausend Anspielungen. Hingerissen ist sie von seinem Intellekt. Und er geht aufs Ganze. Dass sie einen Ehemann hat, ist ihm wumpe, wie der Berliner sagt.

Jetzt, 1923, sind Durieux und Cassirer verheiratet, im März stechen sie gemeinsam in See. Auf der *George Washington* geht's nach New York. Vor zwölf Jahren fuhr sie wenige Stunden zuvor dieselbe Strecke wie die *Titanic*, konnte den Eisberg aber unbeschadet umschiffen.

In Amerika möchte Cassirer eine Filiale seiner Galerie eröffnen. Ist die Überfahrt noch sehr behaglich, die Verpflegung top, und der Dampfer schippert nicht allzu hektisch über den großen Teich, wird das Klima in New York rauer. Um Kost und Logis im teuren *Ritz* zu bezahlen, muss Cassirer mitgebrachte kleinformatige Kunst dem Hotelbesitzer Albert Keller, einem Sammler, aushändigen. Doch bald geht sein Vorrat zur Neige, und um Geld zu sparen, fängt das Ehepaar an, sich eine provisorische Küche auf dem Flur in einem Wandschrank mit fließendem Wasser einzurichten, was natürlich nicht im Sinne des Hotels ist. Sie, die bestbezahlte Schauspielerin Berlins, und der neben Alfred Flechtheim bekannteste Kunsthändler richten sich in der Misere ein, so gut es geht. Wahrscheinlich ist Durieux nie so glücklich mit ihm gewesen, auch wenn aus seiner Filialgründung nichts wird.

Unter seiner in jungen Jahren in Paris erlernten sexuellen Libertinage wird sie die ganze Ehe über leiden, denn er betrügt sie von Anfang an. Selbst ist er die Eifersucht in Person. »Meine Augen haben durch ihn die Herrlichkeit der Welt gesehen, aber auch die verzweifeltsten Tränen geweint«, wird sie später sagen.

Drei Jahre wird das noch gehen, 1926 reicht sie die Scheidung ein. Diesmal unwiderruflich. Am Tag, als sie die Papiere unterzeichnen sollen, erschießt sich Cassirer. Er hat seinen letzten Willen bekommen. Sie ist immer noch mit ihm verheiratet. Die Verwandten Cassirers und die Presse fallen über sie her, nicht einmal bei der Beerdigung soll sie erscheinen dürfen. Aber sie kommt, tief verschleiert.

Johnny Weissmuller schwimmt in New Haven die 400 Meter Freistil in 4,57 Minuten und ist damit der erste Mensch, der unter fünf Minuten bleibt. Insgesamt stellt Weissmuller 51 Schwimmweltrekorde auf. Es können aber auch 67 sein. Mitunter versäumt er, die Rekordprotokolle einzureichen. In zehn Jahren wird er der berühmteste Tarzan-Darsteller sein, den die Welt je gesehen hat. Das Bild zeigt ihn 1923 im Alter von 18.

Und natürlich wird Harry Graf Kessler sie in seiner Traueransprache erwähnen. Obwohl die Familie Cassirer alles daransetzt, dies zu verhindern. Auch die Zeitungen schütten Kübel von Schmutz über sie aus, denn sie hat etwas getan, was man Frauen nicht durchgehen lässt: Sie hat vor einiger Zeit zarte Bande zu einem ebenfalls noch verheirateten Mann geknüpft, dem Brauereidirektor Ludwig Katzenellenbogen.

Oder, andere Möglichkeit: Die Öffentlichkeit kann schon in den 1920er Jahren nicht unterscheiden zwischen Schauspielerin und Rolle. Dafür spricht, dass Durieux meist Schurkinnen verkörpert oder Schlampen.

■●■

Vor ein paar Monaten hat George Antheil die junge Exil-Ungarin Elisabeth »Boski« Markus in Berlin kennen- und lieben gelernt. Doch leider sind sie sich nicht sehr ähnlich. Markus steht für das zerrissene, vom Krieg gebeutelte Europa, Antheil für das strahlend-optimistische Amerika. Ein bisschen naiv ist er überdies. Und beide sind schrecklich jung. Ihre Freunde lehnen den blendend aussehenden Amerikaner scharf ab. Das junge Paar zankt sich daraufhin immer öfter. »Du und ich«, sagt sie ihm eines Abends, »haben nicht das Mindeste miteinander gemein. Mir missfällt alles an dir – abgesehen von dir selbst –, und das ist schlecht. Du persönlich bist nett, aber alles, wofür ich lebe, wird von dir und deiner Einstellung zum Leben geleugnet. Mir gefällt weder deine Musik noch dein Freundeskreis noch dein ganzes sensationelles Virtuosentum. Ich mag weder deine Anzüge noch die Gespräche mit dir, weder deine Ideen noch die teuren Nachtlokale, in die du mich führst …«

Antheil besteht nach dieser Suada darauf, mit ihr in ein Restaurant zu gehen, zur Abwechslung in ein billiges. Dort sitzt sie dann den ganzen Abend mit finsterem Gesicht, aber sie bleibt. Das hält Antheil für einen Erfolg.

Am nächsten Tag erfährt er, dass sie in der Nacht so viel Morphium genommen hat, dass man damit zwei Menschen hätte töten können. Antheil beschließt, für sie zu beten, und schwört, sich zu ändern, vor allem zu bessern, sollte sie überleben.

Sie kommt wieder zu sich, und als sie genesen, geht das junge Paar im Tiergarten spazieren, die Luft riecht schon nach Frühling. Er will mit ihr nach Paris und dort in einem kleinen Zimmer leben. Er hat noch einige Konzerte in Deutschland vor sich, aber in ein paar Monaten könnten sie umziehen. Und er hat so viel Geld gespart, dass sie davon ein, zwei Jahr werden leben können, vielleicht auch drei. Außerdem besitzt er ein paar Bilder von Picasso und Braque, die, da ist sich Antheil sicher, werden bestimmt an

Wert zulegen. Dann könne man sie verkaufen, wenn sein Geld zu Ende ist.

Antheil hat keine Lust mehr, als Konzertpianist durch Europa zu tingeln, er will sich ganz auf seine eigenen Kompositionen konzentrieren. Er erklärt ihr seine Liebe und dass ihm seine Laufbahn nichts bedeutet, wenn er nicht jeden Augenblick mit ihr teilen kann.

Boski hört ihm ernst zu und verspricht, es sich zu überlegen. Am nächsten Tag ruft sie ihn an und sagt:

»Ja.«

■●■

Reichswehrchef General Hans von Seeckt inspiziert bayerische Truppen und trifft auf Initiative des bayerischen Reichswehrkommandanten von Lossow in München mit Hitler zusammen. Lossow steht auf dem Standpunkt, der NS-Führer werde in Zukunft eine bedeutende Rolle auf der politischen Bühne spielen. Am Ende seines eineinhalbstündigen Vortrags, in dem Hitler alle Evergreens aus seinen Versammlungsreden aneinanderreiht, schaut er Seeckt durchdringend an und bietet ihm »die Führung der gesamten deutschen Arbeiterbewegung an!«. Worauf Seeckt ihn auf den Treueid anspricht, den er der Republik geschworen hat.

Der ist für Hitler kein Problem. Er hält eine blutrünstige Tirade, an deren Ende die »Defätisten der gegenwärtigen Regierung« dahin verbracht werden, wo sie nach Hitlers Ansicht hingehören – »an die Laternenpfähle!«. Im Anschluss werde man den Reichstag in Brand setzen und erst dann, wenn die Republik praktisch beseitigt, Seeckt die Führung antragen. Eidtechnisch, so denkt Hitler mit wahnwitziger Logik, wäre Seeckt somit aus dem Schneider.

Der bescheidet ihn kühl: »Von heute ab, Herr Hitler, haben wir uns nichts mehr zu sagen.«

■●■

Ebenfalls in München ist inzwischen George Antheil. Die Nazis mögen ihn nicht. Eine »Bande kleiner stinkender Strolche«, zürnt er, drohe damit, in seinem Konzert eine Bombe zu werfen, sollte der Amerikaner es wagen, französische Werke zu spielen. Die hat Antheil im Programm neben eigenen hypermodernen Kompositionen, die er stets am Ende seiner Auftritte zum Besten gibt. Kakophones, wie er selbst einräumt. Dann hebt das Geschrei im Publikum an, doch Antheil ist unbesorgt. Zu seinem Schutz hat er sich in Berlin eine kleine automatische Pistole zugelegt, die trägt er in einem seidenen Halfter in der Achselhöhle. So, hat er irgendwo gelesen, halten es auch die Gangster in Chicago. Er leistet sich eine »kühle Ruhe«, wenn der Lärm und das Gekeife der Leute losbrechen. Sollte es zu Handgreiflichkeiten gegen ihn kommen, kann er sich den Weg zur Not freischießen.

Als er den Drohbrief der Nazis in seiner Konzertagentur liest, wird er wütend und will unbedingt auftreten. Der Veranstalter schaltet die Polizei ein mit der Folge, dass jeder zehnte Zuschauer uniformiert ist.

Doch in der Garderobe wird Antheil unruhig und tut, was er sonst nie tut: *vor* einem Konzert zu trinken. Eine halbe Flasche Rotwein intus, wacht er erst auf in der Mitte der ersten Nummer, der Bach-Fuge in e-Moll. Die Münchner Kritik ist sich am nächsten Tag einig: Die erste Nummer seines Programms habe Antheil mit »erstaunlicher Kälte und Gefühllosigkeit« gespielt.

■ ● ■

Eine sagenhafte Karriere beginnt in diesem Frühjahr für den 22-jährigen Willy Fritsch. Er bewirbt sich um eine Rolle, sitzt im Wartezimmer mit einem guten Dutzend Mitbewerber. Schlechte Chancen. Die Figur, die er spielen soll, ist ihm überdies nicht geheuer. Ein junger Mann, der erblindet aus dem Krieg zurückkehrt. Er heiratet und gewinnt durch eine Operation sein Augenlicht zurück. Seine

Frau, die er nie zuvor gesehen hat, befürchtet, dass er sie zurückweist, wenn er sie zu Gesicht bekommt, und flieht. Er sucht sie, findet sie, beide – muss man es erwähnen? – fallen sich um den Hals. Über weite Strecken des Films müsste Fritsch den Schmerz eines Erblindeten spielen, die Suche und das Happy End bilden einen nur kurzen dritten Akt. Er denkt sich: Das bin ich nicht.

Das Vorsprechen gerät denn auch zum Desaster. Der Regisseur von *Seine Frau, die Unbekannte*, der Däne Benjamin Christensen, ist entgeistert von der Probeaufnahme. »Mein lieber Fritsch, Sie werden niemals ein vernünftiger Blinder werden!«

Das findet Fritsch so komisch, dass er lauthals zu lachen anfängt. Und gar nicht mehr aufhört. Christensen ist verblüfft und begeistert, wie der Junge lachen kann, und weist den Kameramann an, draufzuhalten.

Fritsch bekommt die Rolle. Er zweifelt immer noch: »Aber es handelt sich doch um einen todernsten Film. Ein Kriegsblinder …« Christensen beruhigt ihn. Der melodramatische Teil wird radikal eingekürzt, nach zwanzig Minuten ist es vorbei mit der Blindheit, und eine Salonkomödie beginnt.

Der Film wird ein Riesenhit. Erich Pommer hat mit Fritsch einen Jahresvertrag abgeschlossen. Jetzt schickt er den jungen Mann erst einmal zum besten Herrenausstatter Berlins und lässt ihm Frack, Smoking und ein halbes Dutzend Anzüge und Hemden anfertigen, kauft ihm Hüte, Krawatten und Handschuhe. Ein fabelhaft angezogenes Lächeln für die Leinwand. Es ist das umwerfendste seit langem und mehr wert als Gold in Zeiten, in denen kaum jemand etwas zu lachen hat. Pommer weiß, wie der Hase hüpft.

■ ● ■

Die Ehe der Brechts liegt vier Monate nach ihrer Schließung bereits in Trümmern. Marianne Brecht findet kurz vor der Geburt der gemeinsamen Tochter Hanne einen Liebesbrief Brechts an Paula

1923 startet Willy Fritsch seine Karriere. Schon zu Stummfilmzeiten einer der beliebtesten deutschen Kinohelden, wird er im beginnenden Tonfilm neben Heinz Rühmann der Superstar unter den deutschen Schauspielern im komischen Fach.

Banholzer, seine On-/Off-Geliebte seit 1917 und Mutter seines ersten Sohnes Frank.

Am 12. März wird Brechts Tochter Hanne geboren. Kurz darauf entwirft Marianne Brecht einen Brief an Paula Banholzer. Bis zur Niederkunft ist sie vollkommen abhängig von Brecht gewesen, doch jetzt hat sie eine Entscheidung getroffen. Sie will ihren Mann freigeben, das solle das liebe »Fräulein Banholzer« Brecht ausrichten. Sein Brief an Banholzer habe sie »gerührt«. Denn, so schließt die Noch-Ehefrau, »so viel Liebe und Zärtlichkeit hätte ich ihm eigentlich gar nicht zugetraut«.

■●■

Wenig Zärtlichkeit bringt die Noch-Ehefrau von Professor Dr. Carl Schmitt diesem entgegen. Anders der spätere »Kronjurist des Dritten

Reiches«: Obwohl er inzwischen darüber im Bilde ist, dass er eine notorische Lügnerin und Diebin geheiratet hat, wünscht sich Schmitt Cari noch im Februar zurück. »Ich vermisse«, so vertraut er seinem Tagebuch an, »meine Lebenstüchtigkeit; wer kann ohne das leben. Sie war die Beste.« Seine Geliebte Lo Sauer dagegen nennt er jetzt eine »lächerliche Karusselldame, und die andere Frau, an die er sehnsüchtig denkt, ist »die wilde nymphomanische K«(athleen). Die zarte Liebe zu Duška scheint erkaltet, denn sie will nichts von Schmitt.

Immerhin gelingen ihm die zwei Stunden Vorlesung sehr gut, besonders über die allgemeine Staatslehre und über Machiavelli. Richtig verstanden hat er manche Passagen des Florentiner Freundes aber offenbar nicht.

Machiavelli schreibt in *Der Fürst* über die Täuschung: »Die Menschen sind so einfältig und hängen so sehr vom Eindruck des Augenblickes ab, dass einer, der täuschen will, stets jemanden findet, der sich täuschen lässt.«

Vor vier Wochen hat Schmitt einen eingeschriebenen Brief erhalten von Cari. Darin bittet sie ihn, die Möbel in der immer noch bestehenden gemeinsamen Wohnung in München bis zum 1. April behalten zu können.

Schmidt ist froh über den Brief, denn er klingt sehr freundlich. Am 27. März begibt er sich nach München, vielleicht hofft er nach der schönen Epistel auf eine gute Begegnung mit Cari. Doch als er am nächsten Tag nach »behaglichem Frühstück« in ihrer gemeinsamen Wohnung an der Schraudolphstraße in der Nähe der Pinakothek anlangt, muss ihm endgültig klar sein, wen er da vor acht Jahren geehelicht hat: Die ganze Wohnung ist ausgeräumt, alle Möbel sind verkauft, Cari hat sich ins Ausland abgesetzt, er wird sie nie mehr wiedersehen. In seinem weiteren Leben ist sie ein absolutes Tabuthema, und sie firmiert, wenn man sie denn nennen muss, nur als »die Dame«.

■ ● ■

Auch Else Lasker-Schüler hat in diesem Frühjahr einen steinigen Acker zu pflügen. Sie nimmt die Mühe klaglos auf sich, sie soll ihr endlich aus den finanziellen Schwierigkeiten heraushelfen. Alfred Flechtheim plant eine Luxusausgabe *Theben*: Zehn Gedichte in Faksimile, dazu zehn Lithografien der Künstlerin. Im *Querschnitt*-Verlag sollen sie erscheinen, 250 Stück, alle handsigniert von Lasker-Schüler, 50 von ihnen koloriert sie eigenhändig, also 500 Blatt. Die Hälfte der Einnahmen soll ihr Lohn sein.

Zwar hat sie im Jahr 1922 nach dem Tod eines Schwagers in Chicago 3.000 Dollar geerbt, doch begeht sie, in Gelddingen ahnungslos, einen schweren Fehler: Sie wendet sich ausgerechnet an ihren früheren Geliebten Gottfried Benn, der ihr den verheerenden Rat gibt, die eine Million Mark, die der Umtausch – erster Fehler! – erbringt, in den Tresor einer Privatbank zu legen, »wegen der Zinsen«.

Vom inneren Wert der Mark hat Benn nicht den geringsten Schimmer – wenige Monate später tendiert er gegen null. Im Frühjahr 1923 beschleunigt sich die Abwertung, Else Lasker-Schülers Million geht in Flammen auf.

Tagein, tagaus sitzt sie jetzt mit ihren Buntstiften im Verlagsteil der Galerie Flechtheim am Lützowufer 13 und koloriert. Es ist ihr »kostbarstes Buch«. Ein Gedicht auf der einen Seite paart sie mit einer Lithografie auf der gegenüberliegenden, und auch wenn beide nicht parallel entstanden sind, so ergibt sich ein stilvolles Ganzes: Das erste Gedicht *Gebet* (»Ich suche allerlanden eine Stadt / Die einen Engel an der Pforte hat …«) kombiniert sie mit dem Bild *Theben mit Jussuf*: Eine bezaubernd schöne pastellfarbene Ansicht einer Stadt, die sich den Hügel hinaufschlängelt, mit Palmen, Kuppeln mit Halbmond und Sternen sowie das Profil Jussufs, der aus einem Bogenfenster schaut und nicht zufällig große Ähnlichkeit mit Lasker-Schüler hat.

Verdruss stellt sich bei ihr nicht nur ein, weil sie neben der Kolorierung auch noch die Signierung des Buches besorgen muss, sondern auch, weil sie mit der unangenehmen Seite ihres Verlegers konfrontiert wird. Der schurigelt seine Untergebenen, erkundigt sich grinsend nach deren Stuhlgang und rühmt seine Perfidie als »rheinisch«, während Lasker-Schüler sie nur »schweinisch« nennt. Und ihm das auch auf den Kopf zusagt. Jeden Tag fragt sie sich, wie diese »gemeine Kreatur von den feinsten Menschenqualitäten«, den Künstlern, »zu leben berechtigt ist«.

Mannigfaltige »Vertrauensbrüche« Flechtheims gegenüber seinem neuen Kompagnon will Lasker-Schüler bemerkt haben.

Täglich versuche »Flechtheim vor mir und den angestellten Damen dem armen Albert Dreyfus einen Idiotenstempel auf dem allerwertesten Pegasus seiner Dichterstirn zu drücken, bürdete ihm nach Mutwillen Kosten auf. Ja, Alfred Flechtheim ist und bleibt ein Schalk und er hätte sich den Bauch vor Lachen gehalten über die Naivität seines Geschäftsteilhabers. Am Ostersonntag trat er in mein läutendes Dachzimmer, legte ein Schokoladenosterei in mein Strickkörbchen und erkundigte sich dann zart, wieviel elektrisches Licht ich wohl beim Kolorieren in der Galerie Flechtheim verbraucht haben könne?«

Flechtheim ist genervt, da er jetzt von seiner Bank einen zweiten Geschäftsführer vor die Nase gesetzt bekommen hat, Albert Dreyfus, einen gelernten Kunsthistoriker.

Else Lasker-Schüler flieht mit ihren Buntstiften aus der Galerie und zieht sich in ihr Heim im *Hotel Sachsenhof* an der Motzstraße zurück, um *Theben* fertig zu kolorieren. Das Buch wird ihr noch viel Ungemach bereiten.

■●■

Der Maler Lovis Corinth stellt derweil in der *Berliner Secession* aus und lamentiert: »Die Künstler sind zu Kaufmännern geworden, man hört nur Dollar, Devisen, Papiere. Ekelhaft.«

■ ● ■

Nichts mit sich anzufangen weiß in diesen Tagen Ernst Jünger, bald ein guter Freund von Carl Schmitt, der ihn zeitlebens ob seines Erfolgs beneidet. 28 ist Jünger jetzt und unfähig, in wirrer Zeit mit sich selbst ins Reine zu kommen. Doch nimmt er immerhin Witterung auf, beschließt, die Unentschiedenheit, die doch mit spätestens dreißig sich nicht mehr schickt, zu überwinden, indem er beabsichtigt, »den Willen auf wenige Formeln zusammenzuschmelzen, aus denen sich alles andere ableiten läßt«. Doch dann wieder Resignation: »Das ist nicht einfach«, da der Willen »wie ein Havelfluß breit alle Dinge umströmen möchte; man muß da einige Arme abdämmen. Und dann die Zeit. Jede Erkenntnis wird sogleich von einer entgegengesetzten gelähmt und relativiert. Das Hirn ist nachgerade ein Perpetuum mobile, das seine Kraft im Spiele mit Gewichten und Gegengewichten verbraucht. Die einfachsten Tatsachen schillern in soviel Lichtern, daß jede einheitliche Farbe verloren geht. Wir sind durch eine liberale Erziehung verpfuscht und müssen sehen, wie wir uns wieder heraushelfen.«

Der Landsknecht, Schöngeist und Dandy – er posiert auf dem Frontispiz von *In Stahlgewittern* mit Orden und pelzbesetztem, taillierten Uniformmantel – drückt in reichlich preziösem Ton wenig mehr aus, als dass er ratlos ist. Doch hat er bald ein Erlebnis, das ihn zumindest vorübergehend auf einen klaren Kurs, man könnte freilich auch sagen: auf Abwege führt.

■ ● ■

Am Karsamstag, dem 31. März, treffen morgens um sieben Uhr zwei französische Requisitionskommandos auf dem Werksgelände von *Krupp* an der Essener Altendorfer Straße ein. Aus der Wagenhalle wollen sie Fahrzeuge beschlagnahmen. Arbeiter stellen sich ihnen entgegen. Um neun Uhr sind es bereits ein paar Tausend. Sie singen patriotische Lieder, schwenken Fahnen, aber auch Spaten und Hämmer. Die Menschen schreien und wüten. Irgendwann verlieren die französischen Soldaten die Nerven und beginnen zu schießen. 13 Arbeiter sterben, 28 werden verletzt. Es ist der blutigste Tag des Ruhrkampfes.

Die Regierung in Berlin protestiert scharf, der Reichstag veranstaltet eine Trauerfeier, auch Präsident Ebert ist anwesend. Das »Essener Blutbad« steigert die Wut auf den »Erbfeind« ins Unermessliche; umso mehr als die französische Untersuchungskommission zu dem Ergebnis gelangt, die Truppen hätten sich in Gefahr befunden und ein legitimes Recht gehabt, sich den Weg freizuschießen. Streiks und Ausweisungen, Verhaftungen und Attentate deutscher Untergrundkämpfer sind die Folge, und der nationalistische Furor auf beiden Seiten kostet Hunderte Leben.

April

In Jerusalem ist die Stimmung zwischen den Glaubensrichtungen so schlecht wie heute. Brecht spricht von den Nazis als »Mahagonny«, während Hitler sich von München nach Berlin begibt und in Sachsen beinahe kommunistischen Milizen in die Hände fällt. Julius Meier-Graefe nennt Max Beckmann einen Müllkutscher mit Kistenstil. Beckmann nennt ihn Meier-Greco, weil der den Spanier derart in den Himmel schreibt, dass es, man denke, Beckmann stört. Zurück in München, will Hitler den Aufmarsch der Gewerkschaften zum 1. Mai unter allen Umständen verhindern. Hugo Stinnes löst die galoppierende Inflation aus, während Otto Dix nach Düsseldorf übersiedelt und weitermalt am schockierendsten Gemälde der Weltgeschichte. Die okkulte Literatur schwillt, und Sigmund Freuds Das Ich und das Es *erscheint. Ohne seiner Familie Bescheid zu sagen, begibt sich der Begründer der Psychoanalyse ins Krankenhaus, wo er fast verblutet. »Sicher ist, dass nichts sicher ist. Selbst das nicht«, sagt Joachim Ringelnatz. Niemand widerspricht.*

Wer in diesen Tagen abends nach Jerusalem kommt, wird Zeuge eines dreifachen Festes: das christliche Ostern und das jüdische Pessachfest sind auf allen Straßen spürbar, sie werden übertroffen von den Sensationen des muslimischen Festes Nebi Musa (Prophet Mose).

Die Gegensätze zwischen den Menschen sind mit Händen zu greifen, und ein unsichtbares Abwägen liegt in der Luft: »Jude oder Araber«. Der dumpfe, in diesen Tagen noch nicht ausgelebte Hass wird nicht mal zu Ende gesprochen, doch am Jaffator, unterhalb der Davidsburg, mitten im Verkehr, stoßen sie zusammen: »Drei Stimmen kreuzen sich immer und scheinen einander zu sagen: Nicht du sollst hier sein –.«

■●■

Ernst konstatiert Brecht: »nachdem die nächstliegenden dummheiten erschöpft waren wurde zu den fernliegenden gegriffen sie sind nahezu aus nun was dann??? mahagonny weist alle baiern aus das essen / der film / hitler …«

■●■

Der begibt sich im 7. April mit dem Auto von München nach Berlin. Die Partei ist mal wieder klamm. Seit er täglich erscheint, hat sich der *Völkische Beobachter* zum Kostgänger entwickelt. Hauptziel des Ausflugs ist das Haus des Pianofabrikanten Bechstein, dessen Frau Helene Hitler anschnorren will. Begleitet wird er von zwei jungen Männern, von denen einer als Chauffeur fungiert, und von seinem Faktotum »Putzi« Hanfstaengl.

Der Weg führt über Sachsen. Nicht ungefährlich, liegt dort doch ein Haftbefehl gegen Hitler vor. Tatsächlich wird der Wagen kurz vor Delitzsch von kommunistischer Miliz gestoppt. Der geistesgegenwärtige Hanfstaengl, über 1,90 Meter groß, entsteigt dem Wagen, zeigt mit pompöser Geste einen Pass in englischer Sprache vor, den hat ihm ein Jahr zuvor das Schweizer Konsulat in New York ausgestellt, gibt sich als Drucker und Papierfabrikant auf dem Weg zur Leipziger Messe aus – und stellt Hitler als seinen Kammerdiener vor. Der Bluff gelingt. Außer Sichtweite zeigt sich Hitler begeistert: »Großartig, einfach großartig, wie Sie das gemacht haben, lieber Hanfstaengl! (…) Das hätte mich den Kopf kosten können!«

Hitler ist zu dieser Zeit außerhalb Bayerns weitgehend unbekannt, noch hat keine Zeitung ein Foto von ihm gedruckt. Aus einem einfachen Grund: Er lässt sich nicht fotografieren! Warum? Da die NSDAP in Preußen verboten ist, muss Hitler als ihr Vorsitzender dort jederzeit mit seiner Verhaftung rechnen. Er möchte den Behörden kein Fahndungsfoto liefern.

»Hitler ist kein Individuum. Hitler ist ein Zustand«, bemerkt überaus treffend der *Simplicissimus*-Zeichner Thomas Theodor Heine.

In Berlin kennen Hitler ein paar Industrielle wie Ernst Borsig, vor denen er 1921 gesprochen hat, sowie wenige außerhalb des kleinen Förderkreises um die Bechsteins.

Mit seinen Begleitern besichtigt er das *Zeughaus*, und gemeinsam besteigen sie die *Siegessäule*. Am Nachmittag des 8. April lässt sich Hitler überreden, den *Luna-Park* zu besuchen, und zwar auf Vorschlag von »Putzi« Hanfstaengl. Der agiert weitaus leutseliger als der stets zu Verstockungen neigende Hitler.

Der größte Rummelplatz Europas liegt am Halensee und bietet jede Menge Attraktionen: Schaubuden, alle möglichen Fahrgeschäfte, aber auch Theater, Revuen, Kabarett und Jazzmusik, dazu Tanzwettbewerbe und sogar Boxkämpfe, Restaurants mit Platz für 16.000 Gäste. Das Freibad dort heißt im Volksmund »Nuttenaquarium«, weil dort die Mädchen ihre Reize zeigen. Der *Luna-Park* steht für alles, was die Nazis am »verjudeten, roten Sündenbabel Berlin« hassen.

Hitler und seine Entourage entschließen sich, eine Damenboxkampfarena zu besuchen, »bei der ein paar junge Amazonen in kurzen Höschen und dünnen Trikots« eher wild herumspringen und nur gelegentlich einen Schlagabtausch fingieren. Hitler mimt zwar den »triebunterkühlten Tugendbolt«, findet aber offenbar Gefallen an dem »Abklatschspiel« der Mädchen zwischen den Seilen.

Auch der Berliner Fotograf Georg Pahl ist an diesem Nachmittag im *Luna-Park*.

Seine gerade gegründete Fotoagentur konzentriert sich auf politische Ereignisse, aber auch auf das Alltagsleben in der Weimarer Republik.

Auf der Treppe zu einem Restaurant, wo sie zum Abschluss des Bummels ein Bier trinken wollen, bemerkt Hitler Pahl, der ihn und seine Gruppe »knipsend aufs Korn« nimmt.

Ein Foto des Wortführers der nationalen Sache, als der Hitler sich in München präsentiert, in einem Berliner Vergnügungspark, während das ganze deutsche Volk leidet unter Ruhrkampf und Inflation? Das kann böse Folgen für ihn haben. Aufgebracht stellt er den Fotografen zur Rede und verlangt die Herausgabe des Films. Hanfstaengl ist entgeistert, weil Hitler so in Rage ist. Er fürchtet, der Fotograf werde den Film niemals hergeben, da ihm jetzt klar sein muss, dass er das Bild voraussichtlich für gutes Geld verkaufen kann. Doch Hitler redet den armen Mann so in Grund und Boden, dass der verdatterte Pahl tatsächlich das Negativmaterial herausgibt.

Und sich ärgert über den verpassten Knüller.

Das Abendessen bei den Bechsteins verläuft zunächst angenehm. Seit 1921 kennen sie sich, Helene Bechstein fördert Hitler, bringt ihm Tischmanieren bei, kleidet ihn ein und wünscht sich, er wäre ihr Sohn. Und sie schenkt ihm eine Hundepeitsche aus Nilpferdleder. Die wird in den kommenden zehn Jahren eins seiner Markenzeichen.

Man politisiert an diesem Abend, erörtert die Zukunft der Partei, leider unter »völliger Missachtung ihrer derzeitigen finanziellen Situation«, wie Hanfstaengl bemerkt.

Als das Thema auf die Ebbe in der Parteikasse kommt, reagiert Bechstein schmallippig: »Man wisse selbst kaum noch, wie man den Verpflichtungen im eigenen Betrieb nachkommen könne.«

Dabei trägt sie kirschkerngroße Diamanten an Hals, Ohren und Handgelenken. Eine Teilbeleihung der Preziosen könnte die Partei für Monate finanzieren.

So aber muss Hitler ohne die erhoffte Geldspritze zurück nach München. Dort annoncieren die Gewerkschaften eine große 1.-Mai-Demonstration. Die will er unter allen Umständen verhindern. Erneut fordert er den Staat heraus.

■●■

Als 1913 sein seltsames Buch über »Materialisationsphänomene« erscheint, wird der Mediziner und Psychotherapeut Albert Schrenck-Notzing von der empörten Öffentlichkeit erst erschossen, dann gevierteilt und anschließend von einer Droschke überrollt.

Nun, im überdrehten Frühjahr 1923, erscheint der zweite Band, und niemand regt sich mehr auf über die beschriebenen parapsychologischen und okkulten Phänomene. Im Gegenteil, immer mehr Verteidiger eilen Schrenck-Notzing zur Seite. »Es ist, als ob Träume, unzusammenhängend, kindisch und spukhaft, wie eben nur Träume sein können, aus dem Bewußtsein des Träumenden heraustreten, Wirklichkeit werden, aber nur für Minuten, und dann mit unbegreiflicher Plötzlichkeit wieder verschwinden«, fasst der aus einer berühmten Gelehrtenfamilie stammende und ziemlich ergriffene Rudolf Bernouilli die Experimente Schrenck-Notzings mit Willi Schneider zusammen. Der freilich befindet sich nach einem Streit mit Schrenck-Notzing inzwischen in Wien, wohin ihn die Konkurrenz abgeworben hat.

Beim Transfer von »Medien« geht es zu wie in der Bundesliga.

■●■

In der Nacht vom 7. auf den 8. April wird Albert Leo Schlageter vor seinem Hotel verhaftet. Die Franzosen klagen den 28-jährigen

Sohn eines Bauern aus dem Schwarzwald wegen Spionage und Sabotage an und verurteilen ihn zum Tode. Ende Mai wird Schlageter auf der Golzheimer Heide bei Düsseldorf von einem Hinrichtungspeloton erschossen. Weite Teile der deutschen Öffentlichkeit sind empört. Obwohl Mitglied der NSDAP, wollen ihn sogar die Kommunisten als guten, aber fehlgeleiteten Antikapitalisten für sich vereinnahmen. Für die Rechten, besonders natürlich die NSDAP, ist er ihr erster Märtyrer. Die Ruhrbesetzung, die national aufgepeitschte Stimmung in der Bevölkerung sowie die beginnende Hyperinflation lassen sich trefflich bewirtschaften. Da ist sich Hitler sicher.

■ ● ■

Auch Stefan Großmann, renommierter Begründer und Herausgeber des linksliberalen *Tage-Buchs*, beklagt, dass es von Hitler kein Foto gibt. Aber man kann sich ja selbst ein Bild von ihm machen! Denn immer sonntags nimmt »der Führer« den nationalsozialistischen Sturmtruppen in München die Parade ab.

Großmann besucht bei seiner Stippvisite auch den *Circus Krone*, um einer Hitler-Rede zu lauschen, vermutlich am 10. April, und bescheinigt ihm ein »starkes oratorisches Talent«. Er beherrsche den Riesenraum, und mit seinem nationalen Pathos reiße er die Leute mit, agiere wie ein »Volksschauspieler«.

Und zugleich beleuchtet Großmann scharf, wie genau sich Hitlers Wirkung erklären lässt, was viele dazu bringt, Hitler zu unterschätzen, Großmann hingegen als Stärke Hitlers ansieht: »Seine Urwüchsigkeit als Redner (…) wäre wahrscheinlich beschädigt worden, wenn er sich durch Studium geistige Hemmungen geschaffen hätte. Nichts ist frischer als die schlagwortfrohe Unwissenheit.«

Von der Parade ist Großmann ebenso beeindruckt wie erschrocken. Denn es ziehen Tausende junge Burschen in Sechser- oder Fünferreihen durch die Ludwigstraße. Jedes Bataillon hat seine eigene

Fahne, jedermann trägt Uniformähnliches, »ein Käppi, eine wasserdichte Joppe, Ledergürtel, Kniegamaschen, bei besonderen Anlässen im Gürtel womöglich ›Radiergummi und Feuerzeug‹, will sagen: Knüppel und Revolver«.

Großmann schaut in die blutjungen Gesichter und hält neunzig Prozent der Teilnehmer für nicht älter als sechzehn bis zwanzig. »Alles noch Urteilsunfähige, also Urteilswillige«. Offensichtlich ist für ihn das Wilde, Ungestüme dieser »nationale(n) Bewegung«, die rein ihren Instinkten gehorcht und nicht wie eine rationale praktisch-politische Partei von Nüchternheit geprägt ist.

An diesem Sonntag regnet es Bindfäden in München, und es ist kein Vergnügen, bei dem Sauwetter stundenlang zu marschieren. Aber die »militärische Spielerei gefällt gerade denen, die nicht im Krieg waren. Es gibt unter den 18jährigen so etwas wie Neid auf das Kriegserlebnis der Älteren. Ja, unzweifelhaft sogar eine Sehnsucht nach dem Kriegserlebnis. Diese jungen Burschen kennen die Lust des Gehorchens. Der knappe militärische Befehlston tut ihnen wohl. Die militärische Spielerei macht ihnen Spaß. Wenn so ein Sturmtruppführer im Motorrad an ihnen vorbeisaust, fühlen sie die höhere Instanz. Und gar, wenn Hitler im Auto, der Führer selbst, den Zug entlang rast.«

Mitunter sieht Großmann fünfzig Jungs eingezwängt in einen Lastwagen, aneinandergepresst und stolz Kampflieder singend.

»Man hat mir in München gesagt, der Höhepunkt der Hitlerei sei überschritten. Ich glaub's nicht.«

Die NS-Bewegung hat die beliebtesten Jugendspiele eingeführt, das Paradieren und Exerzieren: »Hitler ersetzt den Fußball …«

Großmann kann keine Züge der »Verwilderung und Pöbelhaftigkeit« wahrnehmen, sieht im Gegenteil Dienstfreudigkeit in ihren Gesichtern leuchten und attestiert den jungen Burschen, dass sie »gute, abenteuerfreudige Jungens sind, vom besten Willen beseelt, zu selbstlosem Tun fähig«.

Dann eine Prophezeiung, klar wie ein Gebirgsbach: »Das wird sie nicht hindern (...), gemeinsam viehische Grausamkeiten zu begehen.«

■●■

Julius Meier-Graefe ist im Herbst seiner Karriere angelangt, will davon aber nichts wissen. Wer will das schon? Auf eine sehr zarte Kritik an seinem Text für die erste Monographie über Max Beckmann durch Reinhard Piper reagiert der Kunstpapst pampig. Der Verleger hat es gewagt anzumerken, dass Meier-Graefes Abhandlung »etwas zu sehr auf ein einziges Aperçu gestellt ist, nämlich auf die Formel: Beckmann, das neue Berlin, Beckmann der Müllkutscher.« Er nimmt nicht daran Anstoß, dass Beckmann zu diesem Zeitpunkt gar nicht mehr in Berlin, sondern in Frankfurt lebt, dem Verleger geht es um etwas anderes. Er hält Meier-Graefes Sicht auf Beckmanns Schärfe, auf das Kantige und Gedrängte für zu einseitig und nicht differenziert genug.

Meier-Graefe hingegen findet Piper »ungeheuer voreingenommen«, was Beckmann angeht. Beckmann habe seine »bedingte Zustimmung, die mehr Respekt für den Ernst seines Wollens als näheres Verhältnis ist«.

Biestig weist Meier-Graefe den Verleger zurecht: »Abstand aber zu Leuten grösserer Bedeutung muss ich halten, ich möchte sonst wirklich wissen, in welchen Tönen über Corinth zu reden wäre, dessen unbedeutendstes Bild immer noch hundert Mal mehr wert ist als der beste Beckmann.«

Der Ausbruch zeigt nicht nur Meier-Graefes zunehmende Skepsis gegenüber der zeitgenössischen Kunst, er spiegelt das insgesamt hochkomplizierte Verhältnis des größten Kunstkritikers der Epoche zum größten Künstler der 1920er Jahre.

Kennengelernt haben sie sich 1906 auf Vermittlung von Harry Graf Kessler. Meier-Graefe besucht Beckmann in seiner Galerie in

Berlin, hält das dort Ausgestellte aber für zu unbedeutend, zu »dekorativ«, um sich damit zu beschäftigen.

Das bringt, man denke, Beckmann gegen Meier-Graefe auf. In sein Tagebuch notiert er am 2. Januar 1909, nachdem er Meier-Graefes *Spanisches Reisetagebuch* gelesen hat: »Mich geärgert, daß der Enthusiasmus, den er über Greco entwickelt, verschwendet wird, anstatt daß er seine Augen aufmacht, um in meinen Bildern dasselbe aber für uns moderne Menschen noch Wesentlichere zu finden.« Dann fährt er äußerst berechnend fort, es wäre wohl am besten, »diesen intelligenten Seelenclown einzufangen« und für seine Zwecke zu verwerten.

Hinter dessen Rücken wird er ihn in der Folge nur noch »Meier-Greco« nennen. Und Meier-Graefe heißt Beckmann einen Maler mit »Kistenstil«. »Es sei ihm (…) als wäre die Welt in eine große Kiste zugenagelt, und Beckmann schlage mit jedem seiner Bilder einen neuen Nagel hinein.«

Die Hinwendung des Expressionismus-Verächters Meier-Graefe, ganz ein Mann des 19. Jahrhunderts, zu Beckmann ist 1923 ausbaufähig, um das Mindeste zu sagen. Beckmann seinerseits findet Meier-Graefes Text in der Monographie zwar »amüsant«, mehr aber auch nicht. Wirklich verstanden fühlt er sich nur von dem Beitrag des Kunsthistorikers Wilhelm Fraenger, der ihn den »Zimmermann der neuen Kunst« nennt, dessen »sozial-satyrischen Gebilde einem nicht sehenwollenden Geschlecht zur harten Selbstbesinnung einen ›Pfahl ins Fleisch‹« trieben.

Meier-Graefe, immer bereit, dazuzulernen, ändert seine Meinung über Beckmann Mitte der 1920er Jahre. Anlässlich der Ausstellung *Maler aus vier Nationen* in der *Berliner Nationalgalerie* im Juli/August 1926 erkennt er, wie sehr sich Beckmann weiterentwickelt hat, und lobt dessen Bild *Die Barke* in der *Frankfurter Zeitung* in den Himmel.

Ein weiteres Bild erregt Meier-Graefes Aufmerksamkeit, er kann es freilich nur im Katalog finden, in der Ausstellung sucht er danach vergebens. Er erkundigt sich und erfährt, dass es das Bild leider nicht geschafft habe. Jetzt verlangt er Zutritt zum Depot. Einem Meier-Graefe schlägt ein Museum nichts ab, zu wichtig ist er noch immer.

Er sieht das *Bildnis einer alten Schauspielerin* und erstarrt. Es habe »hinreißende Qualität«. Und es sei unverständlich, warum man gerade dieses Bild, »bei weitem das beste und interessanteste«, ins Depot gestellt habe. Die Nationalgalerie georhrfeigt, Beckmann in den Himmel gelobt. Der Künstler freut sich über »begeisterten Brief von Meier Gräfe über die ›alte Schauspielerin‹. Die größten Töne.« Und Meier-Graefe lobt wirklich alles: die Komposition, die Farbgebung, Beckmann erscheint ihm jetzt als ein befreiter Manet, als ein großer Maler, keine Kiste mehr, nirgends. Meier-Graefe erwirbt das Bild, das die Nationalgalerie verschmäht.

Ab sofort sind Beckmann und Meier-Graefe große Freunde.

■ ● ■

Zu Beginn der Tonfilmära stehen zwei afroamerikanische Künstler im Mittelpunkt. Wie kommt's? Am 15. April stellt Lee de Forest im New Yorker *Rivoli Theatre* das erste Tonfilmsystem vor. Der Erfinder hat inzwischen eine eigene Produktionsfirma gegründet, die *DeForest Phonofilm*. Er führt den verblüfften Zuschauern *Noble Sissle and Eubie Blake Sing Snappy Songs* vor.

Der afro-amerikanische Sänger und Texter Sissle und der Pianist Blake bilden das *Dixie Duo*. Zusammen haben sie zwei Jahre zuvor das erste all-black-musical für den Broadway geschrieben, *Shuffle along*. Es gilt als kultureller Meilenstein in der afroamerikanischen Emanzipationsbewegung. Alle Darsteller sind schwarz, und people of color dürfen im Parkett sitzen. Zuvor haben sie mit dem Rang vorliebnehmen müssen. Eine der Darstellerinnen in *Shuffle along*, das 1923 noch immer auf dem Spielplan steht, heißt Josefine Baker. Sie ist ein Chorus-Girl und 16 Jahre alt.

■ ● ■

München bemüht sich indessen hartnäckig, das große Problem der deutschen Republik zu bleiben. Ihre bunte, zauberhafte Kulisse hat dazu verführt, die Stadt an der Isar für etwas Besonderes zu halten. Das internationale Flair bis 1914 hat ihr ein luftig-leichtes Antlitz beschert, ein nicht übertriebener Klerikalismus sogar manch heitere Note. Doch nichts ist von Dauer und München maßlos überschätzt: eine Provinzstadt ohne geistigen Kern, eine gereizte Bürgerlichkeit ohne Bonhomie, ein braunes Rowdytum ohne Pardon.

Anfang April beginnt die Starkbiersaison, und die Krawalle werden heftiger: Die Rechtsextremisten greifen die Staatsregierung direkt an. Bei einer militärischen Übung verletzen sie die Bannmeile des Landtags, und Hitler ventiliert erstmals die Idee, am 1. Mai einen »nationalen Feiertag« abzuhalten.

Am 17. April legen die Münchener Gewerkschaften der Polizeidirektion das Programm zur Feier des 1. Mai vor. Sozialdemokraten und Kommunisten planen, den Demonstrationszug zur Theresienwiese zu führen, und zwar durch jene 15 Straßen, die am 15. April von den »Vaterländischen Verbänden« genutzt worden sind. Diese sind ein Zusammenschluss weißblauer, alldeutscher und königstreuer Verbände unter Führung des ehemaligen Ministerpräsidenten Gustav von Kahr, wir kennen ihn bereits.

Die weit radikaler und gewalttätiger sich gebende Konkurrenz im rechten Lager hat sich nach Hitlers Januartriumph aufgestellt und nennt sich »Arbeitsgemeinschaft der Vaterländischen Kampfverbände«. Bildet die NSDAP und ihre Miliz auch den größten Teil dieser rechtsextremistischen Organisation, befehligt nicht Hitler ihre Truppen, sondern Oberstleutnant Hermann Kriebel. Damit hat Hitler zwar seine Machtbasis verbreitert, den direkten Zugriff auf seine Privatarmee SA aber verloren.

Überdies ist es ihm misslungen, dem »Kampfbund« ein Programm zu geben; bei den Kommandeuren der anderen Organisationen siegt die Berufskrankheit der Generäle, die Eifersucht und soldatische Schwerfälligkeit, über den Einheitswillen.

In der Ankündigung der Gewerkschaften zur 1.-Mai-Demonstration wittert Hitler die Chance, sich weiter zu profilieren, und wieder setzt er alles auf eine Karte: Zusammen mit den anderen Vertretern des Kampfbundes beschließt er, die Demonstration als Provokation zu betrachten, die unter allen Umständen verhindert werden muss. Der 1. Mai gilt in der rechten bayerischen Szene nicht als Tag der Arbeit, sondern als Gedenktag an die »Befreiung« Bayerns, nämlich von der verhassten Räterepublik vier Jahre zuvor.

Hitler eskaliert die Lage, indem er seine Idee aufgreift, am 1. Mai einen »nationalen Feiertag« zu organisieren. Seine Agitation überschlägt sich: In der Stadt tauchen Flugblätter auf, die einen »neuen 9. November 1918« beschwören, für die angeblich »jüdische Börsenfürsten die rote Armee« bewaffnen.

München liegt im Fieber, überall ist vom »Losschlagen« die Rede. Gerüchte schwirren, die Gewaltbekenntnisse des Kampfbundes zählen Legion: Man spricht von Geschützen und Minenwerfern, mit denen man die »Roten niederknallen« werde wie »tolle Hunde«.

Die Atmosphäre ist zum Zerreißen gespannt, und wie im Januar reagiert die bayerische Landesregierung lau: Sie verbietet den Straßenumzug, erlaubt jedoch die Abschlussveranstaltung auf der Theresienwiese zu Füßen der *Bavaria.* Der schwankende Ministerpräsident Eugen von Knilling ist geneigt, die Veranstaltung ganz zu verbieten, um die Kampfverbände zu kalmieren, doch sein Innenminister Schweyer bleibt hart.

Hitler geht aufs Ganze: Er will die Konfrontation nicht nur mit der Linken, und zwar mit Waffengewalt, sondern auch mit der Staatsregierung.

■●■

Oskar Kokoschka stellt bei Paul Cassirer in der Viktoriastraße aus. Erik Charell hat einige Tage mit Kokoschka in Dresden verbracht. Noch ist Charell ein völlig unbekannter Tänzer, ein Jahr später wird Max Reinhardt ihm die Leitung des Großen Schauspielhauses überantworten. Was Reinhardt mit seinen Dramen nicht schafft, nämlich das Haus zu füllen, erreicht Charell mit spektakulären Revuen.

Nun erklärt er der verblüfften Presse, Kokoschka bedeute für die heutige Zeit das, was Michelangelo für die Renaissance gewesen sei. Auf die Frage, wie er darauf komme, sagt er, das habe er vom Meister selbst. Darauf hingewiesen, dies sei doch ein wenig dreist, erwidert Charell: »Das hat Kokoschka mit aller Bescheidenheit gesagt.«

■●■

Seit der Ruhrbesetzung am 11. Januar befindet sich der Kurs der Mark im freien Fall. Ende Januar kostet der Dollar 49.000 Mark. Reichsregierung und Reichsbank sehen die Mark als unterbewertet an. Das ist unangenehm, weil dringend benötigte Importe, vor allem Kohlen und Nahrung, sich verteuern. Gibt man die steigenden Preise an die Bevölkerung weiter, könnte die Unterstützung des Ruhrkampfes schwinden, und das will die »sozialistenreine« Regierung Cuno verhindern.

Das Kabinett legt eine Schatzanweisung über fünfzig Millionen Dollar auf, die vor allem von der Schwerindustrie eher zögerlich gezeichnet wird. Eigentlich sind sie gegen die Stützung der Mark, aber als komplett vaterlandslose Gesellen wollen die Herren auch nicht gesehen werden in Deutschlands größter Krise seit Ende des Ersten Weltkriegs.

Die Reichsbank lässt sich nicht lumpen, vierhundert Millionen Mark aus ihrem Goldbestand bringt sie auf, um die Währung zu stärken. Zunächst schlagen die Maßnahmen an: Der Dollar fällt bis Mitte Februar auf 20.000 Mark, um bis Mitte April zwischen 19.000 und 22.000 zu schwanken. Die Reichsmark, so scheint es, steht wieder. Auf wackeligen Beinchen zwar, aber immerhin.

Dann betritt der Mann die Bühne, der seit Jahren Unternehmen zusammenrafft wie kein zweiter: Hugo Stinnes. Er verfolgt eine klare Strategie, und sein Spiel ist virtuos: Ausgehend von Zechen, die sich in Familienbesitz befinden, kauft Stinnes bevorzugt Unternehmen, die vor- oder nachgelagerte Produkte herstellen, transportieren oder handeln. Vertikale Konzentration heißt der Zauber, und Stinnes ist der größte Magier von allen.

»Kaufmann von Mülheim« nennt er sich, das weckt schöne Assoziationen, verspricht Seriosität und Solidität. Doch ist die Sache eher schnöder.

Stinnes kauft seit geraumer Zeit, was er kriegen kann, inzwischen besitzt er Hunderte Unternehmen aus allen Branchen: Baubetriebe, Chemie-, Papier-, Zucker- und Erzbergwerke, Bank- und Versicherungsgesellschaften, Hütten- und Walzwerke, Ölfelder, Kohlebergwerke, Metallfabriken, Handelsgesellschaften, Bahnen und Reedereien – und so fort.

Schneller als andere begreift dieser Mann, wie es nach Kriegsende um die Mark steht: Sie ist klinisch tot. Aber immer noch Zahlungs- und Schuldentilgungsmittel. So nimmt Stinnes Millionenkredite auf und zahlt sie mit entwertetem Geld zurück. Er ist der größte Inflationsgewinner aller Zeiten.

1923 kontrolliert er 1.535 juristisch selbständige Unternehmen mit fast 3.000 Betrieben. Sein Auslandsbesitz umfasst 572 Anlagen, verteilt über den ganzen Globus. Hätte sich Stinnes zu einer Inspektionsreise zu all seinen Unternehmen mit den schnellsten Verkehrsmitteln aufgemacht – er hätte Jahre dafür benötigt.

So regiert er das größte Firmenkonglomerat der Welt. Schon raunt man von »Stinnesien«, von der »Verstinnesierung« Deutschlands. »Niemand in Nachkriegsdeutschland«, so schreibt 1921 die *New York Times*, »wird so gefürchtet, bewundert und verflucht wie Stinnes«.

Sein Imperium ist undurchsichtig, der Mensch nicht minder: Die äußere Erscheinung eher unerfreulich, die Gestalt gedrungen, das Gesicht teigig, der Teint bleich; stets trägt er einen einfachen, manche sagen auch: schäbigen, hochgeschlossenen schwarzen Rock; die Augen sind stechend, Bürstenhaarschnitt und struppiger schwarzer Bart tragen ihm den Spitznamen »Der Assyrer« ein. 1930 lässt sich Bertolt Brecht durch eine Fotografie Stinnes' zu der Figur des Fleischmagnaten Pierpont Mauler in *Die heilige Johanna der Schlachthöfe* inspirieren.

Den Zeitgenossen erscheint Stinnes als ein »Fabelwesen« mehr als eine reale Person, verhasst bei den einen, bewundert bei den anderen, verhasst aber doch mehr. Die Linke sieht in ihm den Prototypen des Monopolkapitalisten, die Rechte verehrt ihn als Führerfigur.

Schroff im Wesen, sucht Stinnes stets die frontale Konfrontation, kennt nur Sieg oder Niederlage und hat außer für seine Unternehmen für nichts Interesse. Eine rein dem Ökonomischen verpflichtete Existenz, ohne jedes Gespür »für die kollektiven Stimmungen, Hoffnungen und Ängste der großen Masse«. Ein trüber Befund.

Mitte April löst Hugo Stinnes die letzte Phase der Inflation aus. Und das kommt so: Außerhalb der Börsenzeit kauft der Stinnes-Konzern am 12. April bei drei Firmen zunächst 60.000 Pfund Sterling. Am 16. und 17. April folgen weitere Käufe in Höhe von 55.000 Pfund. Dient der erste Devisenkauf dazu, englische Kohlenlieferungen zu finanzieren, gibt die Firma als Grund für die weiteren Käufe eigene Zwecke an. Da das Devisengeschäft an der Reichsbank vorbei abgeschlossen wird, löst es einen Run auf das englische Pfund aus.

Der *Vorwärts* spricht am 22. April vom »Dolchstoß der Schwerindustrie«. In seltener Eintracht machen sich andere Berliner Blätter diese Lesart zu eigen. Wie gut, wenn man wie Stinnes eine eigene

Zeitung besitzt! Die *Deutsche Allgemeine Zeitung* behauptet am 26. April auf der Titelseite, dass »weder Hugo Stinnes noch seine Firma zur Zeit des letzten Marksturzes Devisen gekauft« haben.

Dumm nur, dass ein Vertreter des Stinnes-Konzerns dem Korrespondenten des *New York Herald* genau das Gegenteil erzählt und die Sache ruchbar wird. Stinnes Lage wird zwar etwas ungemütlich, doch der von der SPD beantragte Untersuchungsausschuss, der von Ende Mai bis Anfang Juni tagt, führt zu nichts.

Es ist sowieso zu spät. Die Goldforderungen an die Reichsbank steigen unmittelbar nach Bekanntwerden der Devisenkäufe sprunghaft an, bereits am 18. April bricht die Markstützungsaktion der Reichsbank in sich zusammen. Einfuhrbeschränkungen und Devisenkontrolle – nichts verfängt mehr, die galoppierende Inflation hat freie Bahn.

Der immer schnelleren Geldentwertung folgt die Flucht ins Irrationale auf dem Fuße: »Stärker denn je tönt das Halleluja«, heißt es in einer Sammelbesprechung von elf »Büchern von Drüben« in diesen Tagen: »Ekstatiker versenken sich inniger. Mystiker entäußern sich grenzenloser. Und die okkulte Literatur schwillt. Sie schwillt fast bedrohlich.«

■●■

Fleisch wird zu teuer, in der Folge sinkt der Konsum in Deutschland drastisch. Werden 1922 im Deutschen Reich noch 3.052.148 Rinder geschlachtet, sind es 1923 nur noch 2.058.654; das nämliche Bild bei Kälbern, Schweinen, Ziegen und Schafen; selbst der schon damals wenig beliebte Konsum von günstigerem Pferdefleisch sinkt – von 159.102 auf 109.432. Nur ein Tier wird in diesem Jahr so viel verzehrt wie nie zuvor: Hund.

■●■

Auf den großen Abendgesellschaften in Berlin oder Baden-Baden sieht man Damen in Kleidern aus nilgrüner Charmeuseseide. Die rückwärtige Raffung wird von einem perlenbesetzten Halbmond gehalten.

Auch schwarzes Marocainkrepp ist als Kleiderstoff sehr beliebt, den farblichen Kontrast bildet dann mitunter eine rote Schleife; oder das schwarze Marocainkleid ist innen mit bunter Seide gefüttert.

Farblich und auch modisch mutiger ist ein Stilkleid aus hummerfarbenem Georgettekrepp mit »negerbraunen Seidenspitzen«, dazu ein Spitzenumhang mit hochstehendem, spanisch anmutendem Kragen. Niemals darf fehlen: der passende Hut.

■●■

Düsseldorf und Berlin wetteifern, wer von den beiden den skandalträchtigsten Maler und Zeichner beherbergt. Den kratzigsten, härtesten Strich hat Grosz, und sein Blick auf die Welt ist unbarmherzig, Das Ordinäre, Bizarre und Sensationelle zieht ihn magisch an.

Seine Pinsel und seine Schere, seine Rohrfeder und seine Tusche sind seine Geißel und Knute, sein Speer und sein Dolch. Leidenschaftlich ist sein Hass auf den Krieg und auf jene, die von ihm profitiert haben: Der deutsche Spießer, die satte Bourgeoisie, das sind seine Themen. Tabus kennt er nicht, seine unverblümten Gesellschaftsbetrachtungen haben ihn zum roten Tuch der Konservativen gemacht. Mit Vorliebe seziert er Militärs, Kriegsgewinnler, Kleriker und Spießbürger, dreist und feist sehen sie bei Grosz aus – Fratzen allesamt.

Im April steht mal wieder Ärger ins Haus. Soeben ist im Malik-Verlag von Wieland Herzfelde die Mappe *Ecce Homo* erschienen. Sie umfasst einhundert Lithografien und Aquarelle, darunter *Lustmord in der Ackerstraße* von 1916, *Der absolute Monarchist* von 1918, *Hochfinanz* von 1922 sowie weitere drastische Genrebilder der deutschen Gesellschaft, wie Grosz sie sieht.

Er bekommt Besuch von der Polizei. Sie beschlagnahmt mehrere Originale, Gotteslästerung und Pornografie lauten die Vorwürfe.

Allen Heerscharen von Dieben, Räubern, Einbrechern und Geldfälschern zum Trotz finden die Ordnungshüter immer noch die Zeit, Jagd auf Künstler zu machen.

Die Mappe *Ecce Homo* betrachten die Staatsanwälte und die von ihnen bestallten »Sachverständigen« durchaus als Kunst, sie verfolgen sie im heiligen Namen des »Normalmenschen«, für den sie Unzucht seien. »Es gibt ja nichts Anormaleres als diesen Homunculus«, konstatiert das *Tage-Buch*, um spottlustig fortzusetzen: »Pastoren und Landgerichtsräte haben in widernatürlichem Umgang den Normalmenschen gezeugt.«

Otto Dix ist unterdessen von Dresden nach Düsseldorf gezogen. Ungeheuer produktiv ist er bereits seit Jahren. Er malt *Altes Liebespaar*, ein schauriges Bild, das die Prostituierte als Opfer zeigt. Noch provokanter ist *Mädchen vor dem Spiegel*. Eine alte Hure bretzelt sich noch mal auf, um ihren welken Körper weiter verkaufen zu können. Der Mensch als Ware. Als einer der wenigen Künstler der Zeit stellt Dix Hässlichkeit dar. Er selbst freilich sieht das ganz anders: »Ich war gar nicht so auf die Darstellung des Häßlichen aus. Alles, was ich gesehen habe, das ist schön.« Vorurteilsfreie Wahrnehmung auf der einen Seite, auf der anderen das Schielen nach dem Skandal: »Es ist notwendig, dass man denen die bittere Pille gibt«, sagt er in einem Interview. »Nun seht mal an! So seid ihr, so ist das Leben, und ihr seid so interessant, so wertvoll, so malenswert, dass ihr gemalt werdet.«

Dix konfrontiert die Gesellschaft mit ihren Abgründen und mit ihrer Vergangenheit, die sie nur zu gerne verdrängt und die den Maler ein Leben lang verfolgt.

Über ein Jahr Ausbildung am Maschinengewehr hat er 1914 absolviert, bevor er sich aller begründeten Vermutung nach freiwillig an die Front meldet, mit Nietzsche und Bibel im Tornister. Er will den Menschen in einer Ausnahmesituation erleben, und er sieht mehr, als ein Mensch verkraften kann, die Materialschlachten, die Feuerstürme, das Sterben. Wahrscheinlich hat Dix Franzosen, Belgier und Engländer zu Dutzenden eigenhändig getötet.

»Der Krieg war eine scheußliche Sache, aber trotzdem etwas Gewaltiges. Das durfte ich auf keinen Fall versäumen. Man muss den Menschen im entfesselten Zustand gesehen haben, um etwas über den Menschen zu wissen. Vielleicht muss man das direkt mitgemacht haben.«

Zu den unvollendeten Gemälden, die er eingerollt im Herbst 1922 an den Rhein mitbringt, gehört *Schützengraben*. Wahrscheinlich das schockierendste Bild, das jemals gemalt worden ist. Dix bekämpft seine eigenen Dämonen, er wird berühmt und vor allem berüchtigt.

Noch einige Monate wird er an dem Ölbild malen. Ein zerfetzter Schützengraben mit zerfetzten, verwesenden Leichen. Überall Gedärm, Fleisch und Blut. »In den Bergen des Hintergrundes dämmert es in herrlichen Farben.«

Ein ungeheuerliches Bild. Wer soll das kaufen, geschweige denn ausstellen?

■●■

Der Frühling in Deutschland ist kalt und regnerisch. Und so regnet es auch am 23. April in Berlin, einem Montag, als sich eine ziemlich illustre Gesellschaft um 18.30 Uhr zu einer Soiree in der *Galerie Flechtheim* an der Lützowstraße 13 einfindet. Das geistige und künstlerische Berlin gibt sich die Ehre, Maler, Bildhauer, Journalisten und Kunstkritiker, Damen der Gesellschaft und aus dem Hochadel, Kunstsammlerinnen mit tiefen Taschen, Marie-Anne von Kühlmann ist da, Tochter des schlesischen Kohlenkönigs Fritz Friedlaender und Alleinerbin, spätere Baronin Goldschmidt-Rothschild, die selbst gern Theater spielt in ihrem Palais am Pariser Platz. Lotte

Fürstenberg, schwer reich und Sammlerin moderner Kunst, und viele andere sind der Einladung der Bildhauerin Renée Sintenis gefolgt, die, »indianerschön« und eine lange Feder im kurzen Haar, ihrem Freund, dem unter Geldnot leidenden Joachim Ringelnatz, heute finanziell aufhelfen möchte.

Der Tee, zu dem kein Tee gereicht wird, gleicht eher einem Happening als einer Soiree. Alfred Flechtheim hat sich für die ungewöhnliche Form entschieden, die nach außen Sensation machen soll. Er eröffnet den Abend mit einer kurzen Ansprache, in der er abhebt auf die Modernität der Veranstaltung wie auch der Bilder, die hier versteigert werden sollen. Er sieht Ringelnatz als Angehörigen einer neuen Generation, die, wie die Surrealisten, sich nicht nur auf Malen verstehen, sondern in alle Spielarten der Kunst vordringen, Literatur wie Film, Musik wie bildende Kunst.

Ringelnatz hat sich in den letzten Tagen »auf die Zeichnerei u. Aquarellmalerei geworfen« und mehr als fünfzig Bilder und Skizzen binnen kürzester Zeit gefertigt.

Ihm zur Seite steht der langjährige Galerie-Mitarbeiter Carl Einstein, der als Auktionator und Conferencier fungiert: »Die Versteigerung beginnt. Kaufen Sie jetzt, solange Sie noch Geld haben!«

Zwischendurch trägt Ringelnatz seine Gedichte vor. Sein neustes Werk erscheint in ein paar Monaten mit leicht hingeworfenen Illustrationen von Karl Arnold bei Kurt Wolff in München:

»Sind's die Augen, geh zur Ruh,
träum von Kuttel Daddeldu,
weltumschiffendem Matrosen
mit ohnmaßen weiten Hosen,
tätowiert an Brust und Bauch
und an seiner Seele auch!«

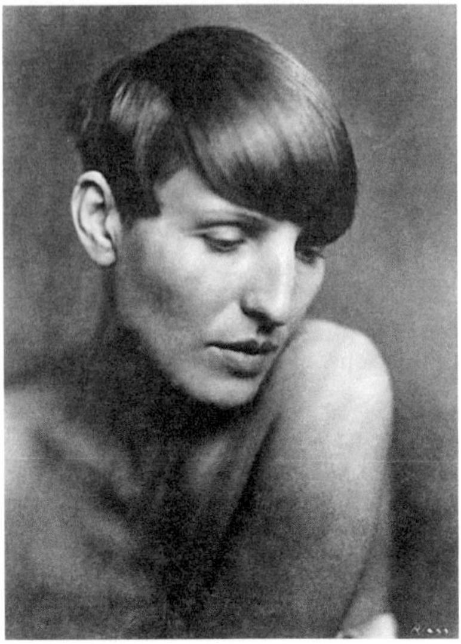

Die Bildhauerin Renée Sintenis, Paradebeispiel der »Neuen Frau«, und Joachim Ringelnatz verbindet eine große Freundschaft. Zum Dank für ein Gedicht, das er ihr widmet, fertigt sie eine Büste von ihm. Immer wieder hilft die berühmte und wohlhabende Sintenis dem meist klammen Dichterfreund aus der Patsche. Mit »offener Matrosenbluse, wüstem Vogelkopf, rauer Stimme, redseliger Besoffenheit – frech, aber ein Kerl – voll grotesker Phantasie und mit unheimlich scharfem Blick für Wirklichkeiten«. So beschreibt ein Reporter der *Vossischen Zeitung* den Auftritt Ringelnatz' in der *Galerie Flechtheim.*

Mit der Hymne an seine Frau Muschelkalk schließt Ringelnatz den 1. Teil seines Vortrags:

»Ich bin auch nicht richtig froh.
Ich habe auch kein richtiges Herz.
Ich bin nur ein kleiner unanständiger Schalk.
Mein richtiges Herz.
Das ist anderwärts,
irgendwo im Muschelkalk.«

Der Abend ist ein phänomenaler Erfolg, die Blätter werden Ringelnatz aus den Händen gerissen, bis, so schreibt Kurt Pinthus, »der Old Sailer Ringelnatz um 9 Uhr mit mehreren Millionen gespickt in den Ozean der Großstadt herausjumpte«, um in einem der »Nudelbretter« der Stadt seine Verse zu deklamieren.

Ganz so viel Geld ist es nicht, aber nach Abzug des Anteils für Flechtheim bleiben Ringelnatz 1,5 Millionen Mark, für 64.000 kauft er sich erst mal ein paar neue Schuhe, weil die alten seit Monaten löchrig sind und aufgeplatzt.

»Dieser torkelnde und unflätige Flüche lallende Seemann Ringelnatz ist ein Kind und ein Dichter und ein Philosoph.« Die Sauferei weist freilich darauf hin, dass Ringelnatz seine große Zukunft bereits hinter sich hat. Er bewältigt das Diesseits, findet es freilich ominös. Mit einem Stiefel steht er schon im Jenseits und prostet mit dem stets gefüllten Glas den himmlischen Gefilden zu.

■ ● ■

Sigmund Freud leidet an sich und der Welt. In der dritten Aprilwoche erscheint *Das Ich und das Es.* Die Reaktionen sind gemischt. Die Journalistin Dorothy Thompson lehnt es so scharf ab, dass

Freuds Neffe, Edward L. Bernays, verärgert fragt, welche Schritte gegen Thompson jetzt unternommen werden müssten. Freud antwortet lakonisch mit einem Telegramm: »Never mind.«

Ihm selbst ist, als gehe die Kurve seit *Jenseits des Lustprinzips* von 1920 steil bergab. »Das war noch reich an Ideen und gut geschrieben«, meint er, die *Massenpsychologie und Ich-Analyse* von 1921 grenze dagegen an »Banalität«, und das neue Buch missfällt ihm, da »entschieden dunkel, künstlich aufgebaut und schlecht geschrieben … Außer der Grundidee des ›Es‹ und dem Aperçu über den Ursprung der Moral« ist er mit allem unzufrieden.

Ebenfalls in der dritten Aprilwoche konsultiert Freud endlich einen Arzt, den befreundeten Rhinologen Markus Hajek, einen Schwager Arthur Schnitzlers. Der erklärt, es handele sich bei der Geschwulst im Mund um eine durchs Rauchen verursachte Leukoplakie. Er solle einfach demnächst in seine Klinik kommen, kein Grund zur Sorge, es werde nur ein kleiner Eingriff nötig sein.

Einige Tage zuvor hat Freud den Dermatologen Felix Deutsch, der ihn wegen Privatangelegenheiten aufsucht, gebeten, sich die Sache einmal anzuschauen. Deutschs Diagnose ist exakt dieselbe wie Hajeks, obwohl er das Karzinom eindeutig erkennt.

Sei es durch Deutschs Bemerkung, dass niemand verlangen könne, ewig zu leben, sei es, dass Freud die verharmlosende Diagnose durchschaut, jedenfalls erklärt er dem entgeisterten Deutsch, er solle ihm helfen, »mit Anstand aus der Welt zu verschwinden«, falls er zu einem qualvollen Sterben verurteilt sei.

Deutsch beruhigt, es sei eine einfache Leukoplakie, er solle sie entfernen lassen.

Wieder verdrängt Freud für ein paar Tage, was los ist. Dann taucht er, ohne irgendjemandem davon zu erzählen, in Hajeks Spital auf. Das ist Teil der allgemeinen Universitätsklinik und besitzt keine Privatabteilung.

Von der Klinik gebeten, nötige Sachen für die Nacht zu bringen, eilen Ehefrau Martha und Tochter Anna tief beunruhigt herbei. Sie finden Freud in der Notaufnahme auf einem Küchenstuhl sitzend, die Kleidung blutgetränkt. Die Operation ist ein Misserfolg, der Blutverlust viel höher als erwartet, an eine Heimfahrt ist nicht zu denken, und kein Zimmer frei. Man schiebt ein Notbett in eine winzige Kammer, in der ein Kleinwüchsiger liegt.

Der rettet in den folgenden Stunden dem berühmten Patienten das Leben. Kaum sind Frau und Tochter gegangen – in der Mittagszeit ist kein Besuch erlaubt –, setzen erneut starke Blutungen bei Freud ein. Die Alarmklingel ist kaputt, rufen und sprechen kann Freud nicht, da springt der »freundliche Zwerg« aus dem Bett, rennt auf den Gang und holt Hilfe. Die Blutung kann gestoppt werden. Als Anna und Martha Freud nachmittags zurückkehren, erfahren sie alles, und nun bleibt Anna an der Seite ihres Vaters.

Freud ist geschwächt und von Medikamenten betäubt.

Zwei Tage später wird er entlassen. Seine Ärzte enthalten ihm die wahre Diagnose vor, er glaubt ihnen, unbewusst vielleicht nicht ganz, und so notiert er in eigenartiger Abgrenzung: »Von der Gutmütigkeit der entfernten Neubildung ist alle Welt schwärmerisch überzeugt.«

Seiner Schülerin Lou Andreas-Salomé, die er die »Dichterin der Psychoanalyse« nennen wird, schreibt er im Mai, er habe wieder mit dem Rauchen angefangen. Fortan benutzt er ein Mundstück für seine Havannas, um den Rauch zu kühlen und den Gaumen nicht weiter zu gefährden.

Doch wird dem Mann, der über den Todestrieb geschrieben hat, wohl aufgegangen sein, wie stark er seine Gesundheit gefährdet, wie er selbst die »Lust am Ende« zelebriert, wie er den »Verbrauch der Zeit und den Ruin der vitalen Kräfte« betreibt und gleichsam selbst in Rauch aufgeht.

■ ● ■

Am 30. April begibt sich Hitler zusammen mit Ernst Röhm zu Otto von Lossow und verlangt sowohl den Einsatz der Reichswehr gegen die Roten wie auch die Herausgabe der Waffen der Kampfverbände. Seit Februar werden die Truppen heimlich von Reichswehroffizieren ausgebildet – als Reserve für einen etwaigen Krieg gegen die französischen Besatzer. Doch zu Hitlers grenzenloser Überraschung lehnt Lossow mit dürren Worten ab. »Ich hätte ein Tor oder ein Verbrecher sein müssen«, schreibt dieser rückblickend, »wenn ich als oberster Träger des Machtmittels des Staates in diesem Augenblick den Leuten, die sich am nächsten Tage gegen den Staat auflehnen wollten (…) Waffen in die Hand gegeben hätte.«

Alles Toben und Schreien hilft nichts, der General bleibt hart. Und geht noch weiter: Gegen alle, die Unruhen auslösten, werde mit Waffengewalt vorgegangen.

Erneut hat Hitler sich in eine beinahe aussichtslose Lage manövriert. Sagt er im letzten Moment den mit Aplomb angekündigten »nationalen Feiertag« ab, macht er sich in seinen Kreisen unmöglich. Schreibt er die Warnungen in den Wind, hat er nicht nur Sozialdemokraten und Kommunisten gegen sich, sondern die geballte Staatsmacht, denn der Chef der bayerischen Landespolizei Oberst Hans von Seißer äußert sich ähnlich wie Lossow.

Wie im Januar hat Hitler alle Brücken hinter sich abgebrochen. In aller Hast machen sich SA-Männer unter Führung Röhms daran, gegen den ausdrücklichen Befehl Lossows, so viele Waffen wie möglich aus einigen Kasernen mitgehen zu lassen, oft unter dem Vorwand, man müsse sich gegen einen bevorstehenden Linksputsch wappnen. So verschafft man sich aus der Pionierkaserne Lastwagenladungen eigener Karabiner und Maschinengewehre.

Auch aus der Luftschifferkaserne können Waffen und Munition entwendet werden. Doch dann erhalten die dort stationierten Soldaten den Befehl, die Tore zu schließen und kein weiteres Kriegsgerät mehr zu übergeben. Der neue SA-Chef Hermann Göring kündigt in diesen Tagen routiniertes Mördertum an wie ein ruchloser Killer: Es werde auf jeden geschossen, der es wage, mit einer roten Fahne durch die Stadt zu ziehen. In der Praxis erweist er sich als Tölpel: Bei dem Versuch, einige Geschütze mitgehen zu lassen, blitzt er ab, denn er ist, wie üblich, zu spät an der Luftschifferkaserne angelangt.

Morgen ist ein neuer Tag. Fragt sich nur, wer gewinnt.

Mai

Hitler geht einmal mehr aufs Ganze. Wird er obsiegen, oder hat die bayerische Staatsregierung aus dem Januar-Desaster gelernt und weist Hitler in die Schranken? Brechts Im Dickicht *hat Premiere, und die Münchner sind wie vor den Kopf geschlagen. Marlene Dietrich heiratet, und Julius Meier-Grafe schaut sich Blumenbilder an. Rilke kränkelt und hadert mit seiner Geliebten Baladine, die eben mit dieser Blumenausstellung in Berlin reüssiert. Dort ist mittlerweile selbst der Tod für viele unerschwinglich, weshalb ein neuer kleinerer und billigerer Sarg auf den Markt kommt, für den die Berliner – haste was, kannste – einen Spitznamen erfinden. Arnolt Bronnen will vom Theater nichts mehr wissen – vom Film freilich auch nicht. Friedrich Wilhelm Murnau entfesselt die Kamera wie keiner vor ihm, und der* Querschnitt *avanciert zur verrücktesten Zeitschrift der Republik.*

Zu einem Kafka-Groupie entwickelt sich in diesen Tagen Hermann Hesse. Er kennt die Prosa des Böhmen schon seit mindestens 1915 und ist mehr und mehr begeistert. An den befreundeten Schriftsteller und Robert-Walser-Förderer Carl Schlecht schreibt er am 1. Mai, unter »den Jüngeren, Modernen weiß ich noch einen seltsamen Dichter, Kafka«. Der schreibe nur ganz kleine, kurze Prosastücke, die Hesses Ansicht nach »fast etwas kunstgewerblich« aussähen, sie seien aber »von einer geradezu klassischen Prosa, wie sie sonst niemand schreibt«.

■●■

Der 1. Mai wird ein strahlender Sonnentag, der erste in München seit fast zehn Monaten. Am Morgen langt Hitler in dramatischer Manier auf dem Oberwiesenfeld im Münchener Norden an: Er trägt einen Stahlhelm und seinen EK I-Orden. Begleitet wird er von Hermann Göring, Rudolf Heß, Gregor Strasser sowie dem Chef der Münchner SA, Gerhard Roßbach.

Abgeriegelt von einem starken Polizeiaufgebot, gleicht das Oberwiesenfeld einem Feldlager. Rund 2.000 Mann aus den Kampfverbänden haben sich versammelt, stundenlang stehen sie mit ihren Karabinern herum, manche exerzieren, einige legen sich ins Gras, um für Heinrich Hoffmann, neuer Leibfotograf Hitlers und der »Bewegung«, mit ihren Gewehren ein imaginäres Ziel aufs Korn zu nehmen. Ein putschistisches Sandkastenspiel im trostlosen Niemandsland.

Ohne Plan die Führer, die mit wachsender Nervosität diskutieren, was zu tun sei. Sie erwarten ein Zeichen von Hauptmann Ernst Röhm.

Der steht inzwischen vor seinem Chef Lossow stramm. Dem Reichswehrführer Bayerns ist nicht verborgen geblieben, dass sich sein Untergebener gegen seinen ausdrücklichen Befehl Waffen aus den Kasernen und Depots bemächtigt hat. Wutentbrannt verlangt er von Röhm die Rückgabe.

Hitler ahnt, was da auf ihn zukommt, denn um zwölf Uhr ruft er seine SA-Truppen zusammen und hält eine klägliche Rede: Niemand solle den Kopf hängen lassen, falls der Befehl ergehen sollte, dass die Waffen abgegeben werden müssten. »Unser Tag«, so endet er kraftlos, »wird wohl schon in allernächster Zeit kommen.«

Auf der Theresienwiese, acht Kilometer vom Oberwiesenfeld entfernt, geht gegen Mittag die Maikundgebung friedlich zu Ende. Rund 25.000 Menschen aus dem linken Spektrum haben sich dort versammelt, auch mit roten Fahnen sind sie durch die Stadt gezogen.

Als Röhm schließlich bei seinen Truppen erscheint, ist er nicht allein. Eskortiert von Reichswehr- und Polizeiverbänden überbringt er Lossows Befehl.

Einige, wie Gregor Strasser, raten gleichwohl zur Aktion. Die Hoffnung der Heißsporne: In einer bürgerkriegsähnlichen Situation wird die Reichswehr zu ihnen überlaufen. Doch jetzt knickt Hitler ein. Er weiß, eine offene Konfrontation mit der Staatsgewalt könnte seine politischen Ambitionen endgültig begraben.

Die Waffen müssen an die Reichswehr retourniert werden, und Hitler ist klar, dass dies eine Blamage ist nach dem vollmundigen Versprechen, einen Bürgerkrieg zu entfachen.

Es ist der erste herbe Rückschlag nach Jahren des stürmischen Aufstiegs vom einfachen Gefreiten zum führenden bayerischen Agitator, der eine zug- und schlagkräftige Partei und Miliz aufgebaut hat.

Am Abend lässt Hitler seiner Wut im überfüllten *Circus Krone* freien Lauf, ergeht sich in hemmungslosen antisemitischen Tiraden, nennt die Juden das »Ebenbild des Teufels« und das Judentum »die Rassentuberkulose der Völker«.

Aber das kann niemanden über die Niederlage täuschen, die überdies Folgen hat:

Wegen »Bildung bewaffneter Haufen« strengt die Staatsanwaltschaft München ein Verfahren gegen Hitler an. Das kann sehr unangenehm werden, im Falle einer Verurteilung hat er nicht nur eine mehrmonatige Gefängnisstrafe zu erwarten, sein stärkster Widersacher im bayerischen Kabinett, Innenminister Schweyer, würde sicher die Gelegenheit nutzen, ihn nach Verbüßung der Haft nach Österreich auszuweisen.

Nun macht sich Hitler geschickt die zahlreichen Verfilzungen zwischen staatlichen Stellen, Reichswehr und Kampfverbänden zunutze, die überaus treffend zum Ausdruck bringt der Satz des deutschnationalen Justizministers Franz Gürtner, die Nationalsozialisten seien »Fleisch von unserem Fleische«.

Hitler droht in einer »Denkschrift« unverblümt damit, die Zusammenarbeit zwischen Reichswehr und SA offenzulegen. Der aufgeschreckte Minister bittet die Staatsanwaltschaft, das Verfahren im Sande verlaufen zu lassen, und die lässt sich das nicht zweimal sagen.

Hat er diese unmittelbare Gefahr für sich selbst abgeräumt, wird Hitler mit dem Schmerz eines erheblichen Prestigeverlusts in der Öffentlichkeit leben müssen. Nicht wenige Beobachter der bayerischen Zustände halten ihn politisch für erledigt: Die Menschen hätten, so berichtet der amerikanische Konsul in München, Robert Murphy, »Hitlers aufrührerische Agitation, die nichts zuwege bringt und nichts Konstruktives anzubieten hat, gründlich satt«.

Hitler selbst fühlt sich ausgelaugt und begibt sich nach Berchtesgaden in das Haus von Dietrich Eckardt, einem seiner frühen Förderer, der ihn mit den Bechsteins bekannt gemacht hatte.

Nach München kommt er in den Folgewochen nur selten zurück, entweder um sich Zerstreuungen hinzugeben oder sporadisch Reden zu halten. Ein Auftritt soll am 1. Juni stattfinden, und Bertolt Brecht brennt darauf, sich das Spektakel im *Circus Krone* anzuschauen. Im Augenblick hat er anderes zu tun: Er steckt in den Endproben von *Im Dickicht* am Münchener *Residenztheater*.

■ ● ■

Schon im Vorfeld der Premiere am 9. Mai gibt es Gerüchte, die Nazis wollten sie stören, wenn nicht verhindern. Brecht steht für die Moderne und für alles, was die Braunhemden hassen.

Der mit starkem schwulem Touch sich entfaltende Kampf der beiden Protagonisten Garga und Shlink spaltet das Publikum und sorgt für Tumulte. Mord, Vergewaltigung, Prostitution – Brecht lässt nichts aus. Mit dem nackten Arsch springt er der Münchner Gemütlichkeit mitten ins Gesicht.

Sicher zum Vergnügen des Autors verlassen sowohl der bayerische Ministerpräsident Eugen von Knilling wie auch Kultusminister Franz Matt samt Anhang mitten in der Uraufführung empört ihre Logen.

Brecht will die Zuschauer schockieren. Vor allem will er neue erreichen, nämlich jene, die sich für Boxsport, Rad- und Autorennen, Kino und Tanzpaläste mehr begeistern als für das als bildungsbürgerlich verschriene Theater. Die städtische Massengesellschaft lockt er mit Programmnotizen, deren Schlagzeilen zu Beginn dem verblüfften Publikum entgegenschallen: »Aufklärung des Mordes an der Jane Garga«. »Merkwürdige Szenen im Chinesenviertel von Chikago« und »Mysteriöse Lynchung des Malaien«.

Den Leuten soll bewusst werden, dass sie keinen naturalistischen Ausschnitt aus dem realen Leben präsentiert bekommen, sondern sich in einem künstlich und hoffentlich kunstreich hergestellten Ambiente befinden, nämlich einem Theaterstück.

Der Kritiker Herbert Ihering ist begeistert: »Im Dickicht ist Bertolt Brechts drittes und reichstes Drama (...). Brecht ist nicht nur die stärkste visionäre Kraft, sondern auch der größte Szenenbeherrscher des jüngeren deutschen Dramas. Mit allen Rätseln und allem Chaos, mit allem Dunkel und allem Licht einer verwesenden und aus der Verwesung wieder aufsteigenden Zeit – das Chaos durch Gestaltung in Form überwindend.«

»Das Werk des jungen Poeten ist verwegen, aber wer sollte nicht verwegen sein, wenn nicht ein Dichter von siebenundzwanzig Jahren?«, meint das *Tage-Buch* – tatsächlich ist Brecht fünfundzwanzig.

In der zweiten Vorstellung am 18. Mai werfen die Nazis Stinkbomben, so dass der Saal geräumt werden muss, ehe sie fortgesetzt werden kann. Man sollte meinen, dass Stinkbomben als Argument auch bei den bayerischen Behörden auf Ablehnung stoßen sollten. Das Gegenteil ist der Fall. Die »Einheitsfront der Ungeistigkeit« zwischen bayerischer Regierung und den Nazis zeigt sich entschlossen, den Provokationen Brechts Einhalt zu gebieten. *Im Dickicht* wird nach nur sechs Vorstellungen abgesetzt »wegen des Widerstands im Publikum«, wie es heißt. »In Wirklichkeit«, so eine andere begründete Vermutung, hat »sich der Widerstand innerhalb der Direktion der Bayerischen Staatstheater verschärft, weil man dort jetzt schon bereit« ist, vor dem Geschrei der Hitler-Anhänger zu kneifen.

■●■

115.000 Deutsche wandern in diesem Jahr in die USA aus. Als Gegenleistung schwappt am 13. Mai der Muttertag über den Atlantik nach Deutschland. Der *Verband Deutscher Blumengeschäftsinhaber* frohlockt: Zu Beginn noch kein Feiertag – den führen erst die Nazis ein –, ist der Muttertag bis heute der umsatzstärkste Tag für Blumenhändler.

■●■

Friedrich Hollaender komponiert. *Die fromme Helene* nach Motiven von Wilhelm Busch. Das wird der Knaller. Käthe Dorsch spielt die Titelrolle. Neben Fritzi Masary der Superstar der leichten Muse. Damit wird man das Jahr verabschieden, Silvester ist Premiere. Großes Schauspielhaus. Wird wochenlang ausverkauft sein, da sind sich alle sicher. Die Librettisten sind unbekannt. Die Herren Syl und Vester zeichnen verantwortlich. Nun, ja. Aber seit wann kommt es bei einer Operette auf die Handlung an? Die Musik ist das Wichtigste. Hollaender schreibt die Melodie für den Titelsong:

He-he-lene! He-he-lene!

Ach vergieße, ach vergieße keine Träne!

Gut, ganz gut! Hollaender spricht sich Mut zu. Sehr gut! Wirklich, ziemlich gut! Und steigt mit eigenem Geld in die aufwendige Produktion seines Onkels Felix ein.

■●■

In Berlin radiert Marc Chagall für Paul Cassirer zwanzig Platten zu seiner in Jiddisch verfassten Autobiografie *Mein Leben* und fertigt einige Lithografien, seine ersten überhaupt. Sie zeigen vor allem Chagall selbst und seine Familie und sollen zusammen mit den Memoiren präsentiert werden. Obwohl Chagalls Frau Bella gut Deutsch spricht, weigert sie sich, an der Übersetzung mitzuwirken. Eine andere Geschichte erzählt, dass sie doch mitgewirkt, aber Chagall »den starken Verlust an symbolischer und poetischer Bildkraft« bemängelt habe. Seine Frau hätte sich bedankt, deshalb spricht alle begründete Vermutung dafür, dass Chagall keine Lust hat, die fantastisch-poetischen Motive via erklärendem Text zu entzaubern. Vor allem nicht erpicht darauf, als »jüdischer Künstler« abgestempelt zu werden.

»Berlin war nach dem Krieg eine Art Karawanserei, wo sich alles traf, was zwischen Moskau und dem Westen hin- und herpendelte.« Später, um 1930, findet er eine ähnliche Atmosphäre am Montparnasse, noch später, Anfang der vierziger Jahre, in New York. »Aber in Berlin hatte man das Gefühl, wie in einem Traum zu leben, manchmal auch in einem Albtraum.«

In Paris glaubt man, Chagall sei den Roten Kommissaren in Moskau zum Opfer gefallen. Als der Irrtum aufgeklärt ist, schreibt sein Freund Blaise Cendrars ihm: »›Komm zurück, Du bist berühmt und Vollard erwartet dich …‹«

Der bedeutende Kunsthändler Ambroise Vollard hat Paul Cézanne und Vincent van Gogh in einer Zeit vertreten, als diese nur Unverständnis und Spott bei der zeitgenössischen Kunstkritik hervorrufen.

Am 1. September 1923 ist Chagall mit seiner Familie in Paris.

■●■

Edith Piaf ist sieben und wächst auf in einem Bordell, das ihre Großmutter väterlicherseits in Bernay in der Normandie führt. Ihre Mutter, eine Barsängerin, hat sie bereits kurz nach der Geburt im Stich gelassen. Auch die Großmutter kann mit Edith nicht viel anfangen. Am nettesten zu ihr sind die Huren, sie staffieren ihr Maskottchen aus, wenn sie Zeit haben, machen ihr Korkenzieherlöckchen und flechten ihr Schleifen ins Haar. Dann steigt Edith auf den Tisch und schmettert ein Lied. Die Nachbarinnen des Stundenhotels öffnen die Fenster und hören ihr zu. Eine fordert die Männer auf, der Kleinen Geld zu geben, und das tun sie auch. Der Pfarrer des Ortes ist empört, weil das Kind in einem Freudenhaus aufwächst. Ihr Vater Alphonse Gassion holt sie ab und nimmt sie mit auf Tournee. Er arbeitet als Akrobat und Schlangenmensch in einem Wanderzirkus.

Singt die kleine Edith, während der Vater sich verbiegt, steigen die Einnahmen.

■●■

Ihre später beste Freundin Marlene Dietrich läuft sich in Berlin seit Herbst 1922 die Hacken wund. Tagsüber nimmt sie Schauspielunterricht, lernt Fechten und Boxen. Abends steht sie auf der Bühne. In 92 Aufführungen hat sie gespielt, praktisch immer Statistenrollen, mitunter mehrere am Abend. Im ersten Akt eines Stückes spielt sie ein Dienstmädchen, fährt dann mit der U-Bahn zum nächsten Theater, wo sie im zweiten Akt eine Matrone gibt, um dann weiterzuhetzen, damit sie in einem weiteren Theater im dritten Akt eine Dirne geben darf. Meist ist die Rolle stumm, manchmal erfordert die Rolle einen Satz von ihr. Sie selbst hält sich für ziemlich untalentiert, aber sie ist fleißig, diszipliniert und lernbegierig – und glücklich, mit den führenden Schauspielern und Schauspielerinnen auf der Bühne zu stehen.

Der Aufnahmeleiter Rudolf Sieber sucht für den Film *Die Tragödie der Liebe* junge Komparsinnen mit Schauspielerfahrung, die »Halbweltsdamen« darstellen sollen.

Marlene Dietrich bekommt eine kleine, aber amüsante Rolle, in der sie erstmals ihr komödiantisches Talent unter Beweis stellt.

Sie verliebt sich in den gutaussehenden Sieber, er gibt ihr das Gefühl, dass sie ihm vertrauen kann. Ein Vertrauen, das in diesen aus den Fugen geratenen Zeiten selten ist.

Am 17. des Monats Mai heiratet im Rathaus Berlin-Friedenau die 21-jährige Marlene Dietrich den 26-jährigen Rudolf Sieber.

Es wird eine der ungewöhnlichsten Liebesgeschichten des Jahrhunderts. Nach der Geburt der Tochter Maria denkt Sieber, Marlenes amouröse Freizügigkeit könnte sich gelegt haben. Als Gerüchte aufkommen, sie habe bei den Dreharbeiten zu *Café Electric* mit ihrem Filmpartner Willi Forst eine romantische Affäre, reist Sieber an und stellt sie zur Rede. Doch Marlene will sich nichts sagen lassen, sie geht mit jedem und jeder ins Bett, der oder die ihr gefällt. Sieber droht, dann wird auch er eine Romanze haben, nämlich mit einer dunkelhaarigen Schönheit namens Tamara Matul, und Marlene ist davon – entzückt.

Später in Amerika fungiert die vor der Oktoberrevolution nach Berlin geflohene »Tami« Matul als Kindermädchen für Maria und ist für viele Jahre Siebers heimliche Geliebte. Sieber und Marlene führen im prüden Hollywood der dreißiger Jahre eine echte offene Ehe, nennen einander »Mami« und »Papi«. Sie hat Affären mit Joseph von Sternberg, Gary Cooper oder auch mit der Schriftstellerin und Modedesignerin Mercedes de Acosta. Mitunter schlafen sie auch noch miteinander oder gemeinsam mit »Tami«, während in einem der anderen Schlafzimmer Marlenes Aktueller nicht weiß, wie er mit einer solch verwickelten Konstellation umgehen soll.

»Diese Serenade zu dritt«, schrieb der Schauspieler Douglas Fairbanks jr., der nach der Scheidung von Joan Crawford zeitweilig Marlenes Liebhaber ist, »lag wirklich nicht innerhalb meines Erfahrungsbereiches, geschweige denn, daß sie mir gefiel, und ich ließ an meinem Mißvergnügen keinen Zweifel – ohne damit freilich irgendetwas zu erreichen. Warum ertrug ich es also trotzdem? Ich war völlig vernarrt in Marlene.«

Rudolf Sieber wird ein Leben lang zu ihr halten, egal, welche Liebhaber sie gerade hat.

■ ● ■

Not macht erfinderisch in diesen trüben Zeiten, in denen die Vergnügungssucht zum Ventil wird. Wo alles zusammenkommt, ist ein Vermittler mit im Bunde. Immer häufiger erscheinen in Berliner Blättern Anzeigen, in denen für einige Tage eine Wohnung gesucht wird, in der sich ein seriöser Herrenclub versammeln möchte. Für die Eingeweihten ist klar, was das bedeutet: kein Nackttanz, sondern Spielhölle. Beantwortet man das Inserat, taucht kurze Zeit später ein Mann in der Wohnung auf. Kommt sie infrage, breitet der Herr mehrere 100.000 Mark auf dem großen Speisetisch auf. Der Mieter solle einfach einen kleinen Urlaub antreten in der gebuchten Zeit. Ob die Wohnung einfach oder gediegener ausgestattet ist, ist unwichtig. Das überaus verlockende Angebot schlagen die Wenigsten aus. In der Nacht darauf rückt ein ganzer Trupp aus Croupier, Garderobenfrau und Kellner an. Die Schlepper schwärmen aus und locken die Spielwilligen in die Wohnung, die für einen Baccara-Abend hergerichtet ist. Abertausende gehen allein in Berlin ihrer Spielsucht nach. Schieber vor allem führen das große Wort. Doch finden sich zwischen all den Hochstaplern, Huren und »tageslichtscheuem Gesindel« auch Ärzte, Fabrikanten und Bankdirektoren, ja sogar Richter und Staatsanwälte.

So wechseln Milliarden von Mark den Besitzer, die Polizei kommt nicht hinterher, denn jede Nacht werden neue Wohnungen angemietet. Können die »Grünen« einen illegalen Spielort ermitteln, finden sie meist eine »Geburtstagsgesellschaft« vor. Neben dem Spieltisch ist immer eine Festtafel gedeckt, die Karten sind wie durch Zauber verschwunden. Auf Balkonen und Straßenecken haben die Organisatoren Aufpasser postiert, die Alarm geben, sobald die Polizei sich nähert.

Böse Überraschungen kann freilich ein Wohnungsbesitzer erleben, der wirklich verreist und seine Wohnungsschlüssel zur Aufsicht an jemanden nicht ganz Zuverlässigen aushändigt. Es soll vorgekommen sein, dass, eben zurückgekehrt, der Reisende die Wohnung versiegelt vorfindet und eine Gerichtsvorladung dazu: Er habe an einen »illegalen Spielklub vermietet, die Wohnung werde beschlagnahmt«.

■ ● ■

In diesem viel zu kühlen Mai hadert Julius Meier-Graefe mit Berlin als Kunststadt. Zwar wird dort nach seiner Auffassung die der Zeit angemessene Kunst gemacht – »bitter, höllisch bitter und ausgehungert« –, aber er hat genug von den ganzen »Psychosen«, die die Berliner Künstler ihm zufolge vor ihrem Publikum ausbreiten. Niemand, so beklagt er, male mehr Blumen.

Umso entzückter ist er, als er in der Neuen Wilhelmstraße einen frischen Kunstladen entdeckt, »ohne Klubsessel, ohne Apparat, zwei kleine gemütliche Räume«. Den hat sich die Malerin Baladine ausgesucht, um ihre Blumenbilder zu zeigen. Meier-Graefe kennt sie angeblich nicht und rätselt, ob sie jung ist oder alt, schön oder hässlich. Vielleicht sei sie »aus Versehen Mutter, denn viel Bilder handeln von Kindern«. Nanu, denkt man da. Aus »Versehen Mutter«? Doch hält sich Meier-Graefe nicht lang mit familiären Mutmaßungen auf.

»Ihr Talent«, ruft er enthusiasmiert aus, »steckt nicht in den Farben, die bezaubernd sind, nicht in dem Vortrag, nicht in der leichten, huschenden Zeichnung, nicht in dem Geschmack, der tänzelnd das Richtige trifft«.

Ihr Talent sei »das Lächeln«.

Die Bilder Baladines seien die beste Therapie für die leidgeprüften Zeitgenossen, ein »Prickeln geht durch das müde Gebein« und die »verzerrten Falten der Visage glätten sich«. Kein Dollar, keine Krise beschweren den Augenblick, »Baladine nimmt dich leicht an der Hand«.

Genau das möchte der derzeitige Geliebte von Baladine Klossowska, Rainer Maria Rilke, unter keinen Umständen. Zwar hat er nichts einzuwenden, dass seine Dichtungen »ein zartes Echo in den Herzen hübscher Frauen« erwecken, aber zu nahe sollen sie ihm dabei nicht kommen.

Die Vorgängerin von Baladine im Amt der Rilke-Geliebten, Claire Goll, bringt es unnachahmlich auf den Punkt: »Er, der die äußere Freiheit des Dichters verlangt, duldet nicht, daß eine Frau sein Schicksal wird. Er zieht die Frauen an und lehnt sie zugleich ab. Die beschwörendste Einladung enthält schon Abwehr, denn es war in ihm ebenso viel vom Mönch wie vom Verführer.«

Auch die Verbindung zu Baladine ist Rilke bald zu eng, wie er beklommen empfindet. Aber er ist hilfsbereit und verwendet sich für die verarmte Geliebte, alleinerziehende Mutter zweier Söhne. Er bringt seine Mäzenin Nanny Wunderly-Volkart dazu, Baladine ebenfalls zu unterstützen. Und er fördert die Jungs.

Mit untrüglichem Gespür und sicherem Auge erkennt Rilke die überragende zeichnerische Begabung des jüngsten Sohnes von Baladine, Balthazar. Rilke wird sein Patenonkel und nennt den Wunderknaben Balthusz. Bereits der Elfjährige bringt eine faszinierende Folge von Tuschzeichnungen entlaufender Katzen zu Papier. Die hat er in Paris gesehen und das Bild unverlierbar gespeichert. Später nimmt er einen neuen Künstlernamen an, nennt sich Balthus. Weltberühmt wird er, seine Bilder sind heute Millionen wert und hängen in den besten Museen der Gegenwart.

Katzenbilder gelten als sein Markenartikel, ein Selbstporträt 1935 trägt den Titel *König der Katzen.*

Julius Meier-Graefe kennt den kleinen Balthazar – ebenso seine Mutter. Denn schon 1908, im Geburtsjahr Balthazars, hat er mit seinem guten Freund, dem Kunsthistoriker, Maler und Vater Erich Klossowski, einen Prachtband über die legendäre Sammlung des Pariser Staranwalts Paul Arthur Cheramy herausgegeben.

Die Lobpreisungen der Blumenbilder Baladines durch Meier-Graefe, so gerechtfertigt sie sein mögen, und die Verschleierung ihrer wahren Identität dienen nur dazu, der darbenden Künstlerin Käufer zuzuführen. Alles in allem ein ziemlicher Schwindel.

Und ganz hinreißend.

■●■

In Berlin ist inzwischen für viele der Tod unbezahlbar. Um die immer höheren Bestattungskosten zu dämpfen, erlaubt die Verwaltung den Massentransport von bis zu vier Särgen auf einmal. Den Toten ist es »wumpe«, wie der Berliner sagt. Den Angehörigen weniger. Einen Monat später wird den Stadtverordneten der neue, nur fünfzig Zentimeter hohe »Normalsarg für einfache Gebühr« präsentiert. Die Berliner taufen ihn »Nasenquetscher«. Wer auf die Nasenform auch nach dem Tod wert legt, zahlt das Zwei- oder Dreifache.

■●■

An sein Ende denkt er zwar noch nicht, aber Rainer Maria Rilke kränkelt. »Ich habe ziemlich viel (…) zu leiden, der Zustand stabilisiert sich eher in chronischen oft sehr lästigen Schwellungen der Magen und Leibmuskeln und zahlreichen Malaisen aller Art, – so daß ich nicht ungern im Laufe des Sommers einem wahrhaft verständigen Arzt mich anvertraute.«

Ungeduldig ist er dieser Tage noch dazu. Seinem Verleger Anton Kippenberg schreibt er: »Eben habe ich – durch acht Tage diesmal – die Fürstin Taxis mit ihrer ältesten Enkelin hier gehabt, schöne Tage, in denen nur eines gefehlt hat, das Eintreffen des ersten Exemplars der ›Elegien‹ …«

■●■

Der künftige Essener Oberbürgermeister, Franz Bracht, mokiert sich über seinen Parteifreund Konrad Adenauer. Bezüglich des Gehalts des undurchsichtigen Kölner Stadtoberhaupts mutmaßt Bracht gegenüber dem früheren OB Berlins, Friedrich C. A. Lange, Adenauers Besoldungsstufe liege »zwischen dem Reichskanzler und dem lieben Gott, aber mehr nach dem lieben Gott hin«. Wer nicht beneidet wird, der taugt auch nichts, möchte man dem guten Herrn Bracht zurufen.

■●■

Nach seinem Skandalerfolg *Vatermord* von 1922 hat Arnolt Bronnen Schwierigkeiten mit seinem neuen Stück *Verrat*. Brecht würde es gern inszenieren, doch Leopold Jessner, Intendant des Staatlichen Schauspielhauses Berlin, lehnt entschieden ab. Zu haarsträubend sind die Erfahrungen mit Brecht als Regisseur. Eine Lesung vor Jessner, Jürgen Fehling, Schauspieldirektor Albert Patry und einigen Dramaturgen im *Theater am Kupfergraben* gerät für Bronnen zum Fiasko.

Deshalb verabschiedet er sich von der Bühne. Der Film ruft. Genauer gesagt Erich Pommer, der Bronnen anbietet, als Dramaturg in die *Decla-Bioscop AG* einzutreten, eine *Ufa*-Tochter. Vor allem soll er mit dem Regisseur Friedrich Wilhelm Murnau arbeiten, seit *Nosferatu – Eine Symphonie des Grauens* im Jahr zuvor eine Zelebrität.

Nicht ohne einen Anflug von Jammer geht Bronnen mit dem Theater der Zeit hart ins Gericht: Zum Halse raus hängen ihm die Diskussionen und Verhandlungen mit Intendantengreisen, »die mit bewundernswerter Seßhaftigkeit und weitaus zu kurz geratenen Beinen auf sehr hohen Stühlen sitzen«.

Und er hat keine Lust mehr, Stücke für hundert Zuschauer zu schreiben, um anschließend Hinweise zu erhalten, wie er sie hätte besser schreiben können. Den Launen schlecht bezahlter Dramaturgen und dem Ehrgeiz gestaltungswütiger Regisseure sagt er Valet und ruft ihnen trotzig zu: »Das Kino ist Extrakt der Epoche, das Theater nur mehr ihr Surrogat.«

Doch danach nichts als Apathie. Brecht schickt Bronnen, den er jetzt »Flimmerschurke« nennt, reitende Boten, ihre Vereinbarungen zu weiterer Zusammenarbeit seien für ihn nach wie vor gültig. In kennzeichnender Naivität zeigt sich Bronnen erfreut, er glaubt, die Bindung sei wieder fester. Immer noch ist er emotional abhängig von Brecht. Eine launige Eilbotenkarte Brechts vom 29. Mai bringt sein Herzchen wieder zum Schmelzen:

> »lieber arnoltschurke / denn du wirst dich von nun an arne nennen da du das olt verwirkt hast wegen meuterei (…) komme aber mit dem nächsten zug / du abschaum / ich umarme dich / biddi / bert / richte dich auf länger ein / dickicht anfang juni«

Der »schwarze Panther Bronnen« folgt erneut der »hypnotisierenden Stimme des Raubtierbeschwörers« Brecht.

Murnau muss sich derweil einen neuen Autor suchen. Der heißt Carl Mayer, macht sich ans Werk und schreibt den Film, der Murnau, seinem Kameramann und dem Hauptdarsteller auf einen Schlag Weltruhm einträgt.

Die Kamera vom Stativ zu nehmen, darauf sind schon andere Regisseure gekommen. Aber nie ist sie so ausgeklügelt entfesselt worden wie in *Der letzte Mann.*

Der Kameramann Karl Freund dreht die erste Eröffnungs-Plansequenz der Filmgeschichte, eine lange Einstellung, die den Zuschauer vom Aufzug mitnimmt, durch mehrere Stockwerke führt bis zur Lobby, Drehtür – und Emil Jannings. Der begrüßt in prächtiger Portierslivree die Gäste des Hotels, in dem der Film die meiste Zeit spielt.

In expressionistischen Bildern erzählt er die Geschichte des Portiers, der zum Toilettenmann herabgeduckt wird. Ein Schicksal, an dem er zerbricht; beinahe jedenfalls. Denn die Produktionsfirma zwingt Murnau zu einem neuen Schluss: Statt total zu scheitern, seine Nachbarn lachen ihn aus, seine Familie verstößt ihn, hinterlässt ein reicher Kunde dem Portier sein gesamtes Vermögen. Der kann es sich nun leisten, selbst im Hotel zu logieren und den Nachtwächter, der zu ihm gehalten hat die ganze Zeit, zum Essen einzuladen. Murnau ist außer sich und kocht, aber die *Ufa* besteht auf dem Happy End.

Das ist vor hundert Jahren so und also auch noch heute.

■●■

Die Sommer-Ausgabe des Jahres erscheint, es ist der dritte Jahrgang: *Der Querschnitt* ist die frechste, witzigste, faulste und arroganteste Zeitschrift des Landes. Wobei das Wort »Zeitschrift« sehr verpönt ist. Es sei ein »verödetes Wort, verbrauchter Typus. Muffig, ranzig, verfilzt, ausgelaugt, wie man will, jeglicher Art Verkommenheit irgendwie entsprechend, abschließender Verzicht auf die bescheidensten Möglichkeiten.«

»Kunst-Zeitschrift« ist noch schauderhafter, ein »Schlafmittel« und »Greisenspielzeug«, schreibt der neue Herausgeber Hermann von Wedderkop, gewesener Regierungsassessor in Köln. Eher will man, nach amerikanischem Vorbild, ein *magazine* sein. Dass dies schwer durchsetzbar ist in Deutschland, ist ihm bewusst.

»Die Deutschen sind mit der Zeit das unwahrscheinlichste Volk der Welt geworden; sie sind das denkbar rationalste Volk, und Wirklichkeit geht durch sie wie durch ein Sieb, sie fangen nichts auf. Sie sind, mit Sachsen als Zentrum, die Intellektuellsten der Welt, werden aber nicht erwachsen. Unbändige Energie scheint nur gegeben, um verstärkt in verkehrte Richtung zu treiben.«

Würdelos ist *Der Querschnitt* und wahllos in seinen Artikeln. »Sport ist eine Leidenschaft dieser Zeitschrift, die beim Boxen und Ballett, wie die vergangenen Nummern ausweisen, reinster Snobismus wird. Der positive Wert des Snobismus ist der Wille zum Anderssein; wir verurteilen ihn keineswegs, wir benutzen ihn.«

Wedderkop outet sich als Anhänger des Schlagwortes, es steht für den »präzisen Ausdruck der Zeit«.

Küchenrezepte will er »mit mindestens soviel Rücksicht auf den geistigen wie auf den körperlichen Zustand unserer Landsleute veröffentlichen«. *Der Querschnitt* will eine »Blödsinnzentrale« sein: Expressionismus lässt Wedderkop nur noch im Volkslied gelten, die »Wackelgreise« des Kulturlebens stellt er vom Platz, lediglich Gerhart Hauptmann bekommt eine Ecke zugewiesen.

»Radikalismus ist in der Kunst wie überall eine Form menschlichen Schwachsinns, dem wir uns ganz hingeben werden.« Kunstrezensionen allerdings, mit »Kritikerrüssel« geschrieben, mag er gar nicht.

Was der Kunsthistoriker und Autor Albert Dreyfus in seinem Stück über Picasso, den er in Paris besucht hat, ironisch kommentiert: Er habe von Wedderkop eine Verfügung erhalten, »wie sie so schneidig nur von einem im preußischen Staatsdienst geschulten Herausgeber verfaßt sein kann. Sechs Paragraphen, von denen der dritte lautet: Kunsthistorische Beiträge sind unter allen Umständen verpönt, insbesondere solche analytischer Natur, es sei denn, daß darin etwas gesagt ist, was bisher noch nicht gesagt wurde, und was sehr lebendig ist. Im großen und ganzen wird immer der Maler selbst das Wesentlichste aussagen über das Kunstwerk, jedenfalls Genügendes.« Was, so fragt sich Dreyfus, »wenn ich in mein altes Laster verfalle, Bilder zu analysieren oder gar zu synthesieren«?

Auf mehreren Seiten folgen Fotos der neuesten Werke Picassos, bevor sich Dreyfus der Aufgabe mit Bravour entledigt: Es sei aussichtslos, Picasso zu interviewen, und was von Picasso an Äußerungen bekannt sei, würde die Zensur mit »ungenügend« benoten. »Ich kann«, so fährt Dreyfus fort, »die Scheu (oder das Unvermögen?) Picassos, ›Wesentliches‹ über seine Kunst auszusagen, bestätigen. Picasso hatte mir seine große Leinwand ›Les Femmes d'Avignon‹ hervorgeholt, auseinandergerollt und auf dem Boden ausgelegt. Auf diesem Bild mit Vorhängen, nackten Frauen und Fruchtkörben hatte er zuerst (1907) die neue Art des Bildaufbaus gefunden, die in der seitherigen Kunst führend und – verführend geworden ist.

Ich hatte mehr vor mich hingesprochen als gefragt, aber doch gefragt: ›Daraus also ist der Kubismus geworden?‹

Kaum ein Maler hätte sich die Gelegenheit entgehen lassen, einen längeren Exkurs über sich selbst und gegen seine Berufsgenossen vom Stapel zu lassen. Picasso, statt zu antworten, zog aus seiner Westentasche einen kleinen messingenen Kreisel, gab ihm zwischen zwei Fingern einen Schwung und ließ ihn auf dem Boden tanzen – mit seinem arabischsten Lächeln tanzen.

Statt Wesentliches über den Kubismus zu sagen.

Oder war es gerade das Wesentliche?«

Vor den neuen Werken Picassos wird Dreyfus von den lieben Kollegen des Malers, einigen Händlern und Kritikern gewarnt: Picasso sei sich selbst untreu geworden und bei etruskischen Vasen und den alten Ägyptern gelandet. Noch schlimmer die Bilder. In denen wüte die Elefantenkrankheit, seine Figuren seien »aufgeblasen wie Gummipuppen«.

Dreyfus ist dagegen hingerissen von Picassos neuesten Arbeiten. Und gibt dessen Kritikern einen kräftigen Tritt in den Hintern: Beckmesser seien sie, und töricht sei es, bei Picasso von Entwicklung zu sprechen. Er habe auch kein System. »Er gibt sich aus, je nach der Stunde, der Laune.« Er sei wie das Nordlicht, bald rot, bald grün, bald weiß.

Es treibt gerade die weniger genialischen Malerkollegen in den Wahnsinn, dass Picasso, kaum hat man ihn eingeordnet, schon wieder etwas ganz Neues hervorbringt.

Die Mitarbeiter des *Querschnitts* sind Telefonistinnen und Rennfahrer, Bonvivants und Boxer, Schriftsteller und Künstler. Der Inhalt ist universell, man druckt neben deutschen auch englische und französische Beiträge im Original, schreibt über ganz Europa, Amerika, Asien, Schwarzafrika und Eskimos, druckt Akte, widmet sich Billardspiel und Boxen und stellt die Geschichten und Gedichte neben Zeichnungen, Kunstdrucken zeitgenössischer Künstler und Fotografien der neuesten Werke von Renée Sintenis, Leger und Picasso.

Wedderkop will das »Heterogenste aufeinander (…) bolzen«.

Die Idee zur Zeitschrift liegt bei Alfred Flechtheim, berühmtester Galerist der Republik. »Sie ist ihm, während er seine bekannten Unzusammenhänge von sich gibt, auf intuitivem Wege geraten«, und zwar 1921.

Prinzipienlosigkeit ist ihr Prinzip: *Der Querschnitt* ist das verrückteste und amüsanteste Magazin der jungen Republik. Und wird natürlich in Berlin gemacht.

■●■

In endgültiger Fassung erscheint Ernst Blochs *Geist der Utopie* bei Paul Cassirer in Berlin. Der Marxianer bewirtschaftet die »konkrete Utopie«, wettert gegen die Moderne, die geistig niedrig stehe, gegen den Staat, der allein dem Götzen Ökonomie huldige. Dagegen beschwört Bloch den Menschen, in dessen Seele Trauminhalte schlummerten, derer er sich bewusst werden soll, um sie in die Tat umzusetzen. Der sozialistische Verleger hat mit ihm eine schöne Vereinbarung geschlossen: Obwohl er ahnt, dass sich von diesem ebenso grandiosen wie schwer im Magen liegenden Werk kaum eintausend Exemplare werden absetzen lassen, kauft Cassirer Bloch ein kleines Häuschen in Zehlendorf und gibt ihm für die nächsten drei Jahre monatlich Geld zum Leben. Er ermahnt seinen Autor, man hört den Stoßseufzer über sein eigenes Mäzenatentum zwischen den Zeilen: »Aber bitte, verlangen Sie nie eine Abrechnung zu sehen, denn dann regt sich mein kaufmännisches Gewissen.« Und doch: Es ist, bei allem kaum Verdaulichen, ein fulminantes Buch. Und Cassirer schaltet eine ganzseitige Anzeige im *Tage-Buch.* Hat es wirklich keine Chancen auf dem Markt?

■ ● ■

Zum Kommissar hat Stephan Derrick es nie gebracht, er bleibt sein Leben lang der bekannteste Oberinspektor Deutschlands: Am 26. Mai wird der Schauspieler Horst Tappert in Elberfeld geboren.

Einen Tag später erblickt der Friedensnobelpreisträger und Kriegsverbrecher Henry Kissinger in Fürth das Licht der Welt.

Juni

Bert Brecht und Arnolt Bronnen gehen in den Zirkus, um Hitler zu sehen. Klaus Mann schreibt seinem Lehrer einen Brief, und der Gatte von Käthe Kollwitz hat eine Affäre mit seiner Sprechstundenhilfe. Die Damen, so sie Geld und Valuta haben en gros, tragen am Strand gerne Persianerjäckchen mit einem Besatz aus Tibet. Thomas Mann fällt nichts mehr ein, und das schlägt ihm aufs Gemüt. Da geht es dem »Medium« Willi Schneider entschieden besser: Das Okkulte ist en vogue und er berühmt. Der Dollar kostet Mitte des Monats erstmals über 100.000 Mark, und Kurt Tucholsky wundert sich über gar nichts mehr. Reichskanzler Cuno hält die wichtigste Rede seiner Amtszeit, und niemand hört zu. Julius Meier-Graefe schwindelt, dass sich die Balken biegen, Otto Dix auch. Besser ist's. Denn er steht als »Pornograf« vor Gericht. George Antheil ist schrecklich gelangweilt von Deutschland und zieht mit seiner Freundin nach Paris. Das lockt mit bunten Farben und einem Lächeln. Nichts zu lachen hat derweil Rilke. Zumindest ist er davon überzeugt. Denn seine Geliebte Baladine will den Sommer mit ihm verbringen. So viel Nähe? Grundgütiger, das erträgt der sensible Dichter nicht. In Deutschland, vor allem in Berlin und der Mark Brandenburg, nichts als Regen, Regen, Regen. Außer Willi und Georgie-Boy sind alle schlecht gelaunt.

Am Freitag, dem 1. Juni, kommt Arnolt Bronnen nach München. Brecht holt ihn am Bahnhof ab, ein Händedruck, eine linkische Umarmung. Das Erste, was Bronnen auffällt, sind die vielen Hakenkreuzfahnen in der Stadt. Und: »Uniformen, provokante Plakate, knalliges Geschrei«.

Seit Anfang des Jahres ist München in Dauererregung. Die SA, im Wesentlichen hervorgegangen aus den Freikorps, trägt sie auf die Straßen und in die Veranstaltungen. Ohne sie wäre Hitler lediglich ein lärmender Demagoge, der größte und lauteste zwar, aber ein Führer ohne Miliz ist nur ein Mann, der spazieren geht.

Statt Problemlösung: nackte Gewalt. Merkmal aller totalitären Parteien und Regime, und in Deutschland kursieren zwei Millionen Waffen.

Gleich am ersten Abend begeben sich Brecht und Bronnen in den *Circus Krone*, um Hitler zu sehen. Brecht, davon ist auszugehen, ist vor allem an der Inszenierung des Spektakels interessiert, und er wird nicht enttäuscht.

Eigene Kampflieder, eigene Fahnen, eigene Symbole, ein eigener Gruß. Sowas hat man noch nicht gesehen. Weder zu Kriegszeiten noch in den wirren Revolutionsjahren danach. Ein »Gluthauch hypnotischer Massenerregung« erfüllt die Szenerie. Die Zuhörerschaft speist sich aus absteigendem Mittelstand, vielen Braunhemden, die als Saalschutz fungieren, aber auch der gehobenen Münchner Gesellschaft. Stundenlange Marschmusik, unterbrochen von kurzen Reden der Unterführer. Wann wird er kommen?

Endlich, Bewegung am Saaleingang. Alle springen auf, recken die rechte Hand, Heil, Heil, Heil, und der Führer und seine Entourage treten auf, raschen Schritts begibt er sich zum Rednerpult.

Hitler kommt nicht einfach an – er ereignet sich.

Ein Zeitgenosse hat die Wirkung der Auftritte beschrieben, der schillernde Geschäftsmann Kurt Lüdecke, ein früher Förderer Hitlers. Nach der Machtübertragung 1933 fällt er in Ungnade und sitzt zeitweilig im KZ Oranienburg, bevor er emigrieren kann:

»Augenblicklich waren meine kritischen Fähigkeiten ausgeschaltet … Ich weiß nicht, wie ich die Gefühle beschreiben soll, die mich überkamen, als ich diesen Mann hörte. Seine Worte waren wie Peitschenschläge. Wenn er von der Schande Deutschlands sprach, fühlte ich mich imstande, jeden Gegner anzuspringen. Sein Appell an die deutsche Mannesehre war wie ein Ruf zu den Waffen, die Lehre, die er predigte, eine Offenbarung. Er erschien mir wie ein zweiter Luther. Ich vergaß alles über diesem Mann. Als ich mich umschaute, sah ich, daß seine Suggestivkraft die Tausende in Bann hielt wie einen Einzigen. Natürlich war ich reif für dieses Erlebnis. Ich war ein Mann von 32, der Enttäuschungen und des Unbehagens müde, auf der Suche nach einem Lebensinhalt; ein Patriot, der kein Betätigungsfeld fand, der sich für das Heldische begeisterte, aber keinen Helden hatte. Die Willenskraft dieses Mannes, die Leidenschaft seiner ehrlichen Überzeugung schienen auf mich überzuströmen. Ich hatte ein Erlebnis, das sich nur mit einer religiösen Bekehrung vergleichen ließ.«

Hat Hitler seine Rede in »rhapsodischer Steigerung und unter wachsendem Beifall seiner Zuhörer zu Ende gebracht«, spielt die Kapelle sofort das Deutschland-Lied. Die Menge stimmt ein, und Hitler verlässt, nach allen Seiten grüßend, unbelästigt den Saal. Das erstickt nicht nur jede Diskussion, sondern vermittelt auch das Bild eherner Geschlossenheit.

»Die meisten Redner (…) machen den Fehler, sich nach Schluß ihrer Darlegungen noch weiter auf der Tribüne herumzudrücken oder für die Mätzchen von Glückwunschbekundungen zu posieren. Das darf nicht sein. So etwas ruiniert die Wirkung jeder Rede. Damit werden nur unnötige Diskussionen herausgefordert, und zum

Schluß ist jeder erhoffte Effekt sinn- und zwecklos verpufft«, erklärt Hitler »Putzi« Hanfstaengl.

Zu Tausenden pilgern in diesen Tagen die Münchner zu Hitler wie zu einem grandiosen Konzert oder Theaterereignis. Das Stück heißt Hitler, der Autor heißt Hitler, der Darsteller heißt Hitler, und die Dramaturgie ist so unwiderstehlich wie ein Buschfeuer.

Der »Viehentfessler Schicklgruber« führt »seine widerlichen Trapezakte« vor, Brecht lässt sich vom Aufmarsch der Massen inspirieren, und noch in der Nacht schmiedet er Pläne für ein großes Stück im Zirkus, das »Hunger, Inflation und Befreiung« darstellen soll.

Mit untrüglichem Gespür wittert Brecht den verhinderten Theatermann und kommentiert den Abend in bester Laune: Hitler »hat den Vorteil eines Mannes, der das Theater immer nur vom vierten Rang aus gesehen hat«.

Er nähere sich den Massen vom Speisezettel aus. Der Appell an gemeinsame Erbsen, Speck und Erdäpfelgulasch ergebe den gemeinsamen Fraß, der in einem gemeinsamen Rülpser kulminiere.

Der »Fraß« besteht stets aus immer demselben: Verfall der nationalen Ehre, Kampf gegen die »Novemberverbrecher«, gegen die »jüdisch-marxistische Weltverschwörung«, gegen die »Schmach von Versailles«. Dazu weitere Zutaten aus der aktuellen politischen Lage, garniert mit jeder Menge Hass auf die etablierte Politik.

Brecht findet an diesem Abend den Ausdruck »Mahagonny« für den Nationalsozialismus, angesichts der braunen Hemden der Kleinbürger, »hölzerne Gestalten mit ihrer falsch eingefärbten, durchlöcherten roten Fahne«. Gleichwohl unterschätzt er noch immer die Nazis. Er verkennt zwar nicht, wie anfällig weite Kreise der Bevölkerung für die Hitler-Partei sind, was er wohl vor allem den Einsichten der Freunde Feuchtwanger und Arnold Zweig zu verdanken hat, politisch weit hellsichtiger als Brecht in diesen Tagen. Doch gleichzeitig genießt der junge Dramatiker »in bajuwarischer Schaufreude das Spektakuläre, die Massenregie und die Massenauftritte des Hitler-Klüngels«.

»Wenn Mahagonny kommt, geh ich«, erklärt Brecht. Er meint, er werde München verlassen und nach Berlin ziehen. Zehn Jahre später schafft er es knapp ins Exil und flieht Richtung Prag.

Bronnen, seit der Ruhrbesetzung patriotisch infiziert, spürt bei aller Abneigung gegen Hitler die »Anfänge der Verstrickung«, in die er sich bald verheddert durch das Erlebnis von Masse, Rausch und nationalistischem Firlefanz.

■ ● ■

Gut möglich, dass an diesem Abend auch Ernst Jünger den Weg in den *Circus Krone* gefunden hat. Er ist öfters in München, im Frühjahr und Sommer, denn seine Schwester lebt dort. Nach dem Zweiten Weltkrieg erinnert er sich und beschreibt den Hitler des Jahres 1923 als jemanden, der weniger »des Wortes mächtig, als daß das Wort seiner mächtig war. So stellt man sich ein Medium vor, das fast verzehrt wird durch die Kräfte, die ihm zuströmen.« Jünger entdeckt in den Anwesenden eine klassenlose Gesellschaft mit »ihrem ungeheuren Anfall an Energie (…). Die Masse erkennt ihre Einheit, ihre Gleichheit und sogar ihre Freiheit in einem einzelnen (…). Hier stand nun ein Unbekannter und sagte, was er zu sagen hatte, und alle fühlten, daß er recht hatte (…). Es war keine Rede, es war ein Elementarereignis, in das ich geraten war.«

Sich selbst bezeichnet er als »Anarchen«, und man hört den »Monarchen« gleich mit. Jünger will nicht nur neben, er will über den Dingen schweben und »wie eine Spinne nur durch einen unsichtbaren Faden mit der Wirklichkeit« verbunden sein. Einen kalten, unbeteiligten Blick noch auf alltäglichste Vorgänge bescheinigt er sich selbst, doch ist das kaum mehr als eine Pose, wie sich bald herausstellt.

■●■

Anfang Juni herrscht zwischen Brandenburger Tor und Kurfürstendamm babylonisches Sprachgewirr. Nicht nur Russisch ist zu hören, sondern auch Schwedisch, Dänisch und Norwegisch reden die Menschen, Englisch sowieso, wahrscheinlich auch Tschechisch, und da die österreichische Krone verglichen mit der müden Mark sich fast schon zur Edelvaluta mausert, wahrscheinlich bald auch Österreichisch. Hotel- und Theaterbesitzer strahlen miteinander um die Wette, und die Wirte der Luxusgastronomie reiben sich die Hände. Sollte der Markkurs weiter sinken, steht eine vollkommene Skandinavisierung der Ostsee zu befürchten und die völlige Überfremdung der bayerischen Berge. Der deutsche Bürger wird dann wohl scheel angesehen als Urlauber zweiter Klasse ohne Devisen, sollte er es wagen, im Juli oder August auch nur für ein paar Tage ans Meer oder in die Berge zu fliehen.

So malt es, schwarz und schön, das *Tage-Buch* an die Wand und appelliert an die Behörden, nicht in »Haß- und Paßpolitik gegen Fremde« zu verfallen, sondern erbittet »ein bißchen Schutz für den erschöpften Deutschen!«.

■●■

Zwar nicht erschöpft, aber unzufrieden ist Ilse Julius mit ihrer Beziehung zu Erich Kästner. Sie sehen sich selten, er ist in Leipzig, sie studiert in Dresden Chemie, also schreibt man sich. Sie berichtet, vielleicht um ihn ein bisschen eifersüchtig zu machen, von einer Tanzveranstaltung, um ihn gleich zu beruhigen: »Überhaupt ohne Dich ist's nirgends so nach meinem Herzen. Aber Du hast gesagt, wie Du an Dir arbeitest um einen tüchtigen, völlig nur auf sich selbst gegründeten Menschen aus Dir zu machen & dass du niemanden so eigentlich nötig haben willst. Und das will ich auch.«

Dass sie nicht so gleichmütig ist, wie sie vorgibt, offenbart ein weiterer Brief wenig später. Darin berichtet sie, wie sie mit einem neuen Bekannten einen amüsanten Abend verlebt habe, und Kästner scheint darüber nicht angetan gewesen zu sein. Obwohl beide eine Beziehung führen ohne gegenseitige Treueschwüre, sie sich gegenseitig »die grösste Freiheit« einräumen, weist er sie bei einem seiner Besuche Ende des Monats offenbar kühl zurück. Er reist ab, »ohne ein ganz ganz kleines Zeichen« zu hinterlassen, dass er sie liebt.

Obwohl sie kein »Frauchen« ist, das sich bedingungslos dem Geliebten unterordnet, wünscht sie sich einen Mann fürs Leben und scheint zunehmend unsicher, ob Kästner dieser Mann sein kann. Wie nahe sie der Heirat sind, belegen die Briefe aus dem Krisenjahr 1923, »wir sind ja auf dem besten Wege«, schreibt sie ihm im Februar, um im April ein sehnsüchtiges »Warten, warten« hinterherzuschieben. Immer wieder bringt sie das Thema auf, und Kästner wird es langsam unheimlich. Er hängt durchaus an seinem Junggesellenleben in Leipzig und bastelt überdies an seiner Karriere.

Lässt man alles auf sich wirken, kann man nur zu einem Schluss kommen: Kästner ist und bleibt ein Kind. Zumindest hält er eine unverbrüchliche Verbindung zur eigenen Kindheit. Für sein Werk ein großer Gewinn. Er behandelt Kinder wie Erwachsene. Wie bessere Erwachsene. Sie gehen – in *Emil und die Detektive* – nicht zur Polizei, nicht zu den Eltern. Sie nehmen die Sache selbst in die Hand.

Der Nachteil dieser produktiven Kraft? Eine exorbitante emotionale Unreife, was sich bei Kästner vor allem darin manifestiert, dass die Mutter zeitlebens seine wichtigste Bezugsperson bleibt. Ein beinahe inzestuöses Verhältnis, und mitunter schüttelt es einen regelrecht, wenn man liest, wie er sie über alles unterrichtet.

Auch wenn Ilse Julius die starke Stellung Ida Kästners akzeptiert, sie sich sogar mit dieser befreundet, geht ihr die Verbindung von Mutter und Sohn mitunter zu weit: »Warum erzählst Du ihr jede Kleinigkeit, ehe Du Dich mit mir verständigst?«, ärgert sie sich.

Nach knapp acht Jahren geht die Beziehung in die Brüche. Es deutet einiges darauf hin, dass sie sich entliebt hat. Eine große Kränkung für Kästner, und in einem von infantilen Tönen nicht freien Schreiben an seine Mutter klagt er, Julius habe ihn »nie liebgehabt«. Sie mache, so schreibt er voller Ingrimm, »Unterschiede zwischen Liebe und Bett«. Er könne darin keinen Unterschied machen. »Entweder«, man sieht förmlich einen mit den Füßen aufstampfenden Knaben vor sich, »sie hat mich lieb. Oder nicht.«

Die Entfremdung des Paares beschreibt Kästner später mit meisterhafter Lakonie:

»Als sie einander acht Jahre kannten
(und man darf sagen: sie kannten sich gut),
kam ihre Liebe plötzlich abhanden.
Wie andern Leuten ein Stock oder Hut.«

■ ● ■

Joseph Goebbels kann nicht mehr. Er hasst seine Arbeit bei der *Dresdner Bank*, ist depressiv und versucht, sich krankschreiben zu lassen. Doch zwei Ärzte erkennen, dass er ihnen was vormacht und ihm nichts fehlt. Ein dritter schreibt ihn arbeitsunfähig, denn inzwischen ist der Simulant tatsächlich krank geworden.

Im Sommer berichtet er seiner Verlobten Else Janke auf mehr als dreißig Seiten von seinem verpfuschten Leben. Er sei ein Wrack auf der Sandbank und wolle in einer neuen Welt das werden, was er heute nicht sein könne.

Eine seiner letzten Hinterlassenschaften, ziemlich genau 22 Jahre später, wird davon handeln, dass er »eher an der Seite des Führers« sein Leben beenden werde, das für ihn »keinen Wert mehr besitzt«, wenn er es nicht »im Dienst für den Führer und an seiner Seite zum Einsatz bringen kann«.

■ ● ■

Am 12. Juni schreibt der 16-jährige Klaus Mann an den Leiter der Odenwaldschule, Paul Geheeb, warum er die Schule verlassen wird. Er fühlt sich fehl am Platz. »Wo freilich ich *ganz* daheim sein werde – das weiß Gott. Ich gebe ein ganz kleines Stück von mir her, wenn ich Ihnen sage: Überall werde ich – Fremdling sein. Ein Mensch meiner Art ist stets und allüberall durchaus einsam – – – derlei führt zu weit.«

Da sieht der Knabe was.

■●■

Am 13. hat Karl Kollwitz Geburtstag. Als Allgemeinmediziner versorgt er die Armen am Prenzlauer Berg. Käthe Kollwitz, seine Frau, notiert in ihr Tagebuch: »Die 60 Lichtlein brennen. Else.« Dann bricht der Eintrag ab. Das macht Käthe Kollwitz immer, wenn sie in höchster Erregung ist: So hält sie's, als der Krieg ausbricht 1914 und als sie die Nachricht erreicht, dass ihr Sohn Peter in Flandern gefallen ist.

Else ist Dr. Kollwitz' Sprechstundenhilfe, bedeutend jünger als er, und Karl hat sich in sie verliebt.

■●■

Am selben Tag trifft George Antheil mit seiner Freundin Boski Markus in Paris ein. In den Monaten seit seinem Auftritt in der Berliner Singakademie ist er durch halb Deutschland getourt und schrecklich gelangweilt. Düsseldorf ist für ihn nicht mehr als eine elektrische Bogenlampe, unter der er ein belegtes Brot kauft, Mannheim ein Ort, an dem der Speisewagen abgehängt wird, und Passau bleibt ihm allein deshalb in Erinnerung, weil er nächtens aus dem Zug geholt wird und man im Gefängnis seine Identität überprüft, weil er angeblich einem in Berlin getürmten Verbrecher ähnelt.

Weit weniger langweilig ist, was er ansonsten registriert. Überall sieht er immer abgetragenere Mäntel in diesem Frühsommer, selbst die besten Anzüge ehemals Wohlhabender sind geflickt, die Gesichter grauer, die Gemüter reizbarer, die Kritiken unfreundlicher. Antheil beschleicht das Gefühl, ein geschlagenes, besiegtes Land zu erleben. Er und seine Freundin sind jung, Paris, für sie beide unbekannt, lockt mit bunten Farben und einem Lächeln.

Kaum hat der Zug die deutsch-französische Grenze passiert, sehen sie ein ausgebranntes Dorf nach dem anderen. Poincarés anhaltender Ingrimm über Deutschland ist nicht unberechtigt und völlig verständlich noch dazu. Klug ist er nicht.

Berlin ist Antheil schwarze Nacht, Paris grüner, zärtlicher Morgen.

Abends gehen sie in die Ur-Aufführung der *Bauern-Hochzeit* von Igor Strawinsky, den Antheil in Berlin kennengelernt hat. Die Vorstellung beginnt mit der *Pulcinella*, die Antheil an ein in Bulgarien destilliertes Parfüm erinnert: »Zweihundert Pfund Blütenblätter von bulgarischen Rosen, um eine Unze Quintessenz herzustellen; die ganze Lebensarbeit von Pergolesi ist zu einer einzigen Pulcinella von Strawinsky kondensiert.« Auch Boski Markus ist nicht angetan. Das werden sie dem armen Komponisten natürlich nicht sagen. Die *Bauernhochzeit* gefällt beiden bedeutend besser.

Auf dem Weg zum Bühneneingang trifft Antheil ein amerikanisches Pärchen, das er aus New York kennt. Man plaudert, Antheil erzählt, vielleicht etwas zu viel Gas gebend, er neigt ein wenig zu Übertreibungen, dass er Strawinsky sehr genau kenne, er ihn gar für seinen Freund halte, da sie viel Zeit in Berlin miteinander verbracht hätten.

Nach der Vorstellung begrüßt Strawinsky Antheil und seine Gefährtin freundlich und lädt sie für den nächsten Tag ein. Er will ihnen die Pianolarollen der *Bauernhochzeit* vorspielen.

Der Besuch verläuft harmonisch, Antheil wie auch seine Freundin lieben die *Bauernhochzeit*, und das sagen sie Strawinsky auch fortwährend.

Doch auf einer Abendgesellschaft kurz darauf kommt Strawinsky zu Ohren, Antheil habe sich mit der Freundschaft zu ihm gebrüstet und Strawinsky sei von seinen Kompositionen sehr beindruckt. Mit zunehmendem Ärger entgegnet Strawinsky, dies stimme nicht, er halte Antheil für einen guten Pianisten, aber seine Kompositionen kenne er kaum.

Um Schadensbegrenzung bemüht, schreibt Antheil Strawinsky einen erklärenden Brief auf Deutsch, der Sprache, die sie verbindet. Doch Strawinsky meldet sich nicht. Als sie sich Monate später zufällig in einem Konzert treffen, durchbohrt Strawinskys kalter Monokelblick Antheil, der so schockiert ist von dem Vorfall, dass er schlecht davon träumt noch jahrelang.

Seine kluge Freundin Boski Markus sagt: »Ich bin glücklich darüber!« Denn jedes Mal, wenn Antheil etwas Substanzielles über Musik sagen will, erwähnt er, ohne dass es ihm bewusst ist, die Theorien Strawinskys oder was der gesagt oder gemacht habe.

Antheil erkennt, er ist drauf und dran gewesen, sich einer Gefahr auszusetzen, vor der kein junger Künstler sicher ist: der Heldenverehrung.

Jetzt geht das junge Paar erst mal auf Wohnungssuche. Doch so billig wie Berlin ist Paris nicht. Eine Dreizimmerwohnung ist nicht drin, eine Zweizimmerwohnung auch nicht.

Sie finden eine Einzimmerwohnung mit Kochmöglichkeit und immerhin so geräumig, dass ein Klavier Platz findet. Sie liegt in einem Haus, in dem um diese Zeit die literarische Moderne förmlich explodiert. Denn im Parterre der Rue de l'Odéon Nr. 12 hat die englischsprachige Leihbücherei und Buchhandlung *Shakespeare & Company* ihre Heimstatt gefunden. Sylvia Beach, die Inhaberin, hat im Jahr zuvor James Joyce' *Ulysses* im Eigenverlag veröffentlicht. Niemand wollte das dicke Manuskript veröffentlichen, das überdies im Verdacht steht, obszön zu sein.

Bei *Shakespeare & Company* gehen alle ein und aus: der noch unbekannte Ernest Hemingway, selbstredend Joyce, dazu T. S. Eliot, Ezra Pound, D. H. Lawrence und viele andere. Hat Antheil die Wohnungsschlüssel vergessen, hangelt er sich in den ersten Stock mit Hilfe des Ladenschildes von *Shakespeare & Company* und sorgt selbst für die Verbreitung des Bildes. Er will, er muss berühmt werden im Paris des Jahres 1923. Da ergibt sich eine unvermittelte Chance: Vor einem Ballett soll er Anfang Oktober seine Kompositionen spielen. Mal sehen, was die Leute dazu sagen.

■●■

Politik zu verbinden mit der Posse – das ist sein Schönstes, da macht dem Dr. Tucholsky niemand was vor, und immer kommt dabei eine Erkenntnis heraus, die verblüfft. Dass sich der Zeitungsleser über gar nichts mehr wundert in diesen schrecklichen Juni-Tagen, dass er total abgestumpft ist, niemand mehr unterscheiden kann zwischen dem, was wichtig ist, und dem, was peripher, diese Grundstimmung fasst Tucholsky in komischste Absurditäten: »Otto Reutter singt einmal: ›Ick wunder mir über jahnischt mehr!‹ – und auf diesem Status sind wir ja nun ungefähr angelangt. Alles ist allen ganz egal. Die Aufnahmefähigkeit ist erschöpft. Sie können nicht mehr.«

Die Leute werden sich, bei all dem Zahlenirrsinn des Dollars, bald daran gewöhnt haben, »den Preis ihrer Frühstückssemmeln nach Lichtjahren zu berechnen«.

»Neue Nachrichten? Es scheint keine Nachrichten mehr zu geben. Und wenn vermeldet würde, man habe Frau Lenin in den Armen Hitlers gefunden –: es will keiner mehr wissen. Wir hatten einen Feldwebel, der pflegte zu sagen: ›Das ist mir pipeneengal!‹«

Die Deutschen arbeiten sich krumm, um zu überleben, der Einzelne und das Individuelle verschwinden, alle Zeit geht drauf, dem Geld nachzujagen, vor allem es auszugeben.

■●■

Doch für eins haben sie noch Zeit, vor allem die Gebildeten, Ärzte, Professoren, Schriftsteller. So wie Hans Müller, ein zu Recht vergessener Verfasser schwülstig-kitschiger Werke, die regelmäßig den Spott von Karl Kraus auf sich ziehen. Müllers neustes Stück *Die Flamme* freilich ist ein Riesenerfolg am Berliner *Lessingtheater*, und es bildet die Vorlage für den letzten Film, den Ernst Lubitsch dreht in Deutschland, bevor er es Richtung Hollywood verlässt.

Okkultismus und Parapsychologie stehen diesen Sommer in voller Blüte, das kann sich der Erfolgsautor nicht entgehen lassen.

Das »Medium« Willi Schneider und sein jüngerer Bruder Rudi sind inzwischen berühmt, und, Abwechslung muss sein, sie variieren jetzt mitunter ihre gespaltenen Persönlichkeiten, die in ihren Seelen wohnen und in Trance hervorkommen wie Molche unter einem schlammigen Stein. Minna hört jetzt auf den Namen Olga, und die Phänomene werden immer fantastischer, je weiter das Jahr fortschreitet und das Land Richtung Abgrund treibt. Vorhänge beginnen sich, wie von Geisterhand bewegt, zu bauschen, obwohl weit entfernt von Willi Schneider und dem Publikum der Sitzung.

Die Show ist Gold wert: Kissen erheben sich vom Sofa und tanzen durch den Raum, um auf dem Schoß eines Gastes zu landen, eine herrenlose Gitarre fängt zu spielen an, Bücher blättern sich auf und zu, Leuchtnadeln, zuvor in die Falte einer Portiere gesteckt, springen aus dem Stoff und fliegen flirrend durch die Luft, eine Hand, fleischfarben im Rotlicht, klammert sich an den Vorhang, bewegt sich anschließend in großer Geschwindigkeit auf einen Tisch zu, poltert mit geballter Faust gegen ein Tischbein, krallt sich in ein Konversationslexikon, blättert darin und schleudert ein eingelegtes Papier heraus, wird fahler, verwandelt sich zu einer Klaue und zergeht in einem leuchtend roten Nebel – um sich kurz darauf unter keuchenden Wehen des Mediums Willi Schneider aus dem Nichts neu zu bilden, »rotfleischig, armlos, von nichts umgeben, nur in sich selbst ruhend«.

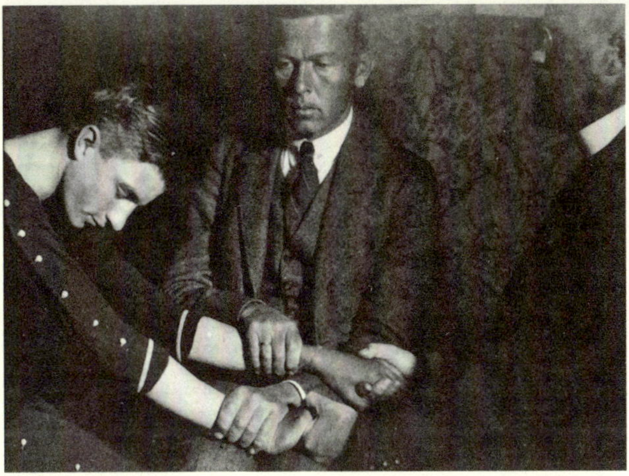

Der zwanzigjährige Willi Schneider wird im Jahr 1923 berühmt. Das »Medium« zieht Wissenschaftler und Prominente wie Thomas Mann derart in den Bann, dass sie seinen Nimbus in die Welt tragen. Doch bald trübt sich die Stimmung ein. Die Hinweise häufen sich, dass es sich bei den okkulten Phänomenen um einen groß angelegten Schwindel handelt. Mit dem Ende der Inflation ist der Hokuspokus vorbei: Die Gebrüder Schneider fallen der Vergessenheit anheim.

Das *Tage-Buch* ist entschieden republikfreundlich, linksliberal mit Hang zur SPD, nicht so kommunistennah wie die Konkurrenz von der *Weltbühne*. Mit einem Wort: vernünftig. Und nun räumen die Herausgeber sagenhafte siebeneinhalb Seiten dem Spuk ein.

Die Inflation bringt alle um ihren Verstand.

■●■

Kanzler Wilhelm Cuno hat andere Sorgen. Am 18. Juni wendet er sich in einem Rundschreiben an die Landesregierungen, in dem heißt es, »die breitesten Kreise der Bevölkerung empfinden es als ein Ärgernis, wenn in der Zeit einer allgemeinen Verarmung unserer Wirtschaft und unseres Volkes übermäßiger Aufwand getrieben und zur Schau getragen« werde. Er empfiehlt schärfere Maßnahmen als bisher »gegen Wucher und Spekulation, Luxus und Genußsucht«.

■●■

Kostet der Dollar am 16. Juni noch 107.000 Mark, notiert er am 30. Juli bei 1,1 Millionen.

■●■

Else Lasker-Schülers Buch *Theben* erscheint. Die Finger hat sie sich wund koloriert, und sie ist sehr stolz auf ihr kostbares Buch. In drolligem Denglisch schreibt sie dem amerikanischen Schwiegersohn ihrer Schwester: »I have a verry large Luxusbook painted and poems 10 pictures 10 poems. Please say a bookhandlung, shall bestellen a book verry verry beautiful a Schmuck. Jou must look it.«

Ihre eine Million Mark sind jetzt noch knapp zehn Dollar wert. Da ist noch Luft nach unten.

■●■

Thomas Mann beendet das Kapitel »Schnee«. Seit zehn Jahren arbeitet er am *Zauberberg*, und jetzt fällt ihm nichts mehr ein.

Er sucht nach einer neuen Figur, einer, die dabei hilft, den ebenso braven wie schlicht-phlegmatischen Helden Hans Castorp dem Leben zuzuführen.

Um das ist es schlecht bestellt. »Das Leben« repräsentieren die beiden Antagonisten, beständig scharfe Dispute um Castorps Seele austragend, gerade nicht. Der galant bis groteske Dr. Settembrini, strenger Künder der Zivilisation und Demokratie, nicht; sein Antipode Leo Naphta, »ein halbjüdischer Jesuitenzögling mit krassen Anschauungen« auch nicht.

Dass die neue Figur, die mit Clawdia Chauchat zurückkehren soll auf den Zauberberg, das Leben selbst verkörpern muss, dass sie ästhetisch wie dramaturgisch absolut notwendig ist, weiß Mann schon lange. Aber er sieht sie nicht, fühlt sie nicht.

An den Freund Ernst Bertram schreibt er in verdrießlicher Stimmung: »Ich habe das verschleppte Roman-Untier, das in großen Partien sicher langweilig ist, in anderen allenfalls sonderbar, wieder aufgenommen.«

Um den Fortgang der Handlung in seiner fiktiven Lungenklinik besorgt, verbringt Mann einen unruhigen Sommer.

■ ● ■

Der zeigt sich in Deutschland, vor allem in Berlin und Brandenburg, von seiner schlechtesten Seite. Es ist der kälteste und verregnetste Juni seit 1733. In der Obstplantage Berlins, dem Werder, jammern die Bauern über die kümmerlichen Kirschen, die noch auf dem Baum platzen und vor sich hin faulen. Die Freibadbetreiber stöhnen, und der Direktor des *Luna-Parks* schimpft über Milliardenverluste. Nachts kommt der Schnürlregen, der gar nicht mehr aufhören will. So mummelt sich Berlin ein in sein Plumeau, trinkt steifen Grog und wartet auf bessere Zeiten.

Dem Wanderer durch die Mark Brandenburg erscheint sie schöner und grüner denn je, sie sieht aus wie die Gegend um die Seen von Killarney auf Irland.

■ ● ■

Wenn das Wetter dann doch mal mitspielt an Ost- oder Nordsee, hüllt sich die deutsche Dame von Welt in ein Strandkostüm aus weißem Kammgarn, das mit schwarzem Marocainkrepp besetzt ist. Das Jäckchen wird offen getragen, darunter kommt eine weiße, ärmellose Crêpe-Georgette-Bluse zum Vorschein.

Auch in weißer Gabardine mit modischer goldfarbener und schwarzer Stickerei wird flaniert, und wer noch genügend Geld hat oder Devisen, leistet sich eine kurze Pelzjacke aus Persianer mit einem Besatz aus weißem Tibet.

Sehr »in Aufnahme« ist in dieser Sommersaison überdies ein kurzer loser Mantel aus beigefarbenem Covertcoat mit großen Seitentaschen. Auch auf der Promenade obligatorisch: ein passender Hut.

■●■

Ein Kanzler kann Unmut hervorrufen, das kann bitter für ihn sein. Ein Kanzler kann zum Widerspruch reizen, das kann lästig für ihn sein. Aber am schlimmsten ist es, wenn ein Kanzler nicht mehr gehört wird. Wenn er weitschweifig um den heißen Brei schleicht, und wenn er zum eigentlich Politischen, zum Wichtigen kommt, niemand mehr hinhört.

Das widerfährt in diesen Tagen Reichskanzler Cuno. In Königsberg hält er am 24. Juni seine »erste wirklich politische Rede«. Denn er räumt ein, dass der Ruhrkampf vielleicht beendet werden müsse. »Die idealste Politik ist fruchtlos, wenn nicht die Macht, sie zu verwirklichen, hinter ihr steht.«

Dieser Satz hätte ein großes Echo auslösen müssen. Doch Cuno kann nicht reden, und offenbar hat er keine guten Redenschreiber oder Berater, die das Wichtige herausstreichen, statt das Filetstück unter literweise patriotischer Sauce zu verstecken. So kommt es, dass Cuno in Königsberg allein mit seiner Kunst überzeugt, eine Rede richtig vom Blatt abzulesen. Seine Erklärung hat zumindest den unbestreitbaren Vorteil, vollkommen unverständlich zu sein.

Ein Kanzler ohne Sinn für die Realität oder das Vermögen, sie adäquat zu adressieren, kann sich mehr nicht lange halten, sollte man denken. Das *Tage-Buch* hat schon im Mai den politischen Nachruf auf Wilhelm Cuno veröffentlicht. Doch der baumlange Kanzler steht. Fragt sich nur, wie lange noch?

■●■

Viel deutsche Literaturgeschichte läuft in diesem Sommer durch München, »angeführt von Thomas Mann, abgeführt von Hanns Johst«.

■●■

Das Wetter ist immer noch spottschlecht in Berlin, und Karl Kollwitz kommt ins Atelier seiner Frau. Endlich ist sie fertig, die Kriegsfolge und die Zeichnungen dazu. Sieben Holzschnitte: *Das Opfer*, *Die Freiwilligen*, *Die Eltern*, *Die Witwe I*, *Die Witwe II*, *Die Mütter*, *Das Volk*. Seit Jahren versucht sie, den Krieg zu gestalten, diese für sie so traumatische Zeit in Kunst zu überführen. Zunächst experimentiert sie mit Radierungen, verwirft diese Technik ebenso wie die Lithografie. Erst der anspruchsvolle Holzschnitt scheint ihr angemessen für das Grauen, das sie leibhaftig erlebt hat.

»Es ist als ob jetzt noch einmal eine Zeit zwischen uns kommen könnte, die uns wieder so zusammen führt, wie wir zusammen waren in den Jahren nach Peters Tode (...). Wie man sich liebte und brauchte wurde nur in bedeutsamen Momenten klar, wenn Krankheit den einen wegzunehmen droht. Diesmal war es nicht Krankheit, was Karl von mir zu führen schien. Die Wirkung ist dieselbe.«

Als »klein, peinlich und zwackend« empfindet sie die Eifersucht auf die jüngere Frau, zugleich erscheint ihr Karl »wieder so liebenswert wie in den besten Zeiten«. Sie macht die Erfahrung, die ein jeder kennt: Man weiß nie, was man hat, bis man es zu verlieren droht. Käthe Kollwitz ist sich dessen voll bewusst, klug, wie sie ist. Es sei, so schreibt sie weiter, durchaus möglich, dass »Gewöhnung und wieder einsetzendes Sicherheitsgefühl auch wieder die neue Liebe dämpfen«. Und das wäre verdrießlich, Eifersucht und neues Begehren müssen für sie Sinn ergeben und auf eine höhere Stufe führen. Doch, ach, so einfach ist das alles nicht. Auch die freie Künstlerin von Gnaden, die theoretisch alles über die Freiheit weiß, auch diejenige, die man dem Partner gewähren muss, sie kommt nicht an gegen das »grüngeäugte Ungeheuer« Eifersucht. Beinahe resigniert stellt sie fest: »Die *Gefühle* dagegen stecken noch so sehr im alten Gleis.«

Das »ruhige und große Vertrauen«, das ihr Mann von ihr erwartet – nirgends ist es zu finden. »Eifersucht ist ein scheußliches, brennendes, einengendes, niederziehendes und demütigendes Gefühl.«

■●■

Während Otto Dix noch an seinem *Schützengraben* malt, bekommt er mit einem anderen Bild mächtig Ärger. *Mädchen vor dem Spiegel* hängt im Herbst 1922 zwei Wochen lang unbeanstandet in der *Juryfreien Kunstschau* nahe dem Lehrter Bahnhof in Berlin. Dann beschlagnahmt es die Staatsanwaltschaft, angeblich von einem empörten Steglitzer Oberlehrer auf den Plan gerufen.

Das Mädchen ist in Wirklichkeit eine stark verwelkte Dirne, die sich die Lippen bemalt, angetan nur mit einem Korsett und einer Hose, die vorn und hinten offen ist und die Scham zeigt, allerdings »ganz besonders diskret gemalt«. Sie blickt in den Spiegel, wendet dem Betrachter den Rücken zu.

Der Staatsanwalt fordert wegen »Verbreitung unzüchtiger bildlicher Darstellungen« eine Geldstrafe von 50.000 Mark sowie die Einziehung des Bildes. Vor der achten Strafkammer des Landgerichts I in Berlin kommt es am 26./27. Juni zum Showdown.

In der Generalprobe zur Verhandlung am 25. Juni abends bei der Düsseldorfer Kunsthändlerin Johanna Ey, die alle nur Mutter Ey nennen, wird klar, was Dix tatsächlich von dem ganzen Verfahren hält. Der Maler Arthur Kaufmann mimt den Staatsanwalt und fragt den Angeklagten Dix, warum er den Schambereich mit so »abscheulicher Deutlichkeit« gemalt hat? Darauf Dix: »Das ist doch das Handwerkszeug von der Dame.«

Dix erntet Gelächter, doch er weiß, das ist Flammenwerfer-Sprache, damit würde er sich vor Gericht verbrennen. Den Prozess zu verlieren ist riskant: Einerseits kann mit dem Skandal ein Reputationsgewinn verbunden sein, es könnte aber auch den Ruin bedeuten. Dix hat sich inzwischen als Künstler durchgesetzt und einiges zu verlieren.

Sorgfältig studiert sein Anwalt Gerhard Obuch ein ähnlich gelagertes Verfahren: Zwei Jahre zuvor steht *Der Reigen* von Arthur Schnitzler vor Gericht. Max Reinhardt hat ihn 1920 im *Kleinen Schauspielhaus* in Berlin-Charlottenburg uraufführen lassen. Die Klage wird abgewiesen, da es sich nach Lesart des Gerichts bei dem *Reigen* um ein sittlich-ernsthaftes Kunstwerk handelt. Schnitzler habe darauf hingewiesen, wie schal und falsch sich Liebesleben abspielen könne. Schon deswegen sei es nicht obszön, so das Urteil.

Wie die meisten Künstler interessiert sich Dix vor allem für sein eigenes Werk. Er möchte malen dürfen, was er malen will. Theoretisch eher unbegabt, interessiert er sich weniger für die grundsätzliche Frage nach der Freiheit der Kunst als vor allem für die Freiheit der eigenen Kunst.

Für die heult er vor Gericht mit den Wölfen: Dix singt mit im heuchlerischen Chor der Juristen, von denen weite Teile sich in dieser Zeit berufen fühlen, Sitte und Moral im deutschen Volk aufrechtzuerhalten.

Auf listige Art und Weise sagt er ihnen, was sie hören wollen: Die alte verruchte Vettel, die sich hübsch macht für den nächsten Freier, hat er nur gemalt, so seine Verteidigungsstrategie vor Gericht, um vor dem Umgang mit Freudenmädchen zu warnen. Und nicht nur das: Mit der drastischen und realistischen Darstellung der Hure will er der deutschen Frau ein abschreckendes Beispiel geben, wohin ein solcher Lebenswandel führt. Diese tief empfundene moralisierende Wirkung, so seine letzte lustige Wendung, habe ihm das Gefühl gegeben, dass eine Scham- und Sittlichkeitsverletzung gar nicht habe aufkommen können.

Das Gericht ist zufrieden, es muss sich nicht grundsätzlich mit der Freiheit der Kunst auseinandersetzen und kann bei seiner restriktiven Rechtsprechung verbleiben, was Sitte und Moral angeht. Es spricht Dix frei. Jetzt kann er weitermalen am *Schützengraben*, der ein weit größeres Fiasko verspricht. Doch davon weiß er noch nichts.

■ ● ■

Von Rainer Maria Rilke seit Wochen ungeduldig erwartet, erscheinen endlich seine *Duineser Elegien* in einer Vorzugsausgabe von dreihundert Exemplaren auf Bütten- und fünf in Japan-Papier. Rilke ist begeistert, er nennt sie »außerordentlich schön verwirklicht«.

Ansonsten geht's ihm schlecht. Und das liegt vor allem daran, dass Baladine, die er auch Mouky nennt, gern den Sommer bei ihm verbrächte. Ihre Kunst ist nach dem Ausstellungserfolg in Berlin sehr gefragt. Jetzt ist ihr Atelier leer, und sie kann die Nachfrage nicht stillen. Deshalb wünscht sie, zu Rilke nach Muzot zu kommen, wo sie sich Inspiration für neue Bilder erhofft. Rilke zagt und greint. Einerseits freut es ihn, dass sich durch den Erfolg ihre Produktivität und Zuversicht steigert, und wäre er sicher, dass es ein Arbeitssommer für Mouky werden könnte, dann, so schreibt er seiner Mäzenin Nanny Wunderly-Volkart, würde er »nicht zögern«. Aber, fügt er hinzu, sein »Wunsch, so groß er ist«, dürfe ihn nicht täuschen »über die Möglichkeit einer Verwirklichung«.

Die Angst vor einer wirklichen Bindung, die Heiligkeit seiner Einsamkeit, beides hält er hoch, darin ähnelt er Friedrich Nietzsche und auch Benn. Verliert er sie, so seine Befürchtung, ist es mit der Kunst vorbei. Bisher waren alle seine Geliebten verheiratet. Eine gute Zugbrücke, sie sich vom Leibe zu halten. Baladine Klossowska ist geschieden und »frei«. Deshalb schiebt er den Horror bis zum Anschlag.

Mouky, die spürt, wie hin- und hergerissen Rilke ist, schreibt und fragt ihn ganz offen, ob er sich ihr Kommen vorstellen könnte, und stürzt damit den empfindsamen Poeten in noch größere Gewissensnot. Eine Pirouette nach der anderen führt er auf vor seinem Spiegel, und seine Nerven sind wund gescheuert Er spürt, dass eine

Absage ein großer Schlag wäre für seine Geliebte, und doch fällt ihm die Antwort ungeheuer schwer. Einerseits versichert er, es gäbe für ihn nichts Beglückenderes, als Mouky einen »freudigen und thätigen Arbeitssommer einrichten zu helfen«, es wäre wahrscheinlich sogar die einzige Möglichkeit, ihre schwierige Beziehung zu retten, doch auf der anderen Seite fürchtet sich Rilke vor einem Misslingen, denn dann wär der Schaden dauerhaft, und die Liebe vorbei. Der Ausreden sind viele: Man solle doch eigentlich nicht solche Dinge wie ein Zusammenkommen planen, sondern »*absichtslos*, aus Entzücken und Freude, zu einander kommen«. Vorsicht und gegenseitige Rücksichtnahme, die beide nach »bangen Erfahrungen« sicher anwenden würden, sieht er als Gefahr, »daß alles sich fälsche und kompliziere«.

Dann beschließt er, Mouky noch warten zu lassen. Vielleicht, wenn er die Mittel hätte, lamentiert er gegenüber seiner Gönnerin Nanny, könnte er den Sommer über sich einem »verständigen Arzt« anvertrauen, der die zahlreichen Malaisen aller Art in einer Kur, also fernab von Mouky, behandeln könnte. Er habe »viel (…) zu leiden« in letzter Zeit.

Rainer Maria Rilke – neben Benn und Brecht der größte deutschsprachige Lyriker des 20. Jahrhunderts. Einige der schönsten Gedichte verdanken wir ihm. Im realen Leben erweist er sich als ein ziemlich wehleidiger Jammerlappen.

Ist das eine ohne das andere nicht zu haben?

Juli

Leni Riefenstahl geht in die Tanzschule, und Hermann Hesse wird endlich geschieden. Jetzt muss er seine mehr als zwanzig Jahre jüngere Gefährtin heiraten. So hat er es ihrem Vater, einem Schweizer Messerfabrikanten, versprochen. Ein Debakel bahnt sich an. Franz Kafka lernt seine letzte große Liebe kennen, Dora Diamant. Alles ist anders als je zuvor. Vor allem, man denke, total unkompliziert. Rainer Maria Rilkes Geliebte Baladine Klossowska darf ihn zwar besuchen diesen Sommer. Aber bald begibt er sich ohne sie zur Kur. Sie soll währenddessen die Renovierung seines Turms in Muzot überwachen. Viele Männer des Jahres 1923 sind ziemlich unausstehlich. Hans Fallada wird zu sechs Monaten Gefängnis ohne Bewährung verurteilt, weil er das Gut beklaut hat, für das er arbeitet. Korn hat er gestohlen und es auf dem Schwarzmarkt verkauft. Von irgendwas muss er sein Morphium und Kokain schließlich bezahlen. Walt Disney ist ebenfalls pleite und will nie wieder in seinem Leben Trickfilme drehen. In den Gremiensitzungen der Uni Dresden denkt der Romanist Victor Klemperer nur an eins: die Börsenkurse. Die Zeit schreie nach Satire, erklären Bankdirektoren Kurt Tucholsky. Doch der widerspricht. Im Juli turnt ganz München. Bücher liest keiner mehr.

Leni Riefenstahl will als Ausdruckstänzerin Karriere machen und besucht einen Sommertanzkurs der Jutta-Klamt-Schule am Bodensee. Zurück in Berlin, setzt sie den Unterricht bei Klamt fort. Riefenstahls Tag sieht so aus: Morgens geht sie zum klassischen Ballett, nachmittags in Jutta Klamts »Schule für körperrhythmische Kunst«. Viel ist dort die Rede von Kraft und Gesundheit. Joseph Goebbels wird später seine Kinder dorthin schicken.

■●■

Eine Bruchlandung erleidet in diesen Tagen Hermann Hesse. Vier Jahre von seiner ersten Frau Mia getrennt lebend, wird die Ehe jetzt rechtskräftig geschieden. Seit drei Jahren hat er eine Geliebte. Als er sie kennenlernt, 1919, ist sie 20 und er 42. Ruth Wenger heißt sie, und sie ist die Tochter des Schweizer Messerfabrikanten Théo Wenger. Der ist nicht allzu glücklich über die Verbindung seiner jungen Tochter zu dem so viel älteren Schriftsteller. Ruth ist mit einem goldenen Löffel im Mund aufgewachsen, hat nichts gelernt, versucht sich als Malerin, absolviert eine Gesangsausbildung und bekommt vom Vater eine monatliche Apanage von siebenhundert Schweizer Franken. Ein kleines Vermögen, das ganz im Kontrast steht zu den Einnahmen des ständig strampelnden Hesse, der in einem verwunschenen Bau in Montagnola eine Wohnung mit vier kleinen Zimmern hoch über dem Luganer See bewohnt. Die hat weder Heizung noch fließend warmes Wasser, dafür ein Kaminzimmer. Aber selbst das kann Hesse nur unregelmäßig beheizen in den durchweg strengen Tessiner Wintern. Denn er hat kein Geld für Brennholz, die Inflation frisst seine Markhonorare auf.

Der arme Poet und das verwöhnte reiche Mädchen. Eine Telenovela – leider keine gute. Ein älterer Mann, kein Problem. Aber Männer, die 1877 geboren werden, haben eine Lebenserwartung von etwa vierzig. Im Durchschnitt ist Hesse bereits seit sechs Jahren tot, und im Vergleich zu Ruth Wenger alt wie ein Stück Elfenbein.

Ein armer Schriftsteller und eine reiche Prinzessin? Noch schwieriger, wenn nicht unmöglich.

Ein Mann, der das Alleinsein der Gemeinsamkeit vorzieht?

Ein Eremit, der jeden Zentimeter seiner Autonomie, seines Künstlertums mit Zähnen und Klauen verteidigt?

Nein, nach diesem Befund wird die Telenovela abgesetzt. Die Hindernisse sind einfach zu groß für die weibliche Hauptfigur! Der Zuschauer steigt aus, denn die Geschichte wird übel enden. Wir können nicht die Daumen drücken für unabänderlich verlorene Sachen.

Es kommt noch schlimmer: Der Schwiegervater in spe zahlt Hesses Scheidung, und das führt diesen vom Regen unter Umgehung der Traufe direkt in die Scheiße. Jetzt muss er das Verhältnis zu Ruth Wenger auf eine legale Basis stellen und sie heiraten.

Das denkt er.

Und dass dies ein großes Unglück bedeutet für alle Beteiligten.

Das weiß er.

Aber der Autor, der sich ansonsten von allen Konventionen lossagt – hier agiert er so konventionell, um nicht zu sagen: dumm wie nasser Sand und läuft ins offene Messer. Er hat nicht die Kraft, der Wahrheit ins Auge zu sehen – nämlich, dass er nicht gemacht ist für die Ehe. Und für ein profanes Glück schon gar nicht. Er muss unglücklich sein, sonst könnte er nicht schreiben. Natürlich, das ist inzwischen ein zu Erz geronnenes Klischee. Aber jedes Klischee gründet zu Beginn auf einer guten Idee, einer überraschenden Einsicht.

Seine Briefe, die er an Vertraute schreibt und die von der nahen Vermählung künden, lesen sich wie Hilfeschreie eines zum Tode Verurteilten auf dem Weg zum Schafott.

Es kommt, wie es kommen muss: Die Eheleute leben, weil Hesse keine Nähe erträgt, fast durchweg getrennt, selbst im gemeinsamen Urlaub nächtigen sie in zwei verschiedenen Zimmern. Nach drei Jahren wird der Bund auf Betreiben Ruths geschieden.

Hesse und die Frauen – ein Unverhältnis. Nicht von ungefähr hat er in seinen Romanen das Erotische fast vollständig ausgespart. Die wenigen vom Sinnlichen erzählenden Stellen wirken heute peinlich und misogyn.

■●■

Ein Mann will nach oben. So wird einer seiner Romane heißen. Im Juli 1923 ist Hans Fallada – ganz unten. Er ist morphium- und kokainabhängig, schluckt, je nach Stimmung, Unmengen von Schlaftabletten oder Aufputschmitteln und raucht bis zu hundert Zigaretten am Tag. Der Gutsbesitzer Johannes Kagelmacher ist sein Freund seit 1916. Immer wieder arbeitet Fallada auf Rügen für ihn. Der besorgte Kagelmacher gibt Fallada den Rat, doch lieber Alkohol zu trinken, statt Drogen zu sich zu nehmen. Und kommt auf den genialen Einfall, den jungen, nicht mal dreißigjährigen Schriftsteller in die Dorfschenken zu schleppen oder mit ihm auf dem Gut Weinflaschen zu leeren. Er versucht, den Teufel mit dem Beelzebub auszutreiben, meint es gut, begreift aber nicht, dass ein Suchtmensch nicht einfach aufhören kann, sondern eine Sucht der anderen hinzufügt.

Fallada trinkt nicht nur einen Schluck. Er kann nicht verstehen, wieso jemand nur einen Schluck trinkt. Er kann nicht verstehen, wie jemand es fertigbringt, auch nur ein halbes Glas Wein zu verschmähen. Er kann nicht verstehen, wie man sagen kann, es ist genug. Wie kann man genug haben von diesem Gefühl, beschwingt und betrunken zu sein? Wie kann man nicht wollen, dass dieser Zustand anhält? Fallada – sein Gehirn, es arbeitet irgendwie anders.

Das Resultat ist, dass er weiter Morphium spritzt und Kokain zu sich nimmt – und morgens vier Gläser Cognac braucht, um aufstehen zu können.

Kokain und Morphium, ja selbst Zigaretten in diesen Mengen muss man sich leisten können. Fallada kann es nicht. Sein erster Roman *Der junge Goedeschal*, der 1920 bei Ernst Rowohlt erscheint, wird nur wenig beachtet und noch weniger verkauft, etwa tausend Exemplare, mehr sind es nicht.

In den Jahren danach zieht es ihn unstet von einer Länderei zur nächsten. 1922 verschlägt es ihn nach Niederschlesien. Fallada arbeitet im Rechnungswesen eines Guts, kann gut mit Zahlen und ist ein Meister darin, seine Suchterkrankung zu verbergen. Er zweigt größere Mengen Getreide ab, verkauft es auf dem Bunzlauer Schwarzmarkt und wird erwischt. Nicht nur entlässt man ihn, sondern zeigt ihn auch an.

Deshalb steht er Mitte Juli 1923 in Bunzlau vor Gericht. Zwar ist er nicht vorbestraft, er wird dennoch zu sechs Monaten Gefängnis ohne Bewährung verurteilt.

Wegen der Überfüllung der Gefängnisse muss er die Haft erst ein knappes Jahr später antreten.

■●■

George Grosz schaut aus dem Fenster seines Ateliers an der Nassauischen Straße 4 in Berlin, stürzt zur Tür hinaus und kommt zurück mit einem Invaliden, den er sofort zeichnet. Von vorn und von hinten, liegend und stehend.

Oft holt er sich Arbeitslose ins Haus, Sängerinnen oder auch einen Lokomotivführer, noch öfter setzt er sich in irgendwelche Kaschemmen und kritzelt heimlich in sein Skizzenbuch, strichelt bei Versammlungen, sucht sich im Reichstag seine Objekte. »Nach der Natur aus dem Kopfe«, lautet seine Devise. Rasend schnell ist er, selten nutzt er seine Aufzeichnungen. Anders als andere hält er sich nicht auf mit Bleistiftskizzen, er wetzt die Rohrfeder auf Sandpapier, stürzt sich auf die Tusche und zeichnet mit ungeheurer Treffsicherheit.

■●■

Zwei Tage nach dem Urteil erscheint Fallada auf Gut Radach bei Drossen im heute polnischen Teil Brandenburgs, um als Sekretär zu

Nach stundenlangem, konzentriertem Arbeiten in seinem Atelier legt George Grosz alles zur Seite, schnappt sich den Expander, um sich zu stählen, zückt das Florett und sticht ein auf eine Puppe, der er den Namen Ernst Lindström gibt. So nennt sich Erich Ludendorff in seinem falschen Diplomatenpass bei seiner Flucht 1918 nach Schweden.

arbeiten. Dort lernt er Hans-Joachim Geyer kennen, der bereits in Radach beschäftigt ist und ebenfalls Schriftsteller werden will. Er und Fallada schließen Freundschaft. Die hat einiges zu ertragen, denn geht Fallada der Treibstoff aus, kann er mehr als unleidlich werden.

An einem Abend, er hat sein letztes Morphium gespritzt, sich ins Bett gelegt, lauscht er mit geschlossenen Augen den Worten des Freundes, der aus einem Reclam-Bändchen vorliest. Unvermittelt richtet sich Fallada auf, reißt eine Pistole unter dem Kopfkissen hervor, zielt auf Geyer und fordert ihn schreiend auf, sofort nach Berlin zu fahren und ihm Morphium zu besorgen. Anderenfalls werde er ihn erschießen! Geyer hält das zunächst für einen schlechten Scherz, muss aber einsehen, dass Fallada die Drohung offenbar ernst meint: Fast eine Stunde redet Geyer auf den Rasenden ein, der weiter mit entsicherter Waffe vor seiner Nase herumfuchtelt. Selbst der Einwand Geyers, er könne es mangels Zugverbindungen gar nicht bis Berlin schaffen, verfängt nicht. Fallada beschimpft ihn. In einem günstigen Moment vermag Geyer es, Fallada die Pistole zu entwinden, wobei sich ein Schuss löst und in die Decke kracht. Geyer stürzt aus dem Zimmer und schließt den tobenden Fallada ein. Nach zwei Stunden geht er wieder zu ihm und trifft auf einen völlig erschöpften und wimmernden Fallada, der den Freund anfleht, ihm zu vergeben. Was der auch tut, um am nächsten Tag nach Berlin zu fahren und das gewünschte Morphium zu besorgen.

Zwar gibt es längere Phasen in Falladas Leben, in denen er zumindest von harten Drogen die Finger lässt, doch ganz kommt er nie davon los. Er ist der festen Überzeugung, dass die Rauschgifte sein Bewusstsein weiten und er nur mit ihnen den Pfad findet, der zum vollkommenen Schreiben führt. Noch ein Klischee, natürlich. Aber Falladas Beobachtungsgabe bleibt unbestechlich, auch unter Drogen. Die Atmosphäre des Höllenjahrs 1923 zeichnet er so genau und umfassend nach wie kein zweiter deutscher Schriftsteller: *Bauern, Bonzen und Bomben*, *Wir hatten mal ein Kind*, natürlich *Wolf unter Wölfen* und *Der eiserne Gustav*, sie alle sind unübertroffen, was das Heraufbeschwören der Inflationszeit angeht.

Seinen größten Erfolg, *Jeder stirbt für sich allein*, schreibt Fallada 1946 erneut »unter Einfluss«: rund sechshundert Druckseiten in weniger als vier Wochen.

■ ● ■

Sommerferien, Schnitt auf das Ostseebad Müritz und Franz Kafka: Dort langt er am 10. Juli 1923 an und bezieht ein Zimmer im zweiten Stock der *Pension Glückauf* mit Blick in den Garten. Ganz in der Nähe lädt ein alter Mischwald zum Spazieren ein, und das Meer ist nur ein paar Gehminuten entfernt. Als er die Balkontür öffnet, dringen Kinderlaute zu ihm. Umhertobende Blagen haben ihm schon einmal einen Urlaub vermiest. Doch diese Schar klingt anders. Vor allem singt sie, übt Lieder. Auch die Stimmen junger Betreuerinnen dringen an Kafkas Ohr, in mehreren Sprachen. Durch die Blätter der nahen Bäume erkennt er, woher die Laute kommen. In fünfzig Metern Entfernung schmiegt sich ein Haus an den Wald, und was er hört, sind jüdische Lieder, Gesänge der Chassidim.

Fast hätte Kafka einen Tag vor seiner Ankunft in Müritz eine Kolonie ostjüdischer Kinder in Berlin besucht, und nun hat er Quartier bezogen in unmittelbarer Nachbarschaft eines Ferienhauses des Berliner Jüdischen Volksheims, das hört auf den schönen Namen *Kinderglück*. Kann das Zufall sein? Bis in den Sommer hinein liebäugelt er mit der Idee, nach Palästina überzusiedeln, doch muss er einsehen, dass sein schlechter Gesundheitszustand dies nicht zulässt.

Am 13. Juli, einem Freitag, ist Kafka in das Ferienhaus eingeladen, das erste Mal in seinem Leben soll er den Beginn des Schabbat feiern. Durch ein Fenster im Parterre blickt er ins Haus und bemerkt eine junge Frau, die Fische ausnimmt für das Festmahl.

Er betritt die Küche, groß ist er, 1,80 Meter, sehr mager, fast knabenhaft, mit dichtem schwarzem Haar und durchdringenden graubraunen Augen. Sein Anzug sitzt makellos, Dreiteiler mit Krawatte. Dazu ein Blick wie der Suchscheinwerfer eines Pfandleihers. Erst scannt er den Raum, dann fällt er auf die Fische, dann auf ihre Gestalt, dann ihre Augen. Sie kann sich nicht rühren, so fasziniert ist sie von diesem Mann. Mit sanfter, dunkler Stimme und leiser Ironie sagt er: »So zarte Hände, und sie müssen so blutige Arbeit verrichten!«

Um Dora Diamant, das Mädchen aus dem Osten, ein »dunkles Geschöpf voller Träume und Vorahnungen«, ist es geschehen. Und um Franzl auch.

■●■

Nach offiziellen Angaben haben die Ruhrbesetzung und der Widerstand bisher 92 Menschen das Leben gekostet.

■●■

Am Abend des Schabbat sitzt Kafka mit Dora Diamant, den anderen Betreuerinnen und den Schützlingen des *Kinderglücks* auf Bänken an langen Tischen. Ein kleiner Junge steht auf und wird so verlegen, dass er hinfällt. Kafka sagt zu ihm mit bewunderndem Augenaufschlag: »Wie geschickt bist du gefallen und wie geschickt wieder aufgestanden!« Der Junge strahlt.

Alle sind zu retten – außer Kafka.

■●■

Wie hat sich sein berühmter Dichterkollege entschieden bezüglich seiner Sommergestaltung und seiner Geliebten Baladine? Darf sie kommen? Jein. Rilke wählt den für ihn goldenen Mittelweg. Sein schlechtes Gewissen Baladines gegenüber ist mit Händen zu greifen, und er schafft es nicht, ihr abzusagen. Sich ihr für Monate auszuliefern und den ganzen Sommer mit ihr zu verbringen, das will er freilich auch nicht. Er flieht, nachdem er sie gerufen, und begibt sich wenige Wochen nach ihrer Ankunft am 12. Juli zur Kur an den Vierwaldstätter See. Als er dort, bei strömendem Regen, ankommt, wiegt er nur noch 49 Kilo. Die ersten Untersuchungen ergeben »gewisse greifbare Realitäten im Darm«, was seiner »für- und vorsorglichen« Freundin Nanny Wunderly-Volkart lieber ist als irgendwelche nervlichen Beschwerden, die ja doch nie greifbar zu machen sind.

Bis September wird er am Vierwaldstätter See kuren, während seine Geliebte Renovierungsarbeiten überwacht in Rilkes Domizil Château Muzot, das kaum mehr ist als ein Turm.

Doch bringt die Kur wenig bis nichts. An Baladine schreibt er aus sicherer Entfernung: »Was meine körperliche Verfassung betrifft, geht es mir wieder ein bisschen besser, aber meine Natur hat diesen Schwung, diesen schönen Start in Richtung Gesundheit, den ich mir so sehr gewünscht hätte, noch nicht angenommen. Vielleicht haben wir das Zentrum, aus dem diese hartnäckigen Beschwerden stammen, noch nicht entdeckt.«

Auch Mouky scheint es nicht besonders gut zu gehen. Rilke schreibt ihr: »Mein Aussehen hat sich für dich so sehr verändert, während ich dich trotz all des Leidens, mit dem ich dich auseinandergerissen gesehen habe, jederzeit strahlend und am Ende einer kleinen Straße im blauen Kleid unserer Morgendämmerung hervorrufen kann. Denken Sie auch daran, dass es viel weniger der Schmerz ist, der Sie misshandelt und auseinanderreißt, als Ihr Temperament.«

Seine Gönnerin Wunderly-Volkart insinuiert, dass Baladine Klossowska sich den Muzot-Turm unter den Nagel reißen und Rilke vertreiben will. Nur zu gern übernimmt Rilke diese Lesart, die recht abwegig ist und für die es keine Belege gibt. Nicht ohne einen Anflug von Boshaftigkeit beschreibt er Baladines Wesen: »Mouky gehört zu den Menschen, die, wenn sie einmal an einem Schalter eine große Summe ausgezahlt bekommen haben, immer wieder dort sich anstellen, auch wenn der Beamte versichert, daß keinerlei Sendung unter ihrer Adresse eingetroffen sei.«

Schließlich besteht er, unterstützt von seiner energischen Haushälterin, auf einer räumlichen Trennung, Mouky verlässt Muzot, Rilke hat seine »Guß-Form für eine *einzige* Lebensgestalt« zurück. Mit Baladine freilich ist es vorbei.

■●■

Kafkas Liebesleben und seine Beziehungen zu Frauen kompliziert zu nennen wäre die Untertreibung des Jahrhunderts. Bevor er Dora Diamant kennenlernt, hat er sich mit einer Frau, Felice Bauer, zweimal ver- und entlobt. Eine weitere Verlobung wird auf Druck seiner Eltern gelöst. Mit der tschechischen Journalistin und Übersetzerin seines Werks, Milena Jesenská, verbindet ihn eine zwar leidenschaft-

Rilke und Baladine Klossowska. In der Mitte ihr Sohn Balthus, dessen großes zeichnerisches Talent Rilke erkennt und fördert. Heute sind seine Bilder Millionen wert.

liche, doch nur kurz andauernde Liaison. Fast immer sind es Fernbeziehungen, die er unter- und aufrechterhält oder, besser: auf Distanz hält, und zwar durch umfangreiche Korrespondenz. Er ist der Meister der Briefbeziehungen. Briefe, Briefe, Briefe, die kunstvolle Liebeserklärungen und Signale der Nähe aussenden, die aber vor allem erklären, warum er nicht bei seinen Liebsten sein kann. Ausweichmanöver und Schattenboxen allesamt. Jetzt allerdings will er sein »Herz mit Menschen, aber nicht mit Gespenstern teilen«. Das bedeutet eine radikale Abkehr der bisherigen Gewissheiten: »Unerträglichkeit des Zusammenlebens mit irgend jemandem. Nicht Bedauern dessen; Bedauern der Unmöglichkeit, nicht allein zu sein. Weiter aber: Unsinnigkeit des Bedauerns, Sichfügen und endlich Verstehn (…). Halte dich an das Buch«, analysiert er sich schon 1916.

Um angesichts der gescheiterten Beziehung zu Felice Bauer grundsätzlich zu werden: »Ich konnte damals nicht heiraten, alles in mir hat dagegen revoltiert, so sehr ich F. immer liebte. Es war hauptsächlich die Rücksicht auf meine schriftstellerische Arbeit, die mich abhielt. Denn ich glaubte diese Arbeit durch die Ehe gefährdet.«

Frau oder Kunst? Diese Männerangst zieht sich durch die gesamte Literaturgeschichte. Man kann keine große Kunst hervorbringen, wenn man sein Leben nicht dem Schreiben widmet, sondern sich einlässt auf die Liebe und das Leben an sich.

Dass dem nicht so sein muss, erfährt Kafka nun zum ersten Mal. Dora Diamant ist hübsch und jung, 15 Jahre trennen die beiden, aber das macht nichts. Vor allem ist sie nicht so bürgerlich wie Felice Bauer, bei der Kafka das Gefühl hat, sie zu ehelichen bedeute, »die ganze Verlogenheit Europas« zu heiraten.

Diamant ist in Lebens- und bestimmt auch in Liebesdingen erfahrener als Kafka, denn sie ist eine moderne junge Frau, seit mehr als vier Jahren lebt sie selbständig in Berlin. Sie hat Männer kennengelernt, nur noch nicht den richtigen, kurz trägt sie ihr Haar, einiges hat sie erlebt, ist Haushälterin, Köchin, Wirtschafterin, kräftig, zupackend, vor allem aber heiter und gelassen. Das krasse Gegenteil zu dem verkopften Schriftsteller, der stets über seine Beziehungen räsoniert und dem das Unpraktische eine zweite Haut ist.

Älter ist Kafka geworden. Und die Sitten haben sich geändert im Vergleich zum Vorkrieg. Wahrscheinlich ist ihm sehr bewusst, dass seine Zeit auf Erden stark begrenzt ist. Er erkennt ganz einfach: Dora tut mir gut. Und diese Erkenntnis führt dazu, dass er das bis jetzt Unvorstellbare denkt, nämlich ein Leben an der Seite einer Frau zu führen, Prag und seine Familie sausen zu lassen, frei zu sein.

Das Aufregende an dieser Liebesgeschichte ist tatsächlich, dass er sie zulässt: Sie wird kein Jahr andauern, denn die Tuberkulose

Kafkas ist nicht mehr aufzuhalten und unheilbar. Aber es wird ein ergreifendes und schönes Jahr.

In den gut drei Wochen seines Aufenthalts in Müritz ist er nun fast täglich im Jugendheim, freut sich über »gesunde, fröhliche Kinder, an denen ich mich wärme«.

Vor allem verbringen Kafka und Diamant so viel Zeit miteinander, wie ihre Pflichten im Heim es ermöglichen. Sie liegen am Strand, oft bei gemeinsamer hebräischer Lektüre, gehen spazieren und führen lange Gespräche.

Was ihr an ihm gefällt: dass er kein großes Gewese um sich macht. Er drängt sich nicht in den Mittelpunkt, will vielmehr etwas von anderen erfahren, will lernen. Und, man soll nicht vergessen: Bei aller gesundheitlichen Malaise – er ist immer noch ein sehr attraktiver Mann und sieht deutlich jünger aus als vierzig, was in diesen Tagen eher mit »alt« in Verbindung gebracht wird.

Die wenigen Wochen reichen aus, dass die beiden einen Plan schmieden. Dora soll für ihn in Berlin eine Unterkunft finden und ihn dann mit allem Notwendigen versorgen. Seine Frühruhestandsbezüge von tausend tschechischen Kronen teilen sie. Das ist zwar kein Reichtum, dennoch steht Kafka in Berlin deutlich besser da als ein deutscher Rentner, denn die Krone ist stabil.

Von seinem Vorhaben erfährt nicht mal sein bester Freund Max Brod, seine Familie sowieso nicht. Er will sich in keine weitere Abhängigkeit begeben, hat die Einsprüche, getarnt als Ratschläge, satt, will sich befreien, muss es.

Die Familie ist auch ohne die Neuigkeit entsetzt, dass er eine Frau kennengelernt hat, die ihm etwas, ja vielleicht eine Zukunft bedeutet, als Kafka nach dem Urlaub nach Prag zurückkehrt. Die Ferien haben ihm seelisch gut getan, gesundheitlich aber nicht. Er hat abgenommen, wiegt nur noch 54,5 Kilogramm.

Also entschließt er sich, bevor er an Berlin denken kann, mit seiner Schwester Ottla nach Schelesen in Mittelböhmen zu fahren. Da haben sie schon im Jahr zuvor Urlaub gemacht. Ottla, der er sich allein anvertraut, wird seine Komplizin in Sachen Berlin und Dora. Und beim Aufpäppeln des geliebten Bruders hat sie Erfahrung.

■ ● ■

Walt Disneys Firma, das *Laugh-O-Gram Studio* in Kansas City, ist pleite. Der 21-Jährige hat nichts mehr. Außer seinen Optimismus, den er sich antrainiert hat, weil er nie so werden will wie sein Vater Elias, ein Schwarzseher, missgünstig, zuweilen brutal.

Disney packt seine Zeichenutensilien in einen Pappkoffer, besteigt einen Expresszug und fährt nach Los Angeles.

Vom Trickfilm hat er die Nase voll. Filmregisseur will er werden. Will eine Chance. Die bekommt er jedoch nicht, trotz eifriger Bemühungen.

Da erreicht ihn ein Hoffnungszeichen vom anderen Ende des Kontinents: Margaret Winkler, Betreiberin eines New Yorker Trickfilmverleihs, möchte wissen, was aus seinem letzten Projekt *Alice in Comicland* geworden ist. Disney schickt ihr die Filmrolle und bekommt das Angebot, zwölf *Alice*-Filme zu realisieren. Honorar: 1.500 Dollar pro Stück.

Er holt seinen Bruder Roy mit an Bord, der als Staubsaugervertreter arbeitet und wenig Neigung verspürt, in die Filmbranche einzusteigen. Doch Walt kann sehr überzeugend sein, und gemeinsam sind sie ein gutes Gespann: Walt, das Energiebündel mit ungezügeltem Enthusiasmus, Roy, der eher zögerliche, nüchterne Pragmatiker.

Selbst durchaus kein unbegabter Zeichner, begreift Walt Disney rasch, dass er bessere, vor allem: schnellere Zeichner benötigt. Sein Bruder, für das Finanzielle zuständig, schnorrt genug Geld, so dass das *Disney Brothers Studio* bald ein Dutzend Mitarbeiter hat.

Als sie in ein größeres Gebäude umziehen, ist Walt Disney entschlossen, die Firma umzubenennen: in *Walt Disney Studio*. Roy schickt sich drein. Doch 1926 geht den *Alice*-Filmen allmählich die Luft aus. Die Konkurrenz der Fleischer Brothers oder von Pat Sullivan ist härter geworden. Disney studiert sie alle: Neue Trickfiguren müssen her! *Felix the Cat* ist das Maß aller Dinge. Aber Katzen überfluten bereits den Trickfilmmarkt. Sein Verleih möchte ein Kaninchen. Oswald wird es heißen, 1927 erblickt es das Licht der Welt.

Disneys Zeichner sind frustriert. Sie haben nächtelang, teilweise unbezahlt, für ihn gearbeitet, doch Disney will alles für sich: Geld, Anerkennung, Ruhm. Unverlierbar schiebt sich der unerfreuliche Teil seines Charakters ins Bild, der bis heute dem Ruf der Firma das Gepräge gibt: Disney, der mitreißende Visionär, ringt stets mit Disney, dem Kontrollfreak und Leuteschinder. Eine Intrige, befeuert von Disneys Starrsinn, beginnt, und am Ende steht er ohne Kaninchen da – und fast ohne Zeichner.

Disney fühlt sich an eine bittere Episode aus seiner Kindheit erinnert. In einem Interview wird er später sagen: »Mein Vater verkaufte die Farm und musste das Vieh versteigern. Es war mitten im kältesten Winter, und ich erinnere mich, wie Roy und ich sämtliche Kleinstädte und Orte in der Umgebung abklapperten, um Plakate für die Auktion zu kleben.«

Sein Vater – oft gescheitert und resigniert. Dagegen anzukämpfen ist Disneys Antrieb: »Ihr denkt, Oswald war gut? Ich werde euch zeigen, dass ich es noch viel besser kann«, lautet sein Credo.

Die letzten Getreuen im *Walt Disney Studio* lesen alle möglichen Zeitschriften, spielen mit Entwürfen herum, scheitern und scheitern besser. Eine neue Trickfigur muss her! Eine, die ihm gehört; die Menschen inspiriert, unterhält – und profitabel ist.

Dann die Lösung: ein Ball als Kopf, eine lange Nase und zwei übergroße Ohren, ein birnenförmiger Rumpf, spillerige Beine, drei zarte Klauen an jedem Fuß, die in Clogs stecken. Walt will sie Mortimer nennen, seine Frau Lillian findet den Namen grässlich und schlägt Micky vor.

Einen Verleih finden die ersten zwei Micky-Kurzfilme nicht. Doch wie so oft ergibt Walt Disney sich nicht dem Lamento oder Jammer. Er will unbedingt zu den Großen der Branche aufsteigen – und setzt alles auf die kleine Maus: Ein dritter Film wird produziert, diesmal mit Ton. Das hat noch keiner im großen Stil gemacht, das ist sein Alleinstellungsmerkmal. Aber auch riskant, aufwendig und teuer.

Nicht flüssig genug, das Studio in New York zu bezahlen, weist er seinen Bruder an, alles, was geht, zu Geld zu machen, selbst sein geliebtes Cabriolet.

Steamboat Willie wird am 18. November 1928 im *Colony Theatre*, Broadway, Ecke 53. Straße uraufgeführt. Die Zuschauer sind entzückt von der possenreißenden, rauflustigen, rebellischen und tanzenden Maus. Der knapp achtminütige Film haut sie von den Sitzen. Denn obwohl nicht der erste Tontrickfilm, erreicht Walt Disney als Einziger in jenen Tagen damit ein großes Publikum, und er ist endlich da, wo er hinwill: ganz oben!

■ ● ■

Niemand in Deutschland liest Bücher im Sommer 1923. An seinen Autor René Schickele schreibt der Verleger Kurt Wolff am 7. Juli, dass dessen letztes Buch *Wir wollen nicht sterben* »trotz der glänzendsten Aufnahme, das es an einzelnen Stellen öffentlich und bei vielen Menschen privat fand, nicht geht«. Wenn es ihm ein Trost sei, so fährt Wolff fort, dann könne er ihm sagen, dass auch Dichtungen, Romane oder Essaybände wie Blei in den Regalen lägen. Die Leute, die überhaupt noch Bücher erwerben, wollen Anlagewerte haben. Also verkaufen sich nur noch »Klassiker-Gesamtausgaben, schwer kunstwissenschaftliche Publikationen, Handbücher, Nachschlagewerke und dergleichen«.

■ ● ■

Immerhin werden noch Zeitschriften gedruckt. Für eine unbekannte schreibt Arnold Zweig ein sonderbares Stück mit dem Titel »Angriff der Gegenstände«. Dinge aus »Bronze, Edelmetall, ausländischem Holz, reinster Porzellanmasse, schönstem Bütten«, sie erfreuten in der Vergangenheit das Dasein und seien jederzeit erreichbar gewesen. Heute, so Zweig, habe sich eine ganz neue Kategorie gebildet, »Sachen, von denen man früher sagte: ›Wie kannst du davon Aufhebens machen, das ist doch kein Gegenstand …‹« Ein paar Schuhe, die Krawatte, ein Würfel Margarine, ein Pfund Reis, gewöhnliche Teller, eine Zigarre – das sind heute Gegenstände. Sie drohten und seien gewalttätig, »sie dringen auf uns ein, stets da, immer von neuem sich meldend, sei's als mangelnde, als der Wiederherstellung bedürftig, als zu pflegend, als verloren (…). Sie haben sich zusammengeschlossen, uns umringt, und zum Angriff übergehend, machen sie uns alt und müde.«

Über mehr als sechs Seiten baut einer der wichtigsten deutschen Schriftsteller der 1920er Jahre der Not des Tages einen kunstvollen Tempel.

Dieses Jahr stellt die Herzen, die Köpfe und die Seelen der Menschen auf die Probe.

■ ● ■

In Nöten ist auch Lovis Corinth. Fast am Ende seines Lebens angelangt, wird er gefeiert wie nie zuvor. Jetzt stellt er in der Berliner Akademie aus.

Doch ist ihm alles nichts. Seinem Tagebuch vertraut er an: »Die Kritiker lobten mich über Gebühr (…). Ich sah, daß meine Malerei tatsächlich ein reiner Mist war. Das Leben zwecklos, keine Aussicht, schwarzer Vorhang, dazu kommt ein Wüten gegen mich und meine Arbeiten. Ich vergesse meine Klugheit und möchte laut in die weite Welt ausposaunen: Was findet ihr an mir, ich bin ein trostloser Geselle! Merkt ihr denn nicht, daß ich nichts bin – kein Künstler, nichts! Krankhaft verzagt bin ich – ich sehe um mich keinen Sonnenschein; das ganze Leben war vergeblich gewesen.«

Einer der größten Maler seiner Zeit richtet sich selbst. Es ist erschütternd.

■●■

Derweil fährt Victor Klemperer von Dresden nach Berlin, dringender Geschäfte wegen. Schon in den Monaten zuvor, wenn er an den Sitzungen der Dresdner Universität teilnimmt, denkt er vor allem an eins: die Kurse. Seine Aktien steigen von 65 auf 80, aber die Börse ist unruhig. Sein Händler in Berlin sagt einen Dollar-Absturz voraus, von 160.000 auf 70.000. »Eine ständige Sensation, aber auch eine Sorge u. Ablenkung ist dies Börsenspiel.« Inzwischen hat Klemperer fünf Millionen Mark in Börsengeschäfte investiert. In seinem bisherigen Leben hat er sich vor allem mit französischer Literatur seit Napoleon beschäftigt.

Und er spielt mit vollem Einsatz, zwei Millionen Mark Reingewinn hat er bis jetzt erzielt. Zwar ist er sich im Klaren, dass es sich bei der abstürzenden Mark wahrscheinlich nur um Summen handelt, von denen man sich wenig wird kaufen können in Zukunft: »Und immer wieder sagt man sich, daß nichts hinter den Riesenzahlen steht«, dennoch berauschen sie ihn. An einem Tag verliert er 750.000 Mark, am nächsten gewinnt er 700.000. So geht das hin und her, Klemperers Nerven liegen in Fetzen. Er beruhigt sie damit, dass er der Börsengewinne wegen etwas freier leben kann. Seine Frau Eva erwirbt ein elektrisches Bügeleisen »zum Spottpreis von 55.000« Mark.

Alles redet jetzt nur noch von Hausse und Baisse, den millionentollen Spekulationen, von ein- und aussteigen, wertbeständigen Papieren. Die Aktien steigen und fallen, dann steigen und steigen sie wieder, höher als je zuvor. Fern scheint der Tag, dass die Herren eben noch haussierender Papiere sich in Scharen aus dem Fenster hinaus ins Nichts stürzen. Der Seismograf Klemperer erkennt: »Ein neuer Spracheinschlag nach dem Kriegerischen entsteht.«

In Berlin begibt er sich zur Darmstädter Bank. Dort liegen am Boden vor der Kasse »wie Zeitungsmakulatur breite Berge von Geldhaufen lauter 10.000 M.-Scheine als einziges Zahlungsmittel«. Damit lassen sich Kunden auszahlen, bis zu 40 Millionen der ein oder andere. Ihren zweifelhaften Segen schlagen sie in Zeitungspapier.

Ein Flug, der in Dresden neulich noch 425.000 Mark gekostet hat, wird nun für 2,4 Millionen angeboten.

■●■

Kurt Tucholsky berichtet in diesem Sommer von »wohlwollenden Bankdirektoren«, die ihm »oft während einer Verdauungspause« versichern, die Zeit schreie geradezu nach Satire. Doch sosehr er auch in die Zeit hineinlauscht, außer »Juden raus!« und »Wie steht der Dollar?« vernimmt Tucholsky nichts.

■●■

Auch im *Deutschen Turnerbund* möchte man nicht von Berliner »Schiebern, Juden und Bolschewisten« regiert werden. Folglich veranstaltet man das *13. Deutsche Turnfest* vom 14. bis 18. Juli in München in »streng völkischem Geiste«. Die Festredner werfen sich ihre nationalen Phrasen zu wie abgegriffene Münzen: Das Turnfest werde als »ein Bekenntnis zu alles versöhnender, herzerhebender Liebe für das deutsche Vaterland« gefeiert. Zwischen 120.000 und 250.000 Menschen beteiligen sich an dem Massenspektakel: Wettbewerbe in der ganzen Stadt, Paraden, Turnübungen mit Hunderttausenden auf der Theresienwiese. Der Geist von August 1914 erhebt sich, und mit ihm gellt Lärm durch die Straßen, Gerüchte und Geschrei: »Mit einemmal aber waren Menschen in München, die wieder einmal nur Deutsche waren, nicht hoch, nicht niedrig, nicht reich, nicht arm –

es gab keine Unterschiede, sondern Brüder, nur Brüder!« Im Beschwören der Nation drückt sich nichts weiter aus als der Wille, die Republik zu vernichten.

Das Nationale mit dem Angenehmen zu verbinden ist nicht schwer in einer Stadt, in der Politik vornehmlich in Bierschwemmen stattfindet. Trotz Diskussionen um eine drohende Hungersnot im Vorfeld des Turnfestes füllen sich die Brauhäuser jeden Abend. Auch das riesige Feuerwerk am 18. Juli zu Füßen der *Bavaria* auf der Theresienwiese zeigt eine mit patriotischen Plattitüden verkleisterte Massenvergnügungskultur. Und weil's so viel Spaß macht, wird nach dem offiziellen Ende des Festes gleich eine Nachwoche angehängt mit einer neuerlichen Schlussfeier.

■●■

Man ahnt es schon, Klemperers Broker behält Unrecht, der Fall der Mark ist unwiderstehlich. Bei einem Dollarstand von 800.000 Mark Ende Juli schießt sich der Tanzkünstler Reppin auf Sylt eine Kugel in den Kopf, weil er sich nichts mehr zu essen kaufen kann. Zuvor hat er im Kurhaus in Westerland »besonders schöne Solotänze vorgeführt«. Für ein standesgemäßes Begräbnis des armen Mannes wird öffentlich gesammelt.

Sommer 1922: Inflationskonsens, Sonderkonjunktur in Deutschland, die Alliierten, die Feinde von einst, England und Frankreich, in der Depression, deutsche Waren aber sind begehrt, die Mark billig, die Industrieproduktion wächst, die Arbeitslosigkeit sinkt.

Jetzt im Sommer 1923 der große Einbruch, Schätzungen zufolge stürzt das Sozialprodukt auf das Niveau von 1918, insgesamt liegt es ein Viertel bis ein Drittel unter der Vorkriegszeit – ein mittlerer Angestellten-Haushalt gibt im dritten Quartal 1923 91,6 Prozent seines Verdienstes für Lebensmittel aus.

Man hat nichts mehr zuzusetzen das schmirgelt täglich die Nerven der Wahnwitz der Zahlen das Fieber der Spekulation die ungewisse Zukunft die feindliche Welt kein Kalb weit und breit das man schlachten könnte man selbst wird geschlachtet alles gibt's für den der Geld hat in rauen Mengen doch die Mark verbrennt in den Händen egal welch absurde Zahl auf dem Schein steht Dollars sind besser Pfund oder Schweizer Franken wertvoller als Gold Kaffee gibt's Zigaretten teuren Whisky zu einer Zeit da es für die meisten weder für Kaffee Zigaretten noch Schnaps reicht nicht für den schäbigsten Fusel die Menschen sind nicht gut nicht böse sie sind müde satt von Ärger krank von Aufregung gehetzte Tiere gekielholt zerzaust und irre der Sommer ist hell licht ist er nicht Epidemien der Angst der nackten Not Menschenmassen vor den Läden was kann man kaufen was sofort hinunterschlingen? das Geld es muss weg noch feucht vom Druck heut früh als Wochenlohn ausgezahlt die Frauen stehen an den Fabriktoren schnappen nach den Bündeln der Männer ihr Blick in den Schlangen ist erschöpft leer und vergrämt hastig übergestreifte Küchenkleider Zeit zum Umziehen? schicklich aussehen? Würde? nirgends! leergekauft die Stadt Nudeln gestern noch 200.000 Mark morgen vielleicht das Doppelte übermorgen zuckt der Verkäufer im Laden mit den Schultern: Nudeln alle also Reis – Reis auch alle also Graupen Grieß Bohnen Erbsen und Möhren jedes Ausruhen kostet Geld morgen bin ich ärmer als heute kaufen kaufen kaufen! schlingen schlingen schlingen! verdaut wird später die Märkte sind überlaufen Schupos regeln den Handel die Schlange frisst die Stände leer man zahlt und schwankt davon dann höhnisches Gelächter Butter billiger! statt 1,4 Millionen Mark nur 1,2 Millionen kein Scherz säuberlich malt der Verkäufer es aufs Schild hängt's ins Fenster Resignation und Fatalismus irgendwann muss die Sache doch mal enden es kann doch nicht immer so weitergehen die unsichtbare Bedrohung man entzieht sich so gut es geht es geht nicht gut vor hundert Jahren ertrinken die Menschen im Nullenstrudel.

Der Faschismus hat gute Chancen, wenn die Leute glauben, dass sie nicht mehr Herr ihres Schicksals sind.

■●■

Dutzende von Arbeitern tragen 13 überdimensionierte Buchstaben auf Stelen den Mount Lee in den Santa Monica Mountains in Los Angeles hoch. Am 13. Juli wird der Schriftzug *Hollywoodland* eingeweiht. 21.000 Dollar kostet er, in heutigem Geld 300.000. Und 4.000 Glühlampen werden ihn illuminieren. Die große Zeit von Tinseltown beginnt.

■●■

Else Lasker-Schüler schreibt an den schweizerischen Schriftsteller Robert Binswanger und erinnert ihn »als ihr Spielgefährte und Streichverbündeter« daran, dass er einmal kein Geld bei sich gehabt und sie ihm »100 Frank« geliehen hat. Zu dem immer noch in heiterem Dur gehaltenen Ton gesellt sich einer in Moll. Sie bittet ihn, das Geld nach Kolberg, wo sie sich gerade erholt, zu telegrafieren: »Natürlich würde ich Sie nie erinnern, aber heute.« Die Dunkelheit der Seele und die Not umhüllen sie wie ein alter, zerschlissener Pelzmantel.

■●■

Der Juli bringt nach kühlem Frühling und verregnetem Juni den Sommer und die Hitze nach Berlin. Und aus der brennenden Eifersucht von Käthe Kollwitz ist »ein chronisch quälendes Empfinden geworden«, sehr zu ihrem Ärger. Sie solle froh sein, empfiehlt ihr Mann Karl, über sein »gesteigertes erotisches Gefühl«, das komme doch auch ihr zugute, denn es »vertreibt das Schlimmste, das banale Gewohnheitsgefühl«. Doch bleibt ihre Angst, verlassen zu werden. Ins Tagebuch notiert sie: »Er hat recht.«

Natürlich glaubt sie sich kein Wort.

August

Der amerikanische Präsident Warren G. Harding stirbt im Amt. Käthe Kollwitz ist immer noch eifersüchtig. Emil Jannings reist mit seiner neuen Frau Gussy Holl nach Rom. Flitterwochen und Kaiser Nero spielen. Den möchte er als tiefsinnigen Sympathieträger anlegen. Heinrich Mann hält eine Brandrede über den Zustand der Weimarer Republik. Vorher geht er mit Tucholsky essen. Kanzler Cuno ist am Ende. Else Lasker-Schüler auch. Sie sitzt bankrott in Kolberg und ist wütend auf ihren Verleger. Die NSDAP hat auch kein Geld, aber Hitler angelt sich in Zürich Schweizer Kröten. Die U- und Trambahnen in der Republik fahren unregelmäßig, nur von Zeit zu Zeit fließen Strom und Gas. Die Touristen verlassen in Scharen Berlin. Es wird ungemütlich in Deutschland. Franz Kafka geht ins Theater, und das Bauhaus *veranstaltet seine erste Ausstellung in Weimar. Arnolt Bronnen verkracht sich mit Brecht. Der lernt dafür Helene Weigel kennen.*

Warren G. Harding, 29. Präsident der USA, stirbt am 2. August in seiner Suite im *Palace Hotel* in San Francisco. Da er zeitlebens viele außereheliche Affären hat, hält sich bis heute das Gerücht, seine Frau Florence habe ihn vergiftet, zumal sie eine Autopsie strikt untersagt. Harding gilt, vielleicht nicht ganz zu Recht, als einer der schlechtesten Präsidenten der USA.

Vizepräsident Calvin Coolidge befindet sich gerade in der Sommerfrische in seinem Heimatort Plymouth Notch bei seinem Vater. Da dieser Notar ist und Friedensrichter, vereidigt er seinen Sohn zum 30. Präsidenten der USA.

Coolidge sei kein schlechter Mann, erklärt Ex-Präsident Teddy Roosevelt herablassend, während seine Tochter weniger schmeichelhaft hinzufügt, Coolidge müsse mit einer Gurke von der Muttermilch entwöhnt worden sein, da er stets so mürrisch dreinblicke.

Das Zitat macht landesweit die Runde.

Jemand muss her, den Schaden zu beheben, denn in einem guten Jahr sind Präsidentschaftswahlen. Soeben ist ein Buch erschienen, es heißt *Crystallizing Public Opinion*, und sein Verfasser ist Edward L. Bernays, der uns schon bekannte Neffe Sigmund Freuds. Die Republikanischen Granden engagieren ihn. Wird er es schaffen, Coolidges vollkommen ramponiertes Image aufzupolieren?

■●■

Was macht eigentlich der berühmteste Schauspieler Deutschlands und bald der ganzen Welt in diesem Sommer? Emil Jannings hat gerade Gussy Holl geheiratet, die Ex des Schauspielers Conrad Veidt. Sie ist die größte Diseuse Deutschlands, ihretwegen hat Tucholsky vor ein paar Jahren angefangen, Chansons zu schreiben. Wahrscheinlich haben sich Jannings und Holl, beide noch mit anderen Partnern verheiratet, bei Tucho kennengelernt. In einem Brief vom 29. Oktober 1919 erwähnt er einen Besuch von Conrad Veidt samt Gattin Gussy Holl. Ein weiteres Ehepaar ist da, der Mann ist »ein sehr bekannter Berliner Filmschauspieler (…) der ein dickes rundes Gesicht hat« und der ziemlich hemmungslos, die eigene Frau sitzt neben ihm, mit Gussy Holl flirtet.

Jetzt, Anfang August 1923, verbinden die beiden Frischvermählten das Angenehme mit dem Nützlichen und fahren nach Italien. Einerseits sollen das ihre Flitterwochen werden, andererseits ist Jannings engagiert als Kaiser Nero in *Quo vadis*.

Die Produktion steht von Anfang an unter keinem guten Stern. Die deutschen Geldgeber wollen, dass neben dem Italiener Gabriellino D'Annunzio, Sohn des Dichters, ein Deutscher die Spielleitung übernimmt. Georg Jacoby wird engagiert, der bereits bei zwei Jannings-Filmen Regie geführt hat. Zu den Kompetenzproblemen, die sich zwangsläufig aus einer solchen Konstellation ergeben, gesellen sich Einmischungen der Politik. Benito Mussolini, längst noch nicht fest im Sattel sitzend seit dem »Marsch auf Rom« im Herbst 1922, ist in Sorge, dass ein zu negativ gezeichneter Kaiser die Italiener auf die Idee bringen könnte, ihr Duce sei so etwas wie ein Spiegelbild Neros.

Die Neigung, Nero weichzuspülen, kommt Jannings entgegen. Stets will er sich verlieben in die Figuren, die er verkörpert. Nicht ganz einfach bei jemandem, der als wahnsinniger Tyrann in die Geschichte eingegangen ist, seine Mutter ermorden lässt, vergnügt Christen den Löwen zum Fraß vorwirft, die Stadt anzündet und dazu Leier spielt. Jannings abenteuerliche innere Reise geht so: Zunächst stürzt er sich auf die historische Literatur und gelangt zu der Erkenntnis, dass die Herren Professoren nichts Genaues wissen, nicht mal, ob die vorhandenen Berichte über Nero »womöglich nur moralische Traktätchen darstellen, die aus Abschreckungsgründen geschrieben wurden«. Womit er zumindest nicht ganz Unrecht hat, nimmt man die neuere Nero-Forschung in Augenschein.

Jannings sucht einen anderen Weg, das Ungeheuer liebenswert zu machen. Er sieht sich Büsten des Imperators an und kommt zu dem Schluss: »Das war gewiß kein schwachsinniger Dummkopf, der aus kindischem Vergnügen mit dem Feuer spielte. Ich sah vielmehr einen kräftigen, genußsüchtigen Menschen vor mir, der möglicherweise übersättigt von der Macht war, Kaiser des römischen Imperiums zu sein. Er schien mir genial, vielleicht sogar musisch, sicher aber scheint er ein Zyniker gewesen zu sein, der seine Umgebung richtig einzuschätzen wußte.«

»Zynisch« ist seit jeher eines von Jannings Lieblingswörtern, er definiert Zynismus ausnahmslos positiv, verbindet es mit einem geheimnisvollen, mutigen und damit überlegenen Wesen, das Dinge auszusprechen wagt, die andere verschweigen. Ein bisschen boshaft, zwielichtig auch, das schon, aber nicht schlecht im Kern.

Jannings will aus Nero einen Menschen formen, keine »Spottgeburt aus Dreck und Feuer (…) keinen sentimentalen Tugendhelden und keinen von Furien gehetzten Verbrecher (…). Mein Nero sollte, wenn auch nicht gerade besonders angenehm, so doch glaubhafter sein.«

Was für ein hübsches Selbstporträt.

■ ● ■

Erstmals begegnen sich die beiden, die seit 1913 in brieflichem Kontakt stehen, persönlich: Am 8. August begibt sich Heinrich Mann, 52 ist er, in das Bankhaus an der Mauerstraße und wird vom Schalterbeamten Tucholsky begrüßt, der ihm behilflich ist bei einigen Geschäften. Mann lebt in diesen schrecklichen Zeiten vor allem von tschechischen Kronen, die er sich verdient durch Artikel oder Theatertantiemen. Mitunter kommen auch ein paar Dollar rein, etwa von der New Yorker *Evening Post*. Die hat Mann bitter nötig, finanziell pfeift er auf dem letzten Loch, und mit seinem Verleger Kurt Wolff hat er auch nichts als Scherereien.

Nachdem die Bankangelegenheiten erledigt sind, gehen Tucholsky und Mann mittagessen, und zum ersten Mal seit langer Zeit hat der Jüngere der beiden das »respektvolle Gefühl, mit einem richtigen Kerl zusammenzusitzen – schließlich ist er es ja doch, der all das geschrieben hat. Er ist groß und blond, ein wenig emboinpoint schon, er roch merkwürdigerweise wie eine Schiefertafel, er hat ein paar lange Stockzähne wie eine alte Frau, sieht aber im ganzen doch sehr gut und soigniert aus.«

Politisch sind sie sich in weiten Teilen einig. Irrigerweise hält der große Seismograf Tucholsky Manns »Auffassung von den Dingen« für »viel tiefer (…) als meine«. Obwohl es doch Tucholsky ist, der den Ungeist bereits wittert, wenn sich die meisten Beobachter der Zeitläufte diesen noch nicht im Traum vorstellen können.

Mit der etwas blassen Einschätzung Tucholskys, es sei »recht interessant« gewesen, endet das Treffen der beiden großen linken Literaten, der eine, Mann, wütender Verteidiger der Republik, der andere, Tucholsky, auch wütend, aber in letzter Zeit vor allem resigniert.

Vielleicht ist er auch nur abgelenkt von Mary Gerold. Seit 1922 wirbt er wieder um die fast neun Jahre Jüngere. Kennengelernt haben sie sich 1917, als er seinen Wehrdienst ableistet in Alt-Autz, das heute zu Lettland gehört.

In ihren Briefen duzen sie sich nicht, sondern sprechen sich in der dritten Person als »Er« an, und Tucholsky spricht von sich als »dieser« oder »er«.

In diesen Tagen schreibt er ihr aufgewühlt: »So, wie Er um mich zittert, so zittere ich um Ihn. Eben, weil ich vieles weiß und erlebt habe (…). Eben weil ich älter bin, kann ich es mit nichts vergleichen – denn das andere fällt in meine größte Jugend, und da erlebt man nicht so tief. Oder doch anders. Aber wenn ich mir und Ihm das Leben schwer mache, so geschieht das aus Heidenangst. Ich habe Angst, daß ich Ihm nicht genüge. Ich habe Angst, daß ich zu alt für Ihn bin. Ich habe Angst, daß Ihn meine Sorgen scheu machen (...) –. Und so habe ich Furcht.«

Tucholsky weiß, »es muß in mir eine kalte, leere Stelle sein, die nicht reagiert, wenn man das erwartet. Ich habe das oft schon selbst gesehen – wie kalt – verwundert ich manchmal fremdem Schmerz zusehe.« Aber bei Mary sei das anders.

Und wenige Absätze später mehr als nur ein Anflug von Selbstmitleid: »Und das Herz voller Angst, ja, *darfst du denn überhaupt* einen anderen Menschen an deinen Jammer ketten, an dieses unerfüllte, halb gescheiterte, kaputt gemachte und deutsche Leben niederster Observanz?«

Tucholsky, darin Brecht nicht unähnlich, jagt Bindungen nach, obwohl er sie scheut, und entzieht sich ihnen in dem Moment, da er sie eingeht. Das alte Spiel »Komm her – geh weg«, er beherrscht es virtuos. Zu leiden hat darunter er selbst und natürlich Mary, die er ein Jahr später heiraten wird. Im Moment der Eheschließung ist ihre Beziehung im Eimer. Auf einem der wenigen Fotos der beiden zeigt sich die stehende Mary Gerold-Tucholsky stolz über das Erreichte, während Tucholsky neben ihr sitzt und aussieht wie ein etwas zu füllig geratenes Vögelchen, das aus dem Nest gefallen ist. Todtraurig und entsetzt zugleich.

■ ● ■

Auf zwei langen Beinen ist Wilhelm Cuno im Vorjahr ins Kanzleramt gesprungen. Das eine hört auf den Namen Amerika, das andere auf Industrie. Nur seine glänzenden Verbindungen nach Amerika und das Versprechen der Bosse, dem HAPAG-Chef alle Unterstützung zukommen zu lassen, legitimieren den parteilosen Politneuling. Doch Verbindungen hin, Versprechungen her: Die amerikanische Administration ist nicht gewillt, Deutschland in der Reparationsfrage und im Ruhrkampf beizuspringen, und das Großkapital widersetzt sich noch den zaghaftesten Versuchen der Regierung und der Reichsbank, die Mark zu stabilisieren.

Der Dollar notiert am 8. August bei 4,8 Millionen Mark, und zu allem Überfluss weitet sich ein Arbeitskampf im Berliner Druckereigewerbe aus zu einem von der KPD kräftig befeuerten Streik. In der Folge versagt die Notenpresse des Landes ihren Dienst, schon bald mangelt es an Papiergeld. Das ist zwar sowieso mehr oder weniger wertlos, doch ohne Zahlungsmittel bricht jede Wirtschaft zusammen. Vor der Reichsbank spielen sich »wüste Scenen« ab. Soeben hat man den 10-Millionen-Schein eingeführt, aber der Engpass an kleineren und mittleren Noten, also von 100.000 bis 1-Million-Mark ängstigt die Menschen, und sie belagern die Reichbank, um sich mit Barem zu versorgen.

Für jeden ist offensichtlich, dass Cunos lange Beine in Gips liegen.

Am 10. August bringt die KPD einen Misstrauensantrag gegen sein Kabinett im Reichstag ein und stürzt damit die SPD in Kalamitäten: Ihr Reichspräsident »Papa« Ebert hat Cuno schließlich ernannt, die SPD-Fraktion ihn bisher toleriert. Doch ihre Anhänger haben genug von der »sozialistenreinen« Regierung. Die Mehrheit im Reichstag fordert einen Neuanfang. Am 12. August tritt Cuno zurück.

■●■

Einen Tag zuvor hält Heinrich Mann in Dresden zum Tag der Verfassung, die vier Jahre vorher von Friedrich Ebert unterzeichnet worden ist, die Festrede. Die einen sind von ihr erschüttert, die anderen nennen sie eine Entgleisung. Was ist geschehen? Zwar preist Mann die Konstitution, was er aber verdammt, ist die Realität von Weimar. Der »Geist einer republikanischen Plutokratie« habe sich breitgemacht und damit den Geist der Verfassung »verkannt, verleugnet, entstellt«, ja »fast ausgetrieben«. Die »Diktatur der Gierigsten« habe sich durchgesetzt, dagegen seien, so erklärt Mann mit galliger Ironie, »Monarch und Generalstab humanistische Genies« gewesen.

Im dritten Rang sitzt Victor Klemperer, der zunächst annimmt, er höre der Rede des sächsischen Ministerpräsidenten zu, da sie »so politisch u. so undichterisch« gewesen sei. Erst später erfährt er, wer tatsächlich gesprochen hat. »Ich konnte den Mann nicht erkennen, kleines dunkles Schnurrbärtchen, sonst glattes Gesicht.« Heinrich Mann liest mit gedämpfter, deutlicher Stimme vom Blatt, nur wenige Sätze spricht er frei, auch sie gedämpft. Klemperer bemerkt bei aller äußeren Ruhe Manns dessen ungeheure Er-, ja Verbitterung.

Heinrich Mann nennt den Reichstag das »Haus der Gespenster«, er schildert die Eindrücke der letzten drei Tage: »Man hat so etwas noch nicht gesehen. Eine Gespenstersonate, eine tragische Groteske dieser Art hat noch kein Theater gespielt. Da tritt ein Kanzler auf, dem entgegengebrüllt wird: ›Lebender Leichnam!‹ ›Bankrotteur!‹ Er hört das, keine Miene zuckt, und er redet, er erzählt Märchen, er macht leere Versprechungen. Wenn er anfängt zu reden, hat der Dollar hoch gestanden, wenn er aufhört, steht er höher.«

Drinnen, so erzählt es Mann, Szenen der tiefsten Verachtung für das verzweifelte Volk, das diese Reichstagsabgeordneten gewählt hat und dessen Angestellte sie doch sind: Draußen »das Geschrei der alleräußersten Not, draußen droht der letzte Zusammenbruch«. Arbeiter hätten Delegationen geschickt, wollten empfangen und gehört werden, und was entstehe im Reichstag? »Ein wahnsinniges Gelächter.«

Klemperer erschauert, denn obwohl er Manns Vortrag in weiten Teilen für eine böse Hetzrede gegen Cuno hält, »ganz einseitig linksradikal, ganz unpassend für die Gelegenheit«, ist er vom Wahrheitsgehalt der Rede überzeugt: »Es klang aus solchen Sätzen eine Ankündigung des Bürgerkrieges u. der blutigen Katastrophe. Und ich glaube, sie kommt. Von rechts und von links, u. bald. –«

Am Abend empfängt Thea Sternheim Heinrich Mann in ihrem prächtigen Anwesen *Waldhof* bei Dresden. Sie ist Ehefrau des Dramatikers Carl Sternheim, eine der bedeutendsten Kunstsammlerinnen des 20. Jahrhunderts und begnadete Chronistin ihres Lebens und ihrer Zeit, deren Werk sich über fast sieben Jahrzehnte erstreckt. Zu Manns Auftritt notiert sie fröhlich, er habe »mit seiner Auffassung die völkische Bourgeoisie zu Tumultszenen angeregt«.

■●■

»Massenflucht der Fremden aus Berlin« titelt das 8 Uhr-Abendblatt Mitte des Monats. Im Frühjahr sind sie noch wie die Heuschrecken über die Stadt gekommen, die wegen der Inflation für sie das billigste Paradies gewesen ist, das sich denken lässt. Doch jetzt fallen immer wieder die U- und die Trambahn aus, Strom und Gas ebenso, und die zunehmenden Streiks und Unruhen verleiden den Ausländern den Aufenthalt. Dass es nun kaum noch Geld gibt, das man ausgeben kann, gibt den letzten Anstoß, Berlin zu verlassen.

■●■

Lustiger geht es zu in München. Ein Bettler wirft die in Hundertmarkscheinen erhaltenen tausend Mark an den Spender zurück mit den Worten: »Den Mist können's selber b'halten.«

■●■

Käthe Kollwitz ist produktiv in diesem Sommer. Im August stellt sie das Plakat »Nie wieder Krieg!« für den Internationalen Gewerkschaftsbund fertig, und das gegen den Abtreibungsparagraphen 218, die Kommunisten haben es bei ihr bestellt. Sie ist erleichtert, hat den Eindruck, die beiden Schöpfungen seien »einigermaßen gut« geworden; vor allem ist sie zufrieden, eine »versprochene Arbeit geleistet zu haben«.

Ansonsten traut sie sich selbst nicht über den Weg. Von einem einzigen Gedanken, von einem Gefühl ist sie besessen: der Eifersucht. Sie weiß, das ist pathologisch, doch sie kann sich nicht dagegen wehren. »Eifersucht oder auch Neid, Wehmut, gedemütigtes Gefühl, weil, was so selbstverständlich ist, neben der unverrückbaren Liebe, die Karl für mich hat, ja noch ein junges frisches Gefühl hat für einen jung frischen Menschen. Glücklich, daß er es hat!«

Sagt der Verstand.

»Aber ich melancholischer Mensch wälze alle Möglichkeiten Tag und Nacht in mir, sehe neue Verkettungen und Schmerzen und bin gequält.«

Sagt das Herz.

Ein Lichtblick nur: Es nicht immer so. An manchen Tagen fällt alles von ihr ab, »aber dann kriegt es mich wieder unter und quält und quält«.

■ ● ■

Zwei Jahre zuvor hatte der nun unter so merkwürdigen Umständen verblichene Präsident Harding eine Frau zur stellvertretenden Generalstaatsanwältin ernannt. Kein Mann wollte den mit keinerlei politischen Vorteilen verknüpften Posten haben. So fällt die Wahl einiger progressiver Republikaner in Kalifornien auf die junge, durchsetzungsstarke Mabel Walker Willebrandt. Sie ist jetzt nicht nur die ranghöchste Frau in der Regierung, sie wird zu einer nationalen Berühmtheit, nur übertroffen von einigen Hollywood-Schauspielerinnen.

Vor allem ist es ihre Aufgabe, den höchst schlampig formulierten *Volstead Act*, der 1920 die Prohibition in Gang gesetzt hat, zu einem scharfen Schwert zu formen, um das Alkoholverbot durchzusetzen.

Die *New York Evening Sun* ist der Ansicht, die Geschichte der Vereinigten Staaten könne in elf Wörtern erzählt werden: Kolumbus, Washington, Lincoln, Volstead, zwei Treppen hoch und nach Gus fragen.

Willebrandt ist eine sehr ernste Frau, ruhig und gewissenhaft – und gegen die Prohibition. Ab und zu gönnt sie sich selbst ein Gläschen bis zu ihrer Ernennung. Jetzt ist sie entschlossen, den Alkoholschmuggel zu bekämpfen. Gerade mal 32 und äußerst integer, fühlt sie sich eigentlich zu jung und unerfahren für den Job, der Prohibition landesweit Geltung zu verschaffen. Doch hat sie harte Arbeit nie gescheut, und so legt sie los. Schnell bemerkt sie, woran es hapert: Ihr Vorgesetzter, Justizminister Harry Daugherty, ist als Politiker absolut inkompetent, dafür hochgradig korrupt. Die Agenten, die Beweise beschaffen sollen gegen Prohibitionsverstöße, sind unfähig oder unwillig, meist beides.

Willebrandt stellt ein eigenes Team von Anwälten zusammen und geht zum Angriff über: Schlaffe oder bestechliche Mitarbeiter ersetzt sie durch ihre Leute, und energisch treibt sie die Beschaffung von Küstenwachbooten voran, um den Schmuggel vor der Küste Floridas zu unterbinden. Auch arbeitet sie eng mit den Steuerbehörden zusammen. Jetzt, endlich, es ist Mitte August 1923, landet sie einen spektakulären Coup: Sie kann die *Big Four von Savannah* (Georgia), einen der größten Schmugglerringe des Landes, hochnehmen, 72 Bandenmitglieder werden verhaftet. Bis dahin haben sie sich so sicher gefühlt, dass sie ein eigenes Baseballteam unterhielten. Name: *Die Schmuggler.* Bald hebt das *Time magazine* Willebrandts Porträt aufs Cover.

■●■

Kleinere Brötchen backt der Dr. Kurt Tucholsky. Immerhin, nach fünf Monaten Lehrzeit in der Bank wird er befördert, nämlich zum persönlichen Referenten des »Chefs« Hugo Simon. Das ist sicher interessanter, als am Schalter zu stehen, Schecks entgegenzunehmen oder Dollars umzutauschen. Dennoch nervt ihn die Arbeit im Kontor, die ganze Lebensführung verunsichert ihn, weil sie nicht zu ihm passt. In einem Anflug von Selbstverachtung nennt er sich nun »Privatsekretin«.

■●■

Franz Kafka geht ins Theater in Berlin. *Die Räuber* stehen auf dem Spielplan. Kafka ist müde und verschläft fast das ganze Stück, das er seit seiner Jugend kennt. Doch dann wacht er auf, stupst seine Begleiterin, einen Schützling von Dora Diamant, an und sagt leise: »Hörst du, Tile, Franz heißt die Kanaille.«

■ ● ■

Das Ziel Edward L. Bernays lautet, Coolidge mehr Wärme einzuhauchen und seine menschlichen Züge zu betonen. Er entwickelt die Idee eines Frühstücks mit Broadway- und Stummfilmstars im Weißen Haus. Das Ehepaar Coolidge lädt ein.

Diese Schauspieler und Sänger, so der Gedanke Bernays, stehen für Menschlichkeit und Wärme, wirken zugewandt und kameradschaftlich. Und, wichtig, wichtig, sie sind unterhaltsam – anders als der spröde und überaus scheue Coolidge, der in der Öffentlichkeit nie lächelt. Der Sänger und Entertainer Al Jolson verspricht, seine Buddys mitzubringen, darunter viele Frauen wie die *Dolly Sisters* von den glamourösen *Ziegfeld Follies*.

Einer von Bernays minutiös geplanten und durchchoreografierten Zeremonie zu Beginn folgt das Frühstück im State dining room. Es verläuft in angeregter Atmosphäre, dauert über eine Stunde, dann geht's hinaus in den Garten. Dort spielt die *Miller's Band* »Keep Coolidge«, und Al Jolson singt:

»The race is now begun
And Coolidge is the one
The one to fill the Presidential chair.
Without a lot of fuss
He did a lot for us.
So let's reciprocate and keep him there.«

Bernays, Vater der Public Relations und des modernen Spindoktors, erreicht sein Ziel: Alle wichtigen Zeitungen berichten über die Frühstücksparty, drucken schöne Fotos. Erstmals hat sich ein Präsident zu

Wahlkampfzwecken mit Showstars umgeben, und die *New York Times* druckt die Schlagzeile: »President Nearly Laughs«.

Bei der Wahl 1924 besiegt Coolidge seine beiden Konkurrenten haushoch und sichert sich die Mehrheit in 35 Bundesstaaten.

■ ● ■

»Das Staatliche Bauhaus, gegründet nach der Katastrophe des Krieges, im Chaos der Revolution und zur Zeit der Hochblüte einer gefühlsbeladenen explosiven Kunst, wird zunächst zum Sammelpunkt derer, die zukunftsgläubig-himmelstürmend die Kathedrale des Sozialismus bauen wollen.«

Oskar Schlemmers Werbetext zur Eröffnung der ersten Bauhausausstellung ist Walter Gropius so verhasst, dass er ihn kurzerhand einstampfen lässt.

Hochnervös ist man in Weimar an diesem Morgen des 15. August. Sowieso schon einen Monat im Verzug, hält Gropius die expressionistischen Parolen Schlemmers anlässlich der vielbeachteten Ausstellungseröffnung für existenzbedrohend für das von ihm gegründete *Bauhaus*.

Das Landesparlament hat Gropius zu einer Leistungsschau gedrängt, die für das *Bauhaus* zur Unzeit kommt. Die äußeren Rahmenbedingungen in der Hyperinflation sind schlecht, außerdem hat man zu wenig, das man vorzeigen kann. Aber der Geldgeber hat immer recht.

So kündigt Gropius unter dem großsprecherischen Titel »Kunst und Technik – eine neue Einheit« nichts weniger an als einen U-turn: weg vom Expressionismus und künstlerischen, experimentellen Einzelstücken, hin zu industrieller Fertigung. Das ist zwar mehr vollmundige Anerkennung denn Realität, die wird erst in den kommenden Jahren erreicht, doch lockt die Ausstellung und vor allem das Rahmenprogramm bis Ende September immerhin fünfzehntausend Besucher an.

Wie üblich in diesen wirren Tagen ist das Echo geteilt. Die linksliberale Öffentlichkeit ist angetan – die Konservativen erbrechen sich.

■●■

Der finnische Mittel- und Langstreckler Pavel Nurmi läuft am 23. August in Stockholm zwei Weltrekorde.

■●■

Hitler reist in die Schweiz, des Geldes wegen. »Mama« Bechstein hat inzwischen zwar einen Teil ihrer Preziosen als Sicherheit für einen Kredit hinterlegt, doch die Partei schrammt immer wieder an der Pleite entlang. Er übernachtet im Hotel St. Gotthard in Zürich und trifft dort mehrere Gönner. In der Zürcher Villa des Generals Ulrich Wille weilt er ebenfalls. Rund vierzig Spendern entlockt er 30.000 Franken, heute ungefähr 600.000 Franken wert. Eine Angehörige der Familie Wille notiert: »Hittler (sic!) äußerst sympathisch. Der ganze Mensch bebt, wenn er spricht. Er spricht wunderbar.«

■●■

In Berlin wird am 25. August der letzte Pferdeomnibus außer Dienst gestellt.

■●■

Johanes R. Becher, Arnolt Bronnen, Bertolt Brecht, das aufsehenerregendste Triumvirat der Zeit: »Der Becher geht solange zum Bronnen, bis er Brecht«, spotten einige.

Aber das »Beute-Gut« Bronnen will nicht mehr, die Freundschaft zu Brecht liegt in den letzten Zügen, Neider sprechen von der »Firma Brecht und Bronnen«, doch die befindet sich im August in Liquidation. Was ist passiert? Brecht hat viel gearbeitet die letzten Monate, ist aber unzufrieden. Er sucht Aussprache, Diskussionen, neue Freunde und in den alten Freunden Neues, um sich zu inspirieren.

Eines Augustabends kommt er zu Bronnen an den Nürnberger Platz. Brecht hat keine Bleibe in Berlin, hofft auf die Couch, doch Bronnen erwartet später noch ein Mädchen. Sie diskutieren, schmieden Pläne, Brecht stellt Fragen, die er durch die Korrespondenz der letzten Wochen unbeantwortet sieht, unerbittlich, dabei seine billigen, stinkenden Zigarren schmauchend.

Bronnen genießt die Nähe, er schreibt darüber in verliebtem Überschwang, erinnert sich an die rauschhaften ersten Wochen der Freundschaft im Berliner Winter 1921/22: »Liebe, große Liebe in der Welt, gib mir den als Freund.«

An diesem Augustabend aber erkennt er, dass es Brecht nicht um die Freundschaft geht, sondern nur darum, ob sie zu etwas brauchbar ist. Brecht ist wie ein Staubsauger, der die Ideen und Anregungen der Freunde aufnimmt und sie in seinem Stil weiterverarbeitet. Durchaus schöpferisch, und nichts ist einwenden gegen eine Factory, wie sie später Andy Warhol oder Jörg Immendorff und in früheren Jahrhunderten ein Rembrandt betrieben haben. Doch jemanden, der mit aller Hingabe liebt wie Bronnen, trifft die Erkenntnis hart, dass Nähe nur dann von Brecht geschätzt wird, wenn dabei etwas für ihn und sein Werk herausspringt.

Um Distanz zu wahren, spricht Bronnen von sich selbst in der dritten Person: Er »empfand es mit schmerzhafter Trauer, daß dieses Nebeneinander, diese Kinder-Freundschaft nicht dauern konnte. So seufzte er tief.« Doch Brecht ignoriert die Gefühle seines Freundes, ergeht sich über Probleme der Theaterpraxis. »Eine Schauspielerin müßte man haben«, sagt er plötzlich unvermittelt.

Bronnen trifft die Bemerkung wie ein Peitschenhieb. Das Selbstverständliche, es berührt ihn schmerzhaft: Er muss einsehen, Brecht denkt über ihn hinaus. Bronnen ist innerlich erregt, verletzt bis ins Mark. Da wird gegenüber im schrägen Glasdach eines Ateliers an der Spichernstraße 16 das Licht angeknipst. Eine Schauspielerin will Brecht? Nichts leichter als das, denkt sich Bronnen: »Dort wohnt die Helene Weigel (…) weißt, die früher in Frankfurt war, jetzt spielt sie bei Jeßner (…). Ich glaube, sie wird sich freuen, wenn du zu ihr kommst.«

Bronnen will Brecht ankündigen bei Weigel, aber weil der einzige Telefonapparat gerade von einem anderen Untermieter genutzt wird, dauert es etwas länger. Als Bronnen in sein Zimmer zurückkommt, ist Brecht bereits fort; ebenso eine Decke.

Helene Weigel weiß, wer er ist. Sie hat eine kleine Rolle gespielt in *Trommeln in der Nacht,* Mitte November 1922 in München.

Was sich genau zuträgt im Atelier, darüber schweigen die Beteiligten sich aus. Brecht und Weigel haben nie über ihre Beziehung gesprochen, Liebesbriefe existieren nicht, weder von ihm noch von ihr. Schreiben ist nach eigenem Bekunden Weigels Sache nicht.

Brecht steigt die vier Etagen zu ihr hinauf. Freut sie sich auf ihn, fühlt sie sich geschmeichelt oder nimmt sie den Besuch eher hin – wer weiß, wozu es gut ist?

Obschon nicht ganz unbekannt, hadert Weigel 1923 mit ihrer Situation in Berlin. 1920/21 in Frankfurt ist sie ein Star, spielt große Rollen in zeitgenössischen wie klassischen Stücken. Sie ist die Prostituierte Anna in Hanns Johsts *Der König,* aber auch die Marie in Büchners *Woyzeck* an der Seite von Albert Steinrück, Theater- und Stummfilmstar, der später mit Asta Nielsen und Henny Porten Filme drehen wird.

Immerhin, so mag sich Helene Weigel denken, ist dieser Brecht ein junger, vielversprechender Dramatiker, die Traditionalisten verabscheuen, die Neuerer preisen ihn.

Als Regisseur ist er eher verrufen. *Vatermord,* der Skandalerfolg seines Freundes Bronnen, wäre beinahe seine erste Regiearbeit geworden, ein Jahr zuvor.

Ein wüster Erstling, ganz auf der Höhe der Zeit, das Alte, Morsche, alles Stickige müssen hinweggefegt werden, die Nachkriegszeit, sie darf nicht sein wie die des Vorkriegs. *Vatermord* setzt ganz auf Raserei, die äußere Spannung treibt höher und höher, weit jenseits über das Bekannte hinaus. In diesem Fall: Sexualneid, Sexualhass auf den Vater, inzestuöses Begehren der Mutter, Körperlichkeit als Kampf: ein Ringen zwischen den beiden, ein Prügeln, sich wehren, ein- und aussperren, wieder eindringen in die Wohnung, ein wilder Kampf, der unaufhörlich weiter geht, sich stetig steigert. Die Mutter wird zum gierigen Tier, fordert den Sohn, der eine starke Bindung hat zu ihr, zum Mord auf. Mörder und Ermordeter, Sohn und Vater, sinken erschöpft nebeneinander nieder. Aber dann erhebt sich der Sohn, wendet sich ab von der Mutter, ab von allem, was er getan hat:

»*Ich*
Ich blühe –,«

Brecht, lediglich ahnend, was er in seiner Inszenierung will, nämlich die fantastischen Exzesse des Stücks in einer eisigen Kälte auf die Bühne zu bringen, ist unerfahren im Umgang mit Schauspielern. Zwar weiß er, was er nicht will, nämlich expressionistisches Deklamieren, doch das ist dem Vaterdarsteller nicht beizubringen.

Der massige, 250 Pfund schwere Heinrich George ist von berserkerhafter Bühnenpräsenz, und er weigert sich, den Vater so unterkühlt anzulegen, wie es Brecht vorschwebt. Und auch Agnes Straub als Mutter hat entschieden andere Vorstellungen als er.

Der schmächtige Brecht sagt den gewaltigen Darstellern George und Straub auf den Kopf zu, »daß alles, was sie machten, Scheiße wäre«, kommentiert Bronnen die Probenarbeit.

Und weil Brecht George in seinem Spiel permanent unterbricht, brüllt der ihn an:

»Lassen Sie mich ausreden, Sie Herr da unten.«

»Was wollen Sie ausreden, Sie können ja ohnehin Ihre Rolle nicht.«

»Ist ja auch noch acht Tage Zeit bis zur Premiere.«

»Wenn Sie so sprechen, werden Sie die Rolle auch in acht Jahren nicht können.«

Auf dem Höhepunkt der Auseinandersetzung schwingt George das Textbuch wie einen Tomahawk über dem Kopf und schleudert es im hohen Bogen bis in die 15. Reihe des Parketts. Dann verlässt er wutschnaubend die Probe, worauf Agnes Straub einen Weinkrampf erleidet und von der Bühne geführt werden muss. Brecht legt die Regie nieder; nicht ohne »satanischen Glanz« in den Augen, der Bronnen »fast wie ein Triumph« scheint, erklärt er dem verstörten Freund: »Ich gratuliere dir. Mit denen wäre es nie was geworden.«

Jetzt steht Brecht in Weigels Atelier. Er ist von eher kleiner Statur, mehr als 1,70 Meter misst er nicht, klapperdürr noch dazu. Hängend die Schultern, struppig das Haar und blass die Haut im Vogelgesicht – eine Mischung aus Strolch und Jesuitenzögling.

Das Äußere kann Weigel nicht angezogen haben, sein Charisma und Charme sehr wohl. Alle Zeitgenossen schildern ihn als einen Menschenfänger von unwiderstehlicher Verführungskraft. Und alle scheinen sich sofort in ihn zu verlieben, Frauen wie Männer. Nicht so die Weigel.

Nun betreten wir schwankenden Grund. Die neueste Brecht-Biografie, vom Verlag als »endgültige Darstellung von Leben und Werk Bertolt Brechts« gepriesen, erzählt folgende Geschichte. Als Quelle wird eine Weigel-Biografie angeführt. Schaut der Leser dort nach, sucht er vergebens nach einer Quelle.

Allein Ruth Berlau hat sie erzählt, eine von Brechts Mitarbeiterinnen und Nebenfrauen, im skandinavischen wie später im amerikanischen Exil. Kann man ihrer Version trauen, die Brecht ihr, wie sie sagt, selbst erzählt hat? Was passiert an diesem Abend im Atelier der Weigel?

Es wird später und später, die Übernachtungsfrage stellt sich. Weigel weist dem verblüfften Brecht nicht wie erwartet den Platz in ihrem Bett zu, sondern die Couch. Sie selbst zieht sich ins Schlafzimmer zurück. Wenig später klopft es an ihrer Tür. »Es ist sehr kalt hier.« Die Weigel darauf ungerührt: »Ich finde es überhaupt nicht kalt.« »Ja«, sagt Brecht, »in ihrem Zimmer ist es wärmer.« Brecht möchte gerne in das Bett schlüpfen, doch die Weigel reicht im lediglich eine zweite Decke. In einer anderen Version verpasst sie ihm eine schallende Ohrfeige. Auf jeden Fall schickt sie Brecht zurück in die sibirische Sofa-August-Kälte. Am nächsten Morgen ist er verschwunden.

■●■

Düsterer Hitler-Wahn in München: »Hochöfen können bersten, Kohlengruben ersaufen, Häuser mögen zu Asche verbrennen – wenn nur ein Volk dahinter aufsteht, stark, unerschütterlich, zum Letzten entschlossen! (…) Das Ruhrgebiet hätte das deutsche Moskau werden müssen (…) Es wäre notwendig gewesen, der Welt durch ein gewaltiges Flammenzeichen Kunde zu geben: Das deutsche Volk ist nicht länger mehr gewillt, sich zu beugen (…) Hinter dem brennenden Ruhrgebiet hätte ein solches Volk seinen Widerstand auf Tod und Leben organisiert (…) Ofen um Ofen, Brücke an Brücke gesprengt! Deutschland erwacht! Frankreichs Armee hätte sich nicht in das Grauen eines solchen Weltunterganges peitschen lassen! Bei Gott, wir ständen heute anders da.«

Das nimmt auf geradezu gespenstische Weise die Politik der verbrannten Erde vorweg, den »Nero«-Befehl vom März 1945.

■●■

Trotz des etwas unglücklichen Ausgangs ihrer ersten Begegnung besucht Brecht Helene Weigel in den kommenden Wochen und Monaten immer öfter. Sie verliebt sich in Brecht, der immer noch verheiratet ist mit Marianne Zoff, mit der er die Tochter Hanne hat. Zugleich hängt er immer noch an seiner Jugendfreundin Bi, mit der er ebenfalls ein Kind hat. Außerdem geht er keiner neuen Bekanntschaft aus dem Weg, da ist die mit der Weigel nicht die Einzige.

■●■

Zurück nach Kolberg: Else Laskers gemischte Stimmung vom Juli ist Trostlosigkeit gewichen. Zu den allgemeinen Geldnöten tritt die Sorge um die Zukunft ihres Sohnes Paul, der, arbeitslos und kränkelnd, ohne jede Perspektive ist. Sie bittet ihren Brieffreund, einen angesehenen Arzt und Schriftsteller in München, um die Adresse von Rainer Maria Rilke, auf dass ihr Sohn durch dessen Vermittlung eine Stelle in Zürich bekäme.

Sie selbst »friste am Meere, bade und fresse nichts«. »Kennen Sie«, fährt sie fort, »jemand in der Schweiz, der mir m o n a t l i c h 100 Frk sendet, leiht bis bessere Zeit.«

Eine gute Woche später wendet sie sich an den ihr persönlich unbekannten Schweizer Lyriker, Erzähler und Dramatiker Emanuel von und zu Bodman. Es geht ihr wahnsinnig schlecht, sie verhehlt es vor dem Unbekannten nicht. Man brauche, um »e b e n zu leben (…) 2–3 Millionen täglich. Die Verlage betrügen mich, mein Kind verhungert.« Sie bettelt: »Wissen Sie Jemand der mir 100 Frank sendet?«

Als *Theben* im Juli erscheint und erste Erlöse fließen, frisst die galoppierende Inflation sie auf. Else Lasker-Schüler ist ihrem Wesen nach keine Frau, die ihr Schluchztüchlein rausholt, wenn sie das Gefühl hat, ihr geschieht Unrecht. Sie ist bitter enttäuscht, das ja. Aber mehr als alles andere ist sie wütend – vor allem auf ihren Verleger Flechtheim, dessen Geschäftsgebaren sie für den Misserfolg verantwortlich macht. Bald klagt sie ihn öffentlich an.

In einer Streitschrift, an die sie sich jetzt setzt und die sie im Selbstverlag herausbringen wird, plaudert sie nicht nur Interna aus, sondern geht Flechtheim regelrecht an die Gurgel. Zwar zählen die Geschichten von Konflikten und Zerwürfnissen zwischen Autoren und ihren Verlegern Legion, was sich hier jedoch abspielen wird, das ist in seinem Furor unübertroffen: Lasker-Schüler, selbst Jüdin, wird scharf, ja zügellos formulieren – und mit wüst antisemitischem Zungenschlag.

September

In Japan bebt die Erde, und die Hölle bricht los. Über den Ku'damm promenieren geschminkte Jungs, Mädchen sowieso. Jede und jeder ist käuflich. In Nürnberg ruft Hitler zur Gewalt auf, und die Banken weigern sich, Schecks unter 50 Millionen Mark anzunehmen. Ernst Lubitsch erfindet den Lubitsch-Touch, und die 19-jährige Mathilde von Kaulbach, die in der Kunstgeschichte als Quappi bekannt wird, träumt von Max Beckmann, obwohl sie ihn erst ein halbes Jahr später kennenlernt. Ihr Mann wird er trotzdem. Jeder braucht Devisen. In Berlin freuen sich die Einbrecher, weil die Stadt ein Drittel der Gaslaternen abstellt. Währenddessen wird Alfred Döblin Zeuge einer Diskussion unter Arbeitern über Antisemitismus. Von den Hauswänden Berlins fällt der Putz ab, im Pavillon Gruß *in München schlemmen die Reichen und Schönen und verprassen Milliarden. Stresemann beendet den Ruhrkampf. Niemand dankt es ihm. Kafka zieht nach Berlin-Steglitz, während in Bayern ein Diktator ernannt wird, der mit den Nazis nichts zu tun hat. Auch Ernst Jünger wünscht sich eine Diktatur, aber eine unter dem Hakenkreuz. Alle sind erschöpft.*

Es ist kurz vor zwölf an diesem Samstag, dem 1. September, als der 43-jährige Otis Manchester Poole gerade sein Büro verlassen will, um im nahen *United Club* in Yokohama einen mittäglichen Drink an der Bar zu nehmen und ein bisschen Klatsch mit anderen Ausländern auszutauschen.

Am Vormittag sind nach einer stürmischen Nacht die Wolken aufgebrochen, die Sonne zeigt sich in schönstem Glanz, und es weht ein starker, warmer Wind.

Plötzlich, ohne jede Vorwarnung, grollt die Erde, folgt ein widerliches Schwanken, vermischt mit dem bösartige Zermahlen von Holz und in wenigen Sekunden ein Crescendo von Aufruhr, als der Boden sich zu heben beginnt und das Haus wie betrunken taumelt. Um sich zu schützen, springt Poole unter einen Türbogen. Es ist nicht das erste Beben, das er durchmacht, seit mehr als dreißig Jahren lebt er in Yokohama. Doch bereits nach den ersten Sekunden wird ihm klar, dieses stellt alle anderen in den Schatten: »Man konnte kaum sagen, dass der Boden bebte, es war ein vereintes Heben, Werfen und Springen; die Wände wölbten sich wie aus Pappe, und der Lärm wurde schrecklich.«

Poole und alle anderen werden in einem Moment in ihre Zimmer geschleudert, im nächsten in die Halle. Etwa eine halbe Minute hält das Innere des Gebäudes stand. Dann die Auflösung: Gipsplatten fallen von der Decke und füllen den Raum mit erstickendem Staubnebel. Wände sacken ab und stürzen ein, gerahmte Bilder tanzen auf ihren Drähten, fliegen heraus und zersplittern am Boden.

Nach wenigen Minuten ist alles vorbei, das zweistöckige Bauwerk steht noch.

Poole und seine Mitarbeiter haben sehr viel Glück. Andere weniger.

■ ● ■

Elend auch in Deutschland, anderes Elend, nicht so rabiat und plötzlich eingreifend ins Leben, aber verheerend doch auch. Alles fällt auseinander, was früher gültig gewesen. Alle Werte lösen sich auf, nicht nur die materiellen. Berlin wird das Babel der Welt, die Perversion perfektioniert. »Den Kurfürstendamm entlang promenierten geschminkte Jungen (...) und nicht nur Professionelle; jeder Gymnasiast wollte sich etwas verdienen, und in den verdunkelten Bars sah man Staatssekretäre und Finanzleute ohne Scham betrunkene Matrosen zärtlich hofieren«.

Berlin voller Matrosen?

Seltsam sittsam klingt es bei Stefan Zweig: »Die jungen Mädchen rühmten sich stolz, pervers zu sein; mit sechzehn Jahren noch der Jungfräulichkeit verdächtig zu sein, hätte damals in jeder Berliner Schule als Schmach gegolten, jede wollte ihre Abenteuer berichten können und je exotischer, desto besser.«

Dazu die nackte Not. An jeder Ecke stehen die Invaliden des Krieges, zerlumpt, auf Krücken oder ohne Beine und halten ihre alten Soldatenmützen hin. »Was sollte man hineintun? Fünfhundert, tausend, eine Million? Am Tag darauf war das soviel wert wie ein Pfennig! Bettelnd standen diese Menschen mit ihren ausgehungerten Kindern an den Ausgängen der Bars und der Tanzdielen, die wie giftige Pilze aus dem Boden schossen. Alles wurde kürzer, die Haare, die Kleider, die Liebe, der Schlaf!« So sagt es Trude Hesterberg – klug und schön und tieftraurig noch dazu.

■●■

Der Anblick draußen trifft Otis Poole wie ein Keulenschlag. Trümmer, so weit das Auge reicht, mannshoch: Das Erdbeben der Stärke 7,9 auf der Richterskala hat alle umliegenden Gebäude zerstört.

Eben noch ohrenbetäubender Lärm, dann das Gegenteil, nicht minder schrecklich, tödliche Stille.

Zerbrochene Gebäudeteile ragen wie deformierte Denkmäler aus einem Meer der Verwüstung. Über alles hat sich bereits ein dicker weißer Staub gelegt.

Doch das Schlimmste: Weil Mittagszeit ist, wird überall auf offenen Öfen gekocht. Gebaut wird traditionell aus Holz und Papier. Tokio und Yokohama sind eine einzige große Zunderbüchse. Erst nach zwei Tagen sind die Feuer gelöscht. Das große Kantō-Erdbeben wird das verheerendste der Weltgeschichte. Acht Millionen Menschen leben im Großraum Tokio, es ist der dichtbesiedeltste Flecken Erde. 140.000 Menschen sterben, Feuertornados bilden sich, allein 40.000 Menschen verbrennen bei lebendigem Leib am Ufer des Sumida-Flusses, wohin sie geflüchtet sind. Eine halbe Million wird verletzt, drei Millionen verlieren ihr Obdach, denn neunzig Prozent der Häuser in Yokohama und sechzig Prozent in Tokio sind zerstört.

■ ● ■

Während in Japan die Feuerstürme wüten, ruft Hitler in Nürnberg zur Gewalt auf. Den Jahrestag des Sieges von Sedan 1870 im Krieg gegen Frankreich nehmen die vaterländischen Verbände zum Anlass, einen »Deutschen Tag« abzuhalten. Eine bayerische Spezialität: Zehntausende kommen zusammen, um vor einer Kulisse aus Fahnen, Blumen und Generälen im Ruhestand Reden zu lauschen und Paraden und Umzügen zuzuschauen. Man will die »nationale Schmach« von 1918 vergessen. Ein »Tag der Begeisterung, wie ihn Nürnberg seit dem Jahr 1914 nicht mehr erlebt hat«, fasst das Staatspolizeiamt Nürnberg-Fürth das Geschehen pathetisch zusammen.

Der behördenfremde Schwulst nimmt kein Ende und berichtet von einem Meer von schwarzweißroten und weißblauen Fahnen, von brausenden Heilrufen, voll besetzten Gehsteigen und Fenstern, wehenden Tüchern, einem Regen von Blumen und Kränzen. »Es war wie ein freudiger Aufschrei hunderttausender Verzagter, Verschüchterter, Getretener, Verzweifelnder, denen sich ein Hoffnungsstrahl auf Befreiung aus Knechtschaft und Not offenbarte. Viele, Männer und Frauen, standen und weinten, überwältigt von seelischer Erregung.«

Hitler spricht am Abend auf vier Veranstaltungen, die *Frankfurter Zeitung* nennt seine Rede eine »Gewaltpredigt«. In der Festhalle donnert er, »daß, wie die äußeren Zustände, so auch die inneren, *nur mit Gewalt* geändert werden können. Vor den schwersten Blutopfern dürfe man nicht zurückschrecken. Wer diese Politik nicht mitmachen wolle, der müsse mit Gewalt *niedergeschlagen* werden.«

Bei allem Furor, Hitler steht nicht mehr im Mittelpunkt der völkischen Bewegung, den nimmt jetzt der alte Weltkriegsgeneral Erich Ludendorff ein. Zu sehr hat Hitler sich ins Abseits manövriert seit seiner Niederlage am 1. Mai und dem wochenlangen Rückzug nach Berchtesgaden. Sobald er nicht mehr im Rampenlicht steht, den Massen die Auftritte entzieht, die schreienden, wütenden, ist alles dahin: Name, Renommee und Führerherrlichkeit.

Einen Rückschlag muss er auch auf einem weiteren Feld hinnehmen: Georg Pahl, der Fotograf aus dem *Luna-Park*, ist nach Nürnberg gekommen und entschlossen, das erste Foto von Hitler zu machen. Er schafft es, ihn beim Abnehmen einer Parade vor die Kamera zu bekommen, und drückt ab.

Diesmal wird er sich den Film nicht abschwatzen lassen. Nach gelungenem Schnappschuss muss er freilich die Beine in die Hand nehmen, denn die SA verfolgt ihn.

Pahl hängt die Braunhemden ab, die Tage von Hitlers Anonymität außerhalb Bayerns sind gezählt.

Am 16. September erscheint in der *Berliner Illustrirten Zeitung* unter dem Titel »Krisen, Konflikte, Katastrophen« ein Beitrag. »Noch niemals«, so heißt es da, »hatte Geldentwertung und Teuerung ein so ununterbrochen galoppierendes Tempo wie in dieser Woche und die Angst um die Zukunft der eigenen Existenz steigert sich zur zermürbenden Qual. Die Wirrniss der zahllosen neuen Währungspläne – Goldmark, Goldrechnung, Goldkonten, Goldbank, lauter Goldklang bei lauter Armut – die Ernennung eines Dollar-Diktators, des neuen Devisenkommissars, es treibt einen fast von Sinnen.«

Über dem Stück: das erste veröffentlichte Bild Adolf Hitlers mit der Bildunterschrift: »Adolf Hitler, der Führer der bayerischen Nationalsozialisten, der es bisher ablehnte, sich photografieren zu lassen, aber nun seinem Prinzip untreu geworden ist.« Doch ist es nicht Georg Pahls Aufnahme, die einen verkniffen dreinblickenden Hitler gezeigt hätte, ganz unmilitärisch angetan in Anzug und Krawatte, darüber einen geschlossenen Trenchcoat, in den Händen Stock und Hut. Nein, Hitler hat einem anderen Fotografen inzwischen erlaubt, ihn abzulichten. Heinrich Hoffmann, der zu seinem Leib- und Magenfotografen wird die nächsten beiden Jahrzehnte.

Hitler sieht zwar noch genauso unmilitärisch aus wie bei Pahl, gibt sich bürgerlich mit weißem Hemd, Jackett, Krawatte und Parteiabzeichen am Revers. Aber sein Gesichtsausdruck ist ganz anders als auf dem Pahl-Foto: Er blickt nicht mehr verkniffen und linkisch, sondern einstudiert herrisch. Maskenhafte Erstarrung: Das wird die Pose sein, die er in den nächsten Jahren kultiviert.

■ ● ■

In den Stunden und Tagen nach dem großen Beben kommt es in Japan zu einem Beben der ganz anderen Art, nämlich des Nationalismus und blutigen Chauvinismus. Gerüchte flirren durch Tokio und Yokohama. Koreaner sollen die Brunnen vergiftet haben, und nicht wenige Japaner schlürfen die Lügen wie andere Leute Austern. Ein entfesselter Lynchmob, bewaffnet mit Bambusspeeren und Schwertern, erschlägt, köpft oder durchbohrt mehrere Hundert Menschen, die Koreaner sind oder Japaner und Chinesen, die das Pech haben, für Koreaner gehalten werden. Andere Schätzungen sprechen von Tausenden, die der Menschenjagd zum Opfer fallen.

Eine blutrünstige Pointe der totalen Devastierung.

■●■

Der Dollarkurs beträgt am 16. September 106 Millionen Mark. Die Großbanken weigern sich, Schecks unter 50 Millionen Mark anzunehmen.

■●■

Die feinste Münchener Lokalität heißt *Pavillon Gruß*, gehört dem ersten Vergnügungsindustriellen Süddeutschlands, Hans Gruß, und folgt einem einfachen Rezept: »Das Exklusivste, was es gibt! Nur roter Samt! Kristall überall, Spiegel bis zur Decke! Teppiche in denen der Fuß versinkt (…). Im Pavillon Gruß verkehrt die große Welt! Man diniert! Man tanzt!«

Der blutjunge Peter Kreuder wird von Gruß engagiert, bei Trude Hesterberg in der *Wilden Bühne* hat er den Teenager Klavier spielen gesehen und holt ihn als Bandleader nach München: »Ihr Dienst geht von zehn Uhr abends bis drei Uhr morgens. Ich brauche eine junge Kapelle, ich brauche modernste Musik!« Kreuzer lässt sich nicht lange bitten und übersiedelt nach München.

1923 wird er musikalischer Leiter in Gruß' zweitem Etablissement, der *Bonbonniere*, mit Seide ausgeschlagen, ganz in der Nähe vom Platzl. 220 Leute passen rein. Im Parkett servieren die Kellner ausschließlich Champagner, für Herren gilt Frack- oder Smoking-Zwang. Wer nur einen dunklen Anzug trägt, muss sich im Rang mit Wein begnügen.

Ab Mitte September ist der Laden wochenlang ausverkauft. Man spielt die Revue *Bis hierher und nicht weiter* aus der Feder von Leopold Schwarzschild, Mitherausgeber des *Tage-Buchs*. Walter Mehring und Heinrich Mann steuern Chansons bei. Man spottet über Industrielle, Spekulanten, über sich selbst und die Rechte. Der 17-jährige Kreuder komponiert die Musik

Inmitten all der Inflationsgewinner und Adeligen, der Industriellen und neuen Reichen ein Kreis um Klaus und Erika Mann, 16 und 17 Jahre alt. Die kleine Bohème zieht es in die teuren Etablissements, das *Odeon-Kasino*, die *Regina-Bar* und ins *Pavillon Gruß*. Finanziert wird das alles von einem jungen Mann namens Theo, um die zwanzig, der Champagner für die fast noch kindliche Runde bestellt, Gänseleberpastete, »wofür er, ohne mit der Wimper zu zucken, sieben Milliarden, fünf Millionen und vierhunderttausend deutsche Reichsmark auf den Tisch« legt. Träumerisch blaue Augen hat er »und die Unschuldsmiene eines Parsifal unter der schön gewellten blonden Frisur«. Doch das auf eine empfindsame Seele deutende Äußere hindert ihn nicht daran, »mit Wagemut und Geschick an der Börse zu spekulieren. Er war naiv und gerieben, zynisch und sentimental, korrupt und generös – ein typischer Repräsentant der deutschen Nachkriegsgeneration.«

»Vielleicht«, so ruft er eines Abends bei einem Gelage aus, »sind wir frivol (…), vielleicht sind wir exzentrisch, lasterhaft! Aber wir haben Schmiß und Tempo, darauf kommt es an! Das Tempo unserer Zeit!«

Maßlosigkeit ist lebensnotwendig, man begibt sich in den Strudel, um zu vergessen, dass ein Vater, ein Sohn, ein Bruder, ein Liebhaber nicht aus dem Krieg zurückgekehrt ist. Tanzen, tanzen, tanzen, aus der Haut fahren, sich Verausgaben, als gäbe es kein Morgen. Dieses verrückte Jahr, es ist nicht verrückt, man will vergessen – um weiterleben zu können.

Wer vergessen kann oder sich nicht erinnert an die althergebrachten Regeln, weil er noch nicht lang genug lebt, kommt gut zurecht im Chaos – die anderen nicht. Auffällig ist, wie unfassbar jung die Erfolgreichen alle sind in diesem »tollsten« Jahr, das es jemals gegeben hat, und wie prägend für all das, was noch kommen sollte: Neue Frau, neue Sexualmoral, nämlich gar keine mehr, Jungs tanzen mit Jungs, Mädchen mit Mädchen, es ist alles einerlei, der

Walzer hat ausgedient, jetzt liebt man Shimmys, Foxtrott, One- und Twosteps, starke Nadeln bedienen das Grammophon, so klingt es lauter, »Java dances und Polka Creolas«.

Der Krieg hat wie ein Tornado den faulen Plunder jahrhundertealter Traditionen auf den Müllhaufen gefegt. Die Stützen der Gesellschaft – Moral, Autoritätsglaube, Gottvertrauen –, allesamt morsch, eine sonderbare Mischung aus Verzweiflung und unbändiger Lebenslust bricht sich Bahn. Hoffnungslos sind die Zeiten, jeder weiß es. Also lasst uns tanzen! Hinter jeder Ecke lauert die Katastrophe, und jeder weiß es. Also lasst uns taumeln im Jazz-Delirium! Nichts als ein kurioses Missverständnis, die »goldenen zwanziger Jahre«, die nie golden waren, auf die Zeit zwischen 1924 und 1929 zu begrenzen. Alles ist bereits da in diesem Jahr 1923!

Ein grimmiger Humor herrscht, und er weigert sich, vor irgendetwas Respekt zu haben, irgendetwas ernst zu nehmen – den Staat schon gar nicht.

»Der Dollar steigt. Lassen wir uns fallen! Warum sollten wir stabiler sein als unsere Währung? Die deutsche Reichsmark tanzt: Wir tanzen mit!«

■ ● ■

Hitler sieht sich im Frühherbst 1923 längst nicht mehr als »Trommler«. Ein Buch, das bis vor kurzem einem Bekannten Ludendorffs zugeschrieben worden ist, nämlich dem konservativen Publizisten Baron Adolf-Viktor von Koerber, stammt tatsächlich, darauf deutet alles hin, von Hitler selbst.

Es enthält eine Ansammlung von Reden und scheinbar Biografischem, in Wirklichkeit Autobiografischem, und soll Hitler 1923 außerhalb Bayerns bekannt machen, ohne dass er selbst in Erscheinung treten muss. Er stilisiert sich selbst als den zukünftigen Führer. Wäre herausgekommen, dass er selbst die Scharteke geschrieben hat, die Leute hätten sich totgelacht! Denn schließlich steht er im Früh-

Die gertenschlanke Diseuse Margo Lion ist mit ihrer mondänen, ja beinahe schwindsüchtigen Gestalt der Prototyp und das Schönheitsideal der »Neuen Frau« von 1923. Im September singt sie in Trude Hesterbergs *Wilder Bühne* erstmals das Couplet *Die Linie der Mode*, Mischa Spoliansky hat es komponiert, ihr On-/Off-Liebhaber Macellus Schiffer den Text geschrieben: »Wer ist dieses Ausrufungszeichen der Not? Welch Abgesandter vom Tode? Man weiß nicht, ist es der Hungertod? Oder die neueste Linie der Mode?« Über Nacht wird sie zum Star. 1928 steht sie auf der Bühne mit Marlene Dietrich in der Kaufhausrevue *Es liegt in der Luft*. Sie singen »Wenn die beste Freundin mit der besten Freundin …« Dietrich heftet lilafarbene Veilchensträußchen auf ihrer beider Kostüme, in den 1920ern das Zeichen für Homoerotik.

herbst 1923 lediglich einer unbedeutenden Regionalpartei vor. Aber die Publikation wirft einen Blick darauf, wie er selbst sich einschätzt. Keineswegs als ein Platzhalter, der die Stellung hält, bis der große Mann kommt, der Deutschland aus dem tiefen Tal geleitet, er selbst ist dieser Mann.

Einer der berühmtesten Sätze aus *Mein Kampf* stammt aus der – unzutreffenden – Erzählung, in der der verwundete Soldat Adolf Hitler im Lazarett in Pasewalk im November 1918 die Nachricht von der Revolution vernimmt, wonach er seinen »brennenden Kopf« heulend wie ins Kissen drückt und eine folgenschwere Entscheidung trifft: »Ich aber beschloß nun, Politiker zu werden.«

In Hitlers erstem Buch ist der Aufenthalt in Pasewalk ebenfalls beschrieben. Allerdings vergleicht er sich hier nicht durchgängig wie in *Mein Kampf* mit dem sprichwörtlichen »kleinen Mann«, sondern mit jemand anderem. Mit Blick auf sich selbst schreibt Hitler: »Dieser der ewigen Nacht Geweihte, der sein Gedächtnis durchlitten in dieser Stunde, seelische und körperliche Kreuzigung, erbarmungslosen Kreuzestod bei wachen Sinnen, der Ärmsten einer aus der gewaltigen Schar zerbrochener Helden – dieser wird sehend.«

■●■

In München bangt Arnold Zweig um sein Leben. Anonyme Drohungen und Schmähschriften gegen ihn häufen sich derart, dass er sich entschließt, der Stadt den Rücken zu kehren. Er nimmt das Angebot der *Jüdischen Rundschau* an, für sie als Redakteur zu arbeiten, packt seine sieben Sachen und zieht nach Berlin.

Über den Radau-Antisemitismus Münchner Prägung, den er im »besseren« Mittelstand verortet, schreibt er schon 1919 Prophetisches: »Arm an Logik, fast unfähig zur psychologischen und soziologischen Beobachtung, aber reich an Einbildungskraft, erstickend in dumpfer Wut und geborener Träger jeden Aberglaubens, verbohrt sich dieser unliberale, unvernünftigere Teil des Mittelstands (…) in das Gefühl, endlich seinen Feind gefunden zu haben.«

■●■

Der Untergang des Abendlandes, vor einem Jahr ist der zweite Band erschienen, hat ihn berühmt gemacht, so berühmt, dass sein Verfasser Oswald Spengler am 20. September einen Termin bei Reichswehrchef General Hans von Seeckt bekommt. Doch läuft das Gespräch, das sich um die sich zuspitzende Lage in Bayern dreht, ungeschmeidig. Spengler will den gerade erst zum Reichskanzler ernannten Stresemann umgehend gestürzt sehen, Seeckt, im Grunde seines Herzens immer noch Monarchist und eher unpolitisch, schreibt an seine Frau, er wünschte, »Spengler wäre mit dem Abendland untergegangen – ein politischer Narr«. Auch der Philosoph ist nicht erbaut von seinem Gegenüber: Mit Seeckt stehe ein »Opportunist an der Spitze – das Schlimmste, was möglich ist«.

■●■

Ernst Lubitsch beginnt mit den Dreharbeiten zu seinem zweiten Film in Amerika. *The Marriage Cycle* ist eine Verwechslungskomödie und Eheposse zugleich. Nach der Kinopremiere befindet Herbert Ihering, es sei der »wahrscheinlich schlackenloseste, der vollkommenste Film, der bis jetzt geschaffen wurde«. Und der filmischste. Alle Zutaten hält er bereit für das, was in die Geschichte eingegangen ist als der »Lubitsch Touch«.

■●■

Am 21. September erscheint Franz Kafka in Prag bei seiner Familie und erklärt den besorgten Eltern, er werde übermorgen nach Berlin fahren. Dass er dorthin überzusiedeln gedenkt und an der Seite einer Frau leben will, wagt er den Eltern nicht mitzuteilen.

Die Nacht vor der geplanten Abreise liegt er wach, die Schlafmittel wirken nicht. Er bekommt Angst vor der eigenen Courage. Nach Berlin in diesen Zeiten, das sei innerhalb seiner Verhältnisse eine »Tollkühnheit, für welche man etwas Vergleichbares nur finden kann, wenn man in der Geschichte zurückblättert, etwa zu dem Zug Napoleons nach Rußland«, schreibt er einem Freund ein paar Tage später.

Nein, er kann nicht fahren! Dora wird Verständnis haben. Dem Vermieter muss telegrafisch abgesagt werden, mit einer glaubwürdigen Begründung. Er beginnt sie zu formulieren, kommt damit aber nicht zu Rande. Endlich dämmert der Morgen. Der Ehemann seiner Schwester Ottla kann nicht verstehen, dass man jetzt nach Berlin will. Der Vater schimpft, die Mutter ist traurig.

Kafka erinnert sich, mit welcher Passion seine Schwester ihn auf dieses Wagnis vorbereitet hat. Nein, er kann nicht zurück! Einmal, wenigstens einmal in seinem Leben muss er etwas durchziehen, keine Ausflüchte, keine Telegramme mehr. Er verabschiedet sich von seiner Familie und verlässt das Haus. Erstmals sagt er nicht, wann er zurück ist.

■●■

Im Münchener Stadtteil Neuhausen kann ein Gutsbesitzer aus Dachau sein Wagenpferd nicht mehr zügeln. Er fährt einen älteren Mann an, der sich verletzt. Daraufhin reißen ihn wütende Passanten samt zweier Fahrgäste vom Wagen und prügeln auf sie ein. »Schieber«, rufen sie, »Wucherer«, »Juden«. Die Zeiten werden härter.

■●■

Oder sie enden. Der deutsch-österreichische Literat Maximilian Bern hat sein Leben lang gespart. Über 100.000 Mark liegen auf seinem Konto. Früher eine Summe, die einen bescheidenen Ruhestand erlaubt hätte. Jetzt bekommt er dafür eine U-Bahnkarte. Er setzt sich ins Abteil und wirft einen letzten Blick aus dem Fenster der Hochbahn auf sein Berlin. Dann kehrt er in seine Wohnung zurück, schließt sich ein – und isst nichts mehr, bis er Hungers stirbt.

■●■

Als Kafka die von Dora gemietete Wohnung betritt, ist er entzückt. Sie besteht aus einem großen, gut möblierten Zimmer mit Erker, dazu der Balkon der Vermieter nach Belieben. In Steglitz, damals weit mehr als heute Außenbezirk, teilen sich mehrere Parteien das Domizil an der Muthesiusstraße/Ecke Rothenburgstraße: Die Vermieter, die selbst zur Miete wohnen, dazu ein Bankbeamter, ein Handwerker, ein Ingenieur, ein Kaufmann, drei Pensionäre – und Kafka. Die Gegend ist ruhig, kaum städtisch zu nennen, verlässt man das Haus, gelangt man nach wenigen Schritten in eine Gegend mit Villen und blühenden Gärten, deren Düfte Kafka verzaubern. Der Botanische Garten ist nur eine Viertelstunde entfernt. Gleich um die Ecke die Schlossstraße, wo die Linie 6 ins Berliner Zentrum

Dem Kafka vor 1923 – das Bild entsteht 1923 bei Wertheim am Potsdamer Platz –, der noch nie einen einzigen Tag mit einer Frau in einer gemeinsamen Wohnung verbracht hat, wäre es unvorstellbar gewesen, einen heiter-gelassenen Pakt mit einem weiblichen Wesen zu schließen.
Jetzt ist alles anders. Mit Dora Diamant muss er nicht über Verlobungsarrangements sprechen oder Heiratspläne. Und Briefe schreiben schon gar nicht. Sie ist einfach da, alles wird sich finden. Beide sind sich einig, dass sie so viel Zeit wie möglich mit dem anderen verbringen wollen. Was daraus wird, ob die 25-jährige »Ostjüdin« und der an Tuberkulose leidende 40-jährige »Westjude« eine Zukunft haben und wie diese aussehen könnte, die Frage stellt sich erst gar nicht. Sie leben für den Augenblick und freuen sich aneinander.

fährt. Kafka hat es also ruhig und ländlich, und zugleich ist er durch die gute Anbindung schnell in der Innenstadt.

Dora Diamant hat noch einen Schlafplatz im Scheunenviertel und nimmt beinahe täglich den langen Weg nach Steglitz auf sich, um Kafka zu versorgen. Kleinere Einkäufe kann er selbst bewältigen, das erste Frühstück stellen die Vermieter. Wenn das Wetter mitspielt, gehen die beiden spazieren, wenn nicht, liest er ihr vor: Grimms Märchen oder die von Hans Christian Andersen, E. T. A. Hoffmanns *Kater Murr,* aus Johann Peter Hebels *Schatzkästlein* oder Kleist. Oder sie machen Schattenspiele mit den Händen. Die beherrscht er wie kaum ein anderer. Ein Idyll.

Doch naht bald die Vertreibung aus dem Paradies.

■●■

Sonderbare Geschehnisse in München: Ein reicher Holzhändler wird verhaftet, weil er versucht, Zwanzigmarkscheine unter die Leute zu bringen, die mit dem Aufdruck »Eine Million« versehen sind. Doch der Mann wehrt sich, schließlich, so schwört er, hat er die Scheine von der kölnischen Reichsbankstelle bekommen. Die Nachforschungen ergeben, dass die Reichsbank in Köln die Scheine tatsächlich ausgegeben hat, ohne die Berliner Zentrale zu informieren.

Der Absturz der Mark erfolgt so plötzlich, dass neue Millionen und Milliarden in Windeseile benötigt werden, also hilft sich jede Reichsbankaußenstelle so gut sie kann.

Bald tauchen in München Fälschungen der wirklichen Millionenscheine auf. Man erkennt sie sofort, denn der Druck ist außergewöhnlich sorgfältig.

Jetzt kennt die Reichsbank kein Erbarmen mehr: Sie mobilisiert nicht nur die Polizei, um dem Fälscher das Handwerk zu legen. Sie setzt außerdem eine Belohnung aus für Hinweise, die zu seiner Ergreifung führen.

Der Humorist und Schriftsteller Roda Roda mutmaßt, die Belohnung könne nur aus den falschen Millionen bestehen, die dem Täter abgenommen werden sollen, denn »echte kann ja die Reichsbank garnicht genug herstellen, bei ununterbrochenem Tag- und Nachtbetrieb«.

Er findet es widersinnig, dem Fälscher, der mit so viel Geschick operiert, überhaupt nachzustellen. Jeder solle das Recht haben, eigenes Geld zu drucken. Das spare Kosten, denn das »Fabrizieren von deutschen Millionenscheinen ist – bei diesen Druckerlöhnen und Papierpreisen – ohnehin nicht mehr rentabel«.

■ ● ■

Noch seltsamer ist, was sich rund sechzig Kilometer südwestlich von München zuträgt. Da liegt die 19-jährige Mathilde von Kaulbach in ihrem Elternhaus im Bett und träumt. Mehrmals erscheint ihr ein Mann, den sie nie zuvor gesehen hat. Er ist von kräftiger Statur und »großer geistiger Überlegenheit«.

Sie hat das Gefühl, ihn schon lange zu kennen. Und blind verstehen sie einander in den Träumen der jungen Frau: »Er schien mich zu beschützen, und wenn ich ihn wegen irgendwelcher Probleme fragte, die ich zuweilen hatte, erwiesen sich seine Antworten immer dann als richtig, wenn ich seinem Rat gefolgt war.«

In diesem Herbst begibt sich die Tochter des Malers Friedrich von Kaulbach nach Wien. Der Vater hat die Pringsheim-Kinder 1888 in Harlekin-Kostümen gemalt, von denen eins, Katia, 1905 Thomas Mann heiratet. Mathilde Kaulbach setzt in Wien ihr Gesangsstudium fort. Unter kommt sie am Brahmsplatz 7 im Haus der Witwe eines ungarischen Uradeligen, Henriette von Motesiczky. Im Frühjahr 1924 begegnet sie dem Mann aus ihren Träumen: Es ist der zwanzig Jahre ältere Max Beckmann. Und er ist genauso wie in ihren Träumen: groß, kräftig, gütig, eine starke Persönlichkeit.

Auch Beckmann, dessen erste Ehe immer saurer wird, verliebt sich auf der Stelle in Kaulbach. Ein gutes Jahr später ist sie Mathilde Beckmann, genannt Quappi. Bei einem Bild mit singenden Italienern auf einem Boot fehlt ihm eine Frau, »und nun habe ich meine süße kleine Quappi mit darauf gemalt«. Beckmann schwört: »Mein Gott was werde ich schöne Portraits von dir machen.« Er wird Wort halten.

■ ● ■

Alfred Döblin macht einen Streifzug östlich vom Alexanderplatz, steckt den Kopf in einige Kneipen, der Besuch ist schwach. Ein Wirt erzählt ihm, was er auch schon weiß: »die hohen Preise, und eine Brauerei hätte schon einen Teil ihrer Pferde verkauft und stelle sich auf Nahrungsmittel um.«

Am Strausberger Platz stößt Döblin auf eine Ansammlung von Menschen, lauscht einer Diskussion zwischen einem älteren Arbeiter und einem langhaarigen »kleinen Jüngling mit Schillerkragen«. Der Ältere zu dem Kleinen: »Ihr schützt die Juden«, was dieser mit der Bemerkung quittiert: »Nein, wir stellen uns nicht vor die Juden. Aber wir wissen, daß der Kapitalismus in der Klasse und nicht in der Rasse steckt.«

Es ist die erste Straßendebatte unter Arbeitern, in der es um Antisemitismus geht, die Döblin mit anhört.

Die niedrigen Häuser der Weberstraße verwahrlost, der Putz fällt von den Fronten. Überall Händler mit ihren Wagen, eine Masse ärmlicher Frauen, die sich mit ebenso ärmlichen Kindern und Handgepäck davor bewegt und die sich das, was hier angeboten wird, kaum leisten kann: Blumenkohl, Fettheringe, Käse in Kästen, Fische auf Eis.

Am Bülowplatz die pompöse Volksbühne. Drumherum »wüste Lagerplätze für Alteisen, Schienen. Sehr lebhafter Wagenverkehr; es wimmelt von Menschen. Und immer ›Gelegenheitskäufe‹, Tuchläden, Uhrmachergeschäfte, Stiefel.«

Links auf der Grenadierstraße ein Dauerauflauf. Heerscharen von Menschen, die kommen und gehen, aus winkligen uralten Häusern, das gutturale Jiddisch dominiert. Jüdische Fleischereien, Handwerkerstuben, Buchläden. An einer Ecke zeigt ein als Eulenspiegel verkleideter Gaukler Kunststücke mit falschen Millionenscheinen. Eine weiße Maus läuft ihm über die Mütze. Dann verkauft er Seife. Döblin schlängelt sich zur Münzstraße, passiert die Kinos, die am helllichten Tag spielen.

Am Alex »viele billige Damen und unbeschäftigte junge Burschen mit kessen Mützen«. Dann eine Gulaschkanone der Heilsarmee, »umlagert von Neugierigen und Ketten Armer und Alter«.

■●■

Am selben Tag gibt die Reichsbank erstmals eine Geldnote in Höhe von einer Milliarde Mark aus.

Der Amoklauf der Inflation wütet in einer letzten Runde durchs Land, Tageszeitungen drucken eine Reimerei, die geht so:

»Wenn einer heut 2 Semmeln hat,
Dann ist er Millionär,
Und wenn er eine Bettstatt hat,
Dann ist er Milliardär,
Und hat er noch ein Bett dazu,
Dann ist er Billionär,
Und hat ein Haus er in der Stadt
Dann ist er Trillionär
Wer 3 Stück Vieh im Stalle hat,
Der ist Quadrillionär,
Und wer ein Auto fahren kann,
Der ist Quintillionär.«

Karl Valentin kommentiert trocken: »›Was, ein Dollar kostet 3 Billionen Mark? – Mehr ist er auch nicht wert.‹«

■●■

In Windeseile sind die 10.000 Karten ausverkauft: Am 21. September boxt der deutsche Schwergewichtsmeister Paul Samson-Körner im *Sportpalast* den Italiener Giuseppe Spalla. Deutlich kleiner und zehn Pfund leichter als sein Gegner, setzt Körner ihm dennoch so schwer zu, dass Spalla nach Runde 5 aufgibt. Die Zuschauer sind begeistert.

■●■

Große Freunde: der deutsche Schwergewichtsmeister Paul Samson-Körner, der sich gern bei abendlichen Diskussionen an den Flügel setzt, und Bert Brecht.

Die Berliner Straßenbahn ist bankrott. Täglich hat sie zuletzt einen Verlust angehäuft von neunzig Milliarden Mark. Der Magistrat legt den Betrieb still, entlässt alle Arbeiter und Angestellten und gründet die neue, nach privatwirtschaftlichen Grundsätzen geführte *Straßenbahn-Betriebs-GmbH.* Nur auf wenigen Strecken nimmt sie ihren Betrieb auf.

Im Stadtsäckel herrscht Ebbe. Um Geld zu sparen, sind die Mittel für den Bau und Erhalt der Straßen um zwei Drittel gekürzt worden, es werden keine neuen Sport- oder Spielplätze mehr errichtet, öffentliche Gebäude nur noch unregelmäßig gereinigt, Grünanlagen und Parks nicht mehr gepflegt. Die Stadt, das ganze Land, sie torkeln dem Abgrund entgegen. In Berlin freuen sich einzig die Einbrecher und die Diebe. Denn die Stadt knippst von 30.000 Gaslaternen 20.000 das Licht aus.

■●■

Den Kontrast zum düsteren echten Berlin kann man im *Admiralspalast* besichtigen. Dort läuft seit Anfang des Monats die große Inflations-Revue *Drunter und Drüber.* Der Theater-Impresario Hermann Haller hat sie geschrieben, die Musik ist von Walter Kollo. In dem Stück werden die Erlebnisse einer fiktiven Familie Schliephake erzählt. Das Ganze ist »ein ungeheures Aufgebot von Menschen, Kostümen, Nuditäten, Bildern«. Manchmal mit, meist ohne Zusammenhang, die Showgirls knapp oder gar nicht bekleidet. Das Publikum ergötzt sich an einer weiteren »Fleischbeschau-Revue«, die seit ein paar Jahren in Mode sind.

Im realen Berlin stehen an jeder Ecke drei Bettler, die Leute bekommen reihenweise Magenkrämpfe vor Hunger.

Im *Admiralspalast* dagegen glitzern die wechselnden Bühnenbilder, ist eine Berliner Straße gebaut, betörend beleuchtet, bei Nacht. Eine Phantasmagorie, Glanz der Vergangenheit, wie den Berlinern nur allzu schmerzlich bewusst wird.

Die Stadt leckt ihre Wunden im Theater an der Friedrichstraße. Besonders ein Marsch aus Zuckerguss tröstet. Walter Kollos Komposition nährt die Sehnsüchte der geschundenen Menschen nach Normalität und wird zu einem phänomenalen Hit:

»Solang noch Untern Linden
die alten Bäume blühn,
kann nichts uns überwinden –
Berlin bleibt doch Berlin!«

■●■

Seit Amtsantritt im August bemüht sich der neue Reichskanzler Gustav Stresemann um ein gesichtswahrendes Ende des Ruhrkampfs, der nicht mehr finanzierbar ist. Doch kann er den Widerstand nicht bedingungslos abbrechen, wie es die Franzosen fordern. Das ist die Stromschiene der deutschen Politik. Wer sie berührt, stirbt. Eine Kapitulation ohne Gegenleistungen wäre als zweites Versailles aufgefasst worden, mit schwersten inneren Erschütterungen der fragilen Republik als Folge.

Ministerpräsident Poincaré freilich weiß, in welch schlechter Verhandlungsposition Stresemann ist, und gibt keinen Zentimeter nach. Am Ende bittet Stresemann nur noch darum, dass die französische Regierung einer Erklärung der deutschen Regierung nicht widerspricht, wonach mit dem Ende des Ruhrkampfes die französischen Besatzungstruppen reduziert würden und eine Amnestie für die inhaftierten »Widerständler« erfolgt. Selbst mit diesem sehr moderaten Ansinnen beißt Stresemann auf Granit.

So bleibt nur noch ein Weg: Am 24. September im Kabinett beschlossen, erklärt die Reichsregierung zwei Tage später »die bittere Notwendigkeit, den Kampf abzubrechen«. Sie begründet dies mit der »Sicherung der nackten Existenz für unser Volk«.

Nicht mal diese Kapitulation mag der hartherzige Poincaré anerkennen. Im Grunde käme es ihm sehr gelegen, wenn das besetzte Gebiet sich abspaltet von Deutschland, und einige Wirtschaftsführer und Politiker der Zeit, wie Konrad Adenauer, liebäugeln ebenfalls mit einem »Rheinstaat« und einer Separatlösung mit Frankreich. Das will Stresemann unter allen Umständen verhindern. Die beiden talentiertesten Politiker seit Bismarck – sie sind sich in herzlicher Abneigung verbunden.

Physiognomisch ist der neue Kanzler der Prototyp jenes Deutschen, wie ihn böse Karikaturisten zeichnen: Von pyknischer Gestalt, kahler, kugeliger Schädel, der in einer Speckfalte über den Stiernacken ausläuft, zeigt das gedunsene Gesicht einen früheren Korpsstudenten, und mit den Jahren ist es weiter aufgeschwollen zu dem eines führenden Schwerindustriellen. Die rötliche Gesichtsfarbe offenbart den zu hohen Blutdruck, verquollene Augen, deren Äpfel hervortreten, verraten, dass Stresemann bereits bei Amtsantritt ein schwerkranker Mann ist. Den ersten Herzanfall hat er im Sommer 1919 erlitten, da ist er 41.

Das Basedow-Syndrom schädigt die Nieren und schwächt das Herz. Doch Stresemann schont sich nicht; er will, er muss das Land retten vor dem totalen staatlichen und wirtschaftlichen Zusammenbruch.

Gelegen kommt ihm im Herbst 1923, dass Poincaré sein Blatt überreizt hat und ihm die diplomatische Isolierung droht. England und die USA, die Frankreichs Besetzung Westdeutschlands längst nicht mehr wohlwollend begleiten, sehen ihren Verdacht bestätigt, dass es dem französischen Ministerpräsidenten weniger um Reparationen geht als um die Errichtung eines eigenständigen Pufferstaats zwischen Frankreich und Deutschland.

Zwar ist die Stimmung in Deutschland politisch deutlich entspannter seit Cunos Rücktritt. Doch dessen Unterlassungssünden haben das Land dem Abgrund bedenklich näher gerückt, und Stresemann kann niemandem ein seliges Dahinschlummern erlauben, seinen Ministern nicht, der Bürokratie nicht und sich selbst erst recht nicht. Er führt das letzte Aufgebot, das die deutsche Politik zu bieten hat. Sollte er, wie der Vorvorgänger, Kanzler Wirth, sich erneut in zähen Verhandlungen und wochenlangen Streitereien mit Wirtschaftsverbänden und der schwerfälligen Bürokratie verzetteln, dann kommt die Diktatur. Man weiß nur noch nicht, ob von links oder rechts. Die Folgen wären wahlweise Bürgerkrieg mit Straßenschlachten nie gekannten Ausmaßes bis zum Reichszerfall,

Einmarsch der Franzosen, Polen und Tschechen, Hungersnöte, Seuchen und Zusammenbruch. Oder alles kurz nacheinander.

Das Land liegt darnieder wie eine tote Katze im Garten. Stresemann haucht ihr Leben ein.

Den Durchbruch schafft der Realpolitiker mit dem Vorschlag, eine internationale Kommission aus Experten solle die Zahlungsfähigkeit Deutschlands prüfen. Klugerweise strebt er keinen deutschen Sitz in dem Gremium an.

Damit setzt er Poincaré schachmatt, denn der kann nun nicht mehr anders, als dem Ansinnen zuzustimmen. Zwar versucht er noch, das Mandat der Kommission möglichst eng zu fassen und die Ruhrfrage auszuklammern. Doch die Amerikaner bestehen auf einer umfassenden Untersuchung. Poincaré stimmt mürrisch zu und entzieht den separatistischen Kräften die Unterstützung. Die eigenen maladen Staatsfinanzen und die Abhängigkeit von amerikanischen Krediten lassen ihm keine Wahl.

Endlich sind Verhandlungen möglich, die ein Jahr später zum *Dawes-Plan* führen. Der beendet schließlich die Ruhrbesetzung, regelt die Reparationsfrage und macht den Weg frei für eine Annäherung der »Erzfeinde« Frankreich und Deutschland.

Wie üblich bleibt keine gute Tat ungestraft: Niemand dankt Stresemann den Erfolg. Die Rechtspresse und die ihr angeschlossenen Parteien knurren, schreien und zetern seit der Beendigung des passiven Widerstands, sie sind die Rhapsoden der nationalistischen Erregungen.

Morddrohungen werden aufgestellt, wegen »Hochverrats« will man Stresemann vor Gericht zerren, und ein böses Wort geht um in diesen Tagen: »Stresemann, verwese man.«

■ ● ■

Ernst Jünger, gern wäre er wie Oscar Wilde, macht sich zum Posterboy Hitlers und der NSDAP. Kaum aus der Reichswehr entlassen, schreibt er einen Frontalangriff auf die Weimarer Republik, die im »Unterhaltungsteil« des Krawallblatts *Völkischer Beobachter* am 23./24. September veröffentlicht wird unter dem Titel »Revolution und Idee«. Die »sogenannte Revolution von 1918« ist nach Ansicht Jüngers gar keine gewesen, »kein Schauspiel der Wiedergeburt, sondern das eines Schwarmes von Schmeißfliegen (…) die sich auf einen Leichnam stürzten, um von ihm zu zehren.«

Seine Zeitdiagnose hat einiges für sich: Hinter den »Tarnfassaden von Regierungen und Kabinetten« sieht er »Freibeuterei in ihrer nacktesten Form« am Werk. Es gebe nur noch »Plünderer und Ausgeplünderte«. »Die Vertreter des Materialismus in seiner ganzen Gemeinheit, Schieber, Börsianer und Wucherer, sind die wirklich Regierenden. Alles Reden und Handeln dreht sich um Ware, Geld und Profit. Alle Äußerungen des Staates, seine Verordnungen, seine Erklärungen, seine Maßnahmen, sein Geld, seine Aufrufe, dünsten den Geruch des Verwesens aus.«

Man spürt den Mehltau aus Verkommenheit und Hoffnungslosigkeit, der über diesen Tagen liegt.

Heute ist klar: Ohne 1923 kein 1933. Nichts, so notiert Stefan Zweig, habe die Deutschen so erbittert, so hassend, wütend und so hitlerreif gemacht wie die Inflation. Noch der Erste Weltkrieg, so mörderisch und entbehrungsreich er war, trägt Nachrichten von siegreichen Schlachten und Gebietsgewinnen ins Reich, entflammt Stolz in der deutschen Bevölkerung.

Die Inflation hingegen, der ganze Tumult, das ganze Chaos von 1923 hat man immer als eine einzige Beschmutzung wahrgenommen. Man fühlt sich betrogen und gedemütigt. Eine ganze Generation verzeiht dies der Weimarer Republik nicht und hat zehn Jahre später nichts einzuwenden, dass ihre Schlächter sich »legal« die Macht übertragen lassen durch närrische Hetzer und Politiker wie von Papen, Hugenberg und Hindenburg.

Die Entwertung der Währung korrespondiert mit einer Erniedrigung des Einzelnen, die nie vergessen wird, denn sie ist zu schmerzhaft. Elias Canetti geht noch weiter: Er schreibt in *Masse und Macht*, ohne die Inflation sei Auschwitz nicht denkbar. Ohne die Inflation und die Entwertung, die die Menschen empfunden, wäre es Hitler nicht möglich gewesen, die Juden so zu entwerten, dass man dabei mitmachte, gleichgültig blieb oder übersah, wie sie als »Ungeziefer« millionenfach vernichtet wurden.

Und Jünger? Von wegen kalter Blick, für den er sich ein Leben lang rühmt: In diesem September mutiert er zum blutrünstigen Billy Graham der deutschen Politik: »Die echte Revolution hat noch gar nicht stattgefunden, sie marschiert unaufhaltsam heran. Sie ist keine Reaktion, sondern eine wirkliche Revolution mit all ihren Kennzeichen und Äußerungen, ihre Idee ist die völkische, zu bisher nicht gekannter Schärfe geschliffen, ihr Banner das Hakenkreuz, ihre Ausdrucksform die Konzentration des Willens in einem einzigen Punkt – die Diktatur! Sie wird ersetzen das Wort durch die Tat, die Tinte durch das Blut, die Phrase durch das Opfer, die Feder durch das Schwert.«

Und so in einem fort.

Ansonsten experimentiert er in diesen Tagen gern mit Kokain. Selbst in Hannover, wo er derzeit lebt, ist der Stoff leicht zu beschaffen. Er lässt es sich, den Koks-Taxen von heute nicht unähnlich, über einen befreundeten Arzt in seine Wohnung an der Mittelstraße liefern. Es ist *die* Modedroge der zwanziger Jahre, der Konsum so selbstverständlich wie Bier oder Wein. Es wird geschnupft, ist aber auch als Tee weit verbreitet und gilt als treffliches Mittel gegen Melancholie und Depression, verleiht es doch seinen Jüngern zufolge zugleich Kraft und innere Ruhe.

Jünger nimmt es mit einem Löffelchen ein. Die »Nase wurde kühl, gefühllos, der Atem tief und langwellig. Die Stimmung wurde optimistisch, als ob sich die Kräfte, die ich an Bilder, Bücher und Gegenstände abgegeben hatte, nun in mir sammelten. Die Wahrnehmung zog sich ins Innere zurück mit einer weichen und doch sicheren Bewegung, so etwa wie das Augenhorn der Schnecke sich einzieht, wenn sie berührt wird oder auch nur ein Schatten auf sie fällt (…). Ich ging zum Spiegel; die Pupillen waren groß wie Nachtfalteraugen; dunkel und weit geöffnet vom Alkaloid.«

Es ist immer wieder dasselbe mit Jünger, und so wird es die nächsten 75 Jahre bleiben: Viel Stilwille, Gelungenes, daneben unendlich viel Kunstgewerbe. Das Parfüm ist vortrefflich, nur riecht es meist schlecht.

■●■

Auf Druck des rechten Flügels der tonangebenden Bayerischen Volkspartei, in Teilen eine Vorgängerin der CSU, ernennt Ministerpräsident Eugen von Knilling deren Anführer Gustav von Kahr zum Generalkommissar mit diktatorischen Vollmachten.

Als langjähriger ehemaliger Regierungspräsident Oberbayerns eher Spitzenbeamter denn Politiker, lautet Kahrs Motto seit jeher: Ordnung schaffen, und das Wort von der »Ordnungszelle« Bayerns macht seit Jahren reichsweit Karriere.

Als Reaktion auf den Abbruch des Ruhrkampfes ruft die bayerische Staatsregierung am 26. September den Ausnahmezustand aus. Das ist ein sehr schlechter Scherz, der die eifernde Gereiztheit zwischen München und Berlin auf die Spitze treibt. Schon die Berufung der Bayern auf Artikel 48 der Weimarer Verfassung ist illegal. Nur der Reichsregierung ist es gestattet, mit Notverordnungen zu hantieren.

Da Kahr und vor allem seine republikfeindliche, monarchistische Einstellung bekannt sind, muss die Regierung Stresemann seine Berufung zum »Diktator« als Provokation und grobes Foul bewerten.

Sie reagiert umgehend: Noch in der Nacht auf den 27. erlässt sie ihrerseits eine Notverordnung und ruft im ganzen Land den Ausnahmezustand aus. Auf Delikte wie Hochverrat, Beschädigung von Eisenbahnanlagen oder Brandstiftung steht nun die Todesstrafe.

Man sollte annehmen, dass die bayerische Verordnung in dem Moment erlischt, als die Reichsverordnung verkündet wird. Andernfalls würden in Bayern zwei Ausnahmezustände gleichzeitig gelten, eine »rechtliche, logische und tatsächliche Unmöglichkeit«.

Kahr, so wie er die vollziehende Gewalt in Bayern ausübt, führt den Kampf gegen die Republik und sagt dies auch ganz offen heraus.

Das linksregierte Sachsen möchte nun ebenfalls nach bayerischem Vorbild einen Generalstaatskommissar einsetzen, handelt sich aber eine scharfe Absage von Reichswehrminister Geßler ein. Erlässt jedes Land, wie es ihm beliebt, munter Anordnungen, muss dies zur totalen Anarchie führen, letztlich zur Auflösung des Reiches. Nur: Warum soll es in Bayern möglich sein, nach eigenem Gutdünken zu regieren, in Sachsen aber nicht? Nun rächt sich die außerordentliche Schwäche, die die Reichsregierung seit geraumer Zeit gegen den offenen Verfassungsbruch der Bayern zeigt.

Stresemann antwortet in einer Reichstagsrede »ausweichend und opportunistisch«. Das Land wird nur noch durch Leukoplast zusammengehalten.

Oktober

George Antheil konzertiert das erste Mal in Paris. Mit seinen dissonanten Kompositionen soll der Schlingel in der Oper eine Massenschlägerei provozieren. Die Frage ist, ob ihm das bei dem hartgesottenen Pariser Publikum gelingt. In München will sich der linke Journalist Leo Lania undercover in die NS-Zentrale begeben. Er möchte eine Weile mit Hitler und der NSDAP-Spitze verbringen, um herauszufinden, wie Hitler tickt. Ihm ist klar: Fliegt er auf, ist er in Lebensgefahr. Käthe Kollwitz hat in der Akademie eine große Einzelausstellung, ist frei von Eifersucht, fürchtet aber, sie könnte jederzeit wiederkommen. Unterdessen verkauft Otto Dix' Galerist den Schützengraben. *Henny Porten ist wieder gelitten, ein neuer Film mit ihr wird gezeigt in Deutschland. Hitler lernt Winifred Wagner kennen, während Heinrich Mann Reichskanzler Stresemann auffordert, eine »Diktatur der Vernunft« zu errichten. Sein Bruder Thomas besucht Gerhart Hauptmann auf Hiddensee und ersinnt eine Figur für den* Zauberberg. *Ernest Hemingway schreibt für den* Querschnitt *ein schlüpfriges Gedicht. Und was macht Emil Jannings? Er ist immer noch in Rom, die Dreharbeiten ziehen sich. In Deutschland brechen Hungertumulte aus. Immerhin: Ab sofort kann man direkt von Berlin nach München fliegen.*

Über Helene Bechstein hat Hitler Kontakt zu den Wagners bekommen, und so besucht er Anfang des Monats erstmals die Villa *Wahnfried* in Bayreuth und macht der Familie seine Aufwartung. Es empfangen die 86-jährige Witwe Cosima, ihr Sohn Siegfried sowie ihre Schwiegertochter Winifred. Hitler wird durchs Haus geführt, tief bewegt und voller Ehrfurcht sieht er sich alles an, »was unmittelbar mit R(ichard) W(agner) zusammenhing – die unteren Wohnräume mit seinem Arbeitstisch, dem Flügel, Bilder, Bibliothek etc. etc.«.

Anschließend begibt er sich allein in den Park zum Grab seines Idols. Eine ganze Weile verbringt er hier, um den Geist Wagners zu atmen. Dann besucht er den berühmten Salon-Antisemiten und Pseudophilosophen Houston Stewart Chamberlain, der inzwischen gelähmt ist und nicht mehr sprechen kann. Hitler kann die einstündige Unterhaltung auf der Terrasse allein führen und in großer Weitschweifigkeit von seinem Plan schwadronieren, ein neues Deutsches Reich zu errichten. Der verdämmernde Greis Chamberlain ist beeindruckt, in einem Brief eine Woche nach dem Besuch feiert er Hitler »nicht nur als Vorläufer und Begleitfigur eines Größeren, sondern als den Retter selber, die entscheidende Figur der deutschen Gegenrevolution«. Für Hitler, der vor einer seiner schwierigsten Entscheidungen steht, nämlich zu putschen oder nicht, »waren diese Worte wie ein Zuruf durch den Bayreuther Meister selber«.

Auch die Wagners sind von Hitler mehr als angetan. Winifred ist geradezu entzückt. Und ihr Mann Siegfried preist ihn: »Gottlob, gibt es noch deutsche Männer!« Um sich dann in ungeahnte Höhen aufzuschwingen: »Hitler ist ein prachtvoller Mensch, die echte deutsche Volksseele.«

■ ● ■

Am 4. Oktober debütiert George Antheil in Paris. Vor dem Auftritt des Tanzensembles *Ballets Suédois* spielt er eigene Kompositionen: *Sonata Sauvage*, die *Airplane-Sonata und Mechanisms*. 2.000 Zuschauer erscheinen in festlicher Abendgarderobe im *Théâtre des Champs-Élysées*, Tout-Paris: Erik Satie und sein Anhang besetzen allein drei Logen, der französische Komponist Darius Milhaud ist anwesend, Jean Cocteau, der Zeremonienmeister der Pariser Salons, und James Joyce. Pablo Picasso ist da, Man Ray, Artur Rubinstein, Joan Miró, die Surrealisten, der Fürst von Monaco. Sie sind nicht Antheils wegen gekommen, sondern wegen des Balletts. Aber er will seine Chance nutzen, dass jeder sich an diesen Abend erinnert sein Leben lang.

Antheil nimmt Platz an seinem *Steinway*, hinter sich den von Fernand Léger gestalteten kubistischen Vorhang, und wundert sich über die sehr starken Scheinwerfer, »hell wie die Suchlichter eines Schlachtschiffes«, die die Bühne in gleißendes Licht tauchen.

Was Antheil nicht weiß, wenn wir dem notorischen Flunkerer glauben wollen: Er ist Mitglied einer Inszenierung. Zumindest zum Teil. Der französische Filmproduzent und Regisseur Marcel L'Herbier dreht gerade seinen Film *L'Inhumaine*. Im Zuschauerraum haben L'Herbier und sein Kameramann Georges Specht Kameras platziert. In dem Film verkörpert die Opernsängerin Georgette Leblanc die berühmte Sängerin Claire Lescot, die von vielen Männern umschwärmt wird, darunter der Maharadscha Djorah aus Nopur und ein junger Wissenschaftler namens Einar Norsen. Lescot verhöhnt die Gefühle der Männer auf ihren pompösen Abendgesellschaften. Als sie erfährt, dass Norsen sich ihretwegen umgebracht hat, zeigt sie keinerlei Regung.

Das Drehbuch erfordert nun, dass *Die Unmenschliche*, Grausame, zur Liebe Unfähige bei ihrem nächsten Konzert wegen ihrer Gefühlskälte ausgebuht wird und das Theater sich in ein Tollhaus verwandelt. Und hier kommt Antheil ins Spiel: Er soll mit seinen hypermodernen Kompositionen den Skandal provozieren, damit L'Herbier die Ausschreitungen später wirkungsvoll in seinen Film montieren kann.

Antheil beginnt mit der *Sonata Sauvage.* Das Publikum schweigt eisig, und der Regisseur beginnt zu schwitzen. Zwei Versuche bleiben Antheil noch.

■●■

In München lernt Carl Zuckmayer Anfang Oktober Brecht kennen. Er hat seine frühen Stücke gelesen, eine Aufführung von *Im Dickicht* gesehen, seine Lyrik und Balladen kennt er nicht. Während der improvisierten Gesellschaft bei der jungen Schauspielerin Maria Koppenhöfer greift Brecht zur Laute und singt. *Die Ballade von den Seeräubern*, in der Männer mit entgeisternder Selbstverständlichkeit vergewaltigen und morden. Dann das Lied *Vom ertrunkenen Mädchen*, das den Fluss hinuntertreibt, währenddessen sich allerlei Pflanzen und Getier an ihm festsetzen. Und schließlich, einer wahren Geschichte entlehnt, die grausige Moritat vom *Jakob Apfelböck*, der seine Eltern ermordet, sie in einem Schrank vermodern lässt und zunächst weiter ungerührt das Haus bewohnt, bis die Leichen so stinken, dass er zu weinen beginnt und fortan auf dem Balkon übernachtet.

Zuckmayer ist völlig »benommen, aufgerührt, verzaubert«.

Er trägt einige eigene Verse zur Laute vor, danach kommt Brecht zu ihm und mustert Zuckmayer aus halb zugekniffenen aus halb zugekniffenen Augen, so dass Zucki nicht weiß, ob der Blick misstrauisch, kühl oder freundlich gemeint ist.

»›Hörren Sie‹, sagte er mit seinem harten augsburgischen R, ›das ist ja garr nicht schlecht‹.«

Die Party dauert fast die ganze Nacht, die beiden Männer machen sich auf den Heimweg, landen zunächst vor Brechts Haus, diskutieren lebhaft, und Brecht beschließt, nun seinerseits Zuckmayer nach Hause zu begleiten, der am Ende der Maximilianstraße wohnt, fast an der Isar. Dann geht's wieder zurück, der Morgen dämmert bereits. Brecht hält es für eine gute Idee, Zuckmayer hereinzubitten, etwas Bier und Schnaps ist noch da, und vielleicht werde seine Frau ihnen ja einen Kaffee kochen, sie könnten noch etwas musizieren.

Die Männer glauben leise zu sein, doch bald steht Marianne Brecht im Morgenrock in der Tür und mahnt Ruhe an. Das Kind schlafe noch.

Auch als junger Vater bleibt Brecht bei seinen alten Gewohnheiten. Er braucht Nähe und Austausch mit den Freunden, um arbeiten zu können. Oft lädt er sie kurzerhand in die beengte Wohnung ein: »Die Herren qualmten, daß die Nachbarn an einen Zimmerbrand dachten, diskutierten lautstark und blieben dann oft, nach ein paar Flaschen Wein, über Nacht. Das ist nicht unbedingt der Herzenswunsch einer jungen Mutter, die in erster Linie ihr Kind versorgt sehen will. So gab es die ein oder andere Auseinandersetzung«, klagt seine Frau.

Brecht kommt und geht, wann er will, an ein Familienleben ist mit diesem Mann nicht zu denken. In Marianne Brecht wächst die Einsicht, das wird sich niemals ändern. Zusehends schwindet ihre Lust, dem Pascha Brecht zu dienen. Und so liebäugelt sie mit einer Entscheidung. Aber sie ist, man kann es nicht anders nennen, wankelmütig und – willensschwach.

■ ● ■

Mitten in der *Airplane-Sonata* bemerkt Antheil, »wie plötzlich eine scharfe kleine Welle« durch das Publikum läuft. Für ihn untrügliches Zeichen, dass sich etwas zusammenbraut. Doch er bleibt ruhig, in schnellem Tempo spielt er seine Dissonanzen, seine motorischen Rhythmen, Klangkörper, die sich tatsächlich wie maschinell erzeugt anhören.

Ein schriller Pfiff ertönt aus der ersten Reihe, der Mann wird vom Nachbarn geohrfeigt. Ungläubiges Staunen im Publikum. Im Orchester springt ein Musiker auf und fordert es auf, still zu sein.

Antheil spürt die Pistole unter dem linken Arm – und spielt weiter. Er ist Skandale gewohnt aus Deutschland, doch sind die Franzosen heißblütiger, Freunde der Guillotine.

Was für ein wunderbarer Pianist ich doch bin, du Hund, denkt Antheil. Und schaltet in den nächsten Gang.

Als er fertig ist, schaut er zu Satie herauf, der begeistert applaudiert. Milhaud, so glaubt der von Scheinwerfern geblendete Antheil zu erkennen, will Satie mäßigen. Doch der schiebt ihn weg und klatscht unverdrossen weiter. Sein Beifall ist unbezahlbar.

Angefeuert macht Antheil sich an sein drittes Stück.

Die verstörenden Dissonanzen in *Mechanisms* erzeugen Unruhe im Publikum. Es spricht einiges dafür, dass die Stimmung endgültig kippt im dritten Satz, in dem Antheil aus dem Klavier ein Schlaginstrument macht, es mehr behämmert als spielt. Die Leute hält es nicht mehr auf den Sitzen, die ersten pfeifen, beginnen zu randalieren, lautstarker Beifall kontert, Gegner und Befürworter Antheils ohrfeigen sich, stoßen einander herum.

Anschließend verlagern sich die Auseinandersetzungen auf die Gänge. Die Menschen schreien, heulen, klatschen. Satie ruft aus der Loge: »Quel précision! Quel précision! Bravo! Bravo!« Auch Milhaud applaudiert nun. Das stachelt die Gegner noch mehr an. Auf den Rängen reißen die Leute die Stühle heraus und werfen sie Richtung Orchester. Die Polizei schreitet ein und verhaftet Leute aus dem Publikum.

George Antheil beendet *Mechanisms* – »ruhig wie ein Kohlkopf«.

Zwar ist er etwas irritiert, als Georgette Leblanc an seinen Flügel tritt und die mächtigen Scheinwerfer auf sie beide strahlen, doch denkt er sich angeblich nichts dabei.

Seit der Premiere von Strawinskys *Le sacre du printemps* im Mai 1913 im selben Haus, wird Antheil sich später erinnern, hat »Paris so einen schönen Abend nicht mehr erlebt«.

■●■

An einem Morgen Anfang Oktober steht ein 27-jähriger Mann vor dem Haus Schellingstraße 39/41 in der Münchner Maxvorstadt. Soll er hineingehen oder nicht? Er zögert. Denn er will sich undercover in die Zentrale der NSDAP und des *Völkischen Beobachters* einschleichen, das Vertrauen des »Führers« erwerben, um den Deutschen zu berichten, was es mit diesem Mann auf sich hat und was er im Schilde führt. Das weiß bis jetzt niemand so genau. Ist er mehr als ein antisemitischer Agitator und Demagoge? Ist er gefährlich? Oder doch nur ein radikaler, aber harmloser Münchner Politclown?

Der linke jüdische Journalist Leo Lania, so heißt der Günter Wallraff der 1920er Jahre, hat sich eine gute Tarnung zugelegt und ein paar falsche Dokumente obendrein. Er will sich ausgeben als italienischer Faschist, Lania spricht fließend Italienisch. Eine selbst gefertigte Legitimation als Sonderkorrespondent Arnaldo Mussolinis, Bruder des »Duce« und Chefredakteur der Faschistenzeitung *Il Popolo d'Italia*, soll ihm Zutritt verschaffen zum höchsten braunen Kreis.

Jetzt steht er im Treppenhaus und muss an die Worte des SPD-Reichstagsabgeordneten Paul Levi denken, dem er seinen Plan offenbart hat: »Wenn man Ihnen auf den Schwindel draufkommt, können Sie ihr Testament machen. Das heißt, dazu werden Sie dann nicht mehr viel Zeit haben.«

Die ersten Stufen nimmt Lania zögerlich. Noch vor der Tür mit dem Schild *Völkischer Beobachter* im ersten Stock ist er unschlüssig, ob er die Sache nicht abblasen soll. Er gesteht sich ein: Er hat Angst!

Dann klingelt er.

■●■

Am 5. Oktober erscheinen Karikaturen von George Antheil auf den Titelseiten diverser Pariser Zeitungen. Eine zeigt ihn im Monteursanzug, einen Flügel kontrollierend, der mit einer Dampfmaschine

Mit einem einzigen Klavierkonzert wird George Antheil im Herbst 1923 in Paris schlagartig berühmt, was er mit der Bemerkung quittiert: »Ich muss sagen, dass das ein sehr interessantes Gefühl ist, wenn auch nicht allzu gesund.«

verbunden ist, eine Schalttafel mit Manometern, Messinstrumenten und Hebeln anstelle der Tastatur. Die Bildunterschrift erzählt von »Zukunftsmusik«, die gestern im *Théâtre des Champs-Élysées* gespielt worden sei. Antheil weiß, er ist der neue Liebling von Paris, seine Zukunft für die nächsten Jahre gesichert.

Wenige Tage später gibt er der Presse gegenüber bekannt, dass er an einem neuen Stück arbeitet. *Ballet mécanique* soll es heißen. Er möchte, dass ein Film dazu gedreht wird. Ein junger Kameramann meldet sich bei ihm, Dudley Murphy. Unter einer Voraussetzung will er den Film drehen: Fernand Léger soll daran mitwirken. Léger sagt zu, und Antheil macht sich an die Arbeit.

■●■

Leo Lania findet Einlass in die Herzkammer der NSDAP, seine Tarnung überzeugt, und er bekommt einen Termin bei Hitler. Sogar einen »Kameraden«, der aus dem Italienischen übersetzt, hat man kommen lassen, für so wichtig hält Hitler den neuen Kontakt. Was folgt, ist das einseitigste Gespräch, das Lania je geführt hat. Kaum hat er Platz genommen, ergießt sich Hitlers Wortschwall über ihn. Auch macht er Versprechungen, wie es nur ein Reichskanzler vermag: »Sagen Sie dem Duce, den ich sehr bewundere, daß ich im Interesse der guten Beziehungen mit dem faschistischen Italien auf die Befreiung der Deutschen in Südtirol verzichte.«

Im Anschluss wirft Hitler Lania die in vielen Reden erprobten Slogans zu: »Novemberverbrecher«, »Marxistenherrschaft«, »jüdische Weltverschwörung«.

Lania fragt sich, während er den Monolog über sich ergehen lässt, wie es sein kann, dass Hitler den Ruf eines guten Redners genießt. Unoriginell findet er ihn und sein Deutsch schauderhaft. Ein Licht geht ihm auf, als er Hitler öffentlich sprechen hört. Er »versetzte sich vor den Zuhörern in Trance. Sein Brüllen, seine hysterischen Ausbrüche, seine Klagen und Drohungen – das war hemmungsloser Exhibitionismus.« Dem Publikum im Saal, bayerische Kleinbürger und Mittelständler, steht der Mund offen. Wegen des Lärms verstehen sie zwar kaum, wovon die Rede ist, aber sie sind gebannt »wie durch den Akt eines tanzenden Derwisches«.

Eine gute Woche geht Lania in der Schellingstraße ein und aus und lernt die wichtigsten NSDAP-Köpfe kennen: Ernst Röhm, Gregor Strasser, Rudolf Heß und den früheren Münchner Polizeipräsidenten Ernst Pöhner. Lania hält die meisten von ihnen für stärkere Politiker als Hitler, so wie Röhm, Pöhner für geschickter und gewiefter, Strasser für weit gebildeter.

Lania kennt Mussolini, hat ihn studiert, den Komödianten, dem seine Rolle zur zweiten Natur geworden ist, zynisch, machtgierig, eitel. Aber bei der Beurteilung seiner selbst bleibe er auf dem Teppich. Anders Hitler: genauso zynisch, skrupellos und verlogen wie Mussolini, wenn es darum geht, seine Ziele zu erreichen, aber im Unterschied zu Mussolini ist seine Überzeugung von der eigenen

Größe, von der Rolle, die ihm zukommt, absolut echt. Ein abnormer Größenwahn gepaart mit einem unbedingten Glauben an die eigene politische Agenda. Das hat Hitler allen anderen voraus, und das muss all jene beeindrucken, die in Zeiten der höchsten Verunsicherung den Glauben an alles verloren haben. Deshalb ist Hitler so eminent gefährlich in den Augen Lanias.

Für ihn selbst wird es ungemütlich. Zwei Ukrainer tauchen beim *Völkischen Beobachter* auf, Röhm stellt sie Lania vor als »die Unzertrennlichen«. Hünenhaft und vierschrötig der eine, klein und schmächtig der andere. Eigentlich müssten sie sich doch kennen, sagt Röhm. »Aus Italien.« Lania fühlt, wie sein Herzschlag aussetzt. Doch kann er die Situation parieren.

Bald erfährt er, was die Profession des Hünen ist: Fememorde.

Nichts wie weg, denkt Lania. Doch hat er gerade im *Völkischen Beobachter* einen Offizier kennengelernt, der dem neuen italienischen Freund der Partei Informationen über eine geplante Waffenschiebung gibt. Das könnte ein noch größerer Scoop werden als der Undercover-Einsatz.

Lania entschließt sich, einen weiteren Tag in München zu recherchieren. Der wird ihm fast zum Verhängnis. Gerade will er aufbrechen zu einem Treffen mit einem Vermittler des Waffendeals, da nötigen ihn die Ukrainer und der Offizier, den Abend mit ihnen zu verbringen.

Sie sind im *Hofbräuhaus*, da zieht der Hüne eine Pistole, legt sie auf den Tisch und spricht zum Offizier, fixiert dabei aber unausgesetzt Lania. Schwer und drohend ist sein Blick. »Marschieren – Soldaten spielen – alles ganz niedlich. Aber heute ist das Töten wichtiger.«

Der brenzligen Situation entzieht Lania sich geistesgegenwärtig: Er habe seine Verabredung gesichtet, den italienischen Konsul. Und flugs verabschiedet er sich von den Spießgesellen. Er hetzt in sein

Hotel, packt seine Sachen, die zuvor durchwühlt worden sind, und besteigt den nächsten Zug. Tags drauf ist er zurück in Berlin.

■ ● ■

Dort wird am 8. Oktober der neue Flughafen Tempelhof an die Luftverkehrsgesellschaft Junkers und die Deutsche Aero Lloyd AG übergeben. Wer möchte und genug Geld hat, kann nun von Berlin direkt nach München oder Königsberg fliegen.

■ ● ■

In der ersten Oktoberwoche eröffnet in der Berliner *Akademie der Künste* Käthe Kollwitz' große Einzelausstellung, in der sie ihre sieben Kriegsblätter der Öffentlichkeit vorstellt, dazugehörende Zeichnungen und ausgewählte Arbeiten zum Tod. Die Ausstellung wird ein spektakulärer Erfolg, ins Tagebuch notiert sie: »Großer Nachhall meiner Ausstellung. Wie freu ich mich!«

Auch sonst ist sie frohgemut, denn sie ist »frei von Eifersuchtsplagen«. Und doch sucht sie das Haar in der Suppe. Das »Schlimmste aber ist, daß ich frei bin ohne mein Zutun, aus Gnade gewissermaßen. Ich fürchte es kommt mal wieder und ich kann wieder nichts dagegen tun.«

Dann ist erst mal Ruhe an der Else-Front. Im Februar 1924 spricht sie erneut mit ihrem Mann über dessen Affäre. »Er sprach so für mich einleuchtend, daß mir ganz froh wurde, schwer ist nur das Durchhalten dieser Einstellung. Tatsächlich hat er an Else etwas, was ich ihm nie gegeben habe und erst recht jetzt nicht geben könnte, was mit ihrer Munterkeit, Koketterie, Singlust, Plauderei zusammenhängt. Versagt er sich das, so ist es einfach aus seinem Leben weg, er ist ärmer geworden und ich nicht reicher.«

Die nachnamenlose Else verschwindet ebenso spurlos, wie sie aufgetaucht ist. Aller begründeten Vermutung nach wechselt sie im Jahr 1924 den Arbeitgeber, dann ist es vorbei mit der klischeehaften Liebelei zwischen Arzt und Sprechstundenhilfe.

■●■

Franz Werfel besucht Franz Kafka in Steglitz und liest ihm vor aus seinem neuesten Stück *Schweiger*, einem unbedeutenden Trauerspiel in drei Akten. Kafka ist so entgeistert, dass er sich außerstande sieht, mit dem Prager Freund über das Gehörte zu sprechen. Nachdem sie lange schweigend miteinander verbracht haben, verlässt Werfel unter Tränen die Wohnung. Dora Diamant findet Kafka »vollkommen zerschlagen« vor. Weinend murmelt er: »Daß es etwas so Entsetzliches geben kann!«

Was die Kunst angeht, ist Kafka von unerbittlicher Strenge. Zuerst gegen sich selbst, aber wer sich ihm ausliefert mit einem Text, der erfährt entweder größtes Lob oder fällt der Verzweiflung anheim.

■●■

Auf Anweisung Moskaus tritt die KPD in die sächsische Landesregierung ein, und das Klima wird rauer. Nicht nur Kommunisten dringen in die Markthallen und zwingen Standbetreiber dazu, ihre Waren mit herbem Verlust zu veräußern, damit auch ein Arbeiter sie sich leisten kann. Das führt dazu, dass weder Obst noch Gemüse, noch Milchprodukte aus den Landkreisen eintreffen, da die Bauern es satthaben, ihre Produkte für wertloses Papiergeld einzutauschen.

Die Folge: »Die städtischen Massen organisieren Razzien, graben die Kartoffeln selbst aus, schneiden Getreide mit Scheren (wobei sie große Verwüstungen und Schäden anrichten) oder zwingen Bauern, billig zu verkaufen.«

Am 10. Oktober druckt das KPD-Blatt *Rote Fahne* einen Artikel Josef Stalins ab. Er beginnt mit dem Satz: »Die herannahende Revolution in Deutschland ist das wichtigste Weltereignis unserer Zeit.«

Auch im Theater spiegelt sich die Unruhe im Land. Thea Sternheim wohnt der Dresdner Premiere der *Hose* bei, die ihr Mann, der Dramatiker Carl Sternheim, selbst inszeniert hat. Nach jedem Akt:

stürmische Kundgebungen, Pfeifen und Geschrei: »Haut den Juden tot! Pfui, pfui! Bravo Sternheim!« Sie registriert, dass die »Gespanntheit der politischen Lage« beiträgt zur allgemeinen Erregung, die am Ende eher einer Demonstration gleicht als einem Theaterskandal.

Als Antwort auf die Regierungsbeteiligung der Kommunisten marschiert die Reichswehr in Sachsen ein und bald auch in Thüringen, vertreibt mit aufgepflanztem Bajonett die kommunistischen und sozialdemokratischen Minister aus ihren Ämtern und erklärt den Ausnahmezustand.

Doch ist damit die Gefahr nicht gebannt, dass von Sachsen ein kommunistischer Aufstand ausgeht, der das ganze Reich erfassen könnte. Am 21. Oktober lädt die KPD zu einer Arbeiterkonferenz nach Chemnitz. Die Idee ist, falls die Stimmung es zulässt, den Generalstreik auszurufen und sich der verhassten Diktatur der Reichswehr entgegenzustellen. Doch als Heinrich Brandner, zusammen mit August Thalheimer leitet er die Partei, den Streikantrag stellt, fällt er bei den SPD-Teilnehmern durch. Brandner muss einsehen, es gibt für einen allumfassenden Streik keine ausreichende Unterstützung.

Einflussreiche Kader wie Ruth Fischer und Arkadi Maslow, rechter Arm von Leo Trotzki in Deutschland, werfen ihm daraufhin vor, er sei schuld am Scheitern der Oktober-Aufstände in Deutschland, Clara Zetkin hingegen, Reichstagsabgeordnete und Grande Dame der Partei, lobt ihn für seine Umsicht, mit der er eine Niederlage abgewendet habe.

Einen geplanten Aufstand in Hamburg lehnt Brandner ebenfalls ab, doch der linke KPD-Boss Ernst Thälmann hat keine Lust auf die moderate Linie der Parteiführung und kann das Wasser nicht halten. Hamburg, so Thälmann in seinem Wahn, soll die Fackel der Revolution von Sachsen übernehmen und ins Reich tragen.

Am 23./24. Oktober sterben bei dem dilettantisch organisierten, aussichtslosen Umsturzversuch 24 Kommunisten und 17 Polizisten.

Allem Massenelend zum Trotz gelingt es den Kommunisten nicht, aus ihren kruden Putschplänen eine umjubelte Zugnummer zu machen bei der Bevölkerung, weder in Hamburg noch in Sachsen. Der russische Schriftsteller Ilja Ehrenburg berichtet von einem Flugblatt, das zum Aufstand gegen die Reichswehrdiktatur in Mitteldeutschland aufruft. Doch die Leute zucken nur mit den Achseln und gehen wortlos zur Arbeit.

■●■

Die *Vossische Zeitung* räumt in ihrer Morgenausgabe vom 11. Oktober ein Drittel der Titelseite und mehr als die Hälfte der Seite 2 frei für einen ungeheuerlichen Essay von Heinrich Mann. Darin appelliert er an Reichskanzler Gustav Stresemann, eine »Diktatur der Vernunft« zu errichten.

Mann konstatiert, das Land sei haarscharf an einer gewaltbereiten Diktatur der Rechten vorbeigeschrammt. Eine Gefahr, die er keineswegs für gebannt hält. Übernähme sie die Macht, sei dies das Ende des Reichs.

Nach Ansicht Manns muss sich Stresemann jetzt die Vollmacht erteilen lassen von der bürgerlichen Mitte des Reichstages, um die drohende »Diktatur der Gewalt durch die Diktatur des Rechtes« zu bannen.

Ein düsteres Bild vom Zustand des deutschen Volkes und seiner Verführbarkeit malt er: »Dieses Volk ist immer dort, wo nichts zu holen ist als Wahnsinn, wo nichts zu finden ist als Nacht. Jeder schäbige Gauner kann dieses Volk, mit vorgemachten großen Worten, auf seine Seite bringen, der ehrliche Mann im guten nie.«

Nie hätte Mann daran gedacht, dass er eine Diktatur herbeiwünschen würde, doch nun sieht er in ihr den einzigen Ausweg: Er fordert die »Diktatur der Vernunft«. Zugleich feuert er den Kanzler an: »Sie können es schaffen (…). Sie haben die Parole der Einheit, das ist auch heute noch mehr, viel mehr als Losung von Parteien.«

Und weiter: »Brechen Sie zu Gunsten des Rechts und der Vernunft das unerträgliche nutzlose Gleichgewicht, worin Recht und Gewalt, Vernunft und der Wahnsinn sich hierzulande gegenüberstehen. Revidieren Sie die sogenannte Pressefreiheit! Bringen Sie die vorhandenen Waffen auf ihre Seite! Sie sehen doch, daß, solange der Wahnsinn zu allem fähig scheint, die Vernunft nicht schwanken darf.«

Kurt Tucholsky hält dergleichen Appelle inzwischen für sinnlos, er ist kein Kämpfer, und an den Sieg glaubt er nicht. Zu viel Melancholie ist in ihm, inzwischen auch zu viel Bitterkeit. Schon Anfang des Jahres hat er konstatiert, »dieses Land ist durch und durch krank«. Und weiter: »Ich habe Erfolg, aber ich habe keinerlei Wirkung.« Und Heinrich Mann, da ist er sich sicher, hat auch keine, und das schreibt er ihm auch.

Der antwortet prompt: »Verehrter Herr Doctor Tucholsky, Ihr Brief erfreut mich, weil ich sehe, daß sie gerne mit mir sprechen. Trostreich ist er nicht, aber das ist auch nicht zu verlangen. Sie haben natürlich recht mit ihren Zweifeln an der Wirksamkeit meiner vorigen Arbeit und aller übrigen. Der französische Kollege unseres Staatsmannes (Stresemann) würde einem Schriftsteller, der ihm so freundlich zuredet, beispielsweise seine Visitenkarte schicken. Anders der hiesige. Denn erstens: hat er es nöthig? Und dann, ich kompromittire ihn höchstens. Aber das wußte ich vorher, und ich habe mir die Mühe auch nicht seinetwegen gemacht, so wenig wie für diese fragwürdige Nation: sondern mehr zu meiner Selbstbehauptung. Was vernünftig wäre, muss man doch wenigstens gewusst haben, sonst ginge man gar zu nichtswürdig mit unter.«

Ein anrührendes Dokument. Und zugleich eins der Ohnmacht.

■●■

Ganz andere Dinge gehen Karl Abraham, Berliner Statthalter Sigmund Freuds und dessen Schüler, in diesen Tagen durch den Kopf. Im Sommer hat er den Begründer der Psychoanalyse in Lavarone besucht. Bei Spaziergängen durchs liebliche Südtirol plaudert Abraham mit Freud über die Stadien der Objektliebe, besonders über die »partielle Einverleibung«.

In der Praxis hätten sich dafür jetzt im Oktober »schöne Bestätigungen« und »sehr schönes Beweismaterial« gefunden. Was ist geschehen? Bei einer Patientin wird eine Psychose diagnostiziert. Unter anderem leidet sie unter der Wahnidee, ein Affe sitze in ihr. Abrahams Schlussfolgerung ist ebenso einfach wie zwingend: »Dieser Affe erwies sich mit absoluter Deutlichkeit als Penis des Vaters.«

■●■

Vaterprobleme hat Franz Kafka zur Abwechslung nicht, ihn plagen andere Sorgen. Sein Verleger Kurt Wolff versichert ihm, »daß die Geringfügigkeit des Absatzes Ihrer Bücher uns die Freude an deren Zugehörigkeit zu unserem Verlag in keiner Weise mindert«. Er sei überzeugt, »daß eine spätere Zeit die außerordentliche Qualität dieser Prosastücke richtig zu würdigen wissen wird«. Weil der Verkauf seiner Bücher schwach ist, sieht sich Wolf außerstande, Kafka eine nennenswerte Summe zu überweisen.

Folglich wird Kafkas Konto liquidiert. Er bekommt noch ein paar Freiexemplare eigener Werke, und Wolff möchte ihm weitere Bücher aus der Verlagsproduktion schenken.

Das stürzt Kafka in arge Verlegenheit, denn nachdem er darum gebeten hat, selbst darüber zu entscheiden, welche Bücher man ihm zuschicken solle, schickt ihm Kurt Wolff ein Verlagsverzeichnis und bittet ihn, eine »entsprechende Auswahl« zu treffen. Was das sein soll, weiß Kafka nicht. Er fragt nach, »für wie viel Goldmark« ihm der Verlag ursprünglich Bücher habe schicken wollen.

Dann wählt er aus. Eine schöne Liste: Unter anderem Gedichte von Hölderlin, ebenso von Eichendorff, Georg Simmels Studie über Rembrandt, einen Band von Hamsun und die Memoiren von Paul Gauguin, *Vorher und Nachher*. Dort heißt es: »Das Leben ist ein Bruchteil einer Sekunde. Wie in so kurzer Zeit sich Ewigkeit bereiten?«

Geschrieben hat Gauguin dies vor mehr als zwanzig Jahren, von Krankheit und Einsamkeit gezeichnet, auf der Insel Hiva Oa in Französisch-Polynesien. Sterbenskrank ist Kafka auch. Aber nicht einsam. Dora hält zu ihm.

■●■

Otto Dix vollendet im Oktober den *Schützengraben*, ein Haufen zerfetzter menschlicher Kadaver inmitten einer zerbombten Grabenlandschaft. Der Schrecken des Krieges verdichtet zu einer schaurigen Szene, gemalt in erdigem Braun, schimmligem Grün, phosphoreszierendem Gelb, geronnenem, blutigem Rot und ödem Grau.

Sein Galerist Karl Nierendorf kann das 227 × 250 Zentimeter große Bild für 10.000 neue Mark an das *Wallraf-Richartz-Museum* in Köln verkaufen. Ab Dezember ist es zu sehen – in einem abgelegenen Raum, hinter einem Vorhang. »Nur auf Wunsch« wird er gelüftet.

■●■

Was auch immer geschehen ist, der Bannfluch der Filmtheaterbetreiber gegen Henny Porten scheint aufgehoben. Ab 13. Oktober läuft der neueste Film mit ihr im *Mozartsaal* zu Berlin. Der liegt am Nollendorfplatz, und sieben Jahre später wird Joseph Goebbels dort weiße Mäuse aussetzen, um die Vorführung von *Im Westen nichts Neues* zu sprengen.

Neben Werner Kraus als Shylock spielt sie die Portia im *Kaufmann von Venedig*. Die Porten sei »so holdselig, wie man es sich nur wünschen kann«, meint der eine, »Henny Porten, die übersichere, war hilflos wie eine Filmnovize«, der andere. Kritiker eben.

■●■

»Trude Hesterberg! (...) Sie sang, sie schmetterte, sie säuselte die schärfsten Lieder der Zeit. Am schärfsten sind sie ja, wenn man sie säuselt. Aber wer wußte das, außer ihr? Gab es je eine Wiedergeburt der begnadeten Yvette Guilbert, sie war es! Aber mit eigenem Mündchen, mit eigener Schnauze, mit den ureigenen Bewegungen ihrer aufzeigenden, aufreizenden Hände.« Friedrich Hollaender wand der Hesterberg in seinen Memorien einen Kranz. Über die Inflationszeit schreibt er: »das Brot kostet die berühmte Milliarde, jeden Mittag um zwölf erschien der neue Index«. Also bezahlt die wilde Trude Walter Mehring und Hollaender die Chansons nach einem neuen System: ein Chanson = drei Parkettplätze zum Tageskurs.
Hier singt sie, auf der Bühne ihres *Wilden Theaters*, die Arie *der großen Hure Presse* von Walter Mehring.

Am 16. Oktober brennt Trude Hesterbergs *Wilde Bühne* im Sockelgeschoss des *Theaters des Westens* an der Kantstraße ab. Ein provisorisch angebrachter Ventilator ist über Nacht heiß gelaufen. »Ich stand vor den Trümmern einer Welt, die ich voller Liebe und Idealismus aufgebaut hatte. Nichts blieb übrig. Alle Noten und Unterlagen waren verbrannt, die Kulissen, der Vorhang, die schönen Plakate von Toulouse-Lautrec und Slotki an den Wänden, die Fotos und Programme, sogar das nimmermüde alte Klavier, das uns unter den Zauberhänden der Komponisten Heymann, Hollaender und Spoliansky so herrlich begleitete.«

Hesterberg ist nicht versichert, denn das ist während der Inflation sinnlos. So muss sie Schadensersatz leisten und hat keine Kraft mehr für einen Neuanfang: Die *Wilde Bühne* ist Geschichte, und Hesterberg widmet sich wieder Revue und Operette.

»Das geistige, kämpferische Kabarett stirbt in Berlin wieder aus, indes die stilgewerbliche, mit gefälligem Augenschmaus aufwartende ›Kleinkunstbühne‹ und das banale Animierbrettl triumphieren«, diagnostiziert der Dichter Max Herrmann-Neiße, der selbst in der *Wilden Bühne* aufgetreten ist.

■ ● ■

Wie lange schon sucht Thomas Mann nach der Figur, die Hans Castorp und ihn selbst aus der zwar leidenschaftlich ausgetragenen, aber am Ende anämischen Belagerung durch Settembrini und Naphta befreien könnte? Wahrscheinlich weiß er es nicht mehr.

Mit seiner Frau Katia und vier seiner sechs Kinder begibt er sich in der zweiten Oktoberhälfte nach Bozen und quartiert sich im Hotel *Austria* ein. Ebenso dort: Gerhart Hauptmann und seine Frau Margarete.

»Nichtssagende flüchtige Begegnungen da und dort« zwischen den beiden sind vorausgegangen. »Bedrücktheit durch erzählerische Sorgen« lasten auf Mann, der mit seinem *Zauberberg* nicht vorankommt.

Tägliche Treffen folgen. Offensichtlich mit Wonne schleppt Hauptmann den 13 Jahre Jüngeren in Bozener Weinstuben, um dort seine Trinksitzungen abzuhalten. Mann spricht dem Wein nur verhalten zu, während Hauptmann ordentlich zulangt und Hof hält.

Autogrammjäger drängen herein, umlagern freilich nur den Älteren, während Thomas Mann nicht beachtet wird. »Mir war das recht, nicht ihm«, flunkert Mann 29 Jahre später.

Gar nichts ist ihm recht daran! Noch peinlicher, dass Hauptmann die Belagerer darauf aufmerksam machen muss, wer neben ihm am Tisch sitzt, so dass sie schließlich auch Thomas Mann ihre »Papierfetzen« zum Signieren vorlegen. Schon die Formulierung lässt erahnen, für wie würdelos Thomas Mann, noch fast drei Jahrzehnte später, das Geschehen empfindet.

Das Verhältnis der beiden ist ein Drama, das die Briefe und Dokumente mehr verhüllen als offenbaren. Von Seiten Manns Bewunderung, ja Verehrung, doch immer auch verbunden mit Neid, Rivalität und, ja, Hass.

Wer ist der legitime Nachfolger Goethes? 1923 scheint die Frage entschieden. Gerhart Hauptmann! Er ist, wie Goethe, ungemein wandelbar, dazu ungeheuer produktiv, wird gefeiert und überall erkannt. *Der* deutsche Nationaldichter. 1922 nennt Mann ihn in seiner berühmten Rede anlässlich des sechzigsten Geburtstags Hauptmanns den »König der Republik«.

Thomas Mann hat ihn auf den Thron gesetzt. Jetzt muss er den König ermorden!

Er studiert Hauptmann in den Tagen von Bozen, bekommt einiges geboten und verwendet – alles. Die Statur, das Alter, die ins Bedenkliche spielenden Trinkgewohnheiten, die Gebärden, das Sprechen in zusammenhanglosen, oft halben Sätzen, und bald ist er sich sicher: »Das ist er!«

Ein knappes Jahr später, da ist der Peeperkorn in wesentlichen Zügen fertig, trifft man sich erneut, diesmal auf Hiddensee. Auch dieser Aufenthalt verläuft unerquicklich für Thomas Mann, wie Katia Mann in ihren Memoiren schreibt:

»Unsere Nachbarschaft in Hiddensee war etwas ärgerlich, weil Hauptmann doch der König von Hiddensee war. Er hatte uns sehr geraten, dort hinzukommen. Nun war er aber dermaßen eindeutiger König, daß für uns dort wenig Aufmerksamkeit abfiel. Wir wohnten im ›Haus am Meer‹, ›seinem‹ Haus, hatten aber mit den übrigen Gästen im Speisesaal zu essen und bekamen sehr mäßiges Essen, wohingegen Hauptmann köstliche Speisen auf das Zimmer hinaufgetragen wurden. Das Ganze war etwas verdrießlich.«

»Haus und das Essen sind sauschlecht«, findet auch Tochter Erika, und man kann sich lebhaft vorstellen, wie der Verdruss Thomas Mann weitere Boshaftigkeiten in die Feder diktiert, um seinen Peeperkorn abzurunden.

»In der Nacht«, schreibt Erika an ihre Freundin Pamela Wedekind, »war das komischste Fest gewesen, das ich in meinem langen Leben mitmachte; bei Hauptmanns. Erst waren viele Wandervögel zum Dichter gepilgert, hatten gesungen und gesprungen und er hatte dümmlich geredet.« Später ging es dann in Hauptmanns Privatwohnung, »und dort gab es so toll und voll Bowle, daß alle aber auch alle (mit Ausnahme des Zauberers, versteht sich) recht sehr betrunken waren«.

Statt mitzuhalten, wird der »Zauberer« sich im Anschluss Notizen gemacht haben.

Hauptmann ist von der Lektüre des ersten Teils des *Zauberbergs* begeistert. Überschwänglich schreibt er dem gemeinsamen Verleger Samuel Fischer: »Der Roman ist ein Wurf und ein Werk. Ich bin überzeugt, daß, wenn er sich fortsetzt wie bisher und an epischer Ruhe, Haltung und innerem Reichtum nichts verliert, er unter die wenigen Meisterwerke seiner Gattung zurechnen ist.«

Thomas Mann hingegen ist beunruhigt. Hat er wirklich geglaubt, seine Anleihen bei Hauptmann bleiben unbemerkt? Schwer vorstellbar. Max Liebermann sagt ihm nach einer Lesung offen ins Gesicht, dass er bei Peeperkorn ein paarmal an Hauptmann gedacht hat. »Gott möge ihm die Sünde verzeihen«, heuchelt Mann dreist gegenüber seinem Lektor Oskar Loerke.

Der einen Scheinheiligkeit folgt die nächste auf dem Fuße: »Meine Reaktion war Lachen, Stutzen, Nachdenken und Besorgnis. Sagen Sie mir aufrichtig: Besteht Gefahr, daß noch andere auf diesen waghalsigen Gedanken kommen?«

»Sie kennen Hauptmann«, fährt der Ertappte ängstlich fort. »Warnen Sie mich?«

Die verfolgte Unschuld spielend, fragt er Loerke, ob die Freunde des Dichters auf den Gedanken kommen könnten, mit Peeperkorn sei Hauptmann gemeint? »Der Gedanke darf kein Leben bekommen, und wenn er welches hat, so muß man ihn ersticken, ermorden. Mit allen Mitteln aus der Welt leugnen.«

Dass er damit auf verlorenem Posten steht, wird Thomas Mann bald klar. Er gibt immerhin zu, dass Hauptmann »in einzelnen äußerlichen Zügen auf die Gestaltung Peeperkorns eingewirkt« hat. Doch ein Porträt von Hauptmann? »Das ist nicht wahr! (...) Was hätte auch darüber hinaus die Existenz Hauptmanns mit derjenigen des ehemaligen Kaffeehändlers von Java zu tun, der mit seiner Malaria und seiner abenteuerlichen Geliebten nach Davos kommt und sich abdikationsweise mit einer asiatischen Droge tötet.«

Mit Hauptmanns hat das in der Tat wenig zu tun – mit dem Mord an einem verächtlichen König freilich sehr viel.

Lektor Oskar Loerke lässt sich unterdessen von Manns, er kann nur genannt werden: verlogenem Brief nicht täuschen. Ihm schwant, dass sowohl auf den Verlag wie auf Thomas Mann etwas zurollt. Der liest im Berliner Beethovensaal den Anfang der Peeperkorn-

Episode. Loerke hört sich um und siehe da: Alle erkennen Hauptmann in Peeperkorn. Loerke ist sich sicher: »Das wird möglicherweise eine große Aufregung geben.«

Der Schriftsteller Hans von Hülsen, ebenfalls bei der Lesung anwesend, petzt wenige Tage später bei Margarete Hauptmann. Und Gerhart Hauptmann, der Gutmütige, er ist doch auch eine verletzliche Künstlerseele; meist schafft er es, sich bald zu beschwichtigen, wenn der Zorn ihn übermannt. Aber zornig sein kann er.

Jetzt nimmt er sich das von Hülsen soufflierte Kapitel vor. Ein wunderlicher Holländer taucht da auf, Mynheer Peeperkorn in Knickerbocker, Wollhemd, Weste, groß, breit und hochgestirnt, und »sein weißes Haupt war königlich«.

Eine überwältigende Erscheinung, dieser steinreiche Peeperkorn. Alles ist große Geste, unmäßig die Genusssucht, schon morgens spricht er dem Genever zu, unzählige Flaschen Rotwein und Champagner begleiten ihn durch Tag und Nacht.

Und wie er redet. Nichts als zusammenhangloses Gestammel: »Meine Herrschaften. – Gut. Alles gut. Er-ledigt. Wollen Sie jedoch ins Auge fassen und nicht – keinen Augenblick – außer acht lassen, daß – doch über diesen Punkt nichts weiter. Was auszusprechen mir obliegt, ist weniger jenes, als vor allem und einzig dies, daß wir verpflichtet sind, – dass der *unverbrüchliche* – ich wiederhole und lege alle Betonung auf diesen Ausdruck – der unverbrüchliche Anspruch an uns gestellt ist – – *Nein*!«

Hauptmann ist angewidert und erzürnt, als er in Peeperkorn die Karikatur seiner selbst erkennt. »Das idiotische Schwein soll Ähnlichkeit mit meiner geringen Person haben?«, notiert er.

In einem Briefentwurf an Samuel Fischer schreibt er: die »Sache Thomas Mann steht menschlich schlimm (eines der vielen Eigenschaftswörter, die dafür zur Verfügung stehen heisst ›Erbärmlichkeit‹).«

Und in einem weiteren vom selben Tag notiert er bitter: »Thomas Mann hat mir ›recht und echt‹ niemals etwas bedeutet: er konnte mir nichts sagen (…). Kurz – Thomas Mann hat mich nie interessiert (…). Jeder Arbeitsmann, jeder Mensch, jede Hysterikerin interessiert mich, aber nicht ein solcher Bettler, der um seinen Brei zu würzen, schwarze Schlachterei treibt (…). Ich hasse das Papier: ich liebe es.

Den Papiernen Menschen hasse ich.«

Den papiernen Menschen hätte Mann ihm bis ans Lebensende nicht verziehen, das ist Samuel Fischer klar. Und so schweigt er gegenüber Thomas Mann.

Inzwischen ist Hauptmann bewusst, dass die ersten Anregungen für die Peeperkorn-Figur aus dem gemeinsamen Aufenthalt in Bozen herrühren. Dort, mit Grippe das Bett hütend, ist er sehr gerührt, als Thomas Mann ihm einen Krankenbesuch abstattet. Es ist Vormittag, auf dem Nachttisch neben dem Bett die bereits angebrochene Flasche Terlaner, die »Verordnung ist ja bei Grippe die übliche«. »Dieser Schriftsteller und Gentleman (hat) die Eindrücke seines Krankenbesuches sofort für seinen Roman hineingebacken und eine Scene an Peeperkorns Bett fabuliert, für die ich die Kosten zu tragen habe«, zürnt Hauptmann.

Zuweilen, so nimmt er mit guten Gründen an, war Mann so glücklich »als pflichtgetreuer Lumpensammler, einen Sack voll frischer Lappen und Flicken für seine Peeperkorn-Puppe zur Hand zu haben«. Um dann richtig vom Leder zu ziehen: »einem Holländer, einem Säufer, einem Giftmischer, einem Selbstmörder, einer intellektuellen Ruine, von einem Luderleben zerstört, behaftet mit Goldsäcken und Quartanfieber, zieht Thomas Mann meine Kleider an.«

Von Heimtücke ist in Briefen und Entwürfen die Rede; Hauptmann versteht sehr gut, dass es um einen Königsmord geht. Thomas Mann habe ihn einmal »auf seine Verantwortung den ›ungekrönten König der Republik‹ genannt, daraus ist ein Kaffeekönig geworden«.

Drei Wochen später ist der erste Groll verflogen. In sein Tagebuch notiert er: »Thomas Mann – bedeutendes Werk: endlich etwas Diskutables in Deutschland. (›Zauberberg.‹).« Anfällig für die antisemitischen Stereotypen seiner Zeit, notiert er freilich auch Abgeschmacktes: »Thomas Mann als Produkt seiner Frau zu betrachten, nicht unwichtig: tiefste Gegensätze – Vereinigung unmöglich, trotzdem vereinigt – wodurch? Hanseaten – Judenbrücke – Geld.«

Thomas Mann, über das genaue Ausmaß der Hauptmann'schen Erzürnung nicht komplett im Bilde, wartet ab, richtet zuweilen über gemeinsame Bekannte ehrerbietige Grüße aus.

Doch weiß er, damit ist es nicht getan. Ein gemeinsamer Termin in München rückt unerbittlich näher. Thomas Mann greift zur Feder und nähert sich im Kriechgang: »Lieber, großer, verehrter Gerhart Hauptmann« beginnt er, um sich dann das Büßergewand anzulegen.

Aber doch nicht gar zu sehr: »Ich habe ja ein schlechtes Gewissen, weiß, daß ich gesündigt habe. Ich sage gesündigt, weil das Wort eine doppelte Dynamik hat: es ist stark und schwer, wie es sich gebührt, und doch auch wieder, im gewissen Gebrauchsfall, ein halb gutmütiges, vertrauliches und versuchsweise humoristisches Wort, das freilich für eigentlich niederträchtige Taten nicht gelten dürfte. Ich darf sagen: ich habe gesündigt, wie Kinder sündigen.«

Das Vergehen ist lässlich, wenn von einem Kind begangen, will Mann wohl damit sagen. Er nennt sich selbst ein Künstlerkind und fährt fort: »da Sie auch ein Künstlerkind sind, ein erhabenes, verständnisvolles und nachsichtiges Kind der Kunst, so hoffe ich, mir mit diesen Zeilen, mögen Sie auch noch so unzulänglich ausfallen,

Ihre Verzeihung *ganz* zu erringen, die ich – lassen Sie mich das glauben – *halb* schon immer besaß«.

Das ist, um es mit einem 1923 modischen Wort zu bezeichnen: kess.

Ernst und feierlicher geht es weiter: »Ich habe mich an Ihnen versündigt. Ich war in Not, wurde in Versuchung geführt und gab ihr nach. Die Not war künstlerisch: Ich trachtete nach einer Figur, die notwendig und kompositionell längst vorgesehen war.« Nur sieht er sich nicht, hört sie nicht, besitzt sie nicht. Unruhig, besorgt und ratlos auf der Suche kommt er nach Bozen – »und dort, beim Weine, bot sich mir an, unwissentlich, was ich, menschlich persönlich gesehen, nie und nimmer hätte annehmen dürfen, was ich aber, in einem Zustand herabgesetzter menschlicher Zurechnungsfähigkeit, annahm, annehmen zu dürfen glaubte«.

Wieder ist das Kind am Werk, kaum zurechnungsfähig, so sind Künstler eben. Es ist schon vermaledeit: Wer sich mit einem Schriftsteller einlässt, muss immer damit rechnen, unversehens als Figur in seinem Werk aufzutauchen.

Die Lust an Doppeldeutigkeit, an Vexierspiel und Ironie, an würdevoller, gestelzter Mogelei ist mit Händen zu greifen, und mit guten Gründen könnte man diese Epistel die Parodie eines Entschuldigungsbriefes nennen.

Auch von Berechnung ist sie nicht frei: »Lieber, verehrter Mann! Soll eines schlechten Streiches, einer Künstlersünde wegen alles vergessen sein, was ich über sie gesagt habe, als es sich wirklich um sie und nicht um eine großartige Maske handelte: jener Aufsatz zum Beispiel, der mir ihre Freundschaft gewann und in dem ich Sie den König des Volkes nannte? In der Not darf ich Sie daran erinnern.«

Da windet sich einer, schlägt einen Haken nach dem anderen, das Ziel freilich stets vor Augen. Bald kommt die Antwort von

Im Goethejahr 1932 begibt sich Gerhart Hauptmann (rechts) auf eine Art Weltreise, die er als »Wanderfahrt unter dem Zeichen Goethes« annonciert. Nicht immer ist klar, um wen es eigentlich geht, um Goethe oder Hauptmann, was Thomas Mann gehörig auf die Nerven fällt.

Hauptmann als Telegramm: »Fern allem Groll begrüße ich Sie in alter Herzlichkeit.«

Das Treffen kurze Zeit später bringt die erhoffte Versöhnung. An seine Tochter Erika schreibt Thomas Mann: »Gestern waren wir mit Hauptmanns auf der Generalprobe seines Festspiels (…). Wir haben uns vier die Hände gedrückt, und alles ist wieder in Ruhe. Er ist ein so gutes Format, ich liebe ihn sehr. Und das Festspiel ist auch so eine zu Herzen gehende Quasselei.«

Bei aller echten Freude über die Versöhnung, Thomas Manns Metzelzunge hört nicht auf zu zischeln.

Als Hauptmann zum Tag der Arbeit 1933 die Hakenkreuzfahne hisst, blitzt Manns Hass ungebärdig hervor: »Er mag sich goethisch vorkommen in seiner Loyalität gegen das Gemeine. Es gefällt ihm, zu konversieren mit Gescheiten, mit Tyrannen. (Er war auch bei Mussolini.) Ich hasse diese Attrappe, die ich verherrlichen half, u. die großartig ein Märtyrertum von sich weist, zu dem auch ich mich nicht geboren weiß, zu dem aber meine geistige Würde mich unweigerlich beruft.«

Auch Hauptmanns Groll gegen Thomas Mann ist schnell entflammbar. Nach Erscheinen des Josephsromans nennt Hauptmann es ein »fünftrangiges Buch« und ein »antisemitisches Pamphlet«. Als Mann das zu Ohren kommt, notiert er: »H.'s Äußerungen sollen dumm und rankünös gewesen sein. Der alte Thor kommt über Peeperkorn nicht hinweg.«

Beinahe kommt es im März 1937 in Zürich noch einmal zu einer Begegnung der beiden: »Mittags im London House zur Anprobe. Meldung des Besitzers, daß unten G. Hauptmann einen Einkauf mache. Gegenseitige Ablehnung – von seiner Seite mit der Einschränkung ›bis andere Zeiten kommen‹, – worin er sich irrt.«

Mann hat gewonnen, er ist der Kaiser im Exil. Wo er ist, ist Deutschland.

■ ● ■

Nach seinem spektakulären Auftritt, der sich nicht nur in Paris herumspricht, bekommt George Antheil ein Schreiben von Hermann von Wedderkop. Der *Querschnitt*-Herausgeber erinnert Antheil daran, dass er doch der Pariser Vertreter der Zeitschrift sei. Antheil hat ihm das im Frühjahr in Berlin zugesagt, es aber in charakteristischer Zerstreutheit sofort wieder vergessen. Aber wozu lebt er im Zentrum des Geschehens? Er wendet sich an Sylvia Beach und Ezra Pound, um etwas für den *Querschnitt* zusammenzustellen. Als erste Zeitschrift überhaupt in Deutschland druckt der *Querschnitt* daraufhin James Joyce, nämlich zwei Gedichte. Auch einen anderen Autor kennt Antheil bereits, er schlägt sich als Journalist für eine kanadische Zeitung durch, und wenn er nicht gerade in Gertrude Steins Salon herumlungert, bereist er Europa: Ernest Hemingway schickt, auf Antheils Veranlassung, ein schlüpfriges Gedicht an den *Querschnitt*: I know monks masturbate at night / That pet cats screw / That some girls bite / And yet / What can I do / To set things right?

Es ist seine erste Veröffentlichung in Deutschland. Ezra Pound wiederum schreibt für den *Querschnitt* eine hymnische Rezension des *Ulysses* von Joyce, drei Jahre vor der ersten deutschen Übersetzung.

■●■

Am 24. Oktober brechen in mehreren Bezirken Berlins Brot-Tumulte aus. Der Preis verdoppelt sich fast täglich. Jetzt kostet ein Laib 7,5 Milliarden Mark. Eine Woche später sind es 80 Milliarden. Im Norden Berlins gibt es überhaupt kein Brot mehr. Die Menschen sind gehetzt, müde und verzweifelt.

■●■

Genauso geht es Kunst und Künstler. Die Schwarzweißausstellung in der *Akademie der Künste* bietet keine Qualität mehr, sondern nur den Durchschnitt des Kunstschaffens. Alles ist manieriert, verkrampft, ausgeklügelt. Hastig wird produziert, man »eilt mit der Zeit, um zu leben, und nur wenige haben die Kraft, bei solchem Wettlauf die Bürde ›Kunst‹ mitzuschleppen«.

Neben »Dollar, Tod und Teufel«, so notiert der Künstler George G. Kobbe, gibt es »immer noch einige wenige, allerdings wohl verhungernde, zerfließende Talente, die nichts von unserer Zeit wissen wollen.«

Er lobt die Künstlerinnen, die in der Ausstellung vertreten sind, ganze zwei haben es geschafft, Käthe Kollwitz und Renée Sintenis. »Weil sie ›weiblich – natürlich‹ einfach den Dingen gegenübertreten, während die Schar der Männer ›weibisch – maniriert‹ mit viel zu vielen Erinnerungen an die Maler von der Eiszeit bis zu Matisse mit unerhörtem Wissen die Flächen zu meistern hofft.« Und Dix vergesse über »seiner ›Sozialen Note‹ ein wenig das Zeichnen«.

Gehetzt, müde und verzagt, das ist auch Kobbe. »Wer hat«, notiert er am Ende seiner Betrachtungen, »außer uns Malern, einigen armen Irren und einigen Snobs heute noch Zeit, Minuten seines teuren Lebens in einer Ausstellung zu ›vertrödeln‹?«

■ ● ■

Die Dreharbeiten zu *Quo vadis* ziehen sich hin. Tucholsky schreibt am 25. Oktober ob der sich zuspitzenden Lage in Deutschland an seine Freunde Gussy und Emil: »Liebe Beide, wenn Ihr klug seid, dann kommt ihr nicht mehr wieder.«

Dass Jannings überhaupt weg ist, merkt als Letztes der deutsche Kinogänger, so er sich eine Karte noch leisten kann. Die lange abgedrehten Filme *Tragödie der Liebe*, *Peter der Große* und *Alles für Geld* kommen im Herbst in die Kinos. Jannings ist omnipräsent, während er in Rom die Zeit genießt.

Der »Herr der 100 Löwen«, der Dompteur Alfred »Kapitän« Schneider, wird mitsamt dreier Gehilfen und fünfzig seiner Tiere engagiert, um die spektakulären Massenszenen mit den verfolgten Christen im *Circus Maximus* zu drehen.

Jannings spielt die entscheidenden Bilder in seiner Loge. Erstmals wird er misstrauisch, als er, mit jungen Löwen spielend, »die sich reizend täppisch« benehmen, während vor ihm einige Christen angezündet werden, mit einem Einfall seines Regisseurs Jacoby konfrontiert wird. Dem gefällt die Spielerei seines Stars mit den jungen Katzen so gut, dass er es für eine tolle Idee hält, bei Schneider nach einem großen Löwen zu fragen, der sich zu Füßen Jannings' räkeln soll. Natürlich erzählt er Jannings davon nichts. Der beobachtet gerade durch seinen Smaragd gelangweilt die brennenden Christen, als er einen Schatten wahrnimmt und einen großen Löwen erkennt, der auf ihn zukommt. Jannings flüchtet von seinem Diwan, auf dem sich die Löwin, Mutter der Jungtiere, niederlässt und misstrauisch um sich blickt. »Von diesem Tage an«, so Jannings, »war ich in puncto Löwen verteufelt hellhörig.«

Da er eine weitere Szene in seiner Loge drehen muss, erkundigt sich Jannings bei Kapitän Schneider, wie hoch ein ausgewachsener Löwe springen kann, was der in breitestem Sächsisch beantwortet: »Nu, der macht ihnen sächs bis sieben Mäter!«

Mit einem Zollstock bewaffnet begibt sich Jannings in einer Pause an das Außenmotiv und misst, wie hoch seine Loge über der Arena liegt. Genau vier Meter. Da er in der angesetzten Szene die Löwen mit Fleischstücken reizen soll, Löwen, denen man drei Tage vor dem Dreh das Futter zu entziehen beabsichtigt, weigert sich Jannings kategorisch, die Szene zu spielen. Jacoby flucht, doch alles Betteln hilft nichts. Er muss ein Double für Jannings beschaffen.

Am wenigsten zu fürchten haben die Christen-Komparsen, denn sie spielen die Szene im leeren Motiv. Erst nachdem sie es verlassen haben, kommen die Raubtiere zum Einsatz.

Der große Drehtag in der Arena ist da. Jannings Double sitzt neben Seneca in der Loge, als »die schwergereizte Löwin ›Europa‹ zum Sprung« ansetzt. Das ist weiter nicht erschreckend, denkt sich Regisseur Jacoby, denn das Tier würde an der glatten Gipsfläche abrutschen. Doch unter den Krallen der Löwin splittert der Gips, das Tier findet Halt an dem Jutegewebe, mit der die Holzkonstruktion darunter bespannt ist, und schafft es in die Loge. Panik bricht aus, und in dem entstehenden Tohuwabohu haben die Dompteure keine Chance einzugreifen. Alles rennt auf und davon, nur ein alter Mann, wohl von der Hitze ohnmächtig geworden, verharrt an seinem Platz. Die Löwin packt ihn zwar, beißt jedoch nicht zu. Da betritt die Dompteursgattin Schneider die Tribüne. Mit einer Eisenstange haut sie »Europa« auf den Kopf, das Tier taumelt, umklammert sein Opfer fester, die dünne Rückwand gibt nach, und beide stürzen in die Tiefe. Der Mann ist tot, die Löwin flieht.

Jacoby, D'Annunzio und Schneider müssen vorübergehend untertauchen, sie werden für den Tod eines alten, armen Komparsen verantwortlich gemacht. Die wüstesten Geschichten stehen in der Zeitung: Sechsunddreißig Löwen seien in Rom eingefallen und hätten bereits zwanzig Menschen verspeist.

Am Ende der Dreharbeiten steht Emil Jannings auf dem Monte Pincio und betrachtet das brennende Rom. Gabriellino D'Annunzio erhebt die Hand und ruft mit bewegter Stimme: »Ave o Imperator!« Tausende von Komparsen und Zuschauern knien nieder – und weinen vor Ergriffenheit.

Das berichtet Emil Jannings, der Ergriffenste von allen.

■ ● ■

Am 29. Oktober, um 20 Uhr, beginnt unter dem Dach des Voxhauses in der Nähe des Potsdamer Platzes die Zukunft. Sie umfasst 25 Quadratmeter und nennt sich Radio. Um eine gute Akustik zu erreichen, haben die Mitarbeiter der *Funk-Stunde AG Berlin* den Raum mit Decken, Säcken und Eierkartons ausgeschlagen. Die Dämmung bauscht sich von den Wänden und Decken. Dazwischen schwebt das Mikrofon an einem Federring.

Zunächst über den Äther geht neben gestelzt formulierter Information eine Ermahnung: »Achtung, Achtung! Hier ist die Sendestelle Berlin im Voxhaus auf Welle 400 Meter. Meine Damen und Herren, wir machen Ihnen davon Mitteilung, dass am heutigen Tage der Unterhaltungsrundfunkdienst mit Verbreitung von Musikvorführung auf drahtlos telefonischem Wege beginnt. Die Benutzung ist genehmigungspflichtig.«

Als erste Musik ertönt ein Cello-Solo mit Klavierbegleitung.

■ ● ■

Die beiden schätzen sich nicht besonders. Die Rede ist von Bert Brecht und Thomas Mann. Brecht sei Thomas Mann egal, nicht nur 1923, da galt Brecht bereits als »Wunderknabe« des Theaters, sondern auch im gemeinsamen kalifornischen Exil. Thomas Mann kannte sein Werk gar nicht, es interessierte ihn einfach nicht, wird Golo Mann fünfzig Jahre später schreiben.

Daran ist mehr als leiser Zweifel angezeigt. Es ist nicht überliefert, ob Mann eine der wenigen Aufführungen von *Im Dickicht* besucht hat. Nach nur sechs Vorstellungen sieht *Residenztheater*-Intendant Keller sich gezwungen, das Stück im Juni abzusetzen, obwohl noch dreizehn Aufführungen geplant sind.

In der amerikanischen Zeitschrift *The Dial* zeigt sich Mann gut informiert über das Theater der Zeit, nennt Bronnens *Vatermord* sowie Brechts *Trommeln in der Nacht*, »das zwei gute Akte besitzt, dann aber zerflattert«, sowie *Im Dickicht*, das Mann als schwächer einschätzt. Thomas Mann ist also durchaus im Bilde, was Brecht angeht. Anders wäre auch sein Urteil über ihn nicht erklärbar, nachdem er ein Stück gelesen, das Therese Giehse ihm vorbeigebracht: »Sieh mal einer an, das Scheusal hat Talent!« Brecht wiederum antwortet ebenso geschmeichelt wie ironisch-verschlagen: Er habe Manns Kurzgeschichten eigentlich immer ganz gut gefunden. Ein herrlich verzicktes Bonmot: Der »Kurzgeschichtenschreiber« Mann, der den *Zauberberg* als kleine Novelle plant, die unter seinen Händen zu einem 1000-seitigen Romangebirge wächst.

■●■

Das »Scheusal« langt Ende Oktober aus Berlin kommend in München an – und findet eine leere Wohnung vor. Marianne hat entgegen Brechts Erwartung, Wunsch, man kann auch sagen: Befehl, nicht den Weg gefunden von ihren Eltern in Pichling bei Linz nach München, sondern ist offenbar in Wien.

Der wütende Brecht schreibt einen abscheulichen Brief: Dringend habe er ihr gesagt, »eine Reise nach Wien bedeute unsere Trennung in der schärfsten Form«. Nach seiner Ansicht kann es sie jetzt nicht überraschen, dass er jetzt »die Scheidungsklage (…) wegen Ehebruch (sic!) durchführen werde«. Er sei ein Idiot gewesen und bedauert »die Zeit, die ich mir von Dir habe stehlen lassen«. Sie sei nichts weiter als ein »lächerlicher und gewöhnlicher Bluff«. Mit dem Satz »Geh wirklich zum Teufel« endet die Epistel.

Ihre Antwort ist nicht erhalten, doch muss sie von Brechts Anwürfen ziemlich schockiert gewesen sein, da Brecht in seinem nächsten Brief einen milderen Ton anschlägt. Er versichert ihr, zeitlebens in ihrer Schuld zu stehen. Vor niemandem habe er mehr Achtung als vor ihr, und er habe nie gewünscht, sie zu verlassen oder von ihr verlassen zu werden. Wahrheitswidrig schreibt er: »Ich bin ohne Verbindung mit irgend jemandem« und zeigt sich ratlos wegen Hanne, »die ich nicht weglassen kann«.

Er will sich nicht von seiner Tochter trennen. Und so besteht die Ehe vier weitere Jahre, wenn auch nur auf dem Papier.

In diesen Tagen beginnt Brecht mit den Proben zu *Eduard II.* Noch immer ein Novize auf dem Gebiet der Regie, wird er einigen Respekt vor der Aufgabe gehabt haben, denn mit seinem neuen Stück soll es nicht so desaströs enden wie ein gutes Jahr zuvor bei der Regie des Bronnen-Stücks *Vatermord.* Doch will Brecht in den ersten Proben erneut mit dem Kopf durch die Wand. Ein älterer, ihm wohlgesinnter Schauspieler macht ihm deutlich, dass Brecht damit nicht durchkommen werde. Dann gibt er ihm einen Tipp: »Die schauspieler wissen, daß sie anfänger sind und versuchen, sie zu verwirren, wie schuljungen einen neuen lehrer. Lassen sie mich ihnen einen guten rat geben. Verlangen sie immer gleich einen großen lehnstuhl hereingebracht, und den stellen sie mitten auf die bühne, so daß sie allen auftretenden im weg sitzen, und dann fangen sie an, ihnen etwas einzupauken und lassen sich durch die berechtigten einwände nicht aus der ruhe bringen. Wenn sie das ruder erst fest in der hand haben, ist es an der zeit, auf die anderen zu hören. So machte Brecht es auch, und danach gab es nie mehr schwierigkeiten, außer daß es einem manchmal schwer fiel, mit seinem arbeitstempo mitzuhalten.«

Hat Brecht einmal Witterung aufgenommen, ist sein Denken von atemberaubender Unbedingtheit.

■●■

Ende Oktober isst Elisabeth Bergner mit ihrem Kollegen Alexander Granach in der Kantine des *Deutschen Theaters* an der Berliner Schumannstraße. Granach blickt auf und sieht einen Mann, den er kennt: »Dort sitzt der arme Klabund.« Bergner will wissen, ob das der Klabund sei, der so schöne chinesische Gedichte schreibt, die sie so sehr liebt, und warum er arm sei. Granach erzählt ihr von Klabunds Schwindsucht, und dass er kein Geld für eine gute Behandlung in der Schweiz habe und deshalb bald sterben werde.

Bergner bittet Klabund an den Tisch und fragt ihn, ob er schon mal ein Theaterstück geschrieben habe. Nein, hat er nicht. Ob er denn vielleicht das alte chinesische Stück *Kreidekreis* von Li Xingdao kenne aus dem 13. Jahrhundert? Nein, kennt Klabund nicht. Es geht um das salomonische Urteil zwischen einer falschen und einer wahren Mutter, erzählt sie ihm.

Die Unterhaltung mit Klabund gestaltet sich schwierig in diesem Herbst, denn wegen seiner Kehlkopftuberkulose kann er kaum sprechen.

Bergner will ihm einen Vertrag verschaffen, wenn ihm die alte *Kreidekreis*-Fassung zusagt und er sie für die Bühne neu bearbeitet. Dann könnte er sich behandeln lassen in einem Schweizer Sanatorium und daran arbeiten.

Seit dem Frühjahr ist Elisabeth Bergner ein Star auf den Berliner Bühnen, jeder will sie engagieren, und so nimmt das Wunder seinen Lauf: Wenige Tage später hat sie Klabund einen Vertrag ermöglicht, er erhält einen Vorschuss und begibt sich nach Davos, wo ihn der bekannte Lungenarzt Dr. Carl Rüedi erfolgreich kuriert.

Im Oktober 1925 hat der *Kreidekreis* in der Fassung Klabunds Premiere im *Deutschen Theater* unter Reinhardts Regie. Es wird ein sagenhafter Erfolg, für Bergner sowieso, aber auch für Klabund, denn vierzig Bühnen im Land spielen seinen *Kreidekreis*. Gedichte können Leben retten!

■ ● ■

Leo Lania ist enttäuscht. Sein intimer Bericht aus dem Inneren der NSDAP-Führung stößt in der Hauptstadt nur auf mäßiges Interesse. Die *Vossische Zeitung* druckt ihn zwar, doch stark gekürzt. Überdies wird Lania klargemacht, seine Einschätzung sei absurd, Hitler stelle eine Gefahr dar für die Republik.

Der große Theodor Wolff, Chefredakteur des *Berliner Tageblattes*, ist »förmlich beleidigt«, dass Lania Nationalsozialismus und Faschismus auf eine Stufe stellt. Überdies könne man doch nicht einen Analphabeten und Abenteurer wie Hitler mit dem kultivierten Staatsmann Mussolini vergleichen.

Manche, so sagt ein arabisches Sprichwort, nennen ihre Läuse Gazellen.

November

Milliardäre hungern. Denn der Dollar kostet eine Billion Mark. Und ein Brot 140 Milliarden. Elias Canetti hasst den Tod, wird ihn ein Leben lang bekämpfen. Die Literatur über das Okkulte, das Mystische und das Wahnsinnige überschwemmt den Markt in Deutschland. Alfred Döblin sinniert über den reichen, schönen Menschen und gerät in einen Pogrom. Nach der Währungsreform soll die Mark wieder einen Dollar wert sein. Das glaubt niemand. Ernst Blochs Geist der Utopie *liegt wie Blei in den Läden. Der Hohenzollern-Kronprinz Wilhelm verlässt sein holländisches Exil und übersiedelt nach Deutschland. Auch Franz Kafka zieht um und schreibt ein ebenso lustiges wie böses Porträt über seine Ex-Vermieterin. Henry Fords Autobiografie läutet das amerikanische Zeitalter in Deutschland ein. Die* Tiller-Girls, *moderne Tanzmaschinen, treten ihren Siegeszug an. Else Lasker-Schüler wütet öffentlich gegen ihre Verleger. Die* Neue Sachlichkeit *gewinnt endgültig die Oberhand über den Expressionismus, und Brecht probt in München sein neuestes Stück. Nur am 9. November nicht. Denn an diesem Tag ziehen Hitler und Ludendorff zur Feldherrnhalle. Und Karl Valentin erfindet den Verfremdungseffekt.*

Am Samstag, dem 3. November, berät die *Preisprüfungsstelle Groß-Berlin*, wie viel am Montag ein Laib Brot von vier Pfund kosten soll. Nur auf den Preis einigen kann sich die Behörde nicht, viele Produzenten sitzen in ihr, nur wenige Verbraucher. Die Beratung wird auf den nächsten Tag verschoben.

Gleichzeitig herrscht auf den Lebensmittelmärkten der Stadt das totale Chaos. Der Korrespondent des *Berliner Tageblatts*, es kostet in der Einzelnummer schlanke zwei Milliarden Mark, berichtet von unglaublichen Preisunterschieden zum Beispiel bei Fleisch. So kann man »gleichwerte Waren zu außergewöhnlich verschiedenen Preisen kaufen«. Das Pfund Schweinefleisch kostet an einem Stand achtzig Milliarden Mark, am nächsten hundert.

Wer darauf setzt, Geflügel billiger zu bekommen, hat Pech: Ein Pfund Gans oder Huhn kostet 75 Milliarden, für eine gute Gans muss man eine Billion Mark auf den Tisch legen, und der Preis für frischen Fisch, egal welcher Sorte, hat sich innerhalb eines Tages verdoppelt. Das nämliche Chaos bei Gemüse: Wird ein Blumenkohl an einem Stand für 15 Milliarden feilgeboten, kostet er am nächsten 35 Milliarden Mark.

Die Berliner Bäcker bleiben am Sonntag, dem 4. November, zunächst im Unklaren, wie viel sie am Montag für ihr Brot verlangen können. Schließlich beschließt die Prüfungsstelle einen Preis von 140 Milliarden für ein Brot. Der *Zweckverband der Bäckermeister* ist unter sich, Regierungsvertreter sind nicht anwesend, es ist Sonntag, da hat man frei. Die Innung teilt den Preis ihren Bäckern mit.

In idyllischer Sonntagabendruhe beschließt der neue Ernährungsminister, Gerhard Graf von Kanitz, sich eine der gerade erschienenen Montagmorgenzeitungen zu Gemüte zu führen. Er erschrickt heftig: 140 Milliarden für ein Brot, das ist doch viel zu hoch! Das bewillige ich nicht!

Am nächsten Tag leisten die Bäcker passiven Widerstand, die Kunden sind ebenso ratlos wie wütend und schwere Unruhen die Folge: Etliche Backbetriebe werden an diesem Morgen ausgeraubt, ein Wagen der Brotfabrik Wittler in Berlin-Neukölln geplündert.

Hätte nicht zufällig der Ernährungsminister beschlossen, sich die Sonntagsruhe zu verderben durch Zeitungslektüre, hätte am Montag ein Brot 140 Milliarden Mark gekostet. Und das allein aus dem Grund, weil die Regierungsvertreter es für unnötig halten, an der Preisfestsetzung mitzuwirken. Nicht mal nachgefragt haben sie, zu welchem Ergebnis die Kommission gekommen ist.

Kürzlich hat Reichskanzler Stresemann erklärt: »Wir leben nicht in normalen Zeiten, sondern in den abnormsten, die jemals ein Volk durchgemacht hat.« Doch zur Sonntagsarbeit kann sich die Bürokratie nicht entschließen. Hat sich wirklich so wenig geändert in einhundert Jahren?

■●■

Ob er schon sagt, was ist – darüber schweigen die Quellen sich aus. Klar ist nur, dass Rudolf Augstein am 5. November in Hannover das Licht der Welt erblickt.

■●■

Elias Canetti, im Juli ist er 18 geworden, lebt in Frankfurt und liest die Komödien von Aristophanes, die *Lysistrata* als Erstes. Nicht nur geht ihm auf, dass jede von einem »überraschenden Grundeinfall« angetrieben wird, heute würde man sagen: von einem auslösenden Ereignis, sondern er sieht Parallelen zu dem, was er jeden Tag erlebt. Die Inflation, die rasende Bewegung des Geldes. Fast täglich geht Canetti zu Versammlungen und Diskussionen. Er beteiligt sich nicht, saugt nur auf, fühlt die Unruhe der Menschen angesichts des Dämons Inflation, der »mit einer Riesenpeitsche« auf alles einschlägt und jeden Menschen erreicht »bis in ihre geheimsten Mauselöcher«.

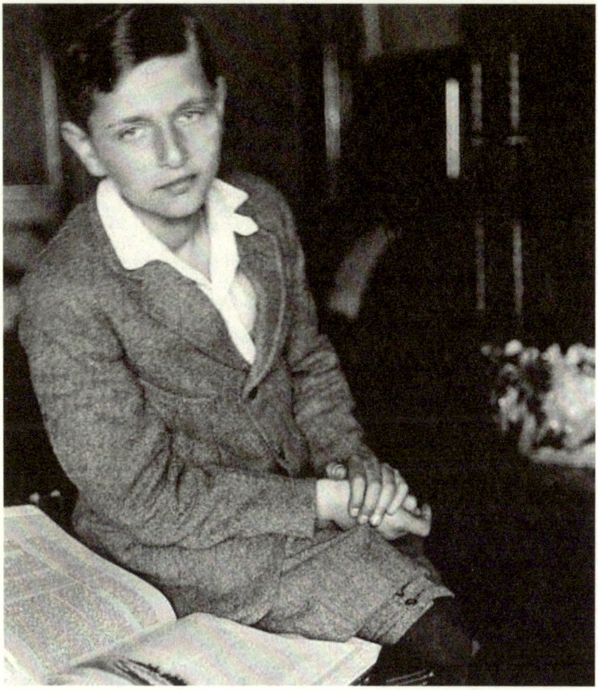

Kurz nach seinen Inflationserlebnissen in Frankfurt geht der junge Elias Canetti zum Studieren nach Wien. Der Blick aus seinem Pensionszimmer fällt auf die Heil- und Pflegeanstalt *Am Steinhof*, und so wird Canetti, bevor er die dämonische Macht der Masse erforscht und den Tod mit allen literarischen Mitteln angreift, erst mal beschreiben, wie die Welt wahnsinnig wird.

Die Inflation ist kein Einfall, sondern brutale Wirklichkeit und deshalb auch keine Komödie, sondern eine Tragödie. Doch »als Gebilde, wenn man es als Ganzes zu sehen versuchte, war es einer jener Komödien ähnlich. Man könnte sagen, daß die Grausamkeit der aristophanischen Sehweise die einzige Möglichkeit bot, zusammenzuhalten, was in tausend Teilchen zersplitterte.«

Canetti kann mit dem Tod nichts anfangen, er verachtet alle, die ihn, wie er meint, zu schnell akzeptieren, ihn gar romantisieren und von ihm sprechen als »Freund Hein«. Seit er, da ist er 16, einer Lesung aus dem Epos *Gilgamesch* des Schauspielers Curt Ebert gelauscht hat, hasst er den Tod. Gilgameschs Klage über das Ende des geliebten Freundes Enkidu trifft Canetti bis ins Mark. Wie Gilgamesch will Canetti den Tod bekämpfen. Marcel Reich-Ranicki wird diese schrullige Attitüde später zurückführen auf Canettis Heimatlosigkeit.

■●■

In diesem Herbst überflutet Massenliteratur über das Okkulte und Mystische, Erotik, Verbrechen und Irrsinn den Markt. Weil die Wirklichkeit immer rätselhafter wird, wirft man sich dem Irrationalen und den Verrücktheiten an den Hals, um die Realität erklärbarer zu machen.

Mehr davon gibt erneut der Schriftsteller Hans Müller zum Besten. Das *Tage-Buch* hat anscheinend einen Narren gefressen an ihm, jedenfalls darf er »Neue Blicke ins Geheimnis« werfen. Wieder begibt er sich zu einer Sitzung mit dem »Medium« Willi Schneider, diesmal in Wien, und schwatzmäulig möchte er »die neuen Vorgänge aus dem Dunkeln weg ins hellste Licht« rücken. Zum Hellsehen und für den Okkultismus ist Dunkelheit zwingend, also auch im Versuchszimmer. Die Teilnehmer bilden wie üblich eine Kette im Halbrund, am Kopf ist Platz für das »Medium«. Geleitet wird die okkulte Sitzung vom Primärarzt Dr. Edmund Holub, der sinnigerweise in der Anstalt *Am Steinhof* praktiziert, in dessen Nachbarschaft demnächst Elias Canetti ziehen wird.

Man lässt das »Medium« selber seine Füße mit Stricken zusammenbinden. Ein grober Fehler in der Versuchsanordnung. Auch die leuchtenden Stecknadeln bringt der junge Mann selbst an. Es kommt, was kommen muss. Willi Schneider fällt routiniert in Trance. Nach

Keuchen und Stöhnen erscheint es Müller, als stieße Schneider »ein unterirdischer Wille (...) von der Erde weg. ›Kontrolleure auf die Sessel‹, befiehlt das Medium flüsternd (...). Mit einem unnennbaren, ganz jähen Eindruck des Leichterwerdens, der den Kontrollierenden das Gefühl einer aufsteigenden Nebelwolke vermittelt, hebt sich der Mensch mit einemmal in die Luft«. Bald hängt er waagerecht unter der Decke, »einem Fächer gleich, schwingt er die zusammengebundenen Beine von rechts nach links, von links nach rechts«. Fast fünf Minuten dauert der Zirkusakt, dann fällt Schneiders Körper wie entseelt herab, landet unsanft, erwacht langsam und antwortet auf die Frage, ob er sich weh getan habe, mit einem Lächeln und der Gegenfrage: »Warum denn?«

Wenige Monate später stirbt der herzkranke Dr. Holub eines plötzlichen Todes beim Lesen eines Zeitungsartikels. Aller begründeten Vermutung nach hat ihn die Nachricht dahingerafft, dass Rudi Schneider, ebenfalls ein »Medium« und Bruder Willis, als Scharlatan entlarvt worden ist. Damit ist Willis Ruf ebenfalls ramponiert.

■ ● ■

Großer Schwindel auch in München. Hier heißt der Behumste Adolf Hitler. Wie kommt's? Wir erinnern uns: Es ist 21.40 Uhr an diesem 8. November. Im *Bürgerbräu* nimmt Hitler die Ovationen und Jubelschreie der 3.000 Gäste entgegen. Die selbsternannten neuen Machthaber in Bayern und im Reich ziehen sich zu Beratungen in einen Nebenraum zurück. Positionen in der neuen »Regierung« müssen besetzt werden, in der ganzen Stadt sind die Kampfverbände bereits dabei, strategisch wichtige Positionen einzunehmen, vor allem Kasernen. Reichswehr und Polizei, die dagegen angehen könnten, treten kaum in Erscheinung. Das Momentum ist bei Hitler. Dennoch verläuft alles seltsam unkoordiniert. Jetzt rächt sich, dass die Planungen ebenso hektisch wie ungenügend gewesen sind, weil

Hitler sehr kurzfristig entschieden hat, heute zuzuschlagen, und viele der angeforderten Truppen sich nicht im Klaren sind, dass keine Übung ansteht, sondern der Umsturz selbst. Unterdessen leert sich allmählich der Saal im *Bürgerbräu*, und die Leute streben in die Nacht hinaus. Leiser Schneefall setzt ein.

Dann eine Wendung: Hitler erreicht die Nachricht, dass in der Pionierkaserne an der Dachauerstraße in Nymphenburg vierhundert Angehörige des Bundes Oberland, eine der Putschmilizen, von regulären Reichswehr-Truppen festgesetzt worden sind. Der dortige Kommandeur Oskar Cantzler findet es verdächtig, dass dieser Trupp Waffen fordert, und sperrt die Männer kurz entschlossen in der Exerzierhalle ein. Sofort macht sich der wütende Hitler mit Friedrich Weber, Chef der Oberland-Milizen, und einigen Getreuen auf den Weg, die Sache zu klären. Kahr, Lossow und Seißer verbleiben in der Obhut von Ludendorff.

Im großen Saal des Brauhauses das übliche dumpf-trübe Bild nach Münchner Festlichkeit: Es riecht nach kaltem Rauch, Schweiß und abgestandenem Bier. Einige der Stoßtruppen trinken weiter oder essen Würste, Tische und Stühle liegen im Saal herum, abgekämpfte Kellnerinnen sammeln Krüge ein oder versuchen, ein bisschen Ordnung zu schaffen.

Als Hitler in Nymphenburg eintrifft und den kommandierenden Offizier sprechen will, lässt ihn niemand rein.

Im *Bürgerbräu* plänkelt »die neue Regierung« derweil herum, diskutiert Organisationsfragen der Nationalarmee, den sofortigen Grenzschutz vor Reichswehrchef Seeckt. Und so in einem fort.

Zunehmend sich unwohl fühlend in der Rolle des »Aufpassers«, bemerkt Ludendorff Kahrs Erschöpfung, Lossow und Seißer antworten überhaupt nur noch, wenn sie direkt angesprochen werden. »Vielleicht«, so Ludendorff, »ist es an der Zeit für die Herren, zu ihren Dienststellen zu gehen, um ihre Streitkräfte hinter das Unternehmen zu stellen und die weiteren Schritte zu organisieren.« Auch seinen Platz als Feldherr sieht er für den bevorstehenden »Marsch auf Berlin« bei den Generälen und Offizieren im Wehrkreiskommando an der Schönfeldstraße und nicht in einer Bierschwemme.

Von diesem Vorschlag sind die drei hocherfreut, der frühe Hitler-Förderer Max Erwin von Scheubner-Richter weniger. Bestürzt nimmt er Ludendorff beiseite und beschwört ihn, das Triumvirat werde die Vereinbarungen nicht einhalten, wenn es unbewacht abzöge.

Ludendorff, gänzlich gefangen in militärischen Ehrbegriffen und im Denken des 19. Jahrhunderts, entgegnet scharf: »Die Herren sind Offiziere, und sie gaben ihr Wort. Ich verbiete Ihnen, an dem Wort eines deutschen Offiziers zu zweifeln.«

Als Hitler gegen 23 Uhr wieder im *Bürgerbräu* anlangt, sind die Vöglein ausgeflogen.

Die eine Darstellung sagt, das habe ihn nicht groß gekümmert, die andere, er sei entsetzt gewesen.

Dass es ihm Hekuba war und er zunächst nicht gerechnet hat mit dem kommenden Abfall des Triumvirats, dafür sprechen die nächsten Stunden. Den zurückgekehrten Hitler beunruhigt weniger die Abwesenheit der drei Mitverschwörer als der Mangel an revolutionärem Elan. Sauer ist er vor allem über die im *Bürgerbräu* sich herumfläzenden, teilweise auf Stühlen und Tischen eingeschlafenen Kämpfer. Er fordert Gefangene und Geiseln, reiche Juden, Schieber und Spekulanten, die linken Stadträte. Die *Münchener Post*, Organ der SPD, müsse beschlagnahmt und ihre Druckmaschinen für den *Völkischen Beobachter* konfisziert werden. Und er will Plakate sehen, Tausende, an allen Straßenecken, so seine Idee, damit jeder mit der neuen Regierung bekannt wird und mit der Drohung, dass jeder standrechtlich erschossen wird, der sich den Anordnungen der neuen Machthaber widersetzt. Am Morgen, fordert Hitler, sollen dann an den prominenten Plätzen der Stadt die wichtigsten Vertreter der NSDAP Propagandareden halten.

Tatsächlich beginnt der Terror gegen innenpolitische Gegner und die jüdische Bevölkerung Münchens fast unverzüglich, und manche haben darin eine kleinformatige Vorwegnahme dessen gesehen, was sich im Februar 1933 nach dem Reichstagsbrand ereignen sollte.

Kaum haben sie den *Bürgerbräukeller* verlassen, distanzieren sich die Triumvirn vom Putsch und organisieren Gegenmaßnahmen: Die wichtigsten Einrichtungen der Stadt sollen verteidigt und loyale Truppen von außen herangeführt werden.

■●■

Ortswechsel, *Hotel Continental* am Bahnhof Friedrichstraße, Berlin: Reichskanzler Stresemann speist mit seinem zukünftigen Währungskommissar Hjalmar Schacht in einem separaten Raum, als Stresemanns Sekretär hereinkommt und dem Kanzler ins Ohr flüstert: »Es gibt Presseberichte von einem Staatsstreich in München. Die Bayern wollen auf Berlin marschieren.«

Weder die bedrohliche Menge an paramilitärischen Kräften in Bayern noch die republikfeindliche Haltung der dortigen Staatsregierung sind ein Geheimnis. Dennoch schlägt die Putschmeldung in Berlin ein wie eine Bombe. Stresemann begibt sich unverzüglich in die Reichskanzlei, wo das Kabinett gegen Mitternacht zusammentritt. Auch Präsident Friedrich Ebert und der Chef der Heeresleitung, General Hans von Seeckt, sind anwesend, später stoßen der preußische Ministerpräsident Otto Braun und sein Innenminister Carl Severing, beide SPD, dazu.

Während Stresemann außer sich ist vor Empörung über die bayerischen Zustände, bleibt einer aufreizend ruhig: Seeckt. Sein nomineller Vorgesetzter, Wehrminister Otto Geßler, überbringt den

Anwesenden eine schlechte Nachricht: Nach seinen Informationen steht die bayerische Reichswehr in ihrer Mehrheit auf Seiten Hitlers und Ludendorffs. Nun kommt es auf Seeckt an. Wessen Partei wird er ergreifen? Severing stellt die Preisfrage: Wie würde sich die Berliner Reichswehr verhalten, wenn bayerische Truppen bis Berlin vordrängten?

Seeckt hat sich nicht geändert, er ist die »Sphinx«, die sich nicht in die Karten schauen lässt. Zugleich bleibt er der Linie treu, die er schon drei Jahre zuvor, beim Kapp-Putsch, an den Tag gelegt hat. Und die lautet: »Reichswehr schießt nicht auf Reichswehr.« Was Severing erbost zur Kenntnis nimmt: »Dann habe ich hier nichts mehr zu suchen.« Er verlässt die Sitzung und mobilisiert seine Berliner Schupos, die sollen das Regierungsviertel bewachen und dem widerspenstigen General demonstrieren, dass es noch Truppen in der Stadt gibt, die loyal zur Republik stehen.

Kabinett und Kanzler werden gebeten, den Saal zu verlassen. Ebert, Geßler und Seeckt konferieren allein weiter. Eigentlich ein ungeheuerlicher Vorgang, doch legt er die wahren Verhältnisse im Lande frei. Nur der Zuspruch der Reichswehr garantiert die Macht. Alles andere ist unwichtig.

Auf dem Weg in die Reichskanzlei hat Seeckt seinen Adjutanten Kurt von Schleicher in grimmiger Erbitterung über die Meldungen aus München informiert. Denn das »Losschlagen« dort hat ihm alle Pläne verdorben, nach einem Sturz Stresemanns, den viele erwarten, selbst legal die Macht zu übernehmen.

Jetzt wird sie ihm von unvermuteter Seite angetragen. Von niemand Geringerem als Reichspräsident Ebert.

Es bleibt Spekulation, ob Ebert aus Kalkül handelt, wie einige meinen und wie auch Geßler selbst bekundet hat, oder ob dem Präsidenten wegen der prekären Situation der Schreck in die Glieder gefahren ist.

Der von Ehrgeiz und Willen zur politischen Macht nicht freie Reichswehrchef Hans von Seeckt wird in der Nacht vom 8. auf den 9. November auf sublime Art von Reichspräsident Ebert und Wehrminister Geßler aus dem Spiel genommen, wahrscheinlich ohne dass ihnen das bewusst ist. Indem sie ihn zum Generalissimus und legalen Herrscher ernennen, machen sie den weit rechts stehenden General zum obersten Repräsentanten ebenjener Republik, die er innerlich ablehnt. Damit wird jeder Angriff auf die Verfasstheit des Staates zu einem persönlichen Angriff auf Seeckt. Er ist nun gefangen in der Rolle des unpolitischen Diktators. Aber vielleicht setzen Ebert und Geßler auch darauf, dass Seeckt die dreihundertjährige brandenburgisch-preußische Tradition des »Ich dien'« verinnerlicht hat. Das Konzept, wenn's denn eins war, geht auf: Anfang 1924, nachdem die Verhältnisse sich stabilisiert haben, retourniert Seeckt die Vollmachten. Hans Zehrer, nach dem Zweiten Weltkrieg einflussreicher Journalist bei *Welt* und *Bild*, sagte über Seeckt, dieser gehöre zu den in der deutschen Politik und Armee recht zahlreichen Gestalten, die »nach einem alten Wort, endlich am Rubikon angelangt, sich hinsetzen, um dort zu angeln«.

Jedenfalls schlägt Geßler Ebert vor, Seeckt die vollziehende Gewalt und den eigentlich dem Staatsoberhaupt zukommenden Oberbefehl über die Reichswehr zu übertragen. Als »Beweis seines Vertrauens« stimmt Ebert zu. Stresemann und das Kabinett nicken die Entscheidung ab. Seeckt fährt nach Hause – und geht ins Bett. Solange keine neuen, vor allem klareren Informationen vorliegen, gibt es nichts zu tun. Sein Stab telefoniert die ganze Nacht, um zu erfahren, was los ist in München und Bayern.

Die Reichsregierung erlässt als erste Amtshandlung einen Aufruf, der den Putsch nicht nur in scharfen Worten geißelt, sondern auch alle Münchner Beschlüsse für null und nichtig erklärt. Mit »rücksichtsloser Energie« werde die Ordnung wiederhergestellt und jeder, der den Umsturz unterstütze, mache sich zum Hoch- und Landesverräter.

■●■

Dass er von seinen drei Mitverschwörern übertölpelt worden ist, wird Hitler erst weit nach Mitternacht klar. Sobald er das erkannt hat, flüchtet er sich in Improvisationen.

Zuerst, wie auch in späteren Krisen, schwächeln die Nerven, und einher damit gehen starke Gefühlsschwankungen: Hitler durchmisst, einem Tiger im Käfig gleich, den Vorraum bei den Garderoben und peitscht sich selbst auf in hysterische Hochstimmung. Die wechselt sich ab mit wütenden Tiraden gegen die »Verräter« und mentalen Zusammenbrüchen.

Lässt man die verschiedenen Darstellungen auf sich wirken, ist Hitler, eben noch Antreiber der Aktion, jetzt ein Getriebener, der sich zusehends in Resignation flüchtet. Kurz erwägen er und seine Mitverschwörer, sich nach Rosenheim, der NSDAP-Hochburg und Geburtsstadt Görings, zu begeben und dort Verstärkung zusammenzuziehen. Doch Ludendorff widerspricht energisch: Die Bewegung dürfe »nicht irgendwo an einem verlassenen Landweg im Graben zu Ende gehen«. Es hat den Anschein, dass er es ist, der am Morgen in schnarrendem Ton die Parole ausgibt: »Wir marschieren!«

Dieser Entschluss bietet einige Vorzüge. Zunächst kommt man wieder in Schwung und lungert nicht länger im Brauhaus herum, wo ständig neue Nachrichten eintrudeln, die mal vom positiven Echo der Bevölkerung auf den Putsch erzählen, mal widersprüchlich sind oder Hiobsbotschaften bereithalten. Außerdem sind Marschmusik, flatternde Fahnen, eingängige Lieder und fesche, jubelnde Mädchen und Jungs am Straßenrand ein Zaubertrank für die ermüdete Truppe.

Die Demonstration ist ganz nach Hitlers Geschmack. Eine große Propagandaschau soll es werden, um die Münchner im Sturm zu erobern, auf dass, so sein Kalkül, sich die Triumvirn entweder doch dem Putsch anschließen oder beiseitegedrängt werden.

Die Aussicht, sich wieder ins Getümmel zu stürzen und auf Tuchfühlung mit den Volksmassen zu gehen, wirkt, wenn der Eindruck nicht täuscht, augenblicklich belebend auf Hitler, obwohl er die Erfolgsaussichten zwiespältig beurteilt: »Geht's durch, ist's gut; geht's nicht durch, hängen wir uns auf«, tönt er mit dem Zynismus des ewigen Vabanquespielers, der nur in den Kategorien von Sieg oder Selbstmord zu denken bereit ist. Nicht von ungefähr hat einer seiner fanatischsten Wegbegleiter rückblickend geschrieben, dass Hitlers »ganzes Leben« in den Geschehnissen des 8. und 9. November 1923 »in nuce enthalten« und die »Substanz seines Gesamtcharakters« in diesen Tagen zum Ausdruck gekommen sei.

■ ● ■

Am Morgen des 9. Novembers begibt sich Brecht wie üblich in diesen Tagen zu den *Kammerspielen* an der Augustenstraße 89 in der Maxvorstadt. *Eduard II.*, Probenbeginn zehn Uhr. Gruppen von

Schauspielern und Bühnenarbeiter stehen vor dem Theater. Einige lesen Zeitung. Jemand hält Brecht und dem Oberspielleiter der *Kammerspiele*, Bernhard Reich, eine Extra-Ausgabe hin, das die Ergebnisse des Vorabends zusammenfasst. Regierung gestürzt, Ausnahmezustand, neue Regierung Hitler-Ludendorff. Brecht sagt die Probe ab.

■●■

Schnitt zurück auf das *Bürgerbräu.* Es ist 11.30 Uhr am 9. November, als sich in zugig-nasser Kälte ein Demonstrationszug auf der Rosenheimer Straße formiert. Was fehlt, ist die geplante Kapelle an der Spitze. Eben noch hat sie im Brauhaus Hitlers Lieblingsstück, den *Badenweiler Marsch*, intoniert, dann sind die Musiker abgezogen, da sie weder Frühstück bekommen noch bezahlt werden.

Es beginnt, was in die Geschichte eingegangen ist als der »Marsch zur Feldherrnhalle«. Nach wenigen Minuten erreichen die 2.000 Verschwörer, mit zwei Fahnenträgern und Hitler und Ludendorff an der Spitze, die Ludwigsbrücke. Dort wird ein Polizeikordon von den in 16er-Reihen marschierenden Putschisten glatt überrannt. Über Isartor und Tal geht es weiter Richtung Marienplatz. Viele Menschen säumen die Straßen, feiern die Demonstration, schließen sich an, so dass sich bald eine nach Zigtausenden zählende Menge durch die Innenstadt wälzt.

Ursprünglich ist geplant, vom Marienplatz den Weg zurück zum *Bürgerbräu* zu nehmen, doch Ludendorff biegt nordwärts in die Weinstraße ein. Im späteren Prozess erklärt er theatralisch, er habe den Weg intuitiv genommen, genauso wie er in Tannenberg gesiegt und sich erst hinterher die Vorgehensweise zurechtgelegt habe, weil er auch dort, in der ersten großen Weltkriegsschlacht 1914 gegen die russische Zarenarmee, intuitiv vorgegangen sei.

Alles Unsinn.

In dem verblasenen Glauben, die Reichswehr werde sich nie gegen den »Helden von Tannenberg«, also ihn selbst stellen, weiß

Ludendorff sehr genau, wohin er will: Er steuert das Wehrkreiskommando an der Ludwig- bzw. Schönfeldstraße an. Das hat Ernst Röhm zwar in der Nacht einnehmen können mit 150 Mann, doch inzwischen wird es von Reichswehreinheiten belagert. Ludendorff will die festgesetzten Putschisten mit Hilfe der Menschenmenge befreien. Er ist überzeugt davon, die Landespolizei, die das Regierungsviertel um den Odeonsplatz bewacht, werde genauso weichen wie bisher. Und die Reichswehr? Nun, der höchst ergrimmte alte Herr ist bereit, ihr die Machtprobe anzutragen.

Unter dem Gesang »O Deutschland hoch in Ehren« marschiert die Menge die Residenzstraße hoch. Dort öffnet sich das Fenster eines Hotelzimmers, und bass erstaunt erkennt Winifred Wagner unten ihren bewunderten Helden Adolf Hitler neben Erich Ludendorff.

Der Zug stockt kurz, als die Fahnenträger den Odeonsplatz erreichen. Dort ist zunächst nur eine dünn besetzte Polizeisperrkette zu sehen, doch im Nu kommt Verstärkung.

Die Berichte über das, was sich daraufhin zugetragen hat, weichen stark voneinander ab, unter dem Gestrüpp der Fantastereien, Übertreibungen und Windbeuteleien die Wahrheit über das Geschehen freizulegen ist unmöglich.

Klar ist nur, dass sich Demonstrierende und Polizei misstrauisch beäugen. »Halt«-Rufe der Ordnungskräfte erklingen und wechseln sich ab mit »Heil«-Antworten und der Aufforderung: »Nicht schießen!«

Dann fällt ein einzelner Schuss, hier stimmen die Berichte überein. Bis heute weiß man nicht, wer ihn abgegeben hat. Nach einer Zehntelsekunde der Erstarrung folgt eine ganze Salve aus den Polizeikarabinern. Schreie gellen, Menschen wälzen sich auf der Straße vor der Feldherrnhalle, aus der Residenzstraße wird vereinzelt das Feuer erwidert.

In weniger als einer Minute ist das Spektakel vorbei. Als Erster stürzt Scheubner-Richter von einem Herzschuss tödlich getroffen zu Boden. Weil Hitler sich bei ihm untergehakt hat, wird er zu Boden gerissen und kugelt sich die linke Schulter aus. Ludendorff marschiert ebenso kerzengerade wie zornerfüllt durch die ballernde Polizeikette und lässt sich widerstandslos festnehmen.

Im allgemeinen Durcheinander taumelt Hitler schmerzverzerrt zurück. Ein SA-Arzt wird am Max-Joseph-Platz auf ihn aufmerksam, winkt einen Wagen des Sanitätsdienstes heran, setzt Hitler hinein, gibt ihm zur Tarnung eine Rotkreuz-Armbinde, und das Auto braust davon.

Dreizehn Putschisten und vier Polizeibeamte sind tot, viele verletzt, darunter Hermann Göring, der ins Bein und in die Lende geschossen wird.

Als der gelbe Pkw mit Hitler über Sendlinger-Tor-Platz und Thalkirchner Straße südwärts rast, wird er unter Feuer genommen. Überall stemmen sich jetzt die Einheiten der Landespolizei gegen die vom Odeonsplatz und der Residenzstraße zurückflutenden Kampfbündler.

Hitler will sich absetzen über die Grenze nach Österreich, doch in der Nähe von Uffing am Staffelsee hat das Auto eine Panne. Die drei Insassen, neben Hitler ein Arzt und ein Sanitäter, verstecken den Wagen. Sein Spezl Putzi Hanfstaengl, erinnert sich Hitler, besitzt in der Nähe ein Landhaus.

■ ● ■

Nachmittags sind die Brechts und die Reichs bei den Feuchtwangers. Noch weiß niemand, dass die Verschwörer zusammengeschossen worden sind. Vor allem der Hausherr ist beunruhigt: Hitler am Ruder würde bedeuten, dass man schleunigst die Koffer packen sollte. Heinrich Mann, so das Gerücht, habe München bereits am Morgen verlassen. Die Runde geht bedrückt auseinander. Draußen auf der leeren Straße stampft ein Trupp Uniformierter vorbei, den Stahlhelm auf dem Kopf, dann eine MG-Patrouille, sie hinterlassen ein Echo in der todstillen Straße, und der bedrohliche Vorfall gleitet ab ins Läppisch-Unwirkliche.

»Man konnte meinen«, so Bernhard Reich, »wir säßen in einem Provinztheater letzten Rangs und sahen gerade den Aufzug der spanischen Wache im ›Egmont‹. Etwas lustiger geworden, verabschiedeten wir uns schnell und gingen nach Hause. Die Augen Brechts glänzten spöttisch.«

■●■

Kurz nach 19 Uhr, Helene Hanfstaengl isst gerade mit ihrem Sohn zu Abend, kommt ihr Dienstmädchen in den Speisesaal und sagt, jemand habe leise an der Tür geklopft. »Zu meinem großen Erstaunen«, so berichtet sie in ihren unveröffentlichten Erinnerungen, »erkannte ich die schwache, unverwechselbare Stimme Hitlers. Schnell öffnete ich. Da stand er, leichenblass, ohne Hut, sein Gesicht und seine Kleidung mit Schmutz bedeckt, sein linker Arm hing in einem eigenartigen Winkel von seiner Schulter. Zwei Männer, ein junger Arzt und ein Sanitäter, stützten ihn …«

Die Wagners müssen unterdessen empört die Heimreise antreten. Denn die Münchner Uraufführung von Siegfrieds symphonischer Dichtung *Glück* wird abgesagt. In Bayreuth angelangt, spendet Winifred den NSDAP-Anhängern Trost: »Glauben Sie mir, Adolf Hitler ist trotz allem der kommende Mann, und er wird eben doch noch das Schwert aus der deutschen Eiche ziehen.«

■●■

Am nächsten Tag probt Brecht noch intensiver als sonst. Er will den Zeitverlust vom Vortag aufholen. Mehr interessiert ihn nicht. Merkwürdig, wie Dinge von nationaler Tragweite untergehen im Tunnelblick des Künstlers, der an nichts anderes denkt als seine nächste Premiere und die Ungeheuerlichkeiten des Zeitgeschehens mit einem Achselzucken quittiert.

Doch, so ironisch kommentiert er die Probenarbeit, es ist alles wie Zähne ziehen: »Diese Schauspieler haben in allerhand Bezirken Phantasie, nur nicht in dem des Theaters. Die phantastische Tatsache dieser *Ungeheuerlichkeit*, daß bemalte Menschen mit eingelernten Sprüchlein auf einem Podest unter dem unerklärlichen Schweigen vieler Leute Szenen aus dem Menschenleben nachmachen, ist dieser Generation schon entrückt, die den Dilettanten als Beamten erfunden hat«, schreibt er an Ihering.

Erneut schwebt ihm stark unterkühltes Spiel vor. Und erneut fällt es ihm ungeheuer schwer, das den Darstellern zu vermitteln. Die sind darauf getrimmt, ihr Publikum emotional mitzureißen, in der alten Schaustellerangst, es andernfalls zu langweilen.

Die Premiere, auf Dezember angesetzt, wird erst einmal verschoben.

■ ● ■

Die Ereignisse überschlagen sich, zurück zu Hitler an den Staffelsee: Am Morgen des 10. November wird ein Emissär von den Hanfstaengls zu den Bechsteins nach München geschickt. Mit deren geschlossenem Wagen könnte man Hitler unauffällig über die österreichische Grenze verfrachten. Doch die Limousine kommt nicht, und Hitler wird immer nervöser. Hanfstaengl selbst ist beim Putschabend imposant in Erscheinung getreten, es ist nur eine Frage der Zeit, wann die Polizei seinem Urlaubsdomizil einen Besuch abstattet. Da die Schulter nicht eingerenkt werden kann, bandagiert man den Arm, so dass Hitler nicht mehr in seine Kleidung passt. Er bekommt von der Hausherrin den blauen Bademantel Putzis ausgehändigt. »Der Patient lächelte und meinte, er fühle sich wie ein römischer Herrscher.«

Am Nachmittag des nächsten Tages, am Sonntag, dem 11. November, läutet das Telefon. Es ist Helene Hanfstaengls Schwiegermutter, die in der Nähe wohnt. Bei ihr ist die Polizei gerade abgerückt: Hausdurchsuchung.

Hitler wird panisch: »Jetzt ist alles verloren«, ruft er. Mit einer schnellen Bewegung ergreift er seine Pistole, die er auf einem Schrank abgelegt hat. Frau Hanfstaengl reagiert schnell, packt seinen Arm und entwindet ihm die Waffe. Vorwurfsvoll herrscht sie ihn an: »Wie können Sie beim ersten Rückschlag aufgeben? Denken Sie an Ihre Anhänger!« »Während er auf einen Sessel sank, versteckte ich den Revolver in einem Behälter für Mehl …«

Dann kommt die Polizei. Hanfstaengl berichtet nicht frei von Larmoyanz, ein »Kordon umstellte den Garten, drei riesige Lastfahrzeuge warteten mit laufenden Motoren – alles wegen eines hilflosen und verwundeten Mannes! … Als ich leise eine Tür aufmachte, stand Hitler da. Sein unerwartetes Erscheinen erstaunte die Männer. Hitler, der seine Fassung völlig wiedererlangt hatte, ließ eine Tirade gegen Regierung und Beamte los, wobei sich seine Stimme ständig steigerte.« Doch es hilft alles nichts, er wird verhaftet und ins Gefängnis nach Stadelheim verbracht.

Im Frühjahr 1924 gelingt es Hitler unter tätiger Mithilfe der rechtsgewirkten Kammer den Prozess vor dem Münchner Volksgerichtshof in einen »politischen Karneval« zu verwandeln und von der Rolle des Angeklagten in die des Anklägers zu schlüpfen. Zwar wird er zu fünf Jahren Festungshaft verurteilt, muss aber lediglich neun Monate absitzen. Die Zeit nutzt er nicht nur dazu, *Mein Kampf* zu schreiben, sondern auch für grundsätzliche Erwägungen: Hitler gewinnt die Überzeugung, das Scheitern des Putsches sei »das größte Glück für uns Nationalsozialisten« gewesen, und er führt dafür drei Gründe ins Feld: Erstens wäre eine Zusammenarbeit mit Ludendorff unmöglich, zweitens wären die Vorbereitungen für eine Machtübernahme in ganz Deutschland ungenügend gewesen, und drittens, so äußert er nach der Machtübertragung im Januar 1933, hätten sich die Blutopfer vor der Feldherrnhalle als die »wirksamste Propaganda für den Nationalsozialismus erwiesen«.

Schon die im *Bürgerbräu* Anwesenden haben mit ihren unmittelbaren Reaktionen den burlesken Charakter des Geschehens am Abend des 8. November bezeugt. Nicht von ungefähr wird er bald »als Bierhallen-Putsch« verhöhnt. Doch können seine verhunzten Züge nicht darüber hinwegtäuschen, dass der misslungene Umsturzversuch vom 8./9. November 1923 in den Konsequenzen nicht geringzuschätzen ist.

Im Grunde nimmt Hitler erst im Anschluss daran die Rolle als Politiker an, verabschiedet sich nach seiner Entlassung aus der Haft vom Entweder-oder, seiner »Alles-oder nichts-Attitüde« (dahin kehrt er erst ganz zum Schluss im Führerbunker 1945 zurück). Er lernt, eine moderne, schon vielfach ausdifferenzierte Gesellschaft lässt sich nicht mit den Mussolini-Methoden von 1922 erobern. Italien ist Anfang der 1920er Jahre im Vergleich zu Deutschland ein rückständiges Land und bleibt es noch lange. Der Entschluss Hitlers lautet denn auch, dass der Griff nach der Macht und die Errichtung einer Diktatur am besten erfolgen im Rahmen der Legalität. Die Gewalterfahrung durch den Staat, zum ersten Mal am 1. Mai erlitten und nun beim Putsch erneut, lehren Hitler, dieser Gewalt so lange auszuweichen, bis er selbst die Mittel des Staates in die Hand bekommt und gegen seine Feinde wenden kann.

Die Institutionen von Weimar sind zu Beginn der 1930er Jahre bereits so ausgehöhlt, dass die entscheidenden Akteure Hindenburg, Papen, Hugenberg und Co. sich mit der rein formalen Zusicherung der Legalität zufriedengeben und ihnen komplett verborgen bleibt, dass sie lediglich ein »Moratorium der Illegalität« enthält.

Hitler selbst hat genau zehn Jahre nach dem Putsch in der Gewissheit, am Ziel zu sein, am Ort des Geschehens, dem *Bürgerbräu*, auf diesen Umstand hingewiesen:

»Dieser Abend und dieser Tag, die haben es uns möglich gemacht, später zehn Jahre lang legal zu kämpfen. Denn täuschen Sie sich nicht: Wenn wir damals nicht gehandelt hätten, hätte ich niemals eine revolutionäre Bewegung gründen, sie bilden und erhalten und dabei doch legal bleiben können.

Man hätte mir mit Recht gesagt: Du redest wie die andern und handeln wirst Du genau so wenig, wie die anderen. Aber dieser Tag, dieser Entschluß hat es mir ermöglicht, allen Widerständen zum Trotz neun Jahre lang durchzuhalten.«

■ ● ■

Rückblende auf den 10. November: Noch sind die Zeitungen voll mit Nachrichten über den Putschversuch in München. Doch bald beherrscht eine andere Meldung die Schlagzeilen. Denn gegen vier Uhr an diesem Morgen setzt sich auf der niederländischen Insel Wieringen ein 41-jähriger Mann in ein Motorboot, um sich aufs Festland zu begeben. Dort besteigt er ein komfortables Auto und lässt sich chauffieren. Sein Ziel: Deutschland. Möglichst unauffällig geht es zu, man möchte kein Aufsehen erregen und fährt in hohem Tempo Richtung Osten. Das hat seinen Grund. Der Mann, der sich Deutschland nähert, bis zwölf Uhr muss er über der Grenze sein, ist nicht irgendwer. Es ist der Kronprinz der Hohenzollern, ältester Sohn von Ex-Kaiser Wilhelm II., Wilhelm von Preußen. Bentheim ist die erste deutsche Stadt, die er nach fünfjährigem Exil betritt.

Kanzler Stresemann selbst hat in einem Anflug von monarchistischer Durchgängerei die Rückkehr des Kronprinzen befördert, die nicht nur in Deutschland, sondern vor allem in Frankreich hoch umstritten ist. Zwar ist Stresemann als Retter der Republik in die Geschichte eingegangen und als überzeugter Demokrat über alle Zweifel erhaben, aber den Hohenzollernfimmel abzulegen, dazu kann er sich zeitlebens nicht überreden.

Noch jemand ist alles andere als begeistert von der Übersiedlung, nämlich Wilhelm II. selbst. Als ihn die Nachricht in seinem Exil im holländischen Doorn erreicht, poltert er: »Wenn einer von uns beiden zurückkehrt, dann müßte ich ja wohl der erste sein!«

Für einige Zeit kommt der Kronprinz seinem Versprechen nach, sich politisch nicht zu betätigen, doch damit ist es nach dem Tod Stresemanns 1929 vorbei. Ein paar Jahre hat Wilhelm wie die Schlange still im Gras gelegen, jetzt windet er sich zischelnd auf die politische Bühne. Wobei er auch in der Zeit vor 1929 kein Hehl daraus macht, dass er sich zu den konservativ-reaktionären Feinden der Demokratie rechnet. Am 3. Mai 1924 schreibt er anlässlich des 75. Geburtstags von Bernhard Fürst von Bülow, 1900 bis 1909 Kanzler des Kaiserreichs, einen Glückwunschbrief. Zwar möchte er es sich »aus bestimmten Gründen untersagen«, über die Verhältnisse in Deutschland zu sprechen, doch einen Wunsch äußert er und nimmt damit das Bündnis von NSDAP und DNVP, die Harzburger Front, von 1931 vorweg: »Der Kampf der Deutschvölkischen mit den Deutschnationalen ist ein ungemein trübes und beklagenswertes Kapitel. Möchte sich ein Mann finden, der die beiden Richtungen wiedervereinigt, sonst sehe ich ziemlich schwarz in die Zukunft.«

Um seine eigene muss er sich nicht sorgen. Wilhelm nimmt ab 1923 seinen Lebensstil von vor dem Ausbruch des Ersten Weltkriegs wieder auf und frönt allen Passionen, für die er schon im Kaiserreich bekannt war: Er fährt gern in schnellen Autos herum, liebt Pferde und das Polospiel, schöne Frauen sowieso. Man sieht ihn auf Sportveranstaltungen, Theaterpremieren, gesellschaftlichen Ereignissen und in den Nobelbars im Berliner Westen. Das öde Leben der Wohlversorgten bedarf der Abwechslung.

Nach der »Fürstenentschädigung« 1926 wird es noch komfortabler. Er reist durch ganz Europa, meist ohne Ehefrau, dafür mit Mätressen. Es ist wie bei seinem Bruder im Geiste, dem Prince of Wales, der als König abdankt, Wallis Simpson heiratet und bei Fragen nach seinen unentwegten Reisen antwortet: »Something must be done!«

Ist der Kronprinz in der Hauptstadt, lädt er ein auf *Schloss Cecilienhof* in Potsdam, wo er Wohnrecht hat bis 1945 und wo sein Urenkel, der heutige Anführer der Hohenzollern, Georg Friedrich Prinz von Preußen, gern mit Möbelwagen vorfahren würde und Umzugskisten voller Preußenprunk.

Zu den Forderungen des Hauses auf Rückgabe von Kulturgütern und dem Nutzungsrecht von einst kaiserlichen Liegenschaften oder einer Entschädigung ist das Endgültige gesagt: Da sie über Jahrhunderte »mit dem Schweiß der Untertanen« – und ihrem Blut und ihren Tränen – bezahlt wurden, fragt sich, warum die Abkömmlinge jener Untertanen sie heute mit ihren Steuergeldern erneut erwerben sollten?

■●■

»Diese kleine Frau nun ist mit mir sehr unzufrieden, immer hat sie etwas an mir auszusetzen, immer geschieht ihr Unrecht von mir, ich ärgere sie auf Schritt und Tritt; wenn man das Leben in allerkleinste Teile teilen und jedes Teilchen gesondert beurteilen könnte, wäre gewiß jedes Teilchen meines Lebens für sie ein Ärgernis.«

Franz Kafka widmet in diesem Herbst seiner Vermieterin, einer Frau Hermann aus der Miquelstraße 8 in Berlin-Steglitz, mit der Erzählung *Eine kleine Frau* ein boshaft-ironisches Porträt. Der plotlose Text lässt kein gutes Haar an der Dame, um das Mindeste zu sagen.

Zu Frau Hermanns Ehrenrettung sei angemerkt, dass Vermieter sein in den Tagen der horrenden Geldentwertung kein Vergnügen ist. Im Voraus wird bezahlt, doch der ausgehandelte Betrag ist wenige Tage später nur noch die Hälfte wert. Der Zins ist zumindest für den laufenden Monat nicht ohne Zustimmung des Mieters zu erhöhen, also muss der Vermieter auf den nächsten Monat warten. Und das Spiel beginnt von neuem, denn niemand weiß, nach welch schwindelerregendem Absturz die Mark sich endlich fängt oder was die neue Währung bringt, von der so viel gesprochen wird im Herbst 1923.

Spätestens ab Ende Oktober beginnen mehr und mehr Vermieter täglich die Miete neu auszuhandeln, was zu Auseinandersetzungen zwischen allen Beteiligten führt. Und Kafka in die Verzweiflung treibt.

Die KLEINE FRAU hat die Miete bereits in den Vormonaten drastisch erhöht. Zahlt Kafka im August noch umgerechnet 28 Kronen, sind es im September bereits 70 und im Oktober 180. Jetzt soll die Miete auf 360 Kronen steigen, mehr als ein Drittel von Kafkas Pension. Hinzu treten Zwistigkeiten um die Heizkosten. Die unangenehmen Gespräche nehmen überhand.

Selbst sein Tod, so mutmaßt Kafka, würde den Ärger der »kleinen Frau« über seine Existenz nicht besänftigen können: »Ihre Unzufriedenheit mit mir ist ja, wie ich jetzt schon einsehe, eine grundsätzliche; nichts kann sie beseitigen, nicht einmal die Beseitigung meiner selbst; ihre Wutanfälle etwa bei der Nachricht meines Selbstmordes wären grenzenlos.«

Dora Diamant schaut sich nach einer neuen Wohnung für Kafka um und findet zwei hübsch möblierte Zimmer zu akzeptablen Konditionen in der nahen Grunewaldstraße.

Als letzte Rache verheimlicht er gegenüber der KLEINEN FRAU bis zuletzt seinen Auszug. Seinem Freund Max Brod schreibt er Anfang November mit mildem Spott: »Ich fürchte mich fast, diese Sache, die meine Hausfrau erst am 15. November erfahren wird, zwischen ihren über meine Schultern hinweg mitlesenden Möbeln aufzuschreiben, aber sie halten, wenigstens einzelne, zum Teil auch mit mir.«

Am Umzugstag fährt er in die Innenstadt. Als er um 18 Uhr an der Gartentür der Villa in der Grunewaldstraße 13 läutet, hat Dora seine wenige Habe bereits in den beiden Zimmern im ersten Stock verteilt. Zu tun bleibt ihm nichts mehr.

Die KLEINE FRAU wird getobt haben, denn auf die Schnelle und zu dem aufgerufenen Preis sind Nachmieter rar.

■●■

Alfred Döblin flaniert erneut durch seine Stadt. Diesmal zieht es ihn in den Westen. Die Sonne steht über der Joachimsthaler Straße, der Asphalt ist blank und rein, die Autos flitzen umher, sauber und geschmückt sind Läden und Häuser.

Ein Glaskasten eines Fotografen erregt seine Aufmerksamkeit. Da fläzt sich ein junger Mann lässig auf einem Klubsessel, sehr elegant sieht er aus, trägt Zylinder und Monokel. Auf anderen Bildern zeigen junge Damen ihre runden Schultern und lächeln. Döblin findet sie schön. Der »reiche Mensch wird leicht schön; die gute Nahrung, die Körperpflege, Kaffee und Wein machen ihn lebendig; die Wangen sind gefüllt, die Augen blitzen«.

Doch auch hier, im luxuriösen Westen, an der Renommiermeile Kurfürstendamm mit ihren vielen Parfümerien, Blumengeschäften und Delikatessläden, fabelhaft verstehen die Besitzer, die Dinge so auszubreiten, dass sie locken, auch hier, und zwar überall, kriechen Bettler und Bettlerinnen heran, mit Streichhölzern und Postkarten, oder sie strecken einem ihre leeren Hände entgegen.

Auf dem Tauentzien ein ganzer Trupp eleganter Damen: »Sie tragen Silbertaschen, feine Ledertaschen, haben Paketchen; viele

Blumen, Blumen verkauft man an allen Straßenecken, wie im Osten und Norden Gummiabsätze.«

Im Osten hat man die Rasenstreifen der Alleen eingehen lassen, die Bäume verkümmern. Hier im Westen stehen sie fürstlich in schönen Steinbehältern.

»In phantastischen Kostümen spazieren diese Frauen, eine wie die andere; sie schleppen ganze Reichtümer im Pelzmantel, Kragen, Ohrjuwelen, Ringen mit sich. Für sie sind diese Auslagen bereitet; sie genießen jetzt im Sonnenschein diese Dinge und sich. Ihre Männer sind nicht da; das spekuliert, arbeitet, hetzt sich jetzt ab. (Arbeitsteilung wie im Bienenstaat.)«

Das Tohuwabohu um den Brotpreis – es ist *der* Reiz zur Entladung der Spannungen, die seit Wochen in der Luft liegen, und nun werden Schuldige nicht nur gesucht, sondern auch schnell gefunden: die Juden. Statt Lebensmittelunruhen und Hungerkrawallen nun Pogromstimmung. Oder alles zusammen: »Ich war am Mittag auf dem Alexanderplatz, eine Minute von den Orten des Tumults entfernt, und bemerkte – nichts«, berichtet Alfred Döblin am 11. November im *Prager Tagblatt*.

Abends ist er im Scheunenviertel unterwegs: Der Anblick überwältigt ihn. Grenadier- und Dragonerstraße, »der Sitz der Ostjuden«, sind von Polizeitruppen abgesperrt, die Straßen finster. An den Ecken mächtig drängende Menschenhaufen; eingeschlagene Schaufenster und Läden. »Ein Schimpfen und heimliches Sprechen. Diese Münzstraße ist schon sonst ein Zentrum des gefährlichen Gesindels, Polizeistreifen sind hier an der Tagesordnung. Jetzt sind sie offenbar alle obenauf, die Herren mit der Halsbinde und der krassen Mütze. Aber auch fette fremde Männer sind da, die sehr bürgerlich aussahen, und viel Weiber. Ein Blick zeigt: der Antisemitismus ist den meisten gleichgültig; das will plündern.«

In der Nähe des Rosenthaler Tors ruhigere Abschnitte – bis erneut Menschen an ihm vorbei in alle Richtungen fluten. Ein ausgeraubtes Konfektionsgeschäft, Polizisten verjagen mit gezücktem Säbel die Massen. Menschenhaufen auch an der Brunnenstraße/Ecke Invalidenstraße. »Es lärmt hier, bildet Gruppen, späht um sich.« Die »Halsbandkavaliere«, so Döblin, werden die Gelegenheit für weiteren Krawall nutzen.

Dann wird ihm klar, dass es so einfach mit dem nicht vorhandenen Antisemitismus nicht ist. Unter den Juden, so nimmt er wahr, herrscht große Angst vor den nächsten Tagen. Wird es noch schlimmer? wispern sie sich zu.

Döblin ist erkennbar verwirrt über den Gewaltausbruch, er erkennt einerseits die »Methode des alten Rußlands«, das Juden bei vielen Gelegenheiten zu Sündenböcken gemacht hat. Andererseits mag er von einer echten Pogromstimmung in Berlin nicht sprechen.

Dennoch ist ihm unbehaglich zumute, als er ein paar Tage später das Haus verlässt, um sich an die Chausseestraße zu begeben. Das ganze literarische und künstlerische Berlin findet sich im *Friedrich-Wilhelmstädter-Theater* ein, Döblin wird es unheimlich, denn in der Nähe ist die Invalidenstraße, wo die Krawalle besonders gewütet haben; »wie kann man jetzt feiern, spielen«. Marlowes *Eduard II.* wird gegeben, allerdings nicht in der Fassung von Brecht und Feuchtwanger, die ist erst ein paar Monate später reif für die Bühne.

Kaum etwas hat Brecht unversucht gelassen, die Berliner Premiere zu verhindern. Einen knappen Monat zuvor schreibt er dem Schauspieler und Noch-Liebhaber von Helene Weigel, Alexander Granach, dass er bereits drei Wochen an dem Stück arbeite. Granach und sein Schauspieltheater sollen auf den Stoff zugunsten von Brechts Bearbeitung verzichten, da er es selbst sowohl in München wie auch in Berlin inszenieren wolle. Dann eine Warnung: »Es ist ein ganz neues Stück, und ich schlage Euch damit an die Wand mit

Eurer alten Übersetzung, so sicher, als ich lebendiger bin als dein Urgroßvater, Alexander.«

Zwar wird auch Brecht/Feuchtwangers *Eduard* kein großer Erfolg, aber vor diesem hier muss er sich tatsächlich nicht fürchten. »Es ist eins von den schrecklichen und langweiligen Engländerstücken«, in denen es »bullert und paukt«. Viele Rebellen, viel Kriegsgeschrei; »es ist ein Segen, daß die Natur uns zwei Ohren gegeben hat: eins, wo der Lärm eingeht und eins, wo er heraus kann«, fasst der indignierte Döblin den Abend zusammen.

Vielleicht wirken die Eindrücke aus den Tagen zuvor von den Tumulten mit dem verstörenden antisemitischen Einschlag noch nach. Wer weiß das schon?

■●■

Wieder rinnt ein Tag durch die Fenster, ein fürchterlicher Tag. Er bringt Kälte, Leere und die Einsicht in die wirkliche Lage Deutschlands. Elend! Überall Elend, das einfach nur elend ist. In den Straßen Berlins erneut Krawalle, die Hungernden stürmen die Lebensmittelgeschäfte, die Brotkarte wird eingeführt. Nirgendwo ein Lichtblick? Doch: Am 12. November wird in Brandenburg an der Havel Loriot geboren.

■●■

Wie üblich feilt Brecht während der Proben am Text, und als die Schauspieler seine Sprachgewalt bemerken, akzeptieren sie ihn als Regisseur.

Die Menschen, mit denen er arbeitet, und ihre Ansichten, sind für ihn nichts weiter als Rohstoff für das eigene Werk, und in Diskussionen formuliert er brillant, sind seine Worte wie ein Peitschenknall.

Bernhard Reich hat die Arbeit mit Brecht beschrieben: »Die Unterhaltungen mit ihm füllten sich bald mit innerer Dramatik«, berichtet er. »Er sprach sehr ruhig, aber er stellte Behauptungen auf, seine Behauptungen in paradoxen Formulierungen äußernd. Absolut kategorisch. Er widersprach den Entgegnungen nicht, sondern rasierte sie weg. Er gab seinen Gesprächspartnern zu verstehen, daß er, Brecht, jeden Widerstand ihm gegenüber für hoffnungslos halte und ihnen freundschaftlich rate, die Zeit nicht zu vergeuden und zu kapitulieren.« Hat er seine Erkenntnis vermittelt und die Gegenwehr gebrochen, bläst er »nachdenklich den Zigarrenrauch von sich«.

Brechts poetische wie szenische Begabung scheint unerschöpflich, ständig produziert er mit ungeheurer Leichtigkeit Ideen, die er mit genauso großer Leichtigkeit wieder verwirft, um Neues auszuprobieren. »Nie«, sagt Carl Zuckmayer, »habe ich eine solch wuchernde, aus allen Wurzeln aufschießende und zugleich kritisch beherrschte Produktivität erlebt.«

Eines Tages erscheint Karl Valentin auf der Probe. Brecht schätzt ihn, und Valentin schätzt Brecht. Der übt gerade die Soldatenszenen ein. Er lässt sie mechanisch und mit ausdruckslosem Gesicht marschieren, um zu zeigen, dass sie weder wissen, wohin sie gehen, noch, auf wen sie schießen. Doch Brecht ist unzufrieden. Und so fragt er Valentin, wie sich Soldaten vor einer Schlacht fühlen. »Furcht hams, blaß sans«, antwortet der. Brecht ordnet an, dass die Gesichter der Schauspieler mit Kalk bedeckt werden. »Käseweiß sind's halt.«

■ ● ■

4.200.000.000.000, in Worten: 4,2 Billionen Papiermark kostet der Dollar, die Nullen streicht man weg, schon ist die Währung reformiert. Eine Billion Reichsmark entspricht jetzt einer Goldmark, und eine Goldmark heißt jetzt Rentenmark. Der Dollar kostet 4,20 dieser merkwürdigen neuen Mark. Löhne und Gehälter werden peu à peu in Rentenmark ausbezahlt, die Notendruckereien stellen ihre Arbeit ein.

Eine Mark soll wie vor dem Krieg eine Mark wert sein, heißt es. Die Frage ist nur, wer glaubt das. Wird irgendjemand in der Bevölkerung der neuen Währung vertrauen? Damit steht und fällt das Ganze. Selbst Verantwortliche sind skeptisch. So vergleicht Hans Luther, immerhin Reichsfinanzminister, das ganze Vorhaben mit einem Haus, das man beginnend mit dem Dach errichten will.

Da gar nicht daran zu denken ist, die neue Mark wie im Kaiserreich mit Gold zu decken, belastet Reichswährungskommissar Hjalmar Schacht den Grundbesitz von Industrie, Landwirtschaft und Gewerbe mit einer Hypothek in Höhe von 3,2 Milliarden Goldmark, umgerechnet 160 Pfund Sterling. Im Grunde ein großer Schwindel, es ist eine Krüppelwährung: Weder ist eine Auszahlung dieser »Goldmark« möglich, noch darf sie ins Ausland oder an Ausländer abgegeben werden.

Die Rentenbank ist unabhängig. Doch das ist die Reichsbank zuvor auch gewesen.

Hat's was genutzt?

Die Regierung verpflichtet sich, keine Schulden bei der neuen Bank zu machen.

Hat sie sich je daran gehalten?

Luther und Schacht versprechen, die Geldmenge zu begrenzen.

Kann man ihnen trauen?

Nichts als saure Zitronen hat die Regierung seit der Ruhrkrise den Menschen offeriert. Vor allem kein Rezept, sie genießbar zu machen – außer als Giftbecher der Inflation.

Skeptisch tragen die ersten Deutschen eine Rentenmark in einen Laden und warten ab, was passiert. Wird sie angenommen? Wird man dafür tatsächlich etwas von Wert kaufen können?

■ ● ■

Gerade ist im Paul-List-Verlag in Leipzig Henry Fords Autobiografie *Mein Leben und Werk* erschienen. Es ist die Bibel der *Neuen Sachlichkeit*, und obwohl als Lesestoff quälend langweilig, wird es ein fantastischer Erfolg. Bis Ende des Jahres werden 29 Auflagen gedruckt. Sie läuten ein amerikanisches Zeitalter in Deutschland ein, bis es im Gefolge des Schwarzen Freitags im Oktober 1929 von der Weltwirtschaftskrise und der großen Depression hinweggefegt wird.

Niemand kritisiert den stark antisemitischen Zungenschlag Fords, der sich das Buch ein Jahr zuvor anlässlich seines sechzigsten Geburtstages von dem Journalisten Samuel Crowther hat auf den Leib schreiben lassen. Als es nach dem Zweiten Weltkrieg neu erscheint in Deutschland, sind alle antisemitischen Passagen wie von Geisterhand getilgt. Bemerkt das jemand? Nö.

■●■

Der kleine, eher hässliche grau-grüne neue Schein, später die klingenden Münzen, der Fünfer und der Sechser – Ladenverkäufer nehmen sie entgegen. Für eine Rentenmark erhält der Käufer Ware im Wert von einer Billion Papiermark. Und das Tollste ist, dass man mit Scheinen, die seit Freitag in der Brieftasche stecken, auch montags zum gleichen Wert etwas kaufen kann. Der gedemütigte Konsument ist wieder ein umworbener Mensch.

Als Reichbankpräsident vertritt Hjalmar Schacht zusammen mit dem Finanzminister Hans Luther eine restriktive Geld- und Sparpolitik, die Geldmenge bleibt tatsächlich begrenzt, und das vor allem ist es, was den Leuten Vertrauen einflößt. Vertrauen darauf, dass das Geld in ihren Taschen und, so sie eins haben, auf ihrem Bankkonto seinen Wert behält. Stabilität, wirtschaftliche Beruhigung führen zur seelischen Beruhigung eines Volks, dessen Nerven in Fetzen liegen.

Allerdings geht das nicht über Nacht. Ende November wird Victor Klemperer erst so richtig bewusst, »welche Not hinter dem Nullentaumel steckt«. Eine Billion ist zwar jetzt eine Mark wert, doch die hat kaum noch die Kaufkraft von vierzig bis fünfzig Pfennigen der Vorkriegszeit. Er will die neue Rentenmark an der Börse anlegen, gleichwohl ist er misstrauisch: »Weil nichts sicher ist, weder die

›Wertbeständigkeit‹ der Rentenmark, noch das Börsenpapier, noch die Devise.« Klemperer muss feststellen, dass er arm ist. Hundert Mark hat er im Haus, weitere hundert in Effekten, das Gehalt für vierzehn Tage: »etliche 60 Mark«.

Auch wenn viele Nöte bleiben, der »Hexensabbat« der Hyperinflation ist mit der Einführung der Rentenmark von einem Tag zum anderen vorbei. Bald hat sie ihre Schuldigkeit getan: Ein knappes Jahr später wird sie von einer durch Gold und Devisen gedeckten Reichsmark abgelöst.

■●■

Nur eine Besprechung über *Geist der Utopie* ist erschienen, immerhin eine zweite im *Neuen Merkur* in Aussicht. Ernst Bloch kann sich das nicht erklären. Dass Bücher in der Inflation und auch kurz danach nicht gekauft werden, weil die Leute Wichtigeres für ihr Geld erwerben müssen, ist ihm bewusst. Aber es sind Hunderte Rezensionsexemplare der *Utopie* rausgegangen und dann so gar kein Echo?

Erst viel später wird ihm klar, dass sein brausender Expressionismus seit 1922 im Sterben liegt und nach der Stabilisierung der Währung tot ist. All sein Geraune von organisch-expressiver Kunst, Tagträumen und religiösem Messianismus, die allein die Menschen selig machten, wird von der *Neuen Sachlichkeit* abgeräumt. Bloch sagt von ihr, sie führe »wieder zur Welt zurück, aber sie verschwieg den Wurm dieser Welt, sie wurde buchstäblich die Malerei übertünchter Gräber«. Da ist was dran, und es ist brillant formuliert. Aber das hilft alles nichts.

Bis zuletzt sieht Bloch sich in seinem utopischen Denken unwiderlegt. Doch hat er die Wirklichkeit ohnehin stets verachtet.

■●■

Die Realität und die *Neue Sachlichkeit* fallen in Europa und in Deutschland ein, und ihre Truppen sind weiblich. Es sind Bewegungs- und Tanzmaschinen, und jetzt machen sie Sensation.

Erstmals geben die *Tiller-Girls* in Berlin ein Gastspiel. Die beinschwingenden Revuetänzerinnen gelten als Ausdruck der modernen Großstadt und des freien Amerikas.

Sie markieren den Wandel der Körperkultur, sind tannenhaft schlank, viel Busen oder Hüfte sind verpönt, und wer dem neuaufkommenden Schönheitsideal der androgynen Frau von Natur aus nicht entspricht, aber mit der Zeit gehen will, der muss fasten oder sich mit Sport ertüchtigen.

Die *Tiller-Girls*, es gibt die *Lawrence-Tiller-Girls* und die *John-Tiller-Girls*, sind wahre Tanzroboter, und sie stellen ihre Reize betont sachlich aus.

Klug genutzte, perfekt gedrillte Maschinchen auf zwei schönen Beinen – die neue Girltechnik setzt ganz auf das Rhythmische. Sechzehn, achtzehn, zwanzig junge Frauen, sie gleichen sich wie ein Ei dem anderen, bilden, untergefasst zumeist, eine Linie.

Rhythmus geht einher mit Arbeitsteilung und -gliederung. Jede Frau steht an ihrem Platz, ist eine Kette im Glied, hat eine Teilarbeit zu verrichten, nämlich im immer gleichen Takt zu tanzen. Es ist ein Körper, der da tanzt und die Dinge voranbringt, und so gleichen solche Gruppen wie die *Tiller-Girls*, die viele Nachahmer haben, den Fließbändern Henry Fords, eines so uniform wie das andere – die Unterordnung des Einzelnen unter die Erfordernisse der Gruppe, die Versachlichung der Person. Sie tanzen wie Automaten, der Stechschritt in ihrem Parademarsch wird zum Markenzeichen. Moderne Kurzhaarfrisur tragen sie, jünglingshaft gebaut, biegsam sind sie, dazu keusch, ein bisschen Knie, mehr zeigen sie nicht.

Von moderner Körperkultur gestrafft, frisch und munter, verkörpern Gruppen wie die *Tiller-Girls* den Triumph der Maschine über den Menschen, den Triumph des Kollektivs über den Einzelnen, seriengefertigt und -typisiert.

■●■

Am Abend des Hitler-Putsches im *Bürgerbräu* läuft in den deutschen Kinos der Film aller Filme an, der bereits 1921 gedrehte erste Langfilm Chaplins *The Kid*, »weil wir in aller Welt die wenigsten Dollars zahlen können«. Schupos müssen den Ansturm auf die Kinos bändigen. »Chaplin ist hier nicht nur der komische Akrobat, sondern die menschgewordene Menschenliebe. Ernstes und Groteskes ist hier gemixt zu einem Trank der Rührung und Belustigung zugleich. Was die hohe Literatur unserer Tage nicht erreichte, ist hier geschafft: dieser Film wirkt menschenbessernd!« Ganz anderer Ansicht ist Carl Schmitt, der, schon ganz im Ton späterer Jahre, den Film »Dreck« nennt und eine »jüdische Sentimentalität«.

Am 22. November stellt die SPD einen Misstrauensantrag gegen Stresemann. Der führt, seit die Sozialdemokraten am 10. November die Regierung verlassen haben, nur noch ein Minderheitskabinett. Zu erbost sind vor allem die Linken in der SPD, dass Stresemann zwar rigoros gegen die Volksfrontregierungen in Sachsen und Thüringen vorgegangen, aber den Münchner Abspaltungsbestrebungen, die ja seit September offenliegen, viel zu lasch gegenübergetreten ist. Den Unterschied, in dem einen Fall die Reichswehr ziemlich flott eingesetzt zu haben, gegenüber den bayerischen Unverschämtheiten aber so zurückhaltend reagiert zu haben, begründet Stresemann mit einem bemerkenswerten Satz: In München habe es sich »um Deutsche auf der einen und auf der anderen Seite« gehandelt.

Stresemann will im Reichstag den Spieß umdrehen und stellt seinerseits die Vertrauensfrage. Die verliert er am 23. mit 230 gegen 155 Stimmen.

Theodor Wolff windet Stresemann kurz vor dessen Demission im *Berliner Tageblatt* einen Kranz: Stresemann habe die auswärtige Politik umsichtig geleitet und eine »ungeheuere Arbeitslast, im fortwährenden Hagel der gemeinsten Wurfgeschosse, mit kaum begreiflicher Leichtigkeit« getragen. »Es möchte kein Hund so länger leben, wie Faust von sich sagt.«

■●■

Das trifft auch zu auf Else Lasker-Schüler. Am 25. November klagt sie im Berliner Theater *Tribüne* ihre Verleger in einer Matinee öffentlich an. Ihre Kampfschrift *Ich räume auf! Meine Anklage gegen meine Verleger* ist eine wütende Abrechnung mit dem literarischen Betrieb. Besonders heftig attackiert sie Paul Cassirer, noch schlimmer ergeht es nur Alfred Flechtheim: »Diesem ehrgeizigen Kunsthändler und Verdiener, der ebenso gut in den Gassen mit Pelzen handeln könnte, es ihm nur schneller warm werden würde, der über den Rhein an die Spree kam, Cassirer zu überbieten, mit Versprechungen und aufdringlichen Schmeicheleien sich zu guter Letzt an eine Dichterin wagte, sie um ihre letzte Hoffnung zu betrügen, ihr Schaffen sich aber um die Fratze legte.«

Sie porträtiert Flechtheim als skrupellosen Blutsauger, der die Künstler um ihre Verkaufserlöse prellt und sie beleidigt. »Morgens erfrischt vom Sektbade überschäumt der Rest seines Geldes seine Duzfreunde, die Maler, mit Rutenbegleitung, Tritten und ehrenrührigen Beschimpfungen.«

Tatsächlich nennt Flechtheim Otto Dix einen »Fotzenmaler«, wofür dieser sich einige Jahre später rächt mit einem bösen Porträt Flechtheims, das ihn als habgierigen Kunsthändler zeigt. Ein Klischee, das die Nazis nur zu gerne aufnehmen.

»Dumm und gerissen« sei er, wütet Lasker-Schüler weiter, um bald die Antisemitismus-Kurve anzusteuern. Als Jüdin weiß sie sehr genau, was es mit Alfred Flechtheims angeblich spanischer Abkunft auf sich hat, mit der er gern renommiert. Sie verspottet ihn als »Señor Alfredo«, was amüsant ist; weniger amüsant setzt sie fort: Flechtheim verklebe »mit seinem spanischen Pflaster sein Furunkel, sein wahres Milieu«.

Auf dem Höhepunkt ihrer Entgleisungen ruft sie dem hochzuverehrenden Publikum, an das ihre Schrift sich wendet, zu: »Rottet ihn aus, sage ich Euch! Ich sage Euch, rottet ihn aus!«

Ihr bodenloser Hass kann nur erklärt werden vor dem Hintergrund der tiefen Verzweiflung, der sie sich im Herbst 1923 ausgeliefert sieht: »Bin krank in der Seele, da k e i n e Freude«, notiert sie.

Alfred Flechtheim, der von ihrem Auftritt in der *Tribüne* erfahren hat, quittiert die grausamen Wünsche Lasker-Schülers mit Nonchalance: »Gnädige Frau!«, schreibt er Lasker-Schüler, »ich höre, daß sie ihren Aufräumevortrag, in dem sie meinen Namen erwähnen, wiederholt haben und weiter vortragen und weiter wiederholen werden. Ich bin Ihnen für diese Reklame außerordentlich dankbar, doch möchte ich sie der Ordnung halber aufmerksam machen, daß nicht ich ihr Verleger bin, sondern der Querschnitt Verlag AG. Ehre wem Ehre gebührt.«

Flechtheim ist klug genug, sich nicht auf eine öffentliche Auseinandersetzung mit der um sich schlagenden Künstlerin einzulassen.

Diese Klugheit ist Paul Cassirer nicht gegeben: 1924 folgt ein epischer Streit über Honorarzahlungen zwischen Lasker-Schüler und Cassirer, der in mehreren Berliner Zeitungen ausgetragen wird und zu nichts führt.

■ ● ■

Max Beckmann hat gerade einen Lauf. Von der Kunstkritik ist seine Grafikfolge sehr gut aufgenommen worden. Mit der Radierung *Der*

Vorhang hebt sich und vor allem mit seinem *Tanz in Baden-Baden*, das er nach einem Aufenthalt im Sommer in dem Kurort malt, wird das Zeitkritische seines Blicks 1923 stärker denn je. Die Menschen haben keine Beziehungen mehr zueinander oder werden, wie im Fall des Tanzbildes, zu maskenhaften Karikaturen. Die bessere Gesellschaft tanzt zusammengepresst, die Frauen vollgehängt mit Schmuck, doch ihre Gesichter sind freudlos und mürrisch, die der Männer stumpf und hölzern. Inflationsblues beim Shimmyfox.

Etwas anderes entzückt Beckmann in diesen tristen Novembertagen: Endlich kommt mit der Post das Belegexemplar einer umfangreichen Beckmann-Monografie bei ihm in Frankfurt am Main an. »Es ist mir wirklich eine große Freude«, schreibt er überschwänglich seinem Verleger Reinhard Piper und dankt ihm für dessen »große und opferbereite Arbeit«. Was der Künstler überdies nicht zu vergessen verspricht, ist der Umstand, dass Piper in diesen schlimmen Zeiten »ein solches Opus auf den Markt« bringt.

Dankbarkeit, Freude und Ehrfurcht vor dem Mut des Verlegers – innerhalb einer Woche wie weggeblasen. Was ist passiert? Das Buch, schreibt ein empörter Beckmann an Piper, habe »allseits größte Bewunderung« geerntet, und alle seien auch heftig gespannt, »aber!! es ist nicht da«. Der Kunstkritiker Curt Glaser, der für die Monografie einen Aufsatz beigesteuert hat, warte seit zehn Tagen darauf und sei »indignirt«.

Und so in einem fort: »In den Läden ist es auch noch nicht zu sehen und eine größere Anzeige im Buchhändler-Börsenblatt ist wohl auch noch nicht erschienen – Es ist sehr schade, denn die Menschen machen jetzt schon ihre Weihnachtseinkäufe.« Dann noch ein Satz, den jeder Verleger mit Begeisterung hört: »Es wäre sehr schade, wenn wir den psychologischen Moment wieder einmal verpaßten.«

Besonders schön klingt in den Ohren Pipers sicher das »wieder einmal«.

Ein halbes Jahr später stellt Beckmann anlässlich des zwanzigjährigen Bestehens seines Verlages eine Liste auf, die er »Autobiographie« nennt. Dort heißt es unter 1. »Beckmann ist ein nicht sehr sympathischer Mensch (…). 5. Beckmann liebt Bach, Pelikan, Piper und noch 2 bis 3 Deutsche (…). 11. Beckmann schläft immer noch sehr gut.«

Seinen Witz verbirgt er zumeist so gut, dass einige, die Beckmann nicht sehr gut kennen, ihn für einen Griesgram halten: »Beckmannmaxe war 'ne Art Einsiedler«, mault George Grosz, »er war der Hermann Hesse der Malerei, deutsch und schwer zugänglich, 'ne Art Briefbeschwerernatur ohne einen Cent Humor.«

In den folgenden Jahren erreicht Beckmann mit einer Fülle nationaler wie internationaler Ausstellungen, was sich die Kunstkritik schon 1913 von ihm versprochen hat: Er wird der führende deutsche Künstler der Zeit. Doch Fotografien von sich mag er nicht: »Sie schwanken zwischen Paßfoto und Verbrecheralbum.« An den Eröffnungen nimmt er nur selten teil. »Wenn ich in meiner Ausstellung die eigenen Bilder sehe, komme ich mir entblößt bis aufs Hemd vor.«

Dezember

Gottfried Benn schreibt ein Gedicht, das das Jahr auf den Begriff bringt: Chaos. *George Grosz steht vor Gericht. Bert Brecht eilt von München nach Leipzig, um die Endproben zu seinem* Baal *durcheinanderzuwirbeln. Er sucht nur eins: den Skandal. Henny Porten und Asta Nielsen sind gemeinsam auf der Leinwand zu sehen. Die Dreharbeiten sind die Hölle – für Henny Porten. Julius Meier-Graefe empört sich über den* Schützengraben *von Dix und nennt ihn »Schmutz«. Jürgen Fehling wiederum bezeichnet Brechts* episches Theater *als »Dünnschiss«. Die Nerven, man denke, sind allenthalben wundgescheuert. George Antheil komponiert jeden Tag an seinem* Ballet mécanique. *Brutal, modern und nüchtern soll es sein, ein Ausdruck der seelischen Erschöpfung der Zeit. Und noch jemand komponiert: George Gershwin. Er hat zwar eine Idee, aber noch keine einzige Note. Es bleiben zwei Wochen Zeit. Brecht und Weigel werden ein Paar. Der Hexensabbat Inflation ist vorbei, und die Leute sind verarmt. Harry Graf Kessler kommt sich in Berlin vor wie in Süditalien. Alle betteln ihn an. Das findet er degoutant. Ein Höllenjahr endet – und das Leben geht weiter.*

Am 2. Dezember wird Maria Callas in New York geboren. Man hört einen halben Ton und weiß, sie ist es, die singt. Und wenn sie singt, dann wird es hell – und dunkel zugleich. Ihr Leben und ihre Stimme, ihr Schmerz und ihre Ausdruckskraft sind pures Drama, gleichen einem Flugzeug, das jeden Tag abzustürzen droht. Alle anderen großen Sopranistinnen des 20. Jahrhunderts sind vergessen. Die Callas nicht.

■ ● ■

Gottfried Benn zieht mit einem Gedicht die Bilanz des Jahres. Die *Weltbühne* druckt es am 6. Dezember. Der Titel ist Programm: Chaos.

> Keine Flucht. Kein Rauschen.
> Chaos. Brüchiger Mann.
> Fraß, Suff, Säfte tauschen
> ihm was Lebendes an,
> mit im Run der Aeonen
> in die Stunde des Nie
> durch die Zeiten und Zonen
> leere Melancholie.

Ansonsten hat der Schwerenöter wieder eine Eroberung gemacht, obwohl seine Schläfen, wie er selbst beklagt, langsam grau werden. Eine der aufregendsten Frauen Berlins, die Fotografin Frieda Gertrud Riess, die alle nur »Die Riess« nennen. So modern wie sie ist keine zweite. Bereits 1917 hat sie am Kurfürstendamm 14/15 ein Fotoatelier eröffnet, sie ist eine der ersten Unternehmerinnen Deutschlands. In unmittelbarer Nähe zur Gedächtniskirche ist sie am Puls der Zeit. Gegenüber residiert die *Berliner Secession*, das *Romanische Café* ist ein Steinwurf entfernt. Als ihre Ehe mit dem Schriftsteller Rudolf Leonhard 1922 scheitert, zieht sie ganz in den neobarocken Prunkbau ein.

Der Gerichtsreporter Sling schreibt über die berühmteste Fotografin der zwanziger Jahre, Frieda Riess: »Wenn sie mit ihrer Kamera dasteht, ist sie ein photographisches Raubtier mit fünf Beinen und drei Augen.« Im Selbstporträt von 1925 poussiert sie mit dem Modevogel der 1920er Jahre, dem Papagei, in leichter Bewegungsunschärfe eingefangen, während »die Riess« ihm völlig zugetan ist.

Wie und wo die Riess und Benn sich kennengelernt haben, ist unklar. Wahrscheinlich im Dunstkreis von Hermann von Wedderkop und Alfred Flechtheim vom *Querschnitt*.

Der stellt sie als erste Fotokünstlerin aus. Und Benn schreibt ihr ein Gedicht in den Katalog, und das endet so: »die Gestalten die Striche / tief in der Tusche des Lichts, auf die Platte die Iche – Züge des Nichts.«

■●■

Die Anklage gegen George Grosz lautet: »Verbreitung unzüchtiger Abbildungen und Darstellungen«. Da die Zensur abgeschafft ist, muss man diesen oder den artverwandten Gotteslästerungsparagrafen bemühen, um unliebsame Künstler an die Kandare zu nehmen. Hartnäckig hält sich der wilhelminische Geist in den Strafverfolgungsbehörden, traditionell konservativ, was Sitte und Moral angeht.

Der Vorsitzende Richter geht gleich ins Grundsätzliche: Ein Künstler lebe nicht allein, sondern in einer Gemeinschaft, die ihm Grenzen setze. Im Übrigen dürfe der Künstler den sittlichen Zusammenhalt nicht zerstören.

Grosz verteidigt sich und seine Blätter aus *Ecce Homo* listig: Wenn »ich einen alten Mann darstelle mit der Häßlichkeit des Alters und der Häßlichkeit des unkontrollierbaren Körpers, so bewirke ich, daß man schon von früher Jugend an auf seinen Körper achtet, ihn trainiert, durch Sport usw.«.

Die Staatsanwaltschaft betreibt den Prozess mit beispielloser Verfolgungswut. Unerbittlich fordert sie neben einer Geldstrafe die Einziehung der gesamten Mappe. Denn »das Sammelwerk habe als Ganzes unzüchtigen Charakter« und verletzte das »›Scham- und Sittlichkeitsgefühl eines normal empfindenden Menschen‹«.

Zur Einstampfung des Werkes kann sich der Richter nicht überreden. Er verurteilt Grosz sowie seine Verleger zu je fünfhundert Mark Strafe wegen Angriffs auf die öffentliche Moral, und Grosz muss siebzehn Schwarzweiß-Grafiken und fünf Aquarell-Reproduktionen aus *Ecce Homo* entfernen.

Paul Levi, der Grosz verteidigt, schreibt später, »unter den Richtern saß einer, der hatte das, was Grosz als Karikatur gedacht und gerechnet hatte, zum Porträt erhoben. Wir wußten, daß unsere Sache verloren sei.«

■ ● ■

Und was macht Brecht? Der unterbricht in München seine Arbeit an *Eduard II.* und fährt nach Leipzig. Dort soll endlich sein erstes Stück *Baal* uraufgeführt werden. Er langt an in Brecht'schem Look: unrasiert, in abgeschabter Lederjoppe und zerbeulten Cordhosen, die so schlecht sitzen, dass sie den Blick auf die graue Unterhose freigeben. Und weil er sich kaum wäscht, stinkt er wie ein Bär. Die Schauspielerinnen versuchen zunächst, sich mit Kölnisch-Wasser zu besprenkeln, um das Odium Brechts abzuwehren, sehen freilich bald ein, dass dies sinnlos ist.

Die Endproben sind in vollem Gange, und was Brecht sieht, missfällt ihm. Nicht für, sondern gegen den Expressionismus sei das Stück geschrieben.

Das ist, gelinde gesagt, etwas übertrieben. Brecht kennt und nutzt Formen und Motive des Expressionismus, sein Durchbruch als Dramatiker ist sonst gar nicht denkbar. Zwar schreibt er den *Baal* explizit als Antwort auf das exaltierte Grabbe-Drama *Der Einsame* von Hanns Johst, das Brecht fürchterlich findet, doch sehr zu schätzen weiß er die Neuerungen, die der Expressionismus hervorgebracht hat.

Aber an derlei Diskussionen hat er jetzt kein Interesse. Was er will, ist der Durchbruch als Regisseur und eine aufsehenerregende Premiere.

Einer, der schon etabliert ist, Rudolf Frank, hat ihm während der chaotischen und endlosen Proben zu *Eduard II.* einen Rat gegeben, den Brecht sich zu Herzen nimmt: »Erfinden Sie eine Theorie, lieber Brecht! Wenn man den Deutschen eine Theorie vorsetzt, schlucken sie alles.«

Seine erste Inszenierung eineinhalb Jahre zuvor hat er abbrechen müssen nicht nur wegen des wütenden Getöses des Schlachtrosses Heinrich George, sondern weil er nicht in der Lage gewesen ist, mitzuteilen, was er von den Schauspielern erwartet.

Das ist in Leipzig bereits anders. Noch nicht so ausgefeilt wie sechs Jahre später:

»Die Schauspieler haben in deinen Stücken immer große Erfolge. Bist du selbst mit ihnen zufrieden?

Nein.

Weil sie schlecht spielen?

Nein, weil sie falsch spielen.

Wie sollen sie denn spielen?

Ihr Wissen vorzeigend.

Welches Wissen?

Der menschlichen Beziehungen.

Gut. Aber wie sollen sie es zeigen!

Bewußt darbietend, schildernd.

Wie machen sie es jetzt?

Mit Zuhilfenahme von Suggestion. Sie versetzen sich selber und das Publikum in Trance.

Sag ein Beispiel!

Sie haben etwa den Abschied darzustellen. Was machen sie? Sie versetzen sich in Abschiedsstimmung. Sie wollen, daß das Publikum in Abschiedsstimmung gerät. Niemand lernt zuletzt, wenn die Séance glückt, etwas kennen, kurz: jedermann fühlt.

(…)

Also soll der Schauspieler nicht versuchen, den Menschen, den er darstellt, verständlich zu machen?

Nicht so sehr den Menschen, mehr vielleicht die Vorgänge. Ich meine: wenn ich den dritten Richard sehen will, will ich mich nicht als dritten Richard fühlen, sondern ich will dies Phänomen in seiner ganzen Fremdheit und Unverständlichkeit erblicken.«

■●■

Aufsehenerregendste Premiere feiert in diesen Tagen *I. N. R. I. – Ein Film der Menschlichkeit* in der Regie von Robert Wiene, eine umjubelte Zugnummer des deutschen Kinos, seit er vor drei Jahren *Das Cabinet des Dr. Caligari* inszeniert hat. Bisher hat sich der deutsche Film von Bibelstoffen weitgehend ferngehalten, was vor allem daran liegt, dass die katholische Kirche das verhältnismäßig junge Medium erbittert bekämpft. Christus als Figur zu zeigen gilt erst recht als tabu.

I. N. R. I. weckt viele Erwartungen. Nicht nur ist es der erste deutsche Monumentalfilm, der sich dreht um die Passionsgeschichte, er ist überdies spektakulär besetzt: Werner Krauß spielt Pontius Pilatus, Alexander Granach Judas Ischariot. Elektrisiert ist die Filmwirtschaft wie das Publikum aber von den Besetzungen der Maria, Muttergottes, und Maria Magdalena, Henny Porten und Asta Nielsen. Es ihr erster – und letzter – gemeinsamer Dreh. Wie wird sich das Zusammenwirken der beiden Gigantinnen des deutschen Stummfilms entwickeln? Wer wird wen an die Wand spielen? Unter den Eingeweihten oder jenen, die sich dafür halten, schießen die Gerüchte vom Drehort ins Kraut. »Die Nielsen ist in großer Form! Die Porten ist in großer Form! Die Nielsen hat heute eine Szene gespielt, die ihr keine nachspielt! Die Porten hat mehr Großaufnahmen als die Nielsen! Die Nielsen hat mehr Großaufnahmen als die Porten!«

Henny Porten hat viel Erfahrung in der Rolle der leidgeprüften Frau. Bei diesen Dreharbeiten aber wird sie konfrontiert mit einem feuerspeienden Drachen, der sich freilich betont unbeteiligt gibt, einem Kolleginnenschwein sondergleichen. Dabei möchte Henny Porten gar nicht in Konkurrenz treten, denn sie bewundert Asta Nielsen aufrichtig. So viel hat sie sich davon versprochen, zum ersten Mal mit der angebeteten Schauspielerin vor der Kamera zu stehen. Die Nielsen hingegen tut so, als ob Henny Porten gar nicht existiert, und demonstriert ihre Ablehnung auf mannigfache Weise. Immer wieder schafft sie es, dass die Porten mit dem Rücken zur Kamera

Der Dreh der großen Kreuzigungsszene in *I. N. R. I.* läuft nicht wie geplant. Maria (Henny Porten, rechts im Bild) soll ohnmächtig und von Magdalena (Asta Nielsen) aufgefangen werden. So steht's im Skript. Die Porten spielt bewegend, »rührt durch ihre Schlichtheit, dadurch, daß sie kein Getue macht, daß sie einfach zum Kreuz aufblickt und echten tiefen Schmerz empfindet«.
Mehrfach wird die Szene geprobt. Regisseur Wiene ist hingerissen von Portens Spiel. Kamera ab, Kamera läuft. Und bitte! Porten blickt hoch zum Kreuz und wird ohnmächtig. Langsam sinkt sie nieder. Die Nielsen springt vor, fängt sie auf. Fängt sie sie? Nein, sie lässt die Porten fallen. Die gedemütigte Muttergottes findet sich wieder im Matsch in einem »Film der Menschlichkeit«, der nicht mal besonders gut ankommt.
Ach, ja: Der zwölfjährige Erik Ode hat in *I. N. R. I.* seinen ersten Auftritt. Er spielt den kleinen Jesus. *Das* Highlight des Films.

steht. Der Jesus-Darsteller, ein Exil-Russe, ist ihr keine Hilfe. Er ist mit Asta Nielsen verheiratet.

Die gespenstisch geschmackssichere Thea Sternheim köpft in ihrem Tagebuch den Film mit zwei Sätzen »Der ungenannte Darsteller Christi eine Kitschgestalt mit blondem Bart und Perücke. Schaudert's mich nicht bei solch entfesseltem Satanismus?«

■ ● ■

Schaudern auch bei den Kölner Kunstliebhabern angesichts des *Schützengrabens* von Dix. Er sorgt, Vorhang hin oder her, für einen veritablen Skandal. Das Publikum ist empört, Kritiker werfen Dix Geschmacklosigkeit vor. Julius Meier-Graefe nennt das Bild ein »Monstrum« und »Schmutz«. Er wendet sich an Museumsdirektor Hans Friedrich Secker und bittet ihn, das Bild abzuhängen, da es ein »öffentliches Ärgernis« sei. Der gefühlvolle Interpret des französischen Impressionismus, als der Meier-Graefe berühmt ist, bietet sogar an, mit dem Maler zu sprechen. Der soll seinen *Schützengraben* zurückziehen und Ersatz stellen.

Doch all sein Zagen und Flehen, er schreibt mehrere Briefe an den Direktor, nützen nichts, der 35-jährige Secker macht dem 56-jährigen Meier-Graefe höflich, aber bestimmt deutlich, dass er ihn für aus der Zeit gefallen hält.

Jetzt fühlt der sich erst recht berufen, gegen das Bild aus allen Rohren zu schießen: »Dieser Schützengraben ist nicht nur schlecht, sondern infam gemalt (...). Gehirn, Blut, Gedärm können so gemalt werden, daß einem das Wasser im Munde zusammenläuft.« Das habe der junge Max Liebermann bewiesen. Und nicht nur er: »Die zweite Anatomie Rembrandts mit dem offenen Bauch ist zum Küssen. Dieser Dix (...) ist zum Kotzen.«

Auftritt des alten Max Liebermann, von Meier-Graefe ebenfalls scharf kritisiert, weil er als Akademiepräsident das Bild nach Berlin entleiht für eine Ausstellung: Liebermann verteidigt den *Schützengraben* nicht nur, sondern hält es in seiner Ausdrucksstärke und Wahrhaftigkeit für »eines der bedeutendsten Werke der Nachkriegszeit«. Und feuert eine Breitseite auf Meier-Graefe: Es sei ihm in seiner »sechzigjährigen Praxis zum Axiom geworden, daß über jedes neue Kunstwerk von neuem älteste ästhetische Dummheiten verbreitet werden, und zwar steht die Größe der Dummheit in quadratischem

Verhältnis zur Bedeutung des Werkes«. Liebermann ermahnt den Groß-Kritiker: »Dix wollte das Grauenhafte und Fürchterliche, was er durch vier Jahre in der vordersten Front des Schützengrabens erlebt hat, darstellen, um es sich – von der Seele zu wälzen; eine Tendenz, die selbst der Berichterstatter jener Zeitung als berechtigt anerkennen wird.«

Zum Schluss bedauert Liebermann, dass das Bild nicht »seinen ihm gebührenden Platz in der Berliner Nationalgalerie gefunden hat«.

Doch hilft alles nichts, das Gemälde hat zu viele mächtige Gegner, auch und gerade im verstockten Köln. Noch Jahrzehnte später argwöhnt Dix, dass es 1925 auf Betreiben des damaligen Oberbürgermeisters Konrad Adenauer abgehängt und an Dix' Galeristen Nierendorf zurückgegeben worden sei. Der Dresdner Patronatsverein und die Gemäldesammlung erwerben Jahre später den *Schützengraben*, offenbar im Zusammenhang mit der Ernennung Dix' zum Professor an der Dresdener Akademie – nur um ihn wie ein giftiges Objekt ins Depot zu verbannen.

Die Nazis holen es wieder hervor, zeigen es auf diversen »Schandausstellungen«, auch auf der »Entartete-Kunst«-Ausstellung 1937. 1940 verliert sich die Spur des *Schützengrabens*. Bis heute ist er verschollen.

■ ● ■

Brecht sieht seinen Johannes-Darsteller kurz vor der Premiere des *Baal* als Tasso. »Das war kein Tasso«, beginnt er seinen Verriss, »das war eine überheizte Lokomotive. Sie müssen alle Ventile aufmachen und den Dampf ablassen«, bescheidet er den gleichaltrigen Rudolf Fernau. »Nicht hineinsuggerieren, heraussuggerieren aus den Emotionen, bis sie geistig klar neben der Rolle stehen. Nicht um Mitleid betteln, hinzeigen auf den Tasso, so ist er, damit die Leute mit-

»Diese Lilian Gish mit ihrem Engelsgesicht hat eine perverse Unschuld. Die ließ ich Giftmischerinnen und Kindsmörderinnen spielen. Das wäre aufregend.« Sagt Bertolt Brecht, nachdem er sie im Kino gesehen hat. Schade, dass daraus nichts geworden ist. Gish ist eine Pionierin, da sie als erste die fundamentalen Unterschiede zwischen Theater- und Leinwandschauspiel erkennt. Neben Mary Pickford und Gloria Swanson ist sie einer der ersten weiblichen Superstars des Stummfilms.

denken. Die expressionistische Ekstase hat viele auf dem Gewissen«, erklärt er schmallippig. »Verfremdet muß die Gestalt werden, damit sie glaubhaft ist.«

Und bevor er ihn ins Kino schleppt, sie sehen einen Film mit Lilian Gish, dekretiert Brecht: »Die neue Sachlichkeit muß auf die Bretter.«

■ ● ■

Er höre »von einer kommenden Richtung, der neuen Sachlichkeit«, und den Schauspieler, der von Brechts emotionslosem Zeigetheater verwirrt ist, bescheidet Max Reinhardt: »Ich bin im Bilde (…) der Schauspieler soll nicht mehr sein Herzblut verströmen, sondern seine Empfindungen auskälten. Auch das geht vorüber. Das Theater ist keine Belehrungstube, und von literarischen Richtungen kommen keine Lösungen. Ewig jung bleibt das blutvoll elementare Theater und sein Mittelpunkt: der Mensch.«

Der Regisseur Jürgen Fehling verhöhnt die Brecht'sche Herangehensweise an den *Eduard II.* als »Dünnschißtheater« und »Zeigestabtheater für geistig Minderbemittelte«, als ihm einer der Darsteller episches Theater vorspielt. Den hat Brecht zuvor instruiert: »Tue Brecht und scheue niemand.«

Fehling dagegen will es expressiv: »Leg doch dein Herz auf die Zunge, und reiß dir gefälligst die Brust auf bis zum Gekröse ... Jetzt hopst du wie der Schneider Fips, der den Hof mit Mühe und Not erreicht! Ich brauch einen wuchtigen Männerschritt. Du kommst doch aus der Gegend da unten. So ein Holzhackerbubenschritt, wuchtig, so 'ne Art Lederhosengang. Hast du nie eine Lederhose getragen? So 'ne vom Großvater geerbte, mit neunfachem Echo?«

»Grundfalsch«, nennt Brecht die ganze Herangehensweise. »Das emotionelle Theater ist tot, nur die dort drüben am Gendarmenmarkt wissen es anscheinend noch nicht. Außerdem, warum peitscht man sie ständig in eine krankhafte Ekstase? Der Expressionismus ist doch passé.«

»Aber es soll doch tragisch wirken«, antwortet der Schauspieler. »Ich pfeif auf Tragik«, quittiert Brecht. »Tragisch ist allein der Vorgang, und über den sollen sich die Leute Gedanken machen ... Emotionen sind Gefühlsdampf und vernebeln das Denken.«

So verlaufen die Frontlinien in diesen Tagen im deutschen Theater.

Ironie der Geschichte: Fast schon am Ende seines Lebens ist Brecht ermüdet von seinem eigenen Slogan »Verfremdung«. »Die wird mir ständig aufs Tapet gebracht werden. Spielt doch ungeniert saftig – volkstümliches Theater! Was glauben Sie, was der Reinhardt mit seinen Chargen an Komik aus der Szene herausholen würde!«, erklärt er zwei Schauspielern eine Szene aus der *Mutter Courage*, die Brecht im September/Oktober 1950 für die *Münchner Kammerspiele* vorbereitet.

■ ● ■

Beinahe täglich arbeitet George Antheil an seinem *Ballet mécanique.* Inspiriert ist es von den Stücken, mit denen er vor zwei Monaten für Tumulte gesorgt hat. Mit zwei Unterschieden: Es ist umfangreicher und für ein größeres Orchester.

Antheil empfindet schon den Titel seines Stückes als »brutal, modern, nüchtern und symbolisch für die seelische Erschöpfung« der Zeit für ihre »hyperathletische« Unsentimentalität.

Die Komposition soll »stromlinienförmig« sein, »glitzernd und kalt«, und sie soll die Unruhe der Zeit widerspiegeln.

Da Antheil an jeder Art von Maschinen Gefallen findet, entschließt er sich, Teile des *Ballet mécanique* nicht für die zunächst avisierten vier Pianisten zu komponieren, sondern für automatische Klaviere. Antheil beginnt mit Lochkartenstreifen zu experimentieren. Das ergibt Sinn, weil Antheil eine Komposition anstrebt, in der die rhythmischen Schichten übereinander liegen – für Menschenhände unspielbar.

Für Pianolas ist nichts unmöglich: Komplizierteste rhythmische Gebilde lassen sich in die Papierrollen eines selbstspielenden Klaviers stanzen; willkommene Gelegenheit für Antheil, sich noch verrücktere Musik auszudenken für die Klaviermaschinen. Musik, die ebenso durch- wie erschlagend ist.

88 kleine Blasebälge, so viele, wie das Klavier Tasten hat, befinden sich im Inneren des Pianolas, und sobald man ein Vakuum erzeugt mit Hilfe des Lochstreifens, wird der Blasebalg leergesaugt: Die Zuklappbewegung überträgt sich auf die Tasten, und der Ton erklingt.

Außer für Pianolas komponiert Antheil sein knapp halbstündiges *Ballet mécanique* für Blech- und Blas- und Rhythmusinstrumente und ergänzt sie mit Ventilatoren, Flugzeugpropellern und anderen Dingen aus klangstarkem Metall. Ein markerschütternder Lärm, unterbrochen von Pausen aus absoluter Stille.

Allerdings scheitert er daran, die Pianolas untereinander zu synchronisieren, so dass er für die Uraufführung nur ein einziges einsetzen kann.

In Erwartung neuer, betäubender Klangmassen ist das Publikum am 16. Juni 1926 bereits in Unruhe, noch bevor der erste Akkord erklingt. Als George Antheil sich an das Pianola setzt, kehrt Stille ein. Dann explodiert förmlich das Schlagzeug, gefolgt von einem Leporello aus schrill-schroffen Misstönen und Rhythmen. Die 2.500 Zuschauer pfeifen, klatschen, stampfen mit den Füßen.

Ezra Pound, Freund und früher Bewunderer Antheils, kontert jedes Zischeln oder Buhen mit wildem Beifall und unflätigen Bemerkungen in Richtung derjenigen, die einen Gehörverlust befürchten.

Dann gibt Dirigent Vladimir Golschmann das Zeichen für den Einsatz der drei Flugzeugpropeller. Mantelkrägen werden hochgestellt, Schirme zum Schutz gegen die Windböen aufgespannt. In der ersten Reihe fliegt einem beleibten Herrn das Toupet vom Kopf und landet in der letzten.

Das ist Musik, die nicht gehört, sondern im wahrsten Sinne des Wortes gefühlt wird. George Antheil sorgt abermals für totales Chaos.

Dann, plötzlich, das Ende. Applaus setzt sich durch gegen Protest, erneut erzielt Antheil einen Skandalerfolg. Dem das komplette Desaster folgt, nämlich ein Jahr später in der New Yorker *Carnegie Hall.*

Die intensive Arbeit Antheils mit den Lochkartenstreifen ab 1923 trägt an völlig unerwarteter Stelle Früchte. Inzwischen nach Amerika zurückgekehrt, lebt er eher schlecht als recht von Filmkompositionen. 1940 lernt er die Hollywooddiva Hedy Lamarr kennen. Sie gilt als die schönste Frau der Welt. Was kaum einer weiß: Sie ist nicht nur Schauspielerin, sondern auch Erfinderin.

Beide sind von der Entwicklung des Krieges beunruhigt. Die österreichische Jüdin Lamarr ist in großer Sorge um ihre Mutter, die in London lebt, Antheil hat noch viele Freunde im besetzten Paris und hasst die Nazis seit seiner Zeit in Deutschland.

Lamarr kommt etwas in den Sinn, was sie bereits im Salon ihres ersten Mannes, eines Wiener Waffenfabrikanten, fasziniert hat: das Prinzip des Frequenzsprungs. Ziel ist eine geheime Kommunikation, einfach und zuverlässig, um einen Torpedo optimal fernzusteuern, ohne dass er von feindlichen Störsendern in die Irre geführt werden kann.

Jetzt zahlen sich Antheils Erfahrungen mit den Lochstreifen aus und dem Synchronisieren von Pianolas. Die Diva und der Avantgardekomponist tüfteln wochenlang herum, misstrauisch beäugt von Antheils Frau Boski, die sich lange nicht vorstellen kann, dass ihr Mann keine Affäre hat mit der spektakulär schönen Lamarr.

Kurz vor Weihnachten 1940 stellen sie ihre neue Idee des »Frequenzy Hopping Spread System« dem Nationalen Erfinderrat vor. Mit Hilfe eines Senders lässt sich ein Torpedo so steuern, dass er für Feindradar unsichtbar bleibt, und zwar indem die Verbindungsfrequenz zwischen Sender und Torpedo so programmiert wird, dass sie unausgesetzt wechselt.

Da weder Antheil noch Lamarr über eine ingenieurwissenschaftliche Ausbildung verfügen, engagieren sie einen Elektronik-Spezialisten, der ihre Idee in eine Sprache übersetzt, die man im Patentamt und bei der Navy versteht.

Am 10. Juni 1941 melden sie ihr Geheimes Kommunikationssystem beim amerikanischen Patentamt an, das sie ein gutes Jahr später erhalten. Das System vermag es, zwischen 88 Funkfrequenzen hin und her zu wechseln. 88 – erneut die magische Ziffer.

Jetzt rächt sich, dass Antheil in der Patentschrift ausdrücklich auf Pianolas als Referenz für den Wirkmechanismus hingewiesen hat. Sicher aus Anschaulichkeitserwägungen, doch bei der Navy stößt das Wort offenbar übel auf. Wie, werden sie sich gedacht haben, sollen wir ein gottverdammtes Klavier in einen Torpedo bekommen?

Weitere Gründe für die ablehnende Haltung der Navy sind aller begründeten Vermutung nach behördlicher wie technischer Natur: Ein Musiker und eine Schauspielerin wollen ein neues System erfunden haben, das besser ist als alle, die unsere besten Wissenschaftler und Techniker entwickelt haben? Lächerlich!

Ein weiterer Grund mag in dem Umstand zu suchen sein, dass Torpedos sich zu Beginn des Zweiten Weltkriegs am Schall eines Schiffes orientieren; eine Funksteuerung, wie Antheil und Lamarr es in ihrem Patent voraussetzen, existiert noch gar nicht.

Die Enttäuschung ist groß, vor allem bei George Antheil, der in Geldnöten ist und sich von der Anwendung des Patents ein Vermögen versprochen hat.

Noch zu Laufzeiten des Patents Jahre später beginnt die Navy das System von Antheil und Lamarr weiterzuentwickeln, ohne die beiden zu informieren. Das ist zwar illegal, doch da das Patent nach wie vor der Geheimhaltung unterliegt, erfahren die beiden nichts von der Nutzung ihrer Erfindung.

Als das Militär in den 1980er Jahren endlich seinen Widerstand gegen die zivile Nutzung des Frequenzsprungverfahrens aufgibt, wird klar, dass es sich um eine der bahnbrechendsten Erfindungen des 20. Jahrhunderts handelt. Denn es ermöglicht die Entwicklung von kabellosen Telefonen, Bluetooth, WLAN und vieler anderer nützlicher Dinge.

Nun ist es keineswegs so, dass es ohne Antheils und Lamarrs Erfindung diese Techniken nicht gegeben hätte.

Die meisten Wissenschaftler sind der Ansicht, dass Antheils und Lamarrs Konstruktion zu Beginn der vierziger Jahre nicht funktionstüchtig war, aber das ist heute unerheblich.

Wichtiger scheint, dass wir GPS, Handys und tausend andere Dinge, die nicht mehr wegzudenken sind, zumindest in Teilen *auch* einer früheren Hollywooddiva verdanken und einem ebenso liebenswerten wie durchgeknallten Komponisten, dessen Musik 1923 seiner Zeit weit voraus gewesen ist.

■●■

George Gershwin erhält einen Auftrag. Für den Bandleader Paul Whiteman soll er ein Stück komponieren, das klassische Klaviermusik mit Jazz verbindet. Gershwin hat eine Idee, freilich noch keine einzige Note. Aber Whiteman gibt bereits den Aufführungstermin bekannt, den 12. Februar 1924. Gershwin erfährt davon aus dem *New York Herald*. Er hat noch sechs Wochen. Reiner Wahnsinn, auch wenn er nichts anderes zu tun hätte. Gershwin sitzt aber an der Broadway-Show *Sweet little Devil*, die einen großen Teil seiner Ressourcen bindet. In Wirklichkeit hat er nur zwei Wochen Zeit für das neue Stück für Klavier und Orchester.

Im Dezember 1923 beginnt er zu komponieren. Bis jetzt existieren in den USA nur Blues und Jazz, mündlich tradierte Musik. Gershwins Komposition ist spektakulär, weil er eine völlig neue amerikanische Musik kreiert. *Rhapsody in Blue* ist ein Urknall.

■●■

In mancherlei Hinsicht ist das gewalttätigste Jahr nach dem Krieg auch das friedlichste. Mord, Totschlag und Raubdelikte haben sich im Vergleich zu 1913 fast verdoppelt, doch werden statt 113.000 in diesem Jahr nur 35.000 Körperverletzungen vor Gericht verurteilt. Die Zahl der Beleidigungen verringert sich 1923 um 9.000, die der Hausfriedensbrüche um 12.000 und die der Sachbeschädigungen sogar um 13.000 im Vergleich zu 1913. Vor allem Männer sind ver-

Wie immer sitzt derjenige, der revolutionäre Dinge erschafft, zwischen allen Stühlen. Die Jazzliebhaber halten George Gershwins *Rhapsody in Blue* zunächst für zu konventionell, die Besucher des Konzertsaals für nicht klassisch genug. Das Programmbuch wirbt am Abend der Aufführung in der New Yorker *Aeolian Hall* verschämt mit dem Slogan »An Experiment in Modern Music«. Die Kritiken sind gemischt, die bösartigsten beschuldigen Gershwin, nicht komponieren zu können. Orchestrieren könne er auch nicht. Doch dann fällt ein Sonnenstrahl in den grauen Tag: *Rhapsody in Blue* geht innerhalb eines Jahres um die Welt und macht den 25-jährigen Gershwin zum berühmtesten Komponisten seiner Zeit.

antwortlich für die Abnahme der Zahlen. Wie kommt's? Sie sitzen buchstäblich auf dem Trockenen, außer den Reichen kann sich niemand Alkohol leisten, und wo kein Rausch, da kein Verbrechen. Davon sind die Zeitgenossen überzeugt.

■ ● ■

Leni Riefenstahl tanzt zwei Abende im *Deutschen Theater* eigene Choreografien. Der Bühnenhintergrund schwarz, der Pianist spielt Klassisches berühmter Komponisten, von Schubert bis Chopin, die 21-Jährige trägt selbstentworfene lose Gewänder, die ihr die Mutter schneidert, und tanzt barfuß.

Sie wird mehr für ihre Schönheit gerühmt als für ihre künstlerische Leistung: »Wenn man dieses vollkommen gewachsene hohe Geschöpf«, so ein Kritiker, auf der Bühne stehen sehe, dann könne man sich durchaus vorstellen, dass sie Mary Wigman oder Valeska

Gert in den Schatten stellen könnte. »Aber dann beginnt dieses Mädchen ihren Leib zu entfalten, die Ahnung verweht, der Glanz ergraut, der Klang verrostet.«

Riefenstahl vermag es nicht, Gefühle auszudrücken, sie tanzt blutarm, epigonal, will dem Publikum, dessen Nerven überreizt sind, nichts zu Künstlerisches zumuten: Sie ist allein interessiert an dekorativer Wirkung. Mit dem Rezept wird sie noch Karriere machen.

■ ● ■

»Als im weißen Mutterschoße aufwuchs Baal
War der Himmel schon so groß und still und fahl
Jung und nackt und ungeheuer wundersam
Wie ihn Baal dann liebte, als Baal kam.«

Die Endproben zu *Baal* verlaufen so chaotisch wie die zu *Vatermord* im Vorjahr. Brecht schreibt ständig um, schikaniert die Schauspieler und treibt den als Regisseur fungierenden Schauspieldirektor Alwin Kronacher in den Wahnsinn. Die Orgie des »Brüllens, Saufens und Tobens«, die Rolle des »Naturhengstes, Mörders und Hurenbocks« überfordern den Hauptdarsteller Lothar Körner. In der Generalprobe wirft er das Textbuch nach Brecht und zieht sich brüllend auf die Toilette zurück, während Margarete Anton, die die Sophie spielt, einen Schreikrampf bekommt, um anschließend in ihrer Garderobe in Ohnmacht zu fallen.

»Jetzt müßte der George her«, kommentiert Brecht trocken.

Wer in der Theaterwelt etwas zählt, begibt sich am 8. Dezember nach Leipzig, die Starkritiker Alfred Kerr und Herbert Ihering, die sich herzlich verachten, an der Spitze. In der Premiere ist Körner heiser, und Anton schleppt sich wie eine »Ophelialeiche« über die Bühne. Noch während der Aufführung kommentieren die Zuschauer das deftige Geschehen auf der Bühne, sie zischeln und jubeln, Pfui- und Bravo-Rufe flattern wie Vögel auf.

Als der Vorhang fällt, übertönt der Beifall die Pfiffe, doch die Emotionen kochen so hoch, dass es beinahe zu Prügeleien kommt.

Im Tohuwabohu tritt Brecht auf die Bühne, einem Kritiker erscheint er als »verschüchterter, blasser, schmaler Knabe«, der schnell wieder in die Kulisse flüchtet, um kurz darauf »ängstlich wieder an der schützenden Hand des Schauspieldirektors« hervorzukommen.

Ihering ist begeistert über die »geniale szenische Ballade vom Baal«, Kerr schreibt, Brecht sei »ein Poet«, aber vor allem nennt er ihn einen »schäumenden Epigonen«, was Brecht ihm zeitlebens nachträgt.

Aber er kriegt, was er will: einen handfesten Theaterskandal. Noch in der Premierennacht reist er ab. In gut einem Jahr ist Brecht dreimal auf dem Theater durchgefallen. Jetzt ist er berühmt.

Drei Tage später wird *Baal* auf Betreiben des Leipziger Oberbürgermeisters und im Anschluss des Stadtverordnetenkollegiums, das den Gemischten Theaterausschuss instruiert, abgesetzt.

Bürokraten sind die Antwort des Teufels auf die Kunst.

■●■

Nach dem schwachen Echo auf seine Reportage aus dem Inneren der NSDAP-Führung nimmt Leo Lania den Faden wieder auf. Den ganzen Winter 1923/24 recherchiert er über die Waffengeschäfte und -schiebungen, auf deren Spur er in Bayern gekommen ist. Er zeichnet die verschlungenen Wege der illegalen Lieferungen nach und nennt Ross und Reiter: Fünfzig Waffenhändler listet er namentlich und mit Adresse auf! Kurt Tucholsky nennt das schmale Buch »von der ersten bis zur letzten Zeile interessant«.

Das politisch hochbrisante Material ruft tatsächlich die Geheimpolizei auf den Plan. Doch anders als Lania vermutet hat: Sie taucht in Gestalt zweier Mitarbeiter in Lanias Wohnung mit einem Durchsuchungsbeschluss auf und verlangt die Herausgabe des Originalmanuskripts. Daraus wird nichts, da Lania die Papiere in der Redaktion der *Chicago Daily News* verwahrt, für die er tätig ist. Aber Lania muss mit ins Polizeipräsidium. Dort erfährt er, dass er wegen Landesverrats angeklagt sei. Lania lächelt: »Landesverrat wegen Enthüllungen von gesetzlich verbotenen Schiebungen?«

Da freut er sich drauf. Jetzt ändern die Beamten ihre Taktik und wollen die Namen derjenigen, denen Lania seine Informationen und Dokumente verdankt. Lania weigert sich.

Zwei Tage später erhält er ein Schreiben des Preußischen Justizministeriums. Gegen ihn ist ein Verfahren eröffnet worden wegen Verweigerung der Zeugenschaft. Zehn Tage hat er Zeit, die Informanten zu nennen. Sollte er sich weigern, droht ihm Gefängnis. Sein Anwalt, der Reichstagsabgeordnete Paul Levi, will erreichen, dass Journalisten ihre Berufsgeheimnisse schützen dürfen wie Ärzte, Anwälte und Geistliche. Die *Lex Lania* wird 1924 vom Reichstag beschlossen, das Zeugnisverweigerungsrecht für Journalisten, es gilt bis heute, ist geboren. Es ist die »einzige Schlacht«, so Lania, »die ich gegen die deutsche Reaktion gewonnen habe«.

■ ● ■

Brecht und Weigel sehen sich seit ihrem etwas verunglückten Kennenlernen immer wieder, wenn er in Berlin ist, und sie verlieben sich ineinander. Nun ja, verlieben ist ein großes Wort. Vielleicht kann man eher von einer großen Freundschaft und Partnerschaft sprechen, die hier an der Berliner Spichernstraße entsteht.

I

Zweite Hälfte Dezember
Starke Langeweile
90 % Nikotin
10 % Grammophon
Offensichtlicher Mangel an Büchern

Jahreswende:
Auf nach Mahagonny
Bevorzugt!

2
H W
(zu deutsch:
Havary)

Das Prosagedicht, das Helene Weigel in Wien erreicht, er befindet sich in Augsburg, kann in seiner Nüchternheit kaum als Liebesgedicht gelten. Auch spürt man wenig von der Pranke des Dichterlöwen.

Doch zeugt es, wenige Monate nach dem Kennenlernen, von einer schon vorhandenen Vertrautheit, er nennt sie jetzt »Liebes Helletier«, und die »starke Langeweile« kann interpretiert werden als ein: Mit dir zusammen wäre es schöner.

Mit ihren Initialen auf eine Havarie anzuspielen, das lässt die neue Beziehung in der Schwebe. Augenscheinlich sind hier zwei Schiffe kollidiert. Wie der Flurschaden zu bemessen, ist nicht ausgemacht: Wird eins untergehen, beide, oder sie gemeinsam den nächsten Hafen finden? Er wird ihr nie ein Liebesgedicht schreiben, anders als allen anderen Frauen, die sich so viel von ihm erwarten. Das hat Helene Weigel nicht nötig, so viel weiß Brecht schon nach wenigen Monaten: Beide Schiffe sind ebenbürtig.

Was schweißt sie zusammen die nächsten Jahrzehnte, dieses Künstlerpaar, dessen Rang im Deutschland des 20. Jahrhunderts unübertroffen ist und später allenfalls in Frankreich von Simone de Beauvoir und Jean-Paul Sartre erreicht wird?

Das schwule Paar, das Brecht und Bronnen in den frühen Jahren ihrer Freundschaft gern den Eindruck erwecken zu sein, dient dem Skandal, damit bleibt man im Gespräch als enfants terribles; doch dahinter verbirgt sich durchaus ein gewisser Reiz, den sie dem eigenen Geschlecht entgegenbringen.

Wie interessant also, eine Frau, noch dazu Schauspielerin, kennenzulernen, die auf viele wie ein Knabe wirkt: Ein großer Kopf auf kurzem Körper, flächiges Gesicht, straff nach hinten gekämmtes Haar, das große Ohren freilegt; die Gestalt schmal, aber ständig in Bewegung, dazu eine ungewöhnlich tiefe Stimme, die Menschen immer berührt, nie kalt lässt, ob sie flüstert oder schreit.

Das Sinnliche steht unverbunden neben dem Herben, das Mütterliche neben dem Burschikosen. Anregend war sie, von bezwingender Entschlossenheit, zumal als Künstlerin; da sind sie schon zwei.

Sie ist anders als alle seine anderen Frauen zuvor. Die beiden, mit denen er bereits Kinder hat, haben in ihm den zuverlässigen Ehemann und Ernährer gesucht, was sich im Falle Brechts nur mit ihrer Blindheit und den Konventionen der Zeit erklären lässt, die weder von seiner Jugendliebe Paula Banholzer, genannt Bi, noch von Marianne Zoff überwunden werden können.

Da ist die Weigel ein anderes Kaliber. Frei, unabhängig und energisch – Helene Weigel ist ganz »Neue Frau«. Auf sie kann er sich verlassen, das spürt er, ihr kann er sich anvertrauen, sie ist für ihn eine Zuflucht.

Kompromisslos und leidenschaftlich als Künstlerin, nonkonformistisch und freigeistig und – praktisch veranlagt: Sie kann organisieren, kochen, nähen und hat ein Händchen dafür, einen Haushalt zu führen. Alles eher seltene Begabungen unter Schauspielerinnen und überlebenswichtig später, als sie das karge Brot des Exils essen müssen.

Früh ist ihr klar, dass es andere Frauen gibt; er verschweigt ihr gegenüber wohl auch nichts, anders als den »Nebenfrauen«, denen er peinliche Geschichten erzählt und glatte Lügen auftischt. Oft genug empfängt Brecht von ihnen Ohrfeigen, oder es landet ein überreichter Blumenstrauß vor seinen Füßen. Immer wenn erneut klar wird, dass aus der versprochenen Heirat nichts wird, oder er bei Abholung am Bahnhof gesteht, er habe Helene Weigel geheiratet, aber am Verhältnis zueinander müsse sich ja nichts ändern.

Helene Weigel hingegen hasst dramatische Auseinandersetzungen, sie ist Tragödin auf der Bühne, nicht im Leben, und das nimmt Brecht ungeheuer für sie ein, denn auch er hasst jede Art von Szenen, wenn sie nicht auf der Bühne des Theaters spielen, sondern real sind.

Außerdem verbindet beide ein antibürgerliches Sentiment, das sich nährt aus der Erkenntnis, dem bourgeoisen Zeitalter sei mit den Materialschlachten des Weltkriegs der Todesstoß versetzt worden.

Eine moderne Beziehung gehen sie ein, worunter Brecht versteht, dass er mit den Frauen, mit denen er arbeitet, schlafen darf, während er zugleich an Weigel immer wieder beunruhigte Briefe schreibt, wenn er unterwegs ist: »Gehe ich Dir ab??? Bist Du auch zurückhaltend gegen die Herren und ordentlich früh und spät??? Ich will da nichts hören müssen.«

Eine offene Beziehung zwischen einem aufstrebenden Dramatiker mit einer erfolgreichen und unabhängigen Frau mag sich toll anhören, doch aufgeschlossen ist Brecht in Liebesdingen nicht; seine Eifersuchtsaufwallungen gehen bis zur Raserei. Bei seiner großen Liebe Paula Banholzer wühlt er im Papierkorb, weil er sie verdächtigt, Briefe von Verehrern dort zu verbergen.

Hat Weigel ihrerseits andere Männer? Es ist nichts darüber bekannt, sie selbst bleibt diskret ein Leben lang.

Einmal wehrt sie sich, es ist 1932 und seit drei Jahren ist sie mit Brecht verheiratet, gegen die Zumutungen des Ehemannes, von dem sie inzwischen zwei Kinder hat: Als sie erfährt, dass ihn mit der jungen Schriftstellerin Margarete Steffin weit mehr verbindet als nur ein »Arbeitsverhältnis«, er sogar zeitweilig mit ihr zusammenlebt, denkt Weigel an Scheidung. Vor allem aus Angst, die Kinder könnten sich an der tuberkulosekranken Steffin anstecken. Und es ist überdies wahrscheinlich, dass Weigel erstmals ihre sexuelle Vorherrschaft über Brecht von der erst 24-Jährigen bedroht sieht.

Brecht lehnt die Trennung nicht nur ab, sondern versteht gar nicht, was sie eigentlich von ihm will. »Sie solle doch«, so schreibt er ihr, »eine nicht nötige Kluft unnötig (…) verbreitern.« In einem weiteren Brief fordert er sie auf, ihm dabei zu helfen, für Steffin eine Unterkunft zu besorgen. Überhaupt die Schreiberei. Es ist eine große Krux mit den Männern in dieser Zeit. Unfähig, einen Konflikt real auszutragen, kommuniziert er in diesen Tagen hauptsächlich brieflich. Für Weigel eine zusätzliche Qual, kann sie es doch nicht ausstehen, sich schriftlich ausdrücken zu müssen.

»Liebe Helli, Du solltest daraus keine große Sache machen. Ich habe einen großen Widerwillen dagegen, mich vom Klatsch und Rücksicht auf die Phantasie einiger Spießer beeinflussen zu lassen, das weißt du. Aber ich habe dich gern und nicht weniger als je.«

Ruth Berlau, die von einem Menschen enttäuscht ist, fertigt er einmal eine Zeichnung: »Von einem Menschen kannst du zum Beispiel soviel erwarten, von einem anderen soviel und von einem Dritten nur soviel. Du darfst nie beleidigt oder enttäuscht sein, wenn deine Vorstellungen nicht erfüllt werden. Dann hast du Vorurteile gehabt. Wenn du *einen* Menschen hast, auf den du dich hundertprozentig verlassen kannst, dann hast du viel. Zwei solcher Menschen gibt es nicht.« Es ist klar, dass dieser eine Mensch für Brecht Helene Weigel ist.

Verlässt sie ihn nicht, weil sie ihn immer noch liebt, bei allem, was er ihr zumutet? Weil ihr die eigene, prekäre Situation als Schauspielerin ohne festes Engagement und mit zwei kleinen Kindern zu unwägbar scheint? Weil die politischen Zeiten sehr unsicher sind, niemand weiß, was kommt, und man deshalb zusammenhalten soll? Wir können nur Vermutungen anstellen. Vielleicht ist es von alledem etwas. Selten handelt der Mensch nur aus einem Motiv heraus.

Auch im von tausend Bedrängungen erfüllten Exil kann er von den »blöden Frauenzimmern« nicht lassen, ob sie Margarete Steffin, Ruth Berlau oder sonst wie heißen. Später, am *Berliner Ensemble* gibt es neue, jüngere Schauspielerinnen vor allem. Es ist wie in einer schlecht erdachten Kolportage.

»Dein Vater«, sagt Weigel einmal der Tochter Barbara, »war ein sehr treuer Mann (…) leider zu zu vielen.«

Später erzählt Weigel noch einmal von der Zeit mit den »Nebenfrauen«, und man kann nur ahnen, wie viel Kraft sie das gekostet haben muss: »Und da sind auch diese – wirklich also für mich manchmal untragbaren Weibergeschichten da, mit diesen blöden Frauenzimmern, wo ich nie verstanden habe, was er von denen hatte. Also für mich waren einige von diesen Damen unverständlich. Wissen Sie, wenn ich über meine Beziehung zu Brecht was sagen sollte und nicht darüber auch spreche, wäre es ein Verschweigen. Denn das war wichtig, natürlich (…). Aber das ist gar nicht so einfach, über diese Sachen ernsthaft zu sprechen und auf die anderen Damen nicht einzugehen. Denn das hat natürlich … Das war zwischen uns eine große Liebesbeziehung. Und das hat alles sehr, sehr weh getan! Das war nit einfach etwa. *Ihr geht das Thema sehr nahe; es entsteht eine Pause.*«

Resolut setzt sie sich über den letzten Willens Brechts hinweg, den dieser zu unterschreiben oder notariell zu beglaubigen unterlassen hat. Es trifft vor allem Ruth Berlau, deren Vertrag am *Berliner Ensemble* gekündigt wird. Dem Rausschmiss folgt das Hausverbot, und das, glaubt man ihrem Biografen, wirft Berlau in eine »erbarmungswürdige Situation«.

Kleinlichkeit und Geiz wird man Helene Weigel nicht vorwerfen können. Sie hat einfach genug davon, die Nebenfrauen, die sich nun als »Nebenwitwen« aufspielen, weiter zu ertragen. Ein bisschen schnöde, gewiss, aber vor allem sehr menschlich, denn der Vorgang führt vor Augen, wie sehr sie unter Brecht *auch* gelitten hat. Jetzt muss sie keine Rücksichten mehr nehmen. Jetzt ist es ihr Brecht!

■ ● ■

Offiziell sind in diesem Jahr in Berlin 103 Menschen Hungers gestorben, inoffiziell viel mehr. Denn die meisten Hungertoten sterben laut amtlicher Statistik an Herzschwäche. Diejenigen, die noch nicht verhungert sind, halten kurz vor Weihnachten in den Wandelgängen des Herrenhauses an der Leipziger Straße eine »Kleinrentnermesse« ab.

Eine Dame, die einst der ersten Gesellschaft angehört hat, sitzt an einem großen Tisch, der ächzt vor viel altem Familiensilber. Das ist eher die Ausnahme. Die meisten Anbieter ordnen mit zitternden Händen allenfalls Kleinigkeiten, ein dünnes silbernes Löffelchen, ein goldener Ehering und manch andere armselige Schmuckstücke; ein Stück Nymphenburger Porzellan, ein Kaffeewärmer, einen Stock mit Elfenbeinkrücke, ein Marderkollier der verstorbenen Gattin.

»Mit zagenden Blicken«, so ein Besucher dieser »Messe«, »wird man verfolgt, wenn man die Reihen entlang geht. Manch alter Herr, manch verschrumpeltes Dämchen nimmt sich auch den Mut und hält einen fest und preist die Sachen an. Man könnte sich doch zu Weihnachten, ach, zum ersten Mal seit langer Zeit, ein Viertelpfund Gehacktes kaufen, wenn man dies und das hier los wird.«

■ ● ■

Harry Graf Kessler wiederum kommt sich in Berlin vor wie auf einem Platz in Spanien oder Süditalien. Kaum jemand, der einen nicht anbettelt und belagert, und zwar »ohne jede menschliche Würde oder Scham«. Und seine eigene Korrespondenz ist ihm »zum Ekel geworden!«. Nur mehr Verachtung empfindet er anlässlich des inneren Zerfalls des Landes.

■ ● ■

Mit vollen Segeln steuert Friedrich Hollaender am Silvesterabend das nächste Riff an. Das hört auf den Namen *Die fromme Helene* und ist eine Operette in drei Akten. Das *Große Schauspielhaus*, 3.000 Plätze, ist ausverkauft, alles ist anwesend, was Rang hat und Namen in Berlin, und in großer Stimmung. Wohl auch weil dieses vermaledeite Jahr bald zu Grabe getragen wird.

Der 27-jährige Hollaender hat die *Helene* komponiert, und das nicht mal schlecht. Nur hat ein anderer Hollaender, nämlich sein Onkel, der Theaterimpresario Felix Hollaender, zusammen mit dem Dramaturgen Arthur Kahane das Libretto verfasst. Sie stecken hinter den Pseudonymen Syl und Vester. Handlung und Texte stützen sich nicht auf Wilhelm Buschs Vorbild, sondern sind »modern«. Vor allem sind sie auf eine so hinreißende Weise blöd, dass selbst die Titelheldin Käthe Dorsch den Abend nicht retten kann, obwohl sie neben Fritzi Massary die Einzige ist, die ein so großes Haus zu füllen in der Lage ist.

Die Leute rufen schon im ersten Akt dazwischen. Dann beginnen sie zu wiehern. Es ist, als entlüde sich an diesem Abend die Hysterie des ganzen Jahres.

»Aus und vorbei«, singen sie auf der Bühne. Die Antwort aus dem Parkett erfolgt prompt: »Das kann man wohl sagen!«

Im finalen Akt ist das Getöse des Publikums so ohrenbetäubend, dass die »Sätze auf der Bühne wie Stummfilm« wirken.

Am Ende der Aufführung bleibt ein verzweifelter Komponist zurück, nach vier Vorstellungen wird die *Helene* abgesetzt. Das Schiff ist auf Grund gelaufen, Hollaender über beide Ohren verschuldet. »O du lieber Augustin, Ehr' ist hin, Geld ist hin. Blamiert von Kopf bis Fuß.« Doch kann er sich glücklich schätzen. Er wird noch viele unsterbliche Songs schreiben, und seine Frau Blandine Ebinger ist im achten Monat schwanger.

Meterhoch liegt der Schnee vor dem Theater. Im Schummerlicht einer Laterne, nicht weit entfernt, ein blitzblanker Renault. Der Chauffeur, die Kappe in der Hand, öffnet den Wagenschlag und fragt die beiden: »Wohin bitte?«

Ins neue Jahr 1924 – endlich, es ist da!

Anhang

Anmerkungen

Zitate und Darstellungen, an die dieses Buch sich anlehnt, werden nach Buchseiten mit den jeweils letzten Wörtern nachgewiesen. Die Schreibweise richtet sich nach der jeweiligen Quelle. Orthografische Besonderheiten wurden nicht korrigiert.

Aufblende

7, *plagen ihn heftige Kopf- und Zahnschmerzen:* Vgl. Dornberg: *Hitlerputsch*, S. 21. Zum Folgenden ebd., S. 21–128; Hofmann: *Hitlerputsch*, S. 142–179; Gordon: *Hitlerputsch*, S. 234–259; Toland: *Hitler*, S. 198–245; Fest: *Hitler*, S. 260–278. Die Quellenlage, was den 8. und 9. November angeht, ist heikel. Wir haben amtlicherseits eigentlich nur eine Quelle, nämlich die des Triumvirats. Die Meldungen der Polizeistellen dienten vor allem dazu, ihre Nähe zur NSDAP zu camouflieren. Die Reichswehr setzte alles daran, sich selbst und vor allem Generalleutnant von Lossow zu entlasten. Und natürlich war das Triumvirat im Prozess 1924 bestrebt, sich möglichst reinzuwaschen vom Vorwurf des Landesverrats. Daneben sind als Quelle außerdem problematisch die Einlassungen Hitlers vor dem Volksgerichtshof 1924, der eine ganz eigene Agenda verfolgte. Dass die zahlreichen Augenzeugen des Geschehens vom 8./9. November einander widersprechen, muss nicht eigens betont werden. Diese Darstellung ist sich dieser Gemengelage bewusst, kann freilich nur auf die Quellen zurückgreifen, die vorhanden sind – Geschichtsschreibung ist ein Albtraum, aus dem man ständig erwachen möchte. So ähnlich sagte es James Joyce, und er hat völlig recht.

8, *während Kahrs Ansprache los:* Zit. nach Dornberg: *Hitlerputsch*, S. 27.

9, *dann können sie nicht mehr zurück:* Hanfstaengl: *Haus*, S. 120.

9, *kalt erscheinende Wasser:* Gruchmann: *Hitler-Prozess*, S. 212.

9, *Ruhm und Ehre:* Alles zit. nach Dornberg: *Hitlerputsch*, S. 39.

10, *der rechtsextremistischen Paramilitärs:* Vgl. Müller: *Wandel*, S. 160.

10, *Weg für Hitlers Putsch freigemacht:* Heiden: *Adolf Hitler*, S. 156.

11, *Geist getriebene Hilfe vom Volk …:* Zit. nach Dornberg: *Hitlerputsch*, S. 83.

12, *begeisterte Mithilfe des Volkes …:* Kahr-Rede zit. nach Dornberg: *Hitlerputsch*, S. 83.

12, *unter den Hakenkreuzfahnen heran:* Alle Zitate in Dornberg: *Hitlerputsch*, S. 85.

14, *Sie haben ja ihr Bier!:* Zit. nach Hofmann: *Hitlerputsch*, S. 163.

14, *Auf Tiere, wie ich hoffe:* Zit. nach Fest: *Staatsstreich*, S. 55.

15, *für mich bedeutungslos:* Alle Zitate in Dornberg: *Hitlerputsch*, S. 105 u. 106.

16, *unter einem Zwang gestanden hätte:* Alle Zitate in ebd., S. 107.

16, *der Schande ein Ende setzen:* Zit. nach ebd., S. 112.

17, *das deutsche Volk zu retten:* Zit. nach Hofmann: *Hitlerputsch*, S. 165.

17, *nationale Revolution oder uns tot:* Alle Zitate in Müller: *Wandel*, S. 162f.

18, *Tränen in den Augen:* Alle Zitate in Hofmann: *Hitlerputsch*, S. 166.

19, *Rütlischwur vor versammeltem Volk:* Müller: *Wandel*, S. 164.

20, *deutschen Nationalregierung zur Verfügung:* Alle Zitate in Fest: *Hitler*, S. 264.

Januar

22, *mit der sie sich die Droge spritzt:* Vgl. auch zum Folgenden Jenčík: *Berber*, S. 28ff.

22, *europäisierte japanische Masken:* Alle Zitate finden sich ebd., S. 28 u. 30.

22, *so viele Rippen nicht vertragen:* Rumpelstilzchen: *Un det jloobste?*, S. 121.

24, *wie das unsrige, wieder stark:* Ebd., S. 121f.

24, *von vielen aufregenden Jahren:* Haffner: *Variationen*, S. 293.

24, *seine eigenen Stücke aufführen kann:* Bronnen: *Protokoll*, S. 99.

24, *Riecht nicht sehr nach Entwicklung:* Schnitzler: *Tagebuch*, S. 25.

24, *ein feines poetisches Buch:* Ebd., S. 17.

24, *Dresdner Bank in Köln zu arbeiten:* Vgl. auch zum Folgenden Reuth: *Goebbels*, S. 62ff.

25, *macht aus seiner Mördergrube kein Herz:* Vgl. Grisebach: *Davoser Tagebuch*, S. 71 u. 271f.

25, *vom Veronal und Morphium entwöhnt:* Vgl. ebd., S. 249.

25, *Sie lernen es nie:* Alle Zitate ebd., S. 71.

26, *ist wieder kratzbürstig:* Ebd., S. 71.

26, *nicht immer in dieser Weise anstoßen:* Ders.: *Maler*, S. 142.

26, *fertig gerahmte Bilder bei ihm zu besichtigen:* Vgl. Ders.: *Davoser Tagebuch*, S. 272.

26, *daß sie keinen Grund zur Rache hat:* Ebd., S. 73.

27, *kann ich nicht mehr vertragen ...:* Ders.: *Maler*, S. 148.

27, *Gott wird Gericht über ihn halten:* Brecht: *Briefe*, S. 90.

27, *105.000 Mark Strafe und fünf Jahre Ehrverlust:* Vgl. Goldmann: Aufstieg und Fall.

28, *verfügt und große Überredungskunst:* Vgl. auch zum Folgenden Ostwald: *Sittengeschichte*, S. 38ff.

28, *Max Klante Heil, ja Heil!:* Zit. nach Schild: *Kriminalprozesse*, S. 156.

30, *urkräftige, künstlerische Sinnlichkeit:* Alle Zitate finden sich in Grisebach: *Davoser Tagebuch*, S. 198, 200, 220 u. 193.

30, *ohnehin als Arzt beim Militär:* Vgl. ebd., S. 274.

31, *Ich war erstaunt und bekehrt:* Papp: *Thomas Mann*, S. 61.

32, *französischen Sieges gegenwärtig:* Mann, G.: *Deutsche Geschichte*, S. 703 u. 702.

32, *Nationalistische Torheiten:* Kessler: *Tagebuch*, Band 7, S. 636.

33, *um sich schlagende Tänzerin stürzten:* Zit. nach Fischer: *Anita Berber*, S. 79.

33, *alles Unnütze in den Mülleimer stopfend: Tage-Buch*, 17.2.1923, S. 233.

33, *hinter mich wie Deukalion die Steine:* Benn: *Sämtliche Werke*, Band III, S. 468.

34, *am meisten reich, schöpferisch, repräsentativ: Tage-Buch*, 7.10.1922, S. 1417.

34, *eigenen Nahrungssorgen beschäftigt ist:* Brecht: *Aufzeichnungen*, S. 200.

34, *so viel Zeit, nichts geht voran:* Zit. nach Zoff, in Banholzer: *Liebe*, S. 171.

34, *und Gratisbrot bei Aschinger:* Vgl. Banholzer: *Liebe*, S. 166.

34, *soll seinen Namen tragen:* Zoff in Banholzer: *Liebe*, S. 174.

34, *allein schlafen, skrupellos sein:* Brecht: *Aufzeichnungen*, S. 78.

35, *an der Akademiestraße 15 in München:* Vgl. Hecht: *Chronik*, S. 153.

35, *dem Publikum ausgetrieben werden:* Feuchtwanger: Brecht, in *Die Weltbühne*, 4.9.1928.

36, *er ist feig:* Brecht: *Aufzeichnungen*, S. 75.

36, *humorige Sprache Feuchtwangers:* Bronnen: *Tage*, S. 107.

36, *einen Mann, der mich liebt:* Feuchtwanger, M.: *Frau*, S. 151.

37, *notiert er mit »Sehnsucht«:* Schmitt: *Schatten*, S. 154.

38, *mit ihm als Hauptredner:* Vgl. zum ganzen Vorgang Hofmann: *Hitlerputsch*, S. 71, sowie Gordon: *Hitlerputsch*, S. 170ff., sowie Röhm: *Geschichte*, S. 150f.

39, *denn dann kommt die rote Flut:* Protokoll des Gesprächs Hitlers mit dem Polizeipräsidenten vom 25.1.1923, in Jäckel: *Aufzeichnungen*, S. 802.

40, *daß auf wehrlose Männer geschossen wird:* Zit. nach Gordon: *Hitlerputsch*, S. 175.

Februar

42, *verheerend für die Franzosen sein würde:* Hauptmann: *Diarium*, S. 82.

43, *Begreifen Sie das? Ich nicht!:* Rummel im Meßamt. Aufzeichnungen eines Gelegenheitsarbeiters, in: *Leipziger Tageblatt*, 4.3.1923, S. 2. Im Internet unter: https://digital.slub-dresden.de/werkansicht/dlf/417867/2/0/.

43, *fürchten wir uns viel mehr:* Vgl. Didion: *Das Weiße Album*, S. 229.

43, *des großen Freud-Antipoden C. G. Jung:* Vgl. auch zum Folgenden Bair: *C. G. Jung*, S. 458f.; Wehr: *Jung*, S. 202f.

44, *wie ich bin, war und sein werde:* Jung: *Erinnerungen*, S. 229.

44, *die nächsten anderthalb Monate gekauft:* Xammar: *Schlangenei*, S. 53f.

45, *der Trunksucht und der Unzucht:* Zit. nach Geyer: *Welt*, S. 316f.

45, *verwunschene Kindsgeschöpf keine Grenzen:* Kortner: *Abend*, S. 397.

45, *Hauptschuld hat Elisabeth Bergner:* Kerr: *Schleuder*, S. 251.

45, *halt nur den Schmerz eines Menschen:* Ebd.

45, *letztes Erfordernis aller großen Kunst:* Ebd., S. 252.

46, *anderes als der tote Soldat:* Brecht: *Briefe*, S. 89f. Die Zitate finden sich auf S. 89 u. 90.

47, *noch als Tänzerin ist sie gefragt:* Vgl. auch zum Folgenden Spoto: *Seeräuber-Jenny*, S. 67ff.

47, *Und das war auch immer so: Lotte Lenya. Warum bin ich nicht froh?*, Minute 10.

47, *es irgendwie loszuwerden:* Zit. nach Spoto: *Seeräuber-Jenny*, S. 68.

48, *Sie erinnern sich wohl nicht an mich?: Lotte Lenya. Warum bin ich nicht froh?*, Minute 14.

48, *Maße in Erfüllung gegangen:* Weill: *Musik und Theater*, S. 67f.

49, *aber vom Filmen keine Ahnung hat:* Vgl. Gersch: *Film*, S. 319.

50, *Boden des Salons umherläuft:* Ebd., S. 23f.

50, *Friseure nicht erschrecken sollte:* Zit. nach Brockmann/Mayer/Hillesheim: *Ende*, S. 51f.

50, *Bierulk:* So Erich Engel, in Gersch: *Film*, S. 319.

50, *untersagt er weitere Vorführungen:* Vgl. ebd., S. 52.

51, *Henny-Porten-Filme zu zeigen:* Vgl. zum ganzen Vorgang *Tage-Buch*, 17.2.1923, S. 235.

53, *ein gutes Jungengesicht:* Alle Zitate Rumpelstilzchen: *Un det jloobste?*, S. 179.

53, *zwischen Odessa und Los Angeles:* Ebd., S. 179f.

54, *die auf uns herumtrommelt:* Alle Zitate in ebd., S. 180.

54, *9. Strafkammer des Landgerichts Berlin I:* Vgl. *Vossische Zeitung*, 26.2.1923, S. 4.

54, *aber faltigen, nervösen Gesichtszügen:* Vgl. *Vossische Zeitung*, ebd.

54, *größte(n) Ladendiebin der Welt:* So bezeichnete sie die Staatsanwaltschaft, vgl. *Vossische Zeitung*, ebd., S. 4.

56, *heutzutage alles aufm Kurfürstendamm …:* Alle Zitate in Frey: *Freispruch*, S. 107.

57, *10. Berliner Sechstagerennen statt:* Vgl. Arenhövel: *Arena*, S. 197.

57, *Das ist hier so üblich:* Vgl. zum Folgenden Rumpelstilzchen: *Un det jloobste?*, S. 174ff.

58, *und der Sportpalastwalzer ist geboren:* Vgl. Arenhövel: *Arena*, S. 197.

61, *Dann kann man nicht anders …:* Frey: *Freispruch*, S. 111f.

61, *Erscheinungsform bestimmter geistiger Störungen:* Ebd., S. 112.

62, *in gewissen Abständen:* Ebd., S. 117.

62, *Wenn das möglich gewesen wäre:* Beide Zitate ebd.

62, *amüsanteste Theateraufführung der Inflationszeit:* Das Zitat findet sich in der *Vossischen Zeitung*, 26.2.1923, S. 4. Zum Theatercharakter und der Farbigkeit des Geschehens vgl. Rumpelstilzchen: *Un det jloobste?*, S. 186, sowie Frey: *Freispruch*, S. 101.

63, *Belastung und hysterische Störungen:* Frey: *Freispruch*, S. 119.

63, *periodisch wiederkehrende Zustände:* Rumpelstilzchen: *Un det jloobste?*, S. 180.

63, *von denen du nichts verstehst:* Frey: *Freispruch*, S. 119.

März

65, *chicksten Bumms des Kurfürstendamms: Neue Berliner 12-Uhr-Mittags-Zeitung*, 11.10.1922.

65, *Sockelgeschoss des Theaters des Westens:* Vgl. Hesterberg: *Was ich noch sagen wollte*, S. 78ff.

66, *nicht mehr atmen:* Zit. nach Hepp: *Tucholsky*, S. 72.

66, *Und darum mag ich kaum noch:* Tucholsky: *Briefe 1913–1935*, S. 165.

66, *Geschnitten oder im ganzen?:* Ders.: *Na und?*, S. 354.

67, *Es treibt uns:* Ders.: *GW*, Bd. 3, S. 337f.

67, *auf moses iglstein scheißend …:* Bronnen: *Protokoll*, S. 106.

67, *Meine Zwillingsschwester Olga:* *Tage-Buch*, 3.3.1923, S. 300–304.

67, *in dem mageren Gesicht:* Fleißer: *Frühe Begegnung*, *GW*, II, S. 299, 300.

67, *am meisten gegen mich selbst:* Rühle, Günther (Hg.): *Materialien zum Leben und Schreiben der Marieluise Fleißer*. Frankfurt am Main 1973, S. 196.

68, *stechen sie gemeinsam in See:* Vgl. auch zum Folgenden Durieux: *Eine Tür steht offen*, S. 142f.; Graff: *Überfahrt*, S. 1.

68, *aber auch die verzweifeltsten Tränen geweint:* Zit. nach Möhrmann: *Durieux*, S. 66.

70, *teuren Nachtlokale, in die du mich führst …:* Antheil: *Enfant*, S. 98.

71, *Lossow in München mit Hitler zusammen:* Vgl. auch zum Folgenden Hanfstaengl: *Haus*, S. 117f., sowie Gordon: *Hitlerputsch*, S. 136.

71, *gesamten deutschen Arbeiterbewegung an!:* Hanfstaengl: *Haus*, S. 118. Hanfstaengl neigt stets zu Ungenauigkeiten und Übertreibungen, doch in diesem Fall beruft er sich auf das Tagebuch des Adjutanten Seeckts, Selchow, der mit Hanfstaengls Frau verwandt war. Insofern ist die Darstellung durchaus glaubhaft.

71, *uns nichts mehr zu sagen:* Zit. nach Gordon: *Hitlerputsch*, S. 136.

72, *Bande kleiner stinkender Strolche:* Antheil: *Enfant*, S. 12. Zum ganzen Vorgang vgl. ebd., S. 12f. Das abschließende Zitat findet sich auf S. 13.

72, *mit einem guten Dutzend Mitbewerber:* Vgl. Riess: *Das gab's nur einmal*, S. 200ff. Die Zitate finden sich auf S. 201.

74, *ihm eigentlich gar nicht zugetraut:* Brecht: *Zoff*, S. 86.

75, *die wilde nymphomanische K:* Alle Zitate Schmitt: *Schatten*, S. 160f.

76, *koloriert sie eigenhändig, also 500 Blatt:* Vgl. zum ganzen Vorgang Bauschinger: *Lasker-Schüler*, S. 274f.; Lasker-Schüler: *Ich räume auf!*, S. 3–9.

76, *wegen der Zinsen:* Vgl. Lasker-Schüler: *KA*, 7, S. 239f. Das Zitat findet sich auf S. 240.

76, *kostbarstes Buch:* Bauschinger: *Lasker-Schüler*, S. 274.

77, *schweinisch:* Lasker-Schüler: *Ich räume auf!*, S. 6.

77, *zu leben berechtigt ist:* Ebd., S. 5.

77, *Galerie Flechtheim verbraucht haben könne:* Ebd., S. 4.

78, *Dollar, Devisen, Papiere. Ekelhaft:* Corinth: *Selbstbiographie*, S. 105.

78, *wie wir uns wieder heraushelfen:* Brief an Friedrich Georg Jünger vom 25.3.1923, zit. nach Schwilk: *Jünger*, S. 245.

April

81, *Nicht du sollst hier sein: Tage-Buch*, 12.5.1923, S. 672f.

81, *aus das essen / der film / hitler ...:* Bronnen: *Protokoll*, S. 106.

81, *Auto von München nach Berlin:* Vgl. Sandner: *Itinerar*, S. 320.

81, *von seinem Faktotum »Putzi« Hanfstaengl:* Vgl. zur ganzen Episode Hanfstaengl: *Haus*, S. 67ff.

82, *Das hätte mich den Kopf kosten können!:* Hanfstaengl: *Haus*, S. 68.

82, *Hitler ist ein Zustand:* Zit. nach Geyer: *Welt*, S. 314.

82, *Am Nachmittag des 8. April:* Vgl. Sandner: *Itinerar*, S. 332.

82, *verjudeten, roten Sündenbabel Berlin:* Hanfstaengl: *Haus*, S. 75.

83, *Abklatschspiel:* Ebd., S. 74.

83, *Alltagsleben in der Weimarer Republik:* Vgl. mit weiteren Literaturangaben https://de.wikipedia.org/wiki/Georg_Pahl_(Fotograf).

83, *wünscht sich, er wäre ihr Sohn:* Vgl. Fest: *Hitler*, S. 199.

83, *ihrer derzeitigen finanziellen Situation:* Hanfstaengl: *Haus*, S. 76.

84, *im eigenen Betrieb nachkommen könne:* Ebd.

84, *Plötzlichkeit wieder verschwinden:* Bernouilli, Rudolf: Prüft Schrenck-Notzings Phänomene!, in: *Tage-Buch*, 7.4.1923, S. 486–489, hier S. 489.

85, *dass es von Hitler kein Foto gibt:* Vgl. auch zum Folgenden Großmann: Die Hitlerei, in: *Tage-Buch*, 21.4.1923, S. 550–554. Alle Zitate finden sich ebd.

85, *Rede zu lauschen, vermutlich am 10. April:* Vgl. Jäckel: *Aufzeichnungen*, S. 873–876.

87, *Beckmann der Müllkutscher:* Piper: *Briefwechsel*, S. 179.

88, *diesen intelligenten Seelenclown einzufangen:* Die Zitate finden sich in Beckmann: *Briefe I*, S. 404.

88, *seiner Bilder einen neuen Nagel hinein:* Ders.: *Briefe II*, S. 315.

88, *Selbstbesinnung einen ›Pfahl ins Fleisch‹:* Ders.: *Briefe I*, S. 465 u. 466.

88, *in der Frankfurter Zeitung in den Himmel:* Vgl. *Frankfurter Zeitung*, 8.8.1926.

89, *hinreißende Qualität:* Ebd.

89, *Die größten Töne:* Beckmann: *Briefe II*, S. 59.

90, *greifen die Staatsregierung direkt an:* Vgl. auch zum Folgenden Gordon: *Hitlerputsch*, S. 176f.

90, *das Programm zur Feier des 1. Mai vor:* Vgl. auch zum Ablauf der verschiedenen 1.-Mai-Veranstaltungen Deuerlein: *Hitler-Putsch*, S. 56ff., sowie S. 713 bis 731; Fest: *Hitler*, S. 243ff.; Kershaw: *Hitler*,

S. 248ff.; Hofmann: *Hitlerputsch*, S. 75ff.

91, *jüdische Börsenfürsten die rote Armee:* Zit. nach Hofmann: *Hitlerputsch*, S. 75.

91, *tolle Hunde:* Zit. ebd., S. 76.

91, *Innenminister Schweyer bleibt hart:* Vgl. Gordon: *Hitlerputsch*, S. 178.

92, *mit aller Bescheidenheit gesagt: Querschnittbuch*, S. 89.

93, *ist der größte Magier von allen:* Vgl. Feldman: *Stinnes*, passim.

93, *das größte Firmenkonglomerat der Welt:* Vgl. Pritzkoleit: *Männer*, S. 332.

94, *Fabelwesen:* Wulf: *Stinnes*, S. 529.

94, *Hoffnungen und Ängste der großen Masse:* Ebd., S. 532.

94, *die letzte Phase der Inflation aus:* Vgl. Wulf: *Stinnes*, S. 478ff.

94, *Dolchstoß der Schwerindustrie:* Zit. nach ebd., S. 479.

95, *des letzten Marksturzes Devisen gekauft:* Zit. nach ebd., S. 479.

95, *Sie schwillt fast bedrohlich:* Münzer, Kurt: Bücher von Drüben, in: *Das literarische Echo*, 25. Jg. (April 1923), H. 13/14, Sp. 702.

95, *so viel verzehrt wie nie zuvor: Hund:* Vgl. *Wirtschaft und Statistik* mehrere Jahrgänge, abgedruckt in Kruederer, Jürgen Freiherr von: Die Entstehung des Inflationstraumas, in Feldman: *Konsequenzen der Inflation*, S. 213–286, hier S. 242.

96, *der passende Hut:* Vgl. *Die Dame*, April 1923, S. 155. Das Zitat findet sich ebd.

97, *Anormaleres als diesen Homunculus: Tage-Buch*, 2.6.1923, S. 769.

97, *Umgang den Normalmenschen gezeugt:* Ebd.

97, *gesehen habe, das ist schön:* Zit. nach Karcher: *Otto Dix*, S. 77.

97, *so malenswert, dass ihr gemalt werdet: Otto Dix, Maler*, Minute 1.

98, *man das direkt mitgemacht haben:* Zit. nach Schmidt, Diether: *Otto Dix im Selbstbildnis*. Berlin (Ost) 1978, S. 234.

98, *dämmert es in herrlichen Farben:* Salmony, Alfred: Die neue Galerie des 17. bis 20. Jahrhunderts im Museum Wallraf-Richartz in Köln, in: *Der Cicerone. Halbmonatsschrift für Künstler, Kunstfreunde und Sammler*. Nr. 16 (Januar 1924), S. 1–11, hier, S. 8.

98, *an der Lützowstraße 13 einfindet:* Vgl. Kettelhake: *Sintenis*, S. 101f.

99, *indianerschön:* Kurt Pinthus im *Acht-Uhr-Tagblatt*, zit. ebd., S. 103.

99, *auf die Zeichnerei u. Aquarellmalerei geworfen:* Ringelnatz am 16.4.1923 in einem Brief an seine Frau Leonharda »Muschelkalk« Ringelnatz, zit. nach Kettelhake: *Sintenis*, S. 100.

99, *solange Sie noch Geld haben:* Zit. ebd., S. 102.

99, *von Karl Arnold bei Kurt Wolff in München:* Vgl. Harbeck, Hans: *Tage-Buch*, 14.7.1923, S. 1021f.

100, *scharfem Blick für Wirklichkeiten:* Ehrenabend Joachim Ringelnatz, in: *Vossische Zeitung*, 27.4.1923 (Abendausgabe), S. 3.

101, *irgendwo im Muschelkalk:* Ringelnatz: *Leid*, S. 24.

101, *Ozean der Großstadt herausjumpte:* Kurt Pinthus, zit. nach Kettelhake: *Sintenis*, S. 103.

101, *ein Dichter und ein Philosoph:* Harbeck, *Tage-Buch*, 14.7.1923, S. 1021.

102, *Never mind:* Zit. nach Jones: *Freud*, S. 124.

102, *über den Ursprung der Moral:* Ebd.

102, *durchs Rauchen verursachte Leukoplakie:* Vgl. auch zum Folgenden ebd., S. 113ff.

103, *freundliche Zwerg:* Ebd., S. 114.

103, *alle Welt schwärmerisch überzeugt:* Zit. nach Alt: *Freud*, S. 653.

103, *den Ruin der vitalen Kräfte:* Ebd.

104, *Waffen in die Hand gegeben hätte:* Zit. nach Gordon: *Hitlerputsch*, S. 179f.

104, *eigener Karabiner und Maschinengewehre:* Vgl. auch zum Folgenden Gordon: *Hitlerputsch*, S. 181f.

Mai

107, *wie sie sonst niemand schreibt:* Hesse: *Briefe*, S. 523.

107, *in München seit fast zehn Monaten:* Vgl. Bry: *Hitler-Putsch*, S. 120.

107, *Sandkastenspiel im trostlosen Niemandsland:* Vgl. Herz: *Hoffmann & Hitler*, S. 148f.

108, *schon in allernächster Zeit kommen:* Vgl. Jäckel: *Aufzeichnungen*, S. 917f. Das Zitat findet sich auf S. 918.

108, *die Rassentuberkulose der Völker:* Zit. nach dem Bericht des Polizeipräsidiums München, in ebd., S. 918.

109, *Fleisch von unserem Fleische:* Vgl. Heiden, Konrad: *Geschichte des Nationalsozialismus. Die Karriere einer Idee*. Berlin 1932, S. 130, zit. nach Fest: *Hitler*, S. 248.

109, *Konstruktives anzubieten hat, gründlich satt:* Zit. nach Kershaw: *Hitler*, S. 819, Anm. 176.

110, *in der Uraufführung empört ihre Logen:* Vgl. *Tage-Buch*, 26.5.1923, S. 737.

110, *Mysteriöse Lynchung des Malaien:* Brecht: *BFA I*, S. 345.

110, *durch Gestaltung in Form überwindend:* Zit. nach Hecht: *Chronik*, S. 157.

111, *ein Dichter von siebenundzwanzig Jahren: Tage-Buch*, 26.5.1923, S. 737.

111, *wegen des Widerstands im Publikum:* Bronnen: *Tage*, S. 139.

111, *weil man dort jetzt schon bereit:* Ebd.

111, *in diesem Jahr in die USA aus:* Vgl. Oltmer, Jochen: *Krieg und Nachkrieg: Auswanderung aus Deutschland 1914–1950*. Weblink: https://www.hdbg.de/auswanderung/docs/oltmer.pdf.

111, *Friedrich Hollaender komponiert:* Vgl. Hollaender: *Kopf*, S. 180–196.

112, *einige Lithografien, seine ersten überhaupt:* Schmalenbach/Sorlier: *Chagall*, S. 241.

112, *und poetischer Bildkraft« bemängelt habe:* Vgl. Feilchenfeldt/Raff: *Fest*, S. 133f.

112, *manchmal auch in einem Albtraum:* Schmalenbach/Sorlier: *Chagall*, S. 241.

113, *in Bernay in der Normandie führt:* Vgl. Piaf: *Ohne Liebe ist man nichts*. Ein Film von Marianne Lamour. Frankreich 2003, Minute 4–7.

113, *im dritten Akt eine Dirne geben darf:* Vgl. auch zum Folgenden Dietrich: *Berlinerin*, S. 62ff.

114, *komödiantisches Talent unter Beweis stellt:* Vgl. Spoto: *Marlene*, S. 47.

114, *Marlene Dietrich den 26-jährigen Rudolf Sieber:* Vgl. ebd., S. 50.

114, *und Marlene ist davon – entzückt:* Vgl. ebd., S. 60.

115, *Ich war völlig vernarrt in Marlene:* Fairbanks, Douglas jr.: *The Salad Days*. New York 1988, zit. nach Spoto: *Marlene*, S. 174.

115, *seriöser Herrenclub versammeln möchte:* Vgl. auch zum Folgenden Rumpelstilzchen: *Un det jloobste?*, S. 253f.

116, *ja sogar Richter und Staatsanwälte:* Vgl. Ostwald: *Sittengeschichte*, S. 34. Das Zitat findet sich ebd.

116, *die Wohnung werde beschlagnahmt:* Rumpelstilzchen: *Un det jloobste?*, S. 254.

116, *bitter, höllisch bitter und ausgehungert: Tage-Buch*, 2.6.1923, S. 781. Auch die weiteren Zitate finden sich ebd., S. 782.

117, *Echo in den Herzen hübscher Frauen:* Rilke/Goll: *Briefwechsel*, S. 87.

117, *ebenso viel vom Mönch wie vom Verführer:* Ebd., S. 194.

117, *Und er fördert die Jungs:* Vgl. auch zum Folgenden Raddatz: *Rilke*, S. 120f.

118, *Den Angehörigen weniger:* Vgl. Lange: *Tagebuch*, S. 44.

119, *wahrhaft verständigen Arzt mich anvertraute:* Schnack: *Chronik*, S. 853.

119, *aber mehr nach dem lieben Gott hin:* Lange: *Tagebuch*, S. 43.f.

119, *Berlin, lehnt entschieden ab:* Vgl. Bronnen: *Tage*, S. 115.

119, *gerät für Bronnen zum Fiasko:* Vgl. ebd., S. 132.

119, *einzutreten, eine Ufa-Tochter:* Vgl. ebd., S. 133.

120, *auf sehr hohen Stühlen sitzen:* Beide Zitate in Bronnen: Epitaph, in: *Querschnittbuch*, S. 59f.

120, *hypnotisierenden Stimme des Raubtierbeschwörers:* Alle Zitate in Bronnen: *Tage*, S. 138 u. 124.

121, *ein »Schlafmittel« und »Greisenspielzeug«:* Wedderkop: Standpunkt, in: *Querschnitt*, Band 3. 1923, H. 1/2, Sommer, S. 1f.

122, *ihn keineswegs, wir benutzen ihn:* Ebd., S. 4.

122, *präzisen Ausdruck der Zeit:* Ebd., S. 3.

122, *unserer Landsleute veröffentlichen:* Ebd., S. 5.

122, *Blödsinnzentrale:* Ebd., S. 3.

122, *Wackelgreise:* Ebd., S. 4.

122, *dem wir uns ganz hingeben werden:* Ebd., S. 4.

122, *Kritikerrüssel:* Ebd., S. 4.

124, *Er gibt sich aus, je nach der Stunde, der Laune:* *Querschnitt*, Band 3. 1923, H. 1/2, Sommer. Die Zitate finden sich auf den Seiten 56, 57 u. 58.

124, *Heterogenste aufeinander (…) bolzen:* Wedderkop: Standpunkt, in: *Querschnitt*, Band 3. 1923, H. 1/2, Sommer, S. 5.

124, *auf intuitivem Wege geraten:* Ebd.

125, *sich mein kaufmännisches Gewissen:* Zit. nach Weigand: *Bloch-Almanach*, S. 331.

125, *eine ganzseitige Anzeige im Tage-Buch:* Vgl. *Tage-Buch*, 2.6.1923, S. 793.

Juni

127, *ein Händedruck, eine linkische Umarmung:* Vgl. Fuegi: *Brecht*, S. 169.

127, *provokante Plakate, knalliges Geschrei:* Bronnen selbst spricht vom Morgen des 2. Juni, vgl. ders.: *Tage*, S. 139. Da aber nur ein Auftritt Hitlers im *Circus Krone* belegt ist, nämlich für den 1. Juni, muss es sich um einen Irrtum handeln. Zum Datum der Hitler-Rede im *Circus Krone* vgl. Sandner: *Itinerar*, S. 331, und Jäckel: *Aufzeichnungen*, S. 933. Das Zitat Bronnens findet sich in Bronnen: *Tage*, S. 140.

127, *Gluthauch hypnotischer Massenerregung:* Müller: *Wandel*, S. 144f.

128, *einer religiösen Bekehrung vergleichen ließ:* Zit. nach Fest: *Hitler*, S. 223.

128, *Beifall seiner Zuhörer zu Ende gebracht:* Hanfstaengl: *Haus*, S. 87.

129, *Effekt sinn- und zwecklos verpufft:* Ebd.

129, *seine widerlichen Trapezakte:* Bronnen: *Tage*, S. 141.

129, *Hunger, Inflation und Befreiung:* Ebd., S. 142.

129, *vom vierten Rang aus gesehen hat:* Ebd.

129, *der in einem gemeinsamen Rülpser kulminiere:* Vgl. ebd., S. 141.

129, *eingefärbten, durchlöcherten roten Fahne:* Ebd., S. 143.

130, *die Massenauftritte des Hitler-Klüngels:* Zit. nach Völker, Klaus: *Brecht-Chronik. Daten zu Leben und Werk.* München 1971, S. 34.

130, *Wenn Mahagonny kommt, geh ich:* Bronnen: *Tage*, S. 144.

130, *Rausch und nationalistischem Firlefanz:* Vgl. ebd., S. 141f.; das Zitat findet sich auf S. 141.

130, *ein Elementarereignis, in das ich geraten war:* Zit. nach Kiesel: *Jünger*, S. 269f.

130, *unsichtbaren Faden mit der Wirklichkeit:* Jünger: *Das abenteuerliche Herz*, S. 51. Zit. nach Raddatz: *Die Nachgeborenen*, S. 63.

131, *und Kurfürstendamm babylonisches Sprachgewirr:* Vgl. auch zum Folgenden *Tage-Buch*, 9.6.1923, S. 801.

131, *ein bißchen Schutz für den erschöpften Deutschen:* Alle Zitate ebd.

131, *Und das will ich auch:* Brief an Kästner vom 2.6.1923. Zit. nach Hanuschek: *Gesicht*, S. 103.

132, *die grösste Freiheit:* Brief an Kästner vom 1.2.1925. Zit. nach Görtz/Sarkowicz: *Kästner*, S. 76.

132, *ohne ein ganz ganz kleines Zeichen:* Brief an Kästner vom 25.6.1923. Zit. nach ebd., S. 76.

132, *Warten, warten:* Beide Zitate in Hanuschek: *Gesicht*, S. 113.

132, *ehe Du Dich mit mir verständigst:* Zit. ebd., S. 107.

133, *nie liebgehabt:* Ebd., S. 110.

133, *sie hat mich lieb. Oder nicht:* Zit. nach Görtz/Sarkowicz: *Kästner*, S. 78.

133, *seiner Seite zum Einsatz bringen kann:* Zit. nach Fest: *Untergang*, S. 125.

134, *derlei führt zu weit:* Mann, K.: *Briefe*, S. 15.

134, *getourt und schrecklich gelangweilt:* Vgl. auch zum Folgenden Antheil: *Enfant*, S. 101ff.

135, *Paris grüner, zärtlicher Morgen:* Vgl. ebd., S. 107.

135, *einzigen Pulcinella von Strawinsky kondensiert:* Ebd., S. 113.

137, *den Preis ihrer Frühstückssemmeln nach Lichtjahren zu berechnen:* Tucholsky: *GW*, Bd. 3, S. 335f.

137, *der pflegte zu sagen: ›Das ist mir pipeneengal!‹:* Ebd., S. 336.

138, *und das Land Richtung Abgrund treibt:* Vgl. Müller, Hans: Geheimnis der Welt, in: *Tage-Buch*, 30.6.1923, S. 921–928, hier S. 923ff.

138, *nur in sich selbst ruhend:* Ebd., S. 926.

140, *Spekulation, Luxus und Genußsucht:* Zit. nach Geyer: *Welt*, S. 316.

140, *Jou must look it:* Lasker-Schüler: *KA*, 7, S. 264.

140, *Jesuitenzögling mit krassen Anschauungen:* Brief an Ernst Bertram vom 2. Juni 1922, in: *Thomas Mann an Ernst Bertram. Briefe aus* *den Jahren 1910–1955*. Hg. von Inge Jens. Pfullingen 1960, S. 109.

141, *allenfalls sonderbar, wieder aufgenommen:* Mann: Brief an Ernst Bertram vom 10. Juni 1923, in Mann, T.: *Briefe II, 1914–1923*, S. 483.

141, *kälteste und verregnetste Juni seit 1733:* Vgl. auch zum Folgenden Rumpelstilzchen: *Un det jloobste?*, S. 290ff.

142, *obligatorisch: ein passender Hut:* Vgl. *Die Dame*, Juni 1923, S. 154.

142, *erste wirklich politische Rede: Tage-Buch*, 30.6.1923, S. 912.

142, *sie zu verwirklichen, hinter ihr steht:* Ebd.

142, *Thomas Mann, abgeführt von Hanns Johst:* Bronnen: *Tage*, S. 69.

143, *Die Wirkung ist dieselbe:* Kollwitz: *Tagebücher*, S. 553.

144, *niederziehendes und demütigendes Gefühl:* Alle Zitate in ebd., S. 554.

144, *Steglitzer Oberlehrer auf den Plan gerufen:* Vgl. zum ganzen Vorgang Strobl: *Dix*, S. 67–78.

144, *ganz besonders diskret gemalt:* So der Gutachter der Verteidigung Karl Hofer, seines Zeichens Direktor der Berliner Hochschule für die Bildenden Künste. Zit. nach Strobl: *Dix*, S. 74.

144, *Verbreitung unzüchtiger bildlicher Darstellungen:* Zit. nach Mädchen am Spiegel, in: *Vossische Zeitung*, 26.6.1923 (Abend-Ausgabe), S. 3.

144, *Handwerkszeug von der Dame:* Zit. nach Strobl: *Dix*, S. 76.

146, *Exemplaren auf Bütten- und fünf in Japan-Papier:* Vgl. Schnack: *Chronik*, S. 858.

146, *außerordentlich schön verwirklicht:* Ebd., S. 859.

146, *über die Möglichkeit einer Verwirklichung:* Rilke: *Briefe an Wunderly-Volkart*, S. 892 u. 893.

147, *daß alles sich fälsche und kompliziere:* Alle Zitate in ebd., S. 896.

147, *viel (…) zu leiden:* Alle Zitate in ebd., S. 897.

Juli

149, *wird später seine Kinder dorthin schicken:* Vgl. Wieland: *Dietrich & Riefenstahl*, S. 109, sowie *Der Spiegel*, 24.5.1947, S. 13.

149, *über dem Luganer See bewohnt:* Vgl. Schwilk: *Hesse*, S. 225.

151, *Im Juli 1923 ist Hans Fallada – ganz unten:* Vgl. auch zum Folgenden Neumärker: *Der andere Fallada*, S. 93–100; Crepon: *Leben und Tode*, S. 108–116; Studnitz: *Rausch*, S. 132–137; Williams: *Mehr Leben*, S. 84–96; Walther: *Fallada*, S. 115–124.

152, *von hinten, liegend und stehend:* Vgl. Reimann, Hans: Monumenta Germaniae, in: *Tage-Buch*, 4.8.1923, S. 1114–1117.

152, *Nach der Natur aus dem Kopfe:* Zit. ebd., S. 1115.

153, *kann er mehr als unleidlich werden:* Vgl. zum Folgenden Neumärker: *Der andere Fallada*, S. 98; Liersch, Werner: *Hans Fallada. Sein großes kleines Leben. Biografie.* Berlin 1989, S. 139f.; Walther: *Fallada*, S. 121; und übereinstimmend, wenn auch knapper, Crepon: *Leben und Tode*, S. 114.

154, *Pension Glückauf mit Blick in den Garten:* Vgl. auch zum Folgenden Stach: *Kafka*, S. 543–579; Diamant: *Dora Diamant*, S. 24–109.

155, *dunkles Geschöpf voller Träume und Vorahnungen:* Beide Zitate finden sich in Diamant: *Mein Leben mit Kafka*, S. 194 u. 195.

156, *92 Menschen das Leben gekostet:* Vgl. *Die Weimarer Republik – Deutschlands erste Demokratie.* Online: https://www.weimarer-republik.net/themenportal/chronik-1918-bis-1933/1923/juli-1923/.

156, *Alle sind zu retten – außer Kafka:* Vgl. Diamant: *Mein Leben mit Kafka*, S. 194.

156, *nach ihrer Ankunft am 12. Juli:* Vgl. Rilke: *Briefe an Wunderly-Volkart*, S. 1284.

156, *gewisse greifbare Realitäten im Darm:* Schnack: *Chronik*, S. 865 (Original in Französisch).

157, *und auseinanderreißt, als Ihr Temperament:* Beide Zitate in Schnack: *Chronik*, S. 868 (Original in Französisch).

157, *unter ihrer Adresse eingetroffen sei:* Rilke: *Briefe an Wunderly-Volkart*, S. 977.

157, *Guß-Form für eine einzige Lebensgestalt:* Ebd., S. 798.

158, *aber nicht mit Gespenstern teilen:* Kafka: *Briefe 1902–1924*, S. 452.

158, *Halte dich an das Buch:* Ders.: *Tagebücher 1910–1923*, S. 367.

159, *diese Arbeit durch die Ehe gefährdet:* Ebd., S. 266.

159, *durch die gesamte Literaturgeschichte:* Vgl. Raddatz: *Männerängste*, passim.

159, *die ganze Verlogenheit Europas:* Hodin, J. P.: Erinnerungen an Franz Kafka, *Der Monat*, Juni 1949, zit. nach Diamant: *Diamant*, S. 82.

160, *Kinder, an denen ich mich wärme:* Kafka: *Briefe 1902–1924*, S. 437.

161, *in Kansas City, ist pleite:* Vgl. auch zum Folgenden *Walt Disney – Der Zauberer.* Dokumentarfilm von Sarah Colt, Tom Jennings, Mark Zwonitzer (Buch), Sarah Colt (Regie), USA 2015.

163, *Nachschlagewerke und dergleichen:* Wolff: *Briefwechsel*, S. 217f.

164, *Porzellanmasse, schönstem Bütten:* Zweig: *Angriff*, S. 46.

164, *machen sie uns alt und müde:* Ebd., S. 47f.

165, *das ganze Leben war vergeblich gewesen:* Corinth: *Selbstbiographie*, S. 168 u. 172f.

165, *aber die Börse ist unruhig:* Vgl. Klemperer: *Leben*, S. 708.

165, *daß nichts hinter den Riesenzahlen steht:* Beide Zitate finden sich in ebd.

165, *zum Spottpreis von 55.000:* Vgl. ebd., S. 708f. Das Zitat findet sich auf S. 709.

166, *nach dem Kriegerischen entsteht:* Ebd., S. 709.

166, *10.000 M.-Scheine als einziges Zahlungsmittel:* Ebd., S. 714.

166, *wird nun für 2,4 Millionen angeboten:* Vgl. ebd., S. 714f.

166, *vernimmt Tucholsky nichts: Weltbühne*, 26.7.1923, S. 79.

166, *streng völkischem Geiste:* Röhm: *Geschichte*, S. 152.

166, *für das deutsche Vaterland:* Zehn Jahre Münchner Hilfstätigkeit, S. 192, zit. nach Geyer: *Welt*, S. 126.

167, *sondern Brüder, nur Brüder!:* Ebd., S. 127.

167, *mit einer neuerlichen Schlussfeier:* Vgl. ebd., S. 267.

167, *Mannes wird öffentlich gesammelt:* Vgl. *Querschnittbuch*, S. 196. Das Zitat findet sich ebd.

167, *wächst, die Arbeitslosigkeit sinkt:* Vgl. Czada: *Ursachen*, S. 41f.

167, *bis ein Drittel unter der Vorkriegszeit:* Vgl. Holtfrerich: *Inflation*, S. 220–224.

167, *seines Verdienstes für Lebensmittel aus:* Vgl. ebd., S. 259f. Das Folgende ist kompiliert aus mehreren Artikeln des Journalisten Friedrich Kroner. Vgl. Überreizte Nerven, in: *Berliner Illustrirte Zeitung*, Nr. 34, 26.8.1923, S. 673f.; sowie Ostwald: *Sittengeschichte*, S. 74f.

168, *morgen bin ich ärmer als heute:* Vgl. Wallwitz: *Inflation*, S. 189.

169, *Natürlich würde ich Sie nie erinnern, aber heute:* Lasker-Schüler: *KA*, 7, S. 267.

169, *Er hat recht:* Alle Zitate in Kollwitz: *Tagebücher*, S. 555.

August

171, *vielleicht nicht ganz zu Recht:* Vgl. zuletzt John Dean, der zu einem milderen Urteil gelangt, in ders./Schlesinger, Arthur (Hg.): *Warren G. Harding: The American Presidents Series: The 29th President 1921–1923*, o. O. 2004.

172, *der ein dickes rundes Gesicht hat:* Tucholsky: *Briefe 1919–1924*, S. 121.

172, *Anfang an unter keinem guten Stern:* Vgl. auch zum Folgenden Noack: *Jannings*, S. 131–144.

172, *Abschreckungsgründen geschrieben wurden:* Jannings: *Theater*, S. 137.

172, *die neuere Nero-Forschung in Augenschein:* Vgl. exemplarisch den Zweiteiler *Nero – Plädoyer für eine Bestie*, Regie: Martin Papirowski, Deutschland 2016.

173, *angenehm, so doch glaubhafter sein:* Jannings: *Theater*, S. 137f.

173, *etwa von der New Yorker Evening Post:* Vgl. Flügge: *H. Mann*, S. 204.

174, *viel tiefer (…) als meine:* Tucholsky: *Briefe 1913–1935*, S. 458.

175, *deutsche Leben niederster Observanz:* Alle Zitate in ebd., S. 459.

176, *wüste Scenen:* Ders.: *Briefe 1919–1924*, S. 270.

176, *fast ausgetrieben:* Beide Zitate in Mann, H.: *Verfassung*, S. 142.

177, *dunkles Schnurrbärtchen, sonst glattes Gesicht:* Klemperer: *Leben*, S. 733.

177, *Haus der Gespenster:* Mann, H.: *Verfassung*, S. 150.

177, *Ein wahnsinniges Gelächter:* Ebd., S. 150f.

177, *Von rechts und von links, u. bald:* Klemperer: *Leben*, S. 733.

178, *Bourgeoisie zu Tumultszenen angeregt:* Sternheim: *Tagebücher 1905–1927*, S. 319.

178, *titelt das 8 Uhr-Abendblatt Mitte des Monats:* Vgl. Tucholsky: *Briefe 1919–1924*, S. 718.

178, *Den Mist können's selber b'halten: Bayerische Staatszeitung*, 199/29, 29.8.1923, zit. nach Geyer: *Welt*, S. 266.

179, *wieder unter und quält und quält:* Alle Zitate in Kollwitz: *Tagebücher*, S. 557.

180, *Name: Die Schmuggler:* Vgl. die Miniserie von Ken Burns und Lynn Novick, Prohibition, USA 2011.

180, *Privatsekretin:* Tucholsky: *Briefe 1913–1935*, S. 152.

181, *Hörst du, Tile, Franz heißt die Kanaille:* Rössler: *Franz*, S. 191.

181, *seine menschlichen Züge zu betonen:* Vgl. auch zum Folgenden Bernays, Edward: *Breakfast with Coolidge*, in: http://memory.loc.gov/cgi-bin/ampage.

181, *So let's reciprocate and keep him there:* Ebd., S. 9.

182, *President Nearly Laughs:* Ebd., S. 10.

182, *ihn kurzerhand einstampfen lässt:* Vgl. auch zum Folgenden Metzger: *Berlin*, S. 140f. Das Zitat findet sich ebd.

183, *heute ungefähr 600.000 Franken wert:* Vgl. Sandner: *Itinerar*, S. 342.

183, *Er spricht wunderbar:* Zit. nach Ullrich, Volker: *Adolf Hitler. Die Jahre des Aufstiegs.* Frankfurt am Main 2013, S. 140.

183, *Pferdeomnibus außer Dienst gestellt:* Vgl. Lange: *Tagebuch*, S. 46.

183, *Beute-Gut:* Bronnen: *Protokoll*, S. 96.

183, *Monate, ist aber unzufrieden:* Vgl. auch zum Folgenden Bronnen: *Tage*, S. 160ff.

184, *erwartet später noch ein Mädchen:* Vgl. Kebir: *Ruhm*, S. 40.

184, *gib mir den als Freund:* Bronnen: *Tage*, S. 14.

184, *Eine Schauspielerin müßte man haben:* Alle Zitate aus ebd., S. 162.

185, *Ich glaube, sie wird sich freuen, wenn du zu ihr kommst:* Ebd., S. 163.

186, *Ich blühe:* Ders.: *Protokoll*, S. 30f.

186, *wie es Brecht vorschwebt:* Vgl. zum ganzen Vorgang Hecht: *Chronik*, S. 138f.; Parker: *Brecht*, S. 296ff.; Fuegi: *Brecht*, S. 143; Bronnen: *Tage*, S. 41ff.

186, *was sie machten, Scheiße wäre:* Bronnen: *Protokoll*, S. 87.

187, *in acht Jahren nicht können:* Zit. nach ders.: *Begegnungen*, S. 73.

187, *Mit denen wäre es nie was geworden:* Ders.: *Tage*, S. 43.

187, *von Leben und Werk Bertolt Brechts:* https://www.suhrkamp.de/buecher/bertolt_brecht-stephen_parker_42812.html.

187, *erzählt folgende Geschichte:* Vgl. Parker: *Brecht*, S. 320.

187, *eine Weigel-Biografie angeführt:* Vgl. Kebir: *Ruhm*, S. 41.

188, *wie sie sagt, selbst erzählt hat:* Vgl. Bunge: *Lai-tu*, S. 142f. Die Zitate finden sich ebd.

188, *Bei Gott, wir ständen heute anders da:* Koerber: *Adolf Hitler*, S. 77.

189, *leiht bis bessere Zeit:* Vgl. Brief an Hans Feist-Wollheim vom 17.8.1923, in Lasker-Schüler: *KA*, 7, S. 269. Die Zitate finden sich ebd.

189, *Jemand der mir 100 Frank sendet:* Vgl. Brief an Emanuel von und zu Bodman vom 28. August, in ebd., S. 270. Die Zitate finden sich ebd.

189, *den Misserfolg verantwortlich macht:* Vgl. Dascher: *Flechtheim*, S. 194.

September

192, *mit anderen Ausländern auszutauschen:* Vgl. auch zum Folgenden Poole: *Death*; Hammer: *Yokohama Burning*, passim.

192, *und der Lärm wurde schrecklich:* Poole: *Death*, S. 10 (Übersetzung des Verfassers).

193, *und je exotischer, desto besser:* Alle Zitate aus Zweig: *Welt*, S. 358.

193, *die Kleider, die Liebe, der Schlaf:*

194, *seit dem Jahr 1914 nicht mehr erlebt hat:* Deuerlein: *Hitler-Putsch*, S. 170.

195, *überwältigt von seelischer Erregung:* Ebd.

195, *mit Gewalt niedergeschlagen werden:* Jäckel: *Aufzeichnungen*, S. 990.

195, *Anonymität außerhalb Bayerns sind gezählt:* Vgl. mit weiterführenden Literaturangaben https://de.wikipedia.org/wiki/Georg_Pahl_(Fotograf). sowie Herz: *Hoffmann & Hitler*, S. 152.

196, *es treibt einen fast von Sinnen:* *Berliner Illustrirte Zeitung*, Nr. 37, 16.9.1923, S. 734.

197, *Man diniert! Man tanzt!:* Kreuder: *Zeit*, S. 123.

197, *ich brauche modernste Musik:* Ebd., S. 123.

197, *im Rang mit Wein begnügen:* Vgl. ebd., S. 133.

198, *Repräsentant der deutschen Nachkriegsgeneration:* Alle Zitate aus Mann, K.: *Wendepunkt*, S. 150.

198, *Das Tempo unserer Zeit!:* Ebd., S. 151.

199, *Java dances und Polka Creolas:* Mann, T.: *Unordnung*, *GW*, Bd. VIII, S. 647.

199, *Die deutsche Reichsmark tanzt: Wir tanzen mit!:* Ebd., S. 143.

199, *deutet alles hin, von Hitler selbst:* Weber: *Hitlers erstes Buch*, geplantes Erscheinen der deutschen Ausgabe: September 2022. Zum Inhalt vgl. die Besprechung der englischsprachigen Ausgabe von Armin Fuhrer in: *Focus*, 11.10.2016.

200, *Ich aber beschloß nun, Politiker zu werden:* Hitler: *Mein Kampf*, Bd. I, S. 557.

201, *zerbrochener Helden – dieser wird sehend:* Armin Fuhrer, *Focus*, 11.10.2016.

201, *Arnold Zweig um sein Leben:* Vgl. Sternburg: *Zweig*, S. 122f.

201, *seinen Feind gefunden zu haben:* Zit. nach ebd., S. 124.

202, *das Schlimmste, was möglich ist:* Beide Zitate finden sich in Felken: *Spengler*, S. 144.

202, *der bis jetzt geschaffen wurde: Berliner Börsen-Courier*, 2.9.1924, zit. nach dem Wikipedia-Eintrag zu »Die Ehe im Kreise«.

202, *wagt er den Eltern nicht mitzuteilen:* Vgl. Stach: *Kafka*, S. 551f.; Diamant: *Diamant*, S. 60ff.

202, *etwa zu dem Zug Napoleons nach Rußland:* Kafka: *Briefe 1902–1924*, S. 447.

203, *sein Wagenpferd nicht mehr zügeln:* Vgl. Geyer: *Welt*, S. 279f. Die nachfolgenden Zitate finden sich auf S. 280.

203, *Balkon der Vermieter nach Belieben:* Vgl. auch zum Folgenden Stach: *Kafka*, S. 557f.

205, *bei ununterbrochenem Tag- und Nachtbetrieb:* Roda Roda: Deutsche Millionen, in: *Tage-Buch*, 15.9.1923, S. 1313.

206, *ohnehin nicht mehr rentabel:* Ebd.

206, *großer geistiger Überlegenheit:* Beckmann, M.: *Mein Leben*, S. 9.

206, *wenn ich seinem Rat gefolgt war:* Ebd.

206, *schöne Portraits von dir machen:* Beckmann: *Briefe*, Bd. I, S. 289.

208, *Neugierigen und Ketten Armer und Alter:* Alle Zitate Döblin: *Gespenster*, S. 250, 251.

208, *Der ist Quintillionär:* Zit. nach Hecht: *Chronik*, S. 162.

208, *Mehr ist er auch nicht wert:* Zit. nach Reich: *Wettlauf*, S. 240.

208, *dass Spalla nach Runde 5 aufgibt:* Vgl. Arenhövel: *Arena*, S. 201.

209, *Die Berliner Straßenbahn ist bankrott:* Vgl. auch zum Folgenden Lange: *Berlin*, S. 431.

210, *Menschen, Kostümen, Nuditäten, Bildern:* Pacher: *Berlin*, S. 189.

211, *der nicht mehr finanzierbar ist:* Vgl. auch zum Folgenden Berg: *Stresemann*, S. 72ff.

211, *Sicherung der nackten Existenz für unser Volk:* Ebd., S. 73.

211, *einer Separatlösung mit Frankreich:* Zur zwiespältigen Haltung Adenauers zum Separatismus vgl. Koch: *Adenauer*, S. 53–58.

212, *staatlichen und wirtschaftlichen Zusammenbruch:* Vgl. zur Erkrankung Stresemanns Koszyk: *Stresemann*, S. 212–217.

213, *Stresemann, verwese man:* Zit. nach Haffner: *Variationen*, S. 295.

214, *stürzten, um von ihm zu zehren:* Zit. nach Schwilk: *Jünger*, S. 263.

214, *dünsten den Geruch des Verwesens aus:* Zit. nach Kiesel: *Jünger*, S. 267f.

216, *dunkel und weit geöffnet vom Alkaloid:* Jünger, Ernst: *Annäherungen*, S. 201ff., zit. nach Schwilk: *Jünger*, S. 248.

217, *rechtliche, logische und tatsächliche Unmöglichkeit:* Vgl. auch zum Folgenden den Aufsatz des damaligen Senatspräsidenten am Kammergericht Berlin Freimuth, Arnold: Der bayrische Ausnahmezustand – eine Reichsgefahr!, in: *Tage-Buch*, 13.10.1923, S. 1424–1427. Das Zitat findet sich auf S. 1425.

217, *ausweichend und opportunistisch: Vossische Zeitung*, 7.10.1923.

Oktober

219, *Arbeitstisch, dem Flügel, Bilder, Bibliothek etc. etc.:* Hamann: *Winifred Wagner*, S. 83f.

219, *den Park zum Grab seines Idols:* Vgl. Sandner: *Itinerar*, S. 354f.

219, *durch den Bayreuther Meister selber:* Beide Zitate finden sich in Fest: *Hitler*, S. 259.

219, *Mensch, die echte deutsche Volksseele:* Hamann: *Winifred Wagner*, S. 85.

220, *die Surrealisten, der Fürst von Monaco:* Vgl. auch zum Folgenden Antheil: *Enfant*, S. 144ff.

220, *hell wie die Suchlichter eines Schlachtschiffes:* Ebd., S. 144.

221, *Zuckmayer Anfang Oktober Brecht kennen:* Vgl. auch zum Folgenden Zuckmayer: *Stück*, S. 375ff.

221, *benommen, aufgerührt, verzaubert:* Ebd., S. 375.

221, *das ist ja garr nicht schlecht:* Ebd., S. 376.

221, *Maximilianstraße wohnt, fast an der Isar:* Ebd., S. 377.

222, *So gab es die ein oder andere Auseinandersetzung:* Zoff in Banholzer: *Liebe*, S. 172.

222, *wie plötzlich eine scharfe kleine Welle:* Antheil: *Enfant*, S. 145.

223, *schönen Abend nicht mehr erlebt:* Alle Zitate finden sich in ebd., S. 146.

224, *Sie dann nicht mehr viel Zeit haben:* Lania: *Umbruch*, S. 220.

224, *Titelseiten diverser Pariser Zeitungen:* Vgl. auch zum Folgenden Antheil: *Enfant*, S. 146f.

225, *Zukunftsmusik:* Ebd., S. 146.

225, *wenn auch nicht allzu gesund:* Ebd., S. 147.

226, *der Deutschen in Südtirol verzichte:* Lania: *Umbruch*, S. 222.

226, *wie durch den Akt eines tanzenden Derwisches:* Ebd., S. 223 u. 224.

227, *Aber heute ist das Töten wichtiger:* Ebd., S. 232.

228, *Großer Nachhall meiner Ausstellung. Wie freu ich mich!:* Kollwitz: *Tagebücher*, S. 561.

228, *ich kann wieder nichts dagegen tun:* Ebd., S. 560.

228, *ärmer geworden und ich nicht reicher:* Ebd., S. 568.

229, *Daß es etwas so Entsetzliches geben kann!:* Alle Zitate aus Diamant: *Mein Leben mit Kafka*, S. 202.

229, *zwingen Bauern, billig zu verkaufen:* Vgl. *The Manchester Guardian* vom 23.10.1923, S. 10. Zit. nach Taylor: *Inflation*, S. 309.

229, *wichtigste Weltereignis unserer Zeit:* Zit. nach Hosfeld/Pölking: *Die Deutschen*, S. 119.

230, *Gespanntheit der politischen Lage:* Alle Zitate in Sternheim: *Tagebücher 1905–1927*, Eintrag vom 17.10.1923, S. 319.

230, *der das ganze Reich erfassen könnte:* Die Darstellung folgt Winkler: *Weimar*, S. 225ff.

231, *24 Kommunisten und 17 Polizisten:* Vgl. ebd., S. 216.

231, *Achseln und gehen wortlos zur Arbeit:* Vgl. Ehrenburg: *Menschen*, S. 67.

232, *aber ich habe keinerlei Wirkung:* Tucholsky: *Briefe 1919–1924*, S. 224.

232, *man gar zu nichtswürdig mit unter:* Zit. nach Jasper: *Der Bruder*, S. 179f.

233, *Deutlichkeit als Penis des Vaters:* Alle Zitate in Freud/Abraham: *Briefe*, S. 316.

233, *eine nennenswerte Summe zu überweisen:* Vgl. Wolff: *Briefwechsel*, S. 57.

234, *von Paul Gauguin, Vorher und Nachher:* Vgl. ebd., S. 59.

234, *Otto Dix vollendet im Oktober:* Vgl. Schrader/Schebera: *Zwanziger*, S. 259.

234, *Nur auf Wunsch:* Otto Dix in einem Gespräch mit Horst Jähner, *Neues Deutschland*, 4.12.1966, S. 8.

234, *so holdselig, wie man es sich nur wünschen kann:* Der Kaufmann von Venedig, in: *Neue Freie Presse*, 5.2.1924, S. 16.

234, *war hilflos wie eine Filmnovize:* Pinthus, Kurt: Der Kaufmann von Venedig, in: *Tage-Buch*, 20.10.1923, S. 1489.

235, *jeden Mittag um zwölf erschien der neue Index:* Beide Zitate in Hollaender: *Kopf*, S. 112 u. 111.

235, *des Theaters des Westens an der Kantstraße ab:* Vgl. Bemmann, Helga: *Berliner Musenkinder-Memoiren*. Berlin 1981, S. 106. Der Großmeister der Kabarettgeschichtsschreibung, Volker Kühn, gibt den 16. November als Branddatum an (vgl. *100 Jahre Theater des Westens 1896–1996*. Berlin 1996, S. 138). Doch hier irrt er. Den Beweis liefert ein Brief von Ringelnatz an Muschelkalk vom 16.10.1923, in dem er ihr schreibt, dass »die Wilde Bühne heute morgen abgebrannt ist«. (Ringelnatz: *Briefe*, S. 199).

236, *Hollaender und Spoliansky so herrlich begleitete:* Hesterberg: *Was ich noch sagen wollte …*, S. 127.

236, *das banale Animierbrettl triumphieren:* Zit. nach Ducke: *Humor*, S. 62.

236, *Nichtssagende flüchtige Begegnungen da und dort:* Vortrag über Gerhart Hauptmann vom 9.11.1952, in Mann, T.: *GW*, Bd. IX, S. 812.

236, *Bedrücktheit durch erzählerische Sorgen:* Ebd., S. 813.

237, *Mir war das recht, nicht ihm:* Ebd.

237, *Papierfetzen:* Ebd.

237, *König der Republik:* Ders.: *GW*, Bd. XI, S. 812.

237, *Das ist er!:* Ebd.

238, *Das Ganze war etwas verdrießlich:* Mann, K.: *Meine ungeschriebenen Memoiren*, S. 46f.

238, *Haus und das Essen sind sauschlecht:* Erika Mann am 23.7.1924 an ihre Freundin Pamela Wedekind. Zit. nach *Thomas Mann Jahrbuch*, Bd. 6, S. 279.

238, *gesprungen und er hatte dümmlich geredet:* Ebd.

238, *recht sehr betrunken waren:* Ebd.

238, *Meisterwerke seiner Gattung zurechnen ist:* Gerhart Hauptmann an Samuel Fischer, 26.11.1924, zit. nach *Thomas Mann Jahrbuch*, Bd. 7, S. 260.

239, *Mit allen Mitteln aus der Welt leugnen:* Alle Zitate aus dem Brief Thomas Manns vom 12.11.1924 an Oskar Loerke, in Mann, T.: *Briefe III*, S. 96.

239, *mit einer asiatischen Droge tötet:* Alle Zitate aus dem Brief Thomas Manns vom 5.1.1925 an Herbert Eulenberg, ebd., S. 113.

240, *Das wird möglicherweise eine große Aufregung geben:* Oskar Loerke im Tagebuch, 24.11.1924, zit. nach

Thomas Mann Jahrbuch, Bd. 7, S. 260.

240, *sein weißes Haupt war königlich:* Mann, T.: *GW*, Bd. III, S. 763.

240, *Anspruch an uns gestellt ist – – Nein!:* Ebd., S. 762f.

240, *Das idiotische Schwein soll Ähnlichkeit mit meiner geringen Person haben?:* Zit. nach Kümmel, Peter: Das Noahtier, in: *Die Zeit*, 15.11.2012 (Onlineausgabe).

240, *die dafür zur Verfügung stehen heisst ›Erbärmlichkeit‹):* Gerhart Hauptmann am 4.1.1925 an Samuel Fischer, zit. nach *Thomas Mann Jahrbuch*, Bd. 7, S. 263.

241, *Den Papiernen Menschen hasse ich:* Ebd., S. 266.

241, *Verordnung ist ja bei Grippe die übliche:* Ebd.

241, *für die ich die Kosten zu tragen habe:* Ebd., S. 267.

241, *zieht Thomas Mann meine Kleider an:* Ebd.

242, *daraus ist ein Kaffeekönig geworden:* Ebd., S. 269.

242, *Hanseaten – Judenbrücke – Geld:* Hauptmann: *Diarium*, S. 99.

243, *In der Not darf ich Sie daran erinnern:* Alle Zitate aus Mann, T.: *Briefe III*, S. 142, 143, 144.

244, *Fern allem Groll begrüße ich Sie in alter Herzlichkeit:* Zit. nach *Thomas Mann Jahrbuch*, Bd. 7, S. 211.

245, *geistige Würde mich unweigerlich beruft:* Mann, T.: *Tagebücher 1933–34*. Frankfurt am Main 2003, Eintrag vom 9.5.1933, S. 79.

245, *antisemitisches Pamphlet:* René Schickele in seinem Tagebuch, Eintrag vom 14.4.1934. Zit. nach Mann, T: *Tagebücher 1933–1934*, ebd., S. 719.

245, *Der alte Thor kommt über Peeperkorn nicht hinweg:* Ebd., S. 409.

245, *›bis andere Zeiten kommen‹, – worin er sich irrt:* Ders.: *Tagebücher 1937–1939*. Frankfurt am Main 2003, Eintrag vom 22.3.1937, S. 43.

245, *Zerstreutheit sofort wieder vergessen:* Vgl. Antheil: *Enfant*, S. 161f.

245, *James Joyce, nämlich zwei Gedichte:* Vgl. *Querschnittbuch*, S. 157.

246, *erste Veröffentlichung in Deutschland:* Vgl. ebd., Bd. 4. 1924, H. 4, Herbst, S. 231.

246, *vor der ersten deutschen Übersetzung:* Vgl. ebd., Bd. 4. 1924, H. 2/3, Sommer, S. 137–141.

246, *Eine Woche später sind es 80 Milliarden:* Vgl. https://berlingeschichte.de/kalender/jahr/1923.htm.

246, *Im Norden Berlins gibt es überhaupt kein Brot mehr:* Vgl. *Tage-Buch*, 27.10.1923, S. 1513.

246, *bei solchem Wettlauf die Bürde ›Kunst‹ mitzuschleppen:* Kobbe, George G.: *Stoßseufzer des Malers*, in ebd., S. 1518.

246, *die nichts von unserer Zeit wissen wollen:* Ebd.

247, *in einer Ausstellung zu ›vertrödeln‹:* Ebd.

247, *dann kommt ihr nicht mehr wieder:* Tucholsky: *Briefe 1919–1924*, S. 290f.

247, *die sich reizend täppisch:* Jannings: *Theater*, S. 138.

248, *Nu, der macht ihnen sächs bis sieben Mäter!:* Zit. nach ebd., S. 139.

248, *die schwergereizte Löwin ›Europa‹ zum Sprung:* Ebd., S. 140.

249, *Ave o Imperator!:* Ebd., S. 140.

249, *Die Benutzung ist genehmigungspflichtig:* https://de.wikipedia.org/wiki/Funk-Stunde_Berlin.

250, *fünfzig Jahre später schreiben:* Mann, Golo: Die Brüder Mann und Bertolt Brecht, in: *Die Zeit*, 2.3.1973 (Onlineausgabe).

250, *das zwei gute Akte besitzt, dann aber zerflattert:* Mann, T.: *GW*, Bd. XIII, S. 289.

250, *Sieh mal einer an, das Scheusal hat Talent!:* Zit. nach Eser, in Banholzer: *Liebe*, S. 182.

251, *die ich nicht weglassen kann:* Alle Zitate aus Brecht: *Zoff*, S. 92f.

252, *mit seinem arbeitstempo mitzuhalten:* Engberg: *Fünen*, S. 92 (Schreibweise nach Original).

252, *Deutschen Theaters an der Berliner Schumannstraße:* Vgl. auch zum Folgenden Bergner: *Erinnerungen*, S. 72ff.; Kaulla: *Klabund*, S. 156ff.

253, *förmlich beleidigt:* Lania: *Umbruch*, S. 233.

November

255, *gleichwerte Waren zu außergewöhnlich verschiedenen Preisen kaufen:* Preischaos am Lebensmittelmarkt. Billionengänse, in: *Berliner Tageblatt*, 3.11.1923 (Abend-Ausgabe), S. 1.

256, *die jemals ein Volk durchgemacht hat:* Zit. nach *Tage-Buch*, 10.11.1923, S. 1559f.

256, *bis in ihre geheimsten Mauselöcher:* Canetti: *Fackel*, S. 62 u. 62f.

257, *was in tausend Teilchen zersplitterte:* Ebd., S. 64.

258, *darf er »Neue Blicke ins Geheimnis« werfen:* Vgl. *Tage-Buch*, 3.11.1923, S. 1539–1544.

258, *die neuen Vorgänge aus dem Dunkeln weg ins hellste Licht:* Ebd., S. 1541.

259, *Warum denn?:* Alle Zitate finden sich ebd., S. 1542.

259, *Es ist 21.40 Uhr an diesem 8. November:* Die folgende Darstellung fußt auf denselben Quellen und Darstellungen wie die Anm. zu Seite 7 (S. 321).

260, *an der Dachauerstraße in Nymphenburg:* Vgl. die Übersichtskarte bei Dornberg: *Hitlerputsch*, S. 362f.

261, *die weiteren Schritte zu organisieren:* Zit. nach ebd., S. 149f.

261, *Wort eines deutschen Offiziers zu zweifeln:* Zit. nach ebd., S. 150.

262, *Die Bayern wollen auf Berlin marschieren:* Zit. nach ebd., S. 206.

263, *Dann habe ich hier nichts mehr zu suchen:* Beide Zitate in Hofmann: *Hitlerputsch*, S. 219.

263, *wie auch Geßler selbst bekundet hat:* Vgl. ebd., S. 218 u. 322f.

264, *sich hinsetzen, um dort zu angeln:* Zit. nach Hofmann: *Hitlerputsch*, S. 323.

265, *Beweis seines Vertrauens:* Zit. ebd., S. 218.

265, *rücksichtsloser Energie:* Zit. ebd., S. 209.

265, *verlassenen Landweg im Graben zu Ende gehen:* Zit. nach Toland: *Hitler*, S. 224.

266, *Wir marschieren!:* Zit. nach Fest: *Hitler*, S. 268.

266, *in diesen Tagen zum Ausdruck gekommen sei:* Alle Zitate in Frank: *Galgen*, S. 57.

266, *Augustenstraße 89 in der Maxvorstadt:* Vgl. Reich: *Wettlauf*, S. 251f.

270, *Die Augen Brechts glänzten spöttisch:* Ebd., S. 252.

270, *Zwei Männer, ein junger Arzt und ein Sanitäter, stützten ihn …:* Zit. nach Scheidl: Bademantel.

270, *Schwert aus der deutschen Eiche ziehen:* Zit. nach Hamann: *Winifred Wagner*, S. 91.

271, *er fühle sich wie ein römischer Herrscher:* Zit. nach Scheidl: Bademantel.

272, *den Revolver in einem Behälter für Mehl …:* Zit. nach ebd. Wie üblich zu Übertreibungen neigend, berichtet Putzi Hanfstaengl in seinen Memoiren, seine Frau habe mit einem Jiu-Jitsu-Griff, den er ihr beigebracht haben will, Hitler die Pistole entwunden, mit der er sich erschießen wollte. Vgl. Hanfstaengl: *Haus*, S. 6. Ein leicht abweichender Bericht von Hitlers Verhaftung findet sich bei Deuerlein: *Hitler-Putsch*, S. 371f.

272, *wobei sich seine Stimme ständig steigerte:* Zit. nach Scheidl: Bademantel.

272, *politischen Karneval:* So der Journalist und Prozessbeobachter Hans von Hülsen, zit. nach Toland: *Hitler*, S. 262.

273, *wirksamste Propaganda für den Nationalsozialismus erwiesen:* Zit. nach Gordon: *Hitlerputsch*, S. 367.

273, *Moratorium der Illegalität:* Heuss: *Hitlers Weg*, S. 142.

274, *zum Trotz neun Jahre lang durchzuhalten:* Rede am 8. November 1933, in Domarus: *Hitler*, S. 327.

275, *dann müßte ich ja wohl der erste sein!:* Zit. nach Jonas: *Kronprinz*, S. 195.

275, *sonst sehe ich ziemlich schwarz in die Zukunft:* Beide Zitate in ebd.,

S. 203. Die Veröffentlichungen, Gutachten und Stellungnahmen zum Streit um das Hohenzollernerbe und inwieweit der Kronprinz »erheblichen Vorschub« geleistet hat zur Errichtung der NS-Diktatur zählen mittlerweile Legion und sind nur einen Mausklick entfernt.

276, *Something must be done!:* Zit. nach Fest: *Gegenlicht*, S. 221.

276, *mit dem Schweiß der Untertanen:* Stolleis: *Schwabenstreiche.*

276, *meines Lebens für sie ein Ärgernis:* Kafka: *Erzählungen*, S. 184.

277, *horrenden Geldentwertung kein Vergnügen ist:* Zum Hickhack um den Mietzins vgl. Diamant: *Diamant*, S. 88ff.; Stach: *Kafka*, S. 566f.

277, *Nachricht meines Selbstmordes wären grenzenlos:* Kafka: *Erzählungen*, S. 187.

279, *arbeitet, hetzt sich jetzt ab. (Arbeitsteilung wie im Bienenstaat.):* Alle Zitate in Döblin: *Gespenster*, S. 256 u. 257f.

279, *der Antisemitismus ist den meisten gleichgültig; das will plündern:* Alle Zitate aus: ders.: Während der Schlacht – singen die Musen, in: *Prager Tagblatt*, 11.11.1923, S. 3. Abrufbar unter: https://anno.onb.ac.at/cgi-content/anno?aid=ptb&datum=19231111&seite=4&zoom=33.

280, *wie kann man jetzt feiern, spielen:* Ebd., S. 4.

281, *bin als dein Urgroßvater, Alexander:* Zit. nach Hecht: *Chronik*, S. 163.

281, *fasst der indignierte Döblin den Abend zusammen:* Alle Zitate aus: Döblin, A.: Während der Schlacht – singen die Musen, in: *Prager Tagblatt*, 11.11.1923, S. 4. Abrufbar unter: https://anno.onb.ac.at/cgi-content/anno?aid=ptb&datum=19231111&seite=4&zoom=33.

282, *die Zeit nicht zu vergeuden und zu kapitulieren:* Reich in Witt: *Erinnerungen an Brecht*, S. 36.

282, *nachdenklich den Zigarrenrauch von sich:* Greuèl in Banholzer: *Liebe*, S. 208.

282, *kritisch beherrschte Produktivität erlebt:* Zuckmayer: *Stück*, S. 378.

282, *Käseweiß sind's halt:* Zit. nach Parker: *Brecht*, S. 327.

283, *beginnend mit dem Dach errichten will:* Vgl. Fergusson: *Ende*, S. 301.

283, *Autobiografie* Mein Leben und Werk *erschienen:* Vgl. Eifert: *Ford*, S. 8.

285, *noch das Börsenpapier, noch die Devise:* Klemperer: *Leben*, S. 759.

285, *etliche 60 Mark:* Ebd., S. 761.

285, *die Malerei übertünchter Gräber:* Zit. nach Weigand: *Bloch-Almanach*, S. 334.

285, *und jetzt machen sie Sensation:* Vgl. zur Girlkultur Giese: *Girlkultur*, passim.

287, *die wenigsten Dollars zahlen können:* Pinthus: *Tage-Buch*, 8.12.1923, S. 1702.

287, *dieser Film wirkt menschenbessernd!:* Ebd.

287, *»Dreck« nennt und eine »jüdische Sentimentalität«:* Schmitt: *Schatten*, S. 303.

287, *um Deutsche auf der einen und auf der anderen Seite:* Zit. nach Koszyk: *Stresemann*, S. 265.

288, *Es möchte kein Hund so länger leben, wie Faust von sich sagt: Berliner Tageblatt*, 19.11.1923, S. 1.

288, *ihr Schaffen sich aber um die Fratze legte:* Lasker-Schüler: *Ich räume auf!*, S. 7.

288, *Tritten und ehrenrührigen Beschimpfungen:* Ebd., S. 4.

288, *Fotzenmaler:* Walter-Ris: *Nierendorf*, S. 107.

289, *sein Furunkel, sein wahres Milieu:* Lasker-Schüler: *Ich räume auf!*, S. 5.

289, *Ich sage Euch, rottet ihn aus!:* Ebd., S. 7.

289, *Bin krank in der Seele, da* k e i n e Freude: Dies.: *KA*, 7, S. 274.

289, *Ehre wem Ehre gebührt:* Zit. nach Dascher: *Flechtheim*, S. 196.

290, *Inflationsblues beim Shimmyfox:* Vgl. Schneede: *Beckmann*, S. 36 u. 41.

290, *Es ist mir wirklich eine große Freude:* Beckmann: *Briefe I*, S. 242.

290, *Moment wieder einmal verpaßten:* Ebd., S. 244.

291, *Beckmann schläft immer noch sehr gut:* Ders.: *Realität*, S. 34.

291, *'ne Art Briefbeschwerernatur ohne einen Cent Humor:* Zit. nach Reimertz: *Beckmann*, S. 158.

291, *Sie schwanken zwischen Paßfoto und Verbrecheralbum:* Beckmann: *Briefe I*, S. 226.

291, *komme ich mir entblößt bis aufs Hemd vor:* Ders.: *Realität*, S. 33.

Dezember

294, *auf die Platte die Iche – Züge des Nichts:* Beckers/Moortgat: *Riess*, S. 134.

294, *Raubtier mit fünf Beinen und drei Augen:* Sling: Die Photographin, *Das Unterhaltungsblatt der Vossischen Zeitung*, Nr. 271, 19.11.1927, zit. nach Beckers/Moortgat: *Riess*, S. 149.

295, *Verbreitung unzüchtiger Abbildungen und Darstellungen:* Jentsch: *Grosz*, S. 29.

295, *eines normal empfindenden Menschen:* Zit. nach Neugebauer: *Grosz*, S. 113.

295, *Aquarell-Reproduktionen aus Ecce Homo entfernen:* Jentsch: *Grosz*, S. 29, sowie Neugebauer: *Grosz*, S. 112.

295, *Wir wußten, daß unsere Sache verloren sei:* Zit. nach Neugebauer: *Grosz*, S. 113.

296, *Expressionismus sei das Stück geschrieben:* Die Darstellung folgt, mit Abstrichen, den Memoiren des Schauspielers Rudolf Fernau, der die Rolle des Johannes spielt. Fernau: *Lied*, S. 106ff.

296, *Wenn man den Deutschen eine Theorie vorsetzt, schlucken sie alles:* Frank: *Spielzeit*, S. 266.

297, *Fremdheit und Unverständlichkeit erblicken:* Zit. nach Hecht: *Weigel*, S. 163f.

298, *des deutschen Stummfilms entwickeln:* Vgl. auch zum Folgenden Riess: *Das gab's nur einmal*, S. 168ff.

298, *Die Nielsen hat mehr Großaufnahmen als die Porten!:* Ebd., S. 169.

299, *Schaudert's mich nicht bei solch entfesseltem Satanismus?:* Sternheim: *Tagebücher 1903–1971*, S. 663.

299, *und echten tiefen Schmerz empfindet:* Riess: *Das gab's nur einmal*, S. 169f.

300, *Dieser Dix (...) ist zum Kotzen:* Alle Zitate in Meier-Graefe, Julius: Die Ausstellung in der Akademie, in: *Deutsche Allgemeine Zeitung*, 2.7.1924 (Abendblatt), S. 2.

301, *in der Berliner Nationalgalerie gefunden hat:* Alle Zitate aus Max Liebermann, *Mannheimer Tageblatt*, 10.10.1924, zit. nach Walter-Ris: *Nierendorf*, S. 109.

301, *Nierendorf zurückgegeben worden sei:* Ebd.

301, *Objekt ins Depot zu verbannen:* Vgl. Walter-Ris: *Nierendorf*, S. 108.

302, *Die neue Sachlichkeit muß auf die Bretter:* Zit. nach Hecht: *Weigel*, S. 108.

302, *und sein Mittelpunkt: der Mensch:* Zit. ebd., S. 141.

302, *Das wäre aufregend:* Brecht zu Fernau: *Lied*, S. 108.

303, *Tue Brecht und scheue niemand:* Ebd., S. 129ff. Die Zitate finden sich auf S. 131 u. 130.

303, *So 'ne vom Großvater geerbte, mit neunfachem Echo?:* Ebd., S. 131.

303, *für die Münchner Kammerspiele vorbereitet:* Vgl. Hecht: *Chronik*, S. 933ff. Das Zitat findet sich bei Fernau: *Lied*, S. 266.

304, *Antheil an seinem Ballet mécanique:* Vgl. Antheil: *Enfant*, S. 150.

304, *glitzernd und kalt:* Beide Zitate in ebd., S. 152 u. 153.

304, *von Pausen aus absoluter Stille:* Vgl. auch zum Folgenden Förster/Loder: *Hedy*, S. 126f.

305, *in der New Yorker Carnegie Hall:* Vgl. https://de.wikipedia.org/wiki/Ballet_Mécanique.

306, *dass sie unausgesetzt wechselt:* Vgl. auch zum Folgenden Förster/Loder: *Hedy*, S. 133ff.

307, *voraussetzen, existiert noch gar nicht:* Vgl. Ahnert, Sven: *Hedy Lamarr – Erfinderin und Femme* *fatale*, S. 7. https://www.swr.de/swr2/wissen/hedy-lamarr-erfinderin-und-femme-fatale-swr2-wissen-2020-10-23-102.pdf.

308, *vierziger Jahre nicht funktionstüchtig war:* Vgl. Albrecht/Polatschek: Hedy.

309, *zum berühmtesten Komponisten seiner Zeit:* https://www.youtube.com/watch?v=cH2PHoauTUU.

309, *Davon sind die Zeitgenossen überzeugt:* Vgl. Ostwald: *Sittengeschichte*, S. 30.

310, *der Glanz ergraut, der Klang verrostet:* Zit. nach Wieland: *Dietrich & Riefenstahl*, S. 108.

310, *Ophelialeiche:* Alle Zitate in Fernau: *Lied*, S. 110.

311, *schäumenden Epigonen:* Alle Zitate nach Hecht: *Chronik*, S. 165 u. 166.

311, *Spur er in Bayern gekommen ist:* Vgl. auch zum Folgenden Lania: *Umbruch*, S. 239ff., sowie ders.: *Gewehre*, passim.

311, *von der ersten bis zur letzten Zeile interessant:* Tucholsky: *GW*, Bd. 3, S. 478.

312, *von gesetzlich verbotenen Schiebungen:* Lania: *Umbruch*, S. 242.

313, *(zu deutsch: Havary):* Brecht: *BFA XXVIII*, S. 205.

313, *Liebes Helletier:* Brecht: *Briefe*, S. 100.

315, *Ich will da nichts hören müssen:* Zit. nach Parker: *Brecht*, S. 321.

315, *Briefe von Verehrern dort zu verbergen:* Vgl. Banholzer: *Liebe*, S. 129.

316, *denkt Weigel an Scheidung:* Vgl. auch zum Folgenden Kebir: *Ruhm*, S. 91ff.; Fuegi: *Brecht*, S. 399f.

316, *Aber ich habe dich gern und nicht weniger als je:* Beide Zitate zit. nach Kebir: *Ruhm*, S. 94 u. S. 95.

316, *Zwei solcher Menschen gibt es nicht:* Bunge: *Lai-tu*, S. 142.

317, *war ein sehr treuer Mann (…) leider zu zu vielen:* Brecht/Weigel: *Briefe*, S. 366.

317, *Ihr geht das Thema sehr nahe; es entsteht eine Pause:* Hecht: *Weigel*, S. 53f.

318, *erbarmungswürdige Situation:* Zit. nach Stern: *Männer*, S. 201.

318, *wenn man dies und das hier los wird:* Vgl. Rumpelstilzchen: *Berlin*, S. 119f., sowie Ostwald: *Sittengeschichte*, S. 275.

319, *zum Ekel geworden!:* Kessler: *Tagebuch*, Bd. 8, S. 187.

319, *am Silvesterabend das nächste Riff an:* Vgl. zum Folgenden Hollaender: *Kopf*, S. 156–162 u. 180–196. Die nachfolgenden Zitate befinden sich auf den Seiten 193 u. 196; Pacher: *Berlin*, S. 185–187.

320, *Wohin bitte?:* Alle Zitate in Hollaender: *Kopf*, S. 196.

Benutztes Material

Zeitgenössische Zeitungen und Zeitschriften

Berliner Illustrirte Zeitung, Jahrgang 1923.

Die Dame. Ein deutsches Journal für den verwöhnten Geschmack 1912 bis 1943. Zusammengestellt und herausgegeben von Christian Ferber, Berlin 1980.

Prager Tagblatt, 1923.

Der Querschnitt 1923, online verfügbar: https://katalog.arthistoricum.net/id/dswarm-111-b2FpOmRlOnNsdWItZHJlc2RlbjpkYjppZCozNTU5NjY5OTk/#tx_find

Das Querschnittbuch 1923. Frankfurt am Main 1923, online verfügbar: https://www.arthistoricum.net/werkansicht/dlf/73138/1

Das Tage-Buch. Vollständiger Nachdruck der Jahrgänge 1920–1923, 4. Jahrgang, Königstein/Taunus 1981, online verfügbar: https://anno.onb.ac.at/cgi-content/anno-plus?aid=dtb&size=40

Vossische Zeitung 1923, online verfügbar: http://zefys.staatsbibliothek-berlin.de/list/title/zdb/27112366/

Die Weltbühne 1923, online verfügbar: http://archive.org/search.php?query=die%20weltb%C3%BChne%20AND%20collection%3Aopensource

Gedruckte Quellen, Tagebücher, Briefwechsel, Monografien und Aufsätze

Albrecht, Jörg / Polatschek, Klemens: Deconstructing Hedy Lamarr, in: *Frankfurter Allgemeine Zeitung*, 22.5.2006. Online abrufbar unter: https://www.faz.net/aktuell/wissen/physik-mehr/erfindungen-deconstructing-hedy-lamarr-1328718.html?printPagedArticle=true#pageIndex_3.

Alt, Peter-André: *Sigmund Freud. Der Arzt der Moderne. Eine Biographie.* München 2016.

Antheil, George: *Enfant terrible der Musik.* München 1960.
Arenhövel, Alfons (Hg.): *Arena der Leidenschaften. Der Berliner Sportpalast und seine Veranstaltungen 1910–1973.* Berlin 1990.

Bair, Deirdre: *C. G. Jung. Eine Biographie.* München 2007.
Banholzer, Paula: *So viel wie eine Liebe. Der unbekannte Brecht.* München 1981.
Bauschinger, Sigrid: *Else Lasker-Schüler. Biographie.* Göttingen 2004.
Beach, Sylvia: *Shakespeare and Company. Ein Buchladen in Paris.* Frankfurt am Main 1982.
Beckers, Marion / Moortgat, Elisabeth (Hg.): *Die Riess. Fotografisches Atelier und Salon in Berlin 1918–1932.* Tübingen/Berlin 2008.
Beckmann, Mathilde Q.: *Mein Leben mit Max Beckmann.* München 1983.
Beckmann, Max: *Briefe.* Band I: *1899–1925.* Hg. von Klaus Gallwitz, Uwe M. Schneede und Stefan von Wiese. München 1993.
Ders.: *Briefe.* Band II: *1925–1937.* Hg. von Klaus Gallwitz, Uwe M. Schneede und Stephan von Wiese. München 1994.
Ders.: *Die Realität der Träume in den Bildern. Schriften und Gespräche 1911 bis 1950.* München 1990.
Behr, Hermann: *Die goldenen zwanziger Jahre. Das fesselnde Panorama einer entfesselten Zeit.* Hamburg 1964.
Berber, Anita / Droste, Sebastian: *Die Tänze des Lasters, des Grauens und der Ekstase.* Wien 1923.
Berg, Manfred: *Gustav Stresemann. Eine politische Karriere zwischen Reich und Republik.* Göttingen 1992.
Bergner, Elisabeth: *Bewundert viel und viel gescholten … Elisabeth Bergners unordentliche Erinnerungen.* München 1978.
Bickelmann, Hartmut: *Deutsche Überseeauswanderung in der Weimarer Zeit.* Wiesbaden 1980.
Bloch, Ernst: *Geist der Utopie.* Berlin 1923.
Boepple, Ernst (Hg.): *Adolf Hitlers Reden.* München 1933.
Brecht, Bertolt: *Briefe.* Hg. und kommentiert von Günter Glaeser. Frankfurt am Main 1981.

Ders.: *Briefe an Marianne Zoff und Hanne Hiob*. Hg. von Hanne Hiob. Frankfurt am Main 1990.

Ders.: *Tagebücher 1920–1922. Autobiografische Aufzeichnungen 1920–1954*. Frankfurt am Main 1978.

Ders.: *Werke. Große kommentierte Berliner und Frankfurter Ausgabe (BFA)*. Frankfurt am Main 1988–1997.

Briesen, Detlef: *Warenhaus, Massenkonsum und Sozialmoral. Zur Geschichte der Konsumkritik im 20. Jahrhundert*. Frankfurt am Main 2001.

Brockmann, Stephen / Mayer, Mathias / Hillesheim, Jürgen (Hg.): *Ende, Grenze, Schluss? Brecht und der Tod*. Würzburg 2008.

Bronnen, Arnolt: *Arnolt Bronnen gibt zu Protokoll*. Kronberg/Ts. 1978.

Ders.: *Begegnungen mit Schauspielern. 20 Portraits aus dem Nachlaß*. Berlin (Ost) 1977.

Ders.: *Tage mit Bertolt Brecht. Geschichte einer unvollendeten Freundschaft*. Wien/München/Basel 1960.

Bry, Carl Christian: *Der Hitler-Putsch. Berichte und Kommentare eines Deutschland-Korrespondenten 1922–1924 für das »Argentinische Tag- und Wochenblatt«*. Nördlingen 1987.

Bunge, Hans: *Brechts Lai-tu. Erinnerungen und Notate von Ruth Berlau*. Darmstadt/Neuwied 1985.

Canetti, Elias: *Masse und Macht*. Frankfurt am Main 1980.

Ders.: *Die Fackel im Ohr*. München 1980.

Conze, Eckart: *Schatten des Kaiserreichs. Die Reichsgründung von 1871 und ihr schwieriges Erbe*. München 2020.

Conzelmann, Otto (Hg.): *Otto Dix*. Hannover 1959.

Corinth, Lovis: *Selbstbiographie*. Leipzig 1926.

Craig, Gordon A.: *Deutsche Geschichte 1866–1945. Vom Norddeutschen Bund bis zum Ende des Dritten Reiches*. München 1989.

Crepon, Tom: *Leben und Tode des Hans Fallada*. Hamburg 1981.

Czada, Peter: Ursachen und Folgen der großen Inflation, in Winkel, Harald (Hg.): *Finanz- und wirtschaftspolitische Fragen der Zwischenkriegszeit*. Berlin 1973, S. 9–43.

Dascher, Ottfried: *»Es ist was Wahnsinniges mit der Kunst«. Alfred Flechtheim. Sammler, Kunsthändler, Verleger*. Wädenswil 2011.
Decker, Gunnar: *Hermann Hesse. Der Wanderer und sein Schatten. Biographie.* München 2012.
Deuerlein, Ernst (Hg.): *Der Hitler-Putsch. Bayerische Dokumente zum 8./9. November 1923*. Stuttgart 1962.
Ders. (Hg.): *Der Aufstieg der NSDAP in Augenzeugenberichten*. Düsseldorf 1968.
Diamant, Dora: Mein Leben mit Franz Kafka, in Koch, Hans-Gerd (Hg.): »Als Kafka mir entgegenkam …« *Erinnerungen an Franz Kafka*. Berlin 2013, S. 194–205.
Diamant, Kathi: *Dora Diamant. Kafkas letzte Liebe*. Düsseldorf 2013.
Didion, Joan: *Das Weiße Album. Eine kalifornische Geisterbeschwörung.* München 1988.
Dietrich, Marlene: *Ich bin, Gott sei Dank, Berlinerin. Memoiren*. Frankfurt am Main/Berlin 1990.
Dix, Otto: *Briefe*. Köln 2013.
Döblin, Alfred: *Die Vertreibung der Gespenster. Autobiographische Schriften, Betrachtungen zur Zeit*. Berlin (Ost) 1968.
Domarus, Max: *Hitler. Reden und Proklamationen 1932 bis 1945. Kommentiert von einem deutschenZeitgenossen*. Band I: *Triumph,* Erster Halbband: *1932–1934*. München 1965.
Dornberg, John: *Der Hitlerputsch. 9. November 1923*. München 1998.
Ducke, Gerold: *»Der Humor kommt aus der Trauer«. Curt Bois. Eine Biographie*. Berlin 2001.
Durieux, Tilla: *Eine Tür steht offen. Erinnerungen*. Berlin 1958.

Ehrenburg, Ilja: *Menschen – Jahre – Leben*. Band 2: *1923–1941*. München 1962.
Eifert, Christiane: Antisemit und Autokönig. Henry Fords Autobiographie und ihre deutsche Rezeption in den 1920er-Jahren, in: *Zeithistorische Forschungen* Heft 2/2009, S. 209–229.
Engberg, Harald: *Brecht auf Fünen. Exil in Dänemark 1933–1939*. Wuppertal 1974.

Falckenberg, Otto: *Mein Leben – Mein Theater.* Nach Gesprächen und Dokumenten aufgezeichnet von Wolfgang Petzet. München 1944.
Feilchenfeldt, Rahel E. / Raff, Thomas: *Ein Fest der Künste. Paul Cassirer. Der Kunsthändler als Verleger.* München 2006.
Feldman, Gerald D. (Hg.): *Konsequenzen der Inflation (= Consequences of inflation).* Berlin 1989.
Ders.: *Hugo Stinnes. Biographie eines Industriellen 1870–1924.* München 1998.
Felken, Detlef: *Oswald Spengler. Konservativer Denker zwischen Kaiserreich und Diktatur.* München 1988.
Fergusson, Adam: *Das Ende des Geldes. Hyperinflation und ihre Folgen für die Menschen am Beispiel der Weimarer Republik.* Hg. von Max Otte. München 2011.
Fernau, Rudolf: *Als Lied begann's. Lebenstagebuch eines Schauspielers.* Frankfurt am Main/Berlin/Wien 1972.
Fest, Joachim C.: *Das Gesicht des Dritten Reiches. Profile einer totalitären Herrschaft.* München 1986.
Ders.: *Der Untergang. Hitler und das Ende des Dritten Reiches.* 4. Aufl., Berlin 2002.
Ders.: *Hitler. Eine Biographie.* 3. Aufl., Frankfurt am Main/Berlin 1992.
Ders.: *Im Gegenlicht. Eine italienische Reise.* München 1990.
Ders.: *Staatsstreich. Der lange Weg zum 20. Juli.* Berlin 1994.
Feuchtwanger, Marta: *Nur eine Frau: Jahre, Tage, Stunden.* München/Wien 1983.
Fischer, Lothar: *Anita Berber. Ein getanztes Leben.* Berlin 2014.
Ders.: *Tanz zwischen Rausch und Tod. Anita Berber, 1918–1928 in Berlin.* 2. Aufl., Berlin 1988.
Ders. / Adkins, Helen: *George Grosz. Sein Leben.* Berlin 2017.
Fleißer, Marieluise: *Gesammelte Werke (GW).* Frankfurt am Main 1972.
Flügge, Manfred: *Heinrich Mann. Eine Biographie.* Reinbek bei Hamburg 2006.
Förster, Jochen / Loder, Anthony: *Hedy Darling.* Hollenstedt 2012.
Ford, Henry: *Mein Leben und Werk.* Leipzig 1923.
Frank, Hans: *Im Angesicht des Galgens. Deutung Hitlers und seiner Zeit auf Grund eigener Erlebnisse und Erkenntnisse.* München 1953.

Frank, Rudolf: *Spielzeit meines Lebens.* Heidelberg 1960.

Freud, Sigmund / Abraham, Karl: *Briefe 1907–1926.* Frankfurt am Main 1965.

Frey, Erich: *Ich beantrage Freispruch. Aus den Erinnerungen des Strafverteidigers Erich Frey.* Hamburg 1959.

Friedrich, Otto: *Morgen ist Weltuntergang. Berlin in den zwanziger Jahren.* Berlin 1998.

Friedrich, Thomas: *Die missbrauchte Hauptstadt. Hitler und Berlin.* Berlin 2007.

Fuegi, John: *Brecht & Co.: Biographie.* Autorisierte, erweiterte und berichtigte deutsche Fassung von Sebastian Wohlfeil. Hamburg 1997.

Fuhrer, Armin: Zweites Buch neben »Mein Kampf«. In seiner geheimen Autobiographie verglich sich Hitler mit Jesus, in: *Focus*, 7.10.2016, Online abrufbar unter: https://www.focus.de/wissen/mensch/geschichte/nationalsozialismus/dreiste-selbst-promotion-in-seiner-geheimen-autobiographie-verglich-sich-hitler-mit-jesus_id_6043397.html.

Gay, Peter: *Die Republik der Außenseiter. Geist und Kultur in der Weimarer Zeit 1918–1933.* Frankfurt am Main 2004.

Gersch, Wolfgang: *Film bei Brecht.* München 1975.

Geyer, Martin H.: *Verkehrte Welt, Revolution, Inflation und Moderne: München 1914–1924* (Kritische Studien zur Geschichtswissenschaft 128). Göttingen 1998.

Giese, Fritz: *Girlkultur. Vergleiche zwischen amerikanischem und europäischem Rhythmus und Lebensgefühl.* München 1925.

Görtz, Franz Josef / Sarkowicz, Hans: *Erich Kästner. Eine Biographie.* München/Zürich 1998.

Goldmann, Sven: Der Aufstieg und Fall eines Volksbeglückers, in: *Der Tagesspiegel*, 25.11.2014. Online abrufbar unter: https://www.tagesspiegel.de/gesellschaft/wettbetrueger-max-klante-der-aufstieg-und-fall-eines-volksbegluecker s/10983992.html.

Gordon, Harold J. jr.: *Hitlerputsch 1923, Machtkampf in Bayern 1923–1924.* Frankfurt am Main 1971.

Graff, Bernd: »Bei meiner Überfahrt vom Glück begünstigt«, in: *Süddeutsche Zeitung* vom 15.4.2012. Online abrufbar unter:

https://www.sueddeutsche.de/kultur/briefe-eines-zeitzeugen-zum-untergang-der-titanic-bei-meiner-ueberfahrt-vom-glueck-beguenstigt-1.1331999.

Grisebach, Lothar: *E. L. Kirchners Davoser Tagebuch. Eine Darstellung des Malers und eine Sammlung seiner Schriften.* Köln 1968.

Ders. (Hg.): *Maler des Expressionismus im Briefwechsel mit Eberhard Grisebach.* Hamburg 1962.

Grosz, George: *Eintrittsbillett zu meinem Gehirnzirkus. Erinnerungen, Schriften, Briefe.* Leipzig/Weimar 1988.

Ders.: *Ein kleines Ja und ein großes Nein. Sein Leben von ihm selbst erzählt.* Hamburg 1955.

Gruchmann, Lothar / Weber, Reinhard (Hg.): *Der Hitler-Prozess 1923. Wortlaut der Hauptverhandlung vor dem Volksgericht München,* T. 1. München 1997.

Gumbrecht, Hans Ulrich: *1926. Ein Jahr am Rand der Zeit.* Frankfurt am Main 2003.

Haffner, Sebastian: *Geschichte eines Deutschen.* Stuttgart/München 2001.

Ders.: *Historische Variationen.* 2. Aufl., München 2003.

Hamann, Brigitte: *Winifred Wagner oder Hitlers Bayreuth.* München/Zürich 2002.

Hammer, Joshua: *Yokohama Burning.* New York 2006.

Hanfstaengl, Ernst: *Zwischen Weißem und Braunem Haus. Memoiren eines politischen Außenseiters.* München 1970.

Hanuschek, Sven: *Keiner blickt dir hinter das Gesicht. Das Leben Erich Kästners.* München/Wien 1999.

Hauptmann, Gerhart: *Diarium 1917 bis 1933.* Frankfurt am Main/Berlin/Wien 1980.

Hayman, Ronald: *Bertolt Brecht. Der ungeliebte Klassiker.* München 1985.

Hecht, Werner: *Brecht-Chronik 1898–1956.* Frankfurt am Main 1997.

Ders.: *Helene Weigel. Eine große Frau des 20. Jahrhunderts.* Frankfurt am Main 2000.

Heiber, Helmut: *Die Republik von Weimar.* München 1966.

Heiden, Konrad: *Adolf Hitler. Das Zeitalter der Verantwortungslosigkeit.* Zürich 1936.

Hepp, Michael: *Kurt Tucholsky.* 2. Aufl., Reinbek bei Hamburg 2002.

Hermand, Jost / Trommler, Frank: *Die Kultur der Weimarer Republik.* München 1978.

Herz, Rudolf: *Hoffmann & Hitler. Fotografie als Medium des Führer-Mythos.* München 1994.

Hesse, Hermann: *Die Briefe.* Band 3: *1916–1923.* Hg. von Volker Michels. Berlin 2015.

Hesterberg, Trude: *Was ich noch sagen wollte …* Berlin (Ost) 1971.

Heuberger, Georg / Grütters, Monika (Hg.): *Chagall und Deutschland – verehrt, verfemt.* München/Berlin 2004.

Heuss, Theodor: *Hitlers Weg. Eine historisch-politische Studie über den Nationalsozialismus.* Stuttgart/Berlin/Leipzig 1932.

Heydecker, Joe J.: *Das Hitler-Bild. Die Erinnerungen des Fotografen Heinrich Hoffmann.* St. Pölten/Salzburg 2008.

Hitler, Adolf: *Mein Kampf.* Eine kritische Edition. Hg. im Auftrag des Instituts für Zeitgeschichte. München/Berlin 2015.

Hof, Holger: *Gottfried Benn. Der Mann ohne Gedächtnis. Eine Biographie.* Stuttgart 2011.

Hofmann, Hanns Hubert: *Der Hitlerputsch, Krisenjahre deutscher Geschichte 1920–1924.* München 1961.

Hollaender, Friedrich: *Von Kopf bis Fuß.* Hg. von Volker Kühn. Bonn 1996.

Holtfrerich, Carl-Ludwig: *Die deutsche Inflation 1914–1923. Ursachen und Folgen in internationaler Perspektive.* Berlin/New York 1980.

Hosfeld, Rolf / Pölking, Hermann: *Die Deutschen 1918 bis 1945. Leben zwischen Revolution und Katastrophe.* München/Zürich 2006.

Hütt, Wolfgang (Hg.): *Hintergrund. Mit den Unzüchtigkeits- und Gotteslästerungsparagraphen des Strafgesetzbuches gegen Kunst und Künstler 1900–1933.* Berlin (Ost) 1990.

Jacobsohn, Siegfried: *Briefe an Kurt Tucholsky. 1915–1926.* München/Hamburg 1989.

Jäckel, Eberhard (Hg.): *Hitler. Sämtliche Aufzeichnungen 1905–1924.* Stuttgart 1980.
Jannings, Emil: *Theater, Film – Das Leben und ich.* Berchtesgaden 1951.
Jasper, Willi: *Der Bruder. Heinrich Mann. Eine Biographie.* München/Wien 1992.
Jenčík, Joe: *Anita Berber.* Studie. München 2014.
Jentsch, Harald: *Die KPD und der »Deutsche Oktober« 1923.* Rostock 2005.
Jentsch, Ralph: *Alfred Flechtheim – George Grosz: zwei deutsche Schicksale.* Bonn 2008.
Jonas, Klaus W.: *Der Kronprinz Wilhelm.* Frankfurt am Main 1962.
Jones, Ernest: *Das Leben und Werk von Sigmund Freud.* Bd. 3. Stuttgart 1962.
Jung, C. G.: *Erinnerungen, Träume, Gedanken.* Düsseldorf/Zürich 1971.

Käser, Frank (Hg): *Deutschland und das große Kantō-Erdbeben von 1923.* Quellen aus deutschen Archiven. München 2014.
Kafka, Franz: *Briefe 1902–1924.* Frankfurt am Main 1989.
Ders.: Eine kleine Frau, in ders.: *GW, Erzählungen*, S. 183–190. Frankfurt am Main 1989.
Ders.: *Tagebücher 1910–1923.* Frankfurt am Main 1989.
Karcher, Eva: *Otto Dix, 1891–1969. »Entweder ich werde berühmt – oder berüchtigt!«.* Köln 1992.
Kaulla, Guido von: *Brennendes Herz Klabund. Legende und Wirklichkeit.* Zürich/Stuttgart 1971.
Kebir, Sabine: *Abstieg in den Ruhm: Helene Weigel. Eine Biographie.* Berlin 2000.
Kerr, Alfred: *Mit Schleuder und Harfe. Theaterkritiken aus drei Jahrzehnten.* Berlin (Ost) 1981.
Kershaw, Ian: *Hitler 1889–1936.* Stuttgart 1998.
Kessler, Harry Graf: *Das Tagebuch. Siebter Band 1919–1923.* Stuttgart 2007.
Ders.: *Das Tagebuch. Achter Band 1923–1926.* Stuttgart 2009.
Kettelhake, Silke: *Renée Sintenis. Berlin, Boheme und Ringelnatz.* 5. Aufl., Berlin 2014.
Kiesel, Helmuth: *Ernst Jünger. Die Biographie.* München 2007.

Klemperer, Victor: *Leben sammeln, nicht fragen wozu und warum. Tagebücher 1918–1924*. Berlin 1996.
Koch, Hans-Gerd: *Kafka in Berlin*. Berlin 2008.
Koch, Peter: *Konrad Adenauer. Eine politische Biographie*. Reinbek bei Hamburg 1988.
Koerber, Adolf-Viktor von (Hg.): *Adolf Hitler. Sein Leben und seine Reden*. München 1924.
Kollwitz, Käthe: *Die Tagebücher*. Hg. von Jutta Bohnke-Kollwitz. Berlin 1989.
Kortner, Fritz: *Aller Tage Abend*. Berlin 1991.
Koszyk, Kurt: *Gustav Stresemann. Der kaisertreue Demokrat*. Köln 1989.
Kreuder, Peter: *Schön war die Zeit*. München 1955.

Lange, Annemarie: *Berlin in der Weimarer Republik*. Berlin (Ost) 1987.
Lange, Friedrich C. A.: *Gross-Berliner Tagebuch 1920–1933*. 2. Aufl., Berlin/Bonn 1982.
Lania, Leo: *Der Hitler-Ludendorff-Prozeß*. Berlin 1925.
Ders.: *Gewehre auf Reisen. Bilder aus deutscher Gegenwart*. Berlin 1924.
Ders.: *Welt im Umbruch. Biographie einer Generation*. Frankfurt am Main/Wien 1955.
Laqueur, Walter: *Weimar: Die Kultur der Republik*. Frankfurt am Main/Berlin/Wien 1977.
Large, David Clay: *Hitlers München. Aufstieg und Fall der Hauptstadt der Bewegung*. München 1998.
Lasker-Schüler, Else: *Ich räume auf! Meine Anklage gegen meine Verleger*. Zürich 1925.
Dies.: *Werke und Briefe*. Kritische Ausgabe (KA). Band 7: *Briefe 1914–1924*. Frankfurt am Main 2004.

Mann, Golo: *Deutsche Geschichte des 19. und 20. Jahrhunderts*. Frankfurt am Main 1992.
Mann, Heinrich: Wir feiern die Verfassung, in ders.: *Sieben Jahre. Chronik der Gedanken und Vorgänge*. Berlin/Wien/Leipzig 1929, S. 141–152.
Mann, Katia: *Meine ungeschriebenen Memoiren*. Frankfurt am Main 1974.

Mann, Klaus: *Briefe und Antworten 1922–1949*. München 1987.
Ders.: *Der Wendepunkt. Ein Lebensbericht*. München 1981.
Mann, Thomas: *Werke, Briefe, Tagebücher*. Band 23: *Briefe II, 1914–1923*. Ausgewählt und hg. von Thomas Sprecher, Hans R. Vaget und Cornelia Bernini. Frankfurt am Main 2004.
Ders.: *Werke, Briefe, Tagebücher*. Band 23,1: *Briefe III, 1924–1932*. Ausgewählt und hg. von Thomas Sprecher, Hans R. Vaget und Cornelia Bernini. Frankfurt am Main 2011.
Ders.: *Gesammelte Werke in dreizehn Bänden (GW)*. Frankfurt am Main 1990.
Ders. / Mann, Heinrich: *Briefwechsel 1900–1949*. Frankfurt am Main 1984.
Mehring, Reinhard: *Carl Schmitt. Aufstieg und Fall*. München 2009.
Metzger, Rainer: *Berlin. Die Zwanzigerjahre. Kunst und Kultur 1918–1933*. Wien 2006.
Mittenzwei, Werner: *Das Leben des Bertolt Brecht oder Der Umgang mit den Welträtseln*. Erster Band. Frankfurt am Main 1987.
Möhrmann, Renate: *Tilla Durieux und Paul Cassirer*. Berlin 1997.
Müller, Karl Alexander von: *Im Wandel einer Welt. Erinnerungen 1919–1932*. München 1966.

Neugebauer, Rosamunde: *George Grosz. Macht und Ohnmacht satirischer Kunst*. Berlin 1993.
Neumärker, Klaus-Jürgen: *Der andere Fallada. Eine Chronik des Leidens*. Berlin 2014.
Noack, Frank: *Emil Jannings. Der erste deutsche Weltstar*. München 2012.

Ostwald, Hans: *Sittengeschichte der Inflation*. Berlin 1931.

Pacher, Maurus: *Sehn Sie, das war Berlin. Weltstadt nach Noten*. Frankfurt am Main/Berlin 1992.
Papp, Desiderius: Thomas Mann, der Okkultist, *Neues Wiener Journal*, 30.3.1923, in Hansen, Volkmar / Heine, Gert (Hg.): *Frage und Antwort. Interviews mit Thomas Mann 1909–1955*. Hamburg 1983, S. 60–62.
Parker, Stephen: *Bertolt Brecht. Eine Biographie*. Berlin 2018.

Piper, Reinhard: *Briefwechsel mit Autoren und Künstlern 1903–1953*. Hg. von Ulrike Buergel-Goodwin und Wolfram Göbel. München/Zürich 1979.
Poole, Otis M.: *The Death of Old Yokohama*. London/New York 2010.
Pritzkoleit, Kurt: *Männer, Mächte, Monopole*. Düsseldorf 1963.

Raabe, Paul (Hg.): *Klabund in Davos*. Zürich 1990.
Raddatz, Fritz. J.: *Die Nachgeborenen. Leseerfahrungen mit zeitgenössischer Literatur*. Frankfurt am Main 1980.
Ders.: *Gottfried Benn. Leben – niederer Wahn*. Berlin/München 2001.
Ders.: *Männerängste in der Literatur. Frau oder Kunst*. Hamburg 1993.
Ders.: *Rainer Maria Rilke. Überzähliges Dasein. Eine Biographie*. Reinbek bei Hamburg 2016.
Reich, Bernhard: *Im Wettlauf mit der Zeit*. Berlin (Ost) 1970.
Reimertz, Stephan: *Max Beckmann. Biografie*. München 2003.
Reuth, Ralf Georg: *Goebbels. Eine Biographie*. 3. Aufl., München/Zürich 1995.
Riess, Curt: Weltbühne Berlin, in Pörtner, Rudolf (Hg.): *Alltag in der Weimarer Republik. Erinnerungen an eine unruhige Zeit*. Düsseldorf/Wien/New York 1990, S. 32–56.
Ders.: *Das gab's nur einmal. Die große Zeit des deutschen Films*. Frankfurt am Main/Berlin 1985.
Rilke, Rainer Maria: *Briefe an Nanny Wunderly-Volkart*. Band 2. Frankfurt am Main 1977.
Ders. / Goll, Claire: »Ich sehne mich sehr nach Deinen blauen Briefen«. Briefwechsel. Hg. von Barbara Glauert-Hesse. Göttingen 2000.
Ringelnatz, Joachim: *Briefe*. Hg. von Walter Pape. Berlin 1988.
Ders.: *Kuttel Daddeldu oder das schlüpfrige Leid*. Berlin 1920.
Röhm, Ernst: *Die Geschichte eines Hochverräters*. 3. Aufl., München 1933.
Rössler, Tile: Hörst du, Tile, Franz heißt die Kanaille, in Koch, Hans-Gerd: »Als Kafka mir entgegenkam …«. Berlin 2013, S. 180–193.
Ruhpieper, Hermann-Josef: Wilhelm Cuno, in Sternburg, Wilhelm von (Hg.): *Die deutschen Kanzler. Von Bismarck bis Schmidt*. Frankfurt am Main 1987, S. 231–241.

Rumpelstilzchen [Adolf Stein]: *Bei mir – Berlin!*. Berlin 1924.
Ders.: *Un det jloobste?*. Berlin 1923.

Sandner, Harald: *Hitler. Das Itinerar. Aufenthaltsorte und Reisen von 1889 bis 1945.* Band 1: *1889 bis 1927*. Berlin 2016.
Scheidl, Hans-Werner: Hitler, verhaftet in einem fremden Bademantel. *Die Presse* vom 19.7.2013. Onlineausgabe: https://www.diepresse.com/1432448/hitler-verhaftet-in-einem-fremden-bademantel.
Scheub, Ute: *Verrückt nach Leben. Berliner Szenen in den zwanziger Jahren.* Reinbek bei Hamburg 2000.
Schild, Wolfgang: Berühmte Berliner Kriminalprozesse der zwanziger Jahre, in Ebel, Friedrich / Randelzhofer, Albrecht (Hg.): *Rechtsentwicklungen in Berlin.* Acht Vorträge, gehalten anläßlich der 750-Jahrfeier Berlins. Berlin/New York 1988, S. 121–192.
Schmalenbach, Werner / Sorlier, Charles: *Marc Chagall.* Frankfurt am Main/Berlin/Wien 1979.
Schmitt, Carl: *Der Schatten Gottes. Introspektionen, Tagebücher und Briefe 1921 bis 1924*. Berlin 2014.
Schnack, Ingeborg: *Rainer Maria Rilke. Chronik seines Lebens und seines Werkes.* Band 2: *1920–1926*. Frankfurt am Main 1990.
Schneede, Uwe M.: *Max Beckmann.* München 2011.
Schnitzler, Arthur: *Tagebuch 1923–1926*. Wien 1995.
Schrader, Bärbel / Schebera, Jürgen: *Die »goldenen« zwanziger Jahre: Kunst und Kultur der Weimarer Republik.* Leipzig 1987.
Schweyer, Franz: *Politische Geheimverbände.* Freiburg 1925.
Schwilk, Heimo: *Ernst Jünger. Ein Jahrhundertleben.* München 2007.
Ders.: *Hermann Hesse. Das Leben des Glasperlenspielers.* München/Zürich 2012.
Ders.: *Rilke und die Frauen. Biografie eines Liebenden.* München/Berlin 2015.
Schymura, Yvonne: *Käthe Kollwitz. Die Liebe, der Krieg und die Kunst. Eine Biographie.* München 2016.
Spoto, Donald: *Marlene Dietrich. Biographie.* München 1992.
Ders.: *Die Seeräuber-Jenny. Das bewegte Leben der Lotte Lenya.* München 1993.

Stach, Reiner: *Kafka. Die Jahre der Erkenntnis.* Frankfurt am Main 2008.
Stern, Carola: *Männer lieben anders. Helene Weigel und Bertolt Brecht.* Berlin 2000.
Sternburg, Wilhelm von (Hg.): Gustav Stresemann, in ders. (Hg.): *Die deutschen Kanzler. Von Bismarck bis Schmidt.* Königstein/Taunus 1985, S. 242–272.
Ders.: *Arnold Zweig.* Frankfurt am Main 1990.
Sternheim, Thea: *Tagebücher 1905–1927. Die Jahre mit Carl Sternheim.* Mainz 1995.
Dies.: *Tagebücher 1903–1971.* Band 1: *1903–1925.* Göttingen 2002.
Stolleis, Michael: Wer weitere Schwabenstreiche verhindern will, lese dieses Buch!, in: *Frankfurter Allgemeine Zeitung*, 30.3.2007.
Strobl, Andreas: *Otto Dix. Eine Malerkarriere der zwanziger Jahre.* Berlin 1996.
Studnitz, Cecilia von: *Es war wie ein Rausch. Fallada und sein Leben.* Düsseldorf 1997.

Taylor, Frederick: *Inflation.* München 2013.
Thomas Mann Jahrbuch. Hg. in Verbindung mit der Deutschen Thomas-Mann-Gesellschaft, Sitz Lübeck e. V., und der Thomas-Mann-Gesellschaft Zürich. Band 6 und 7. Frankfurt am Main 1993/1994.
Toland, John: *Adolf Hitler.* Bergisch Gladbach 1977.
Tormin, Walter (Hg.): *Die Weimarer Republik.* Hannover 1977.
Tucholsky, Kurt: *Ausgewählte Briefe 1913–1935.* Frankfurt am Main 2005.
Ders.: *Gesammelte Werke (GW).* Band 3: *1921–1924.* Reinbek bei Hamburg 1987.
Ders.: *Gesamtausgabe.* Band 17: *Briefe 1919–1924.* Reinbek bei Hamburg 2006.
Ders.: *Na und?* Hg. von Mary Gerold-Tucholsky. Hamburg 1952.
Tye, Larry: *The Father of Spin: Edward L. Bernays and the Birth of Public Relations.* New York 2002.

Wallwitz, Georg von: *Die große Inflation. Als Deutschland wirklich pleite war.* Berlin 2021.
Walter-Ris, Anja: *Die Geschichte der Galerie Nierendorf*, Dissertation an der Freien Universität Berlin. Online abrufbar unter: https://refubium.

fu-berlin.de/bitstream/handle/fub188/2107/05_kap4.pdf?sequence =6&isAllowed=y.
Walther, Peter: *Hans Fallada. Die Biographie.* Berlin 2017.
Weber, Alfred: *Die Not der geistigen Arbeiter.* München/Leipzig 1923.
Wehr, Gerhard: *Carl Gustav Jung. Leben, Werk, Wirkung.* München 1985.
Weigand, Karlheinz (Hg.): *Bloch-Almanach 25/2006.* Periodikum des Ernst Bloch-Archivs der Stadt Ludwigshafen am Rhein. Mössingen-Talheim 2006.
Weill, Kurt: *Musik und Theater. Gesammelte Schriften.* Hg. von Stephen Hinton und Jürgen Schebera. Berlin 1990.
Wieland, Karin: *Dietrich & Riefenstahl. Der Traum von der neuen Frau.* München 2011.
Williams, Jenny: *Mehr Leben als eins. Hans Fallada. Biographie.* Berlin 2002.
Winkler, Heinrich August: *Weimar 1918–1933. Die Geschichte der ersten deutschen Demokratie.* München 1998.
Winterberg, Yury / Winterberg, Sonya: *Kollwitz. Die Biografie.* München 2015.
Witt, Hubert (Hg.): *Erinnerungen an Brecht.* Leipzig 1964.
Wizisla, Erdmut (Hg.): *»ich lerne: gläser + tassen spülen«. Bertolt Brecht / Helene Weigel. Briefe 1923–1956.* Berlin 2012.
Wolff, Kurt: *Briefwechsel eines Verlegers. 1911–1963.* Frankfurt am Main 1966.
Wulf, Peter: *Hugo Stinnes. Wirtschaft und Politik 1918–1924.* Stuttgart 1979.

Xammar, Eugeni: *Das Schlangenei. Berichte aus dem Deutschland der Inflationsjahre 1922–1924.* Berlin 2007.

Zuckmayer, Carl: *Als wär's ein Stück von mir.* Frankfurt am Main 1966.
Zweig, Arnold: Angriff der Gegenstände, in ders.: *Essays.* Band 2. Berlin (Ost) und Weimar 1967, S. 46–52.
Zweig, Stefan: *Die Welt von gestern. Erinnerungen eines Europäers.* Frankfurt am Main 1947.
Zwerenz, Gerhard: *Kurt Tucholsky. Biographie eines guten Deutschen.* München 1979.

Audiovisuelle Medien

Walt Disney – Der Zauberer. Dokumentarfilm von Sarah Colt, Tom Jennings, Mark Zwonitzer (Buch), Sarah Colt (Regie), USA 2015.

Otto Dix – Der schonungslose Maler. Film von Nicola Graef, Deutschland 2017.

Lotte Lenya. Warum bin ich nicht froh? Film von Katja Duregger, USA 2020.

Danksagung

Ich danke allen Mitarbeitern der Bibliothek der Freien Universität Berlin, meiner Alma Mater, die mich stets und prompt mit den Büchern versorgten, die ich nötig hatte, und das auch in schwierigen Zeiten. Ebenso den Mitarbeitern der rechtswissenschaftlichen, der medizinischen und der sozialwissenschaftlichen Bibliothek der FU.

Ebenso danke ich den Mitarbeitern der Bibliotheken der Technischen Universität und der Universität der Künste Berlin. Es war immer schön, einen Spaziergang in die Fasanenstraße zu unternehmen in der Gewissheit, dort wertvolles Material in Form von Büchern und audiovisuellen Medien zu erhalten.

Das Gleiche gilt für die Mitarbeiter der Staatsbibliothek Potsdamer Straße, auch wenn der Weg etwas beschwerlicher. Der Scharoun-Bau und seine Bücher waren es immer wert.

Meinem Verleger Heinrich von Berenberg danke ich, dass er an mein Projekt und mich geglaubt hat von Anfang an. Sophie von Heppe, Beatrice Faßbender und Antje Haack danke ich für Zu- und Widerspruch, für ein wundervolles Cover und viele Hinweise.

Meinen Freunden, Freundinnen und Komplizen (hier ist auch das weibliche Geschlecht eingeschlossen) danke ich für ihre Fingerzeige, ihre Kritik, ihr Wohlwollen und, ja, ihre emotionale Unterstützung in manch trüben Momenten: dem Publizisten und Verleger Helmut Lotz (1955–2020), der Kostümbildnerin Gitti Remmert, dem

UFA-Geschäftsführer Prof. Joachim Kosack, der Historikerin und TV-Produzentin Dr. Gabriela Sperl, der Fernsehredakteurin Lara Höltkemeier, dem TV-Producer Sebastian Markgraf, dem PR-Spezialisten Kai Meinschien, dem Gründer des Spionagemuseums Berlin, Franz-M. Günther, der Kunsthistorikerin Ellen Trabitzsch, dem Kunsthistoriker Matthias Gegner, der Übersetzerin und Lektorin Susanne George, den Historikern Dr. Christopher Nehring und Dr. Joachim Riecker, dem Schriftsteller Dirk Brauns, den Autoren Janosch Kosack, Thomas Kubisch, Günter Overmann, Carlo Possardt und Dr. Walter van Rossum, den Autorinnen Sabine Bachthaler und Gabriela Kosack – und vor allem dem Autor, Performancekünstler, Choreografen und Lehrer Kieron Jina.

Peter Süß, geboren 1964, studierte Geschichte, Politikwissenschaften, Germanistik und Publizistik in Wuppertal und Berlin. Dr. phil. Die letzten Jahrzehnte war er Chefautor und Produzent mehrerer Daily Soaps und Tele- bzw. Dailynovelas. Daneben schrieb er Sachbücher und ein Theaterstück. Süß lebt in Berlin.

Konzeption | Gestaltung: Antje Haack | www.lichten.com
Satz | Herstellung: Büro für Gedrucktes, Beate Zimmermanns
Gesetzt aus der Monotype Baskerville, die in dieser Form 1923 auf den Markt kam.
Abbildungen: Einbandvorderseite: imageBROKER / Alamy Stock Photo; Einbandrückseite: charles taylor / Alamy Stock Photo; Frontispiz, S. 46, 153, 244 links: akg-images; S. 14, 139: picture-alliance / Mary Evans Picture Library; S. 23: o. A. | Deutsches Tanzarchiv Köln [TIS 53670]; S. 49: Bundesarchiv; S. 74, 235: Privatarchiv; S. 100 unten: Joachim-Ringelnatz-Museum Cuxhaven; S. 100 oben, 200, 209, 264, 294, 299: ullsteinbild; S. 204: Archiv Klaus Wagenbach; S. 287: CBW / Alamy Stock Foto; S. 309: picture alliance / Photo12 / Ann Ronan Picture Librar
Trotz sorgfältiger Recherche konnten die Rechteinhaber einiger Bilder nicht ermittelt werden. Personen oder Institutionen, die Rechte an dieser Abbildung haben, mögen sich bitte mit dem Berenberg Verlag in Verbindung setzen.
Reproduktion: Frische Grafik, Hamburg
Druck | Bindung: Beltz Grafische Betriebe, Bad Langensalza
Printed in Germany
ISBN 978-3-949203-37-4